중견·중소기업과 스타트업의

ESG

완전 ESG 경영의 정복
이 해 와
실행 지침서

진성한 · 양덕모 · 이종희 공저

학지사비즈

머리말

저자들은 경영/기술 지도 및 컨설턴트, ESG 심사원/전문가, ESG 진단ㆍ평가위원, ISO 인증 심사원으로서, 다년간 각 산업 분야에서의 현장 실무 경력을 바탕으로 경영시스템에 관해 지속적으로 학문 연구를 해 왔습니다.

코로나19 시대를 기점으로, 세계적으로 기업들의 궁극적인 목표는 경제적인 이윤 추구에서 환경, 사회, 안전, 지배구조 등을 전체적으로 포괄하여 사회 공동체의 가치와 성과들을 지속적으로 함께 발전시키는 방향으로 경영의 패러다임이 변화되었습니다. ESG 이슈는 전 세계적으로 급부상되었고, 이로 인해 기업의 혼란이 가중되었으며, 이러한 산업환경의 변화에서 중견ㆍ중소기업과 스타트업의 ESG 리스크가 코앞까지 바짝 다가왔고, 이에 대응하기 위한 각 국가의 역할과 상호 협력이 절실한 시점이 되었습니다. 이제는 기업들이 ESG 개념을 도입하지 않으면 어떠한 기업 경영도 할 수 없는 그러한 시대가 된 것입니다.

2024년에 유럽연합(EU)의 「공급망 실사법」이 통과되면 국내의 대기업들은 2024년에, 중견기업들은 2026년에 이 법의 적용 대상이 될 것입니다. 따라서 우리나라처럼 수출을 기반으로 하는 중견ㆍ중소기업과 스타트업은 유럽 수출길에 초비상이 생긴 것입니다. 국내의 대기업들은 자체 전문 인력과 풍부한 물적ㆍ인적자원으로 ESG에 대해 대응이 가능하지만, 열악한 중견ㆍ중소기업과 스타트업들은 ESG 준비가 미비한 상태이며, ESG 대응을 위한 구체적인 실행 방안에 대한 정보도 부족한 상태입니다. 이제 중견ㆍ중소기업과 스타트업들은 국내의 산업 전반에 대한 ESG 경영을 먼저 이해하고, ESG 경영에 대한 실질적인 대응을 해야 하는 시점입니다.

　ESG는 선택이 아닌 필수 사항이며, 산업계에서는 새로운 패러다임으로 다가왔습니다. 바로 ESG 경영 시대가 도래한 것입니다. 이러한 시대적 흐름에 따라 이 책은 대기업, 중견 · 중소기업, 스타트업에서 ESG 경영을 추진하기 위한 구체적인 실천 방향을 제시하고, ESG 전문 인력의 지식과 역량 배양 및 ESG 실무 전문가 배출을 위한 목적으로 집필되었습니다. 이 책이 국내외 기업은 물론이고 인류의 지속적인 성장과 발전에 기여할 수 있기를 바랍니다.

2023년 6월
저자들을 대표하며
진성한 드림

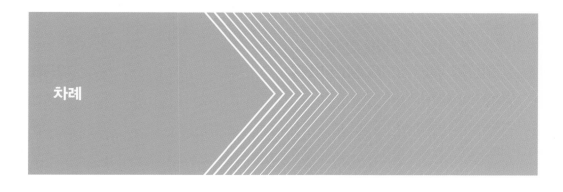

차례

• 제7장 •

ESG 최신 동향 및 참조   **394**

• 제8장 •

ESG 질의응답   **414**

제1장
알기 쉬운
ESG

1. ESG란 무엇인가

지금까지 기업들의 궁극적인 목표는 경제적 이윤 추구였다. 전 세계적인 기후변화와 코로나19 팬데믹을 겪으면서 경제적인 이윤보다는 기업의 윤리적 가치를 함께 발전시키고 성장시키는 방향으로 경영의 패러다임이 변화되고 있다. 전 세계적으로 환경과 사회의 가치를 중시하는 방향으로 나아가는 경제환경 속에서 기업의 지속성장을 위하여 경제적인 이윤 추구와 함께 환

경, 에너지, 사회, 안전, 정보보호, 지배구조 등의 비재무적 성과에 관심을 가지게 되었고, ESG는 기업의 생존 및 성장과 직결되는 핵심 가치로 인식되고 있다.

그럼 ESG는 무엇인가? ESG는 Environmental(환경), Social(사회), Governance(지배구조)의 영문 첫 글자를 조합한 단어이다. 여기서 Environmental(환경)은 기업의 친환경 경영, Social(사회)은 기업의 사회적 책임, Governance(지배구조)는 기업의 투명한 지배구조 등을 의미한다.

기업의 입장에서 보면 이러한 ESG의 직관적인 의미보다는 ESG가 기업에서 어떠한 영향을 미치는지 그 실질적 의미가 더 중요할 것이다. ESG는 기업이 '지속가능한' 비즈니스를 달성하기 위한 세 가지 핵심 요소이며, 재무제표에서는 직접적으로 보여 주지 못하는 기업의 중·장기적 기업가치에 영향을 주는 비재무적 성과를 확인할 수 있는 지표로 정의할 수 있다.

ESG와 관련된 연관 용어는 '지속가능성'이다. 과거의 기업가치는 재무제표와 같은 정량적 지표에 의해 평가되어 왔다. 기업들은 재무적으로 표현되는 단기적인 성과를 만들어 내기 위하여 비윤리적·비환경적 활동을 하기도 하였다. 하지만 전 세계적인 기후변화 위기와 코로나19 팬데믹을 거치면서 최근에는 중·장기적인 성과에 영향을 미치는 ESG와 같은 비재무적 가치의 중요성이 더 커지고 있다. 세계적으로 환경적·사회적 가치를 중시하는 방향으로 패러다임이 변화하는 시기에 향후 ESG는 기업의 장기적인 생존과 번영에

직결되는 핵심적인 가치로 자리매김하게 될 것이다.

　ESG를 환경, 사회, 지배구조의 세 가지 요소로 나눠 살펴보면, 환경적(E) 측면에서 가장 핵심은 기후변화와 탄소 배출 관련 이슈이다. 전 세계 인류의 지속가능성과 생존을 위해 앞으로 기업은 과감한 탄소 배출 절감, 한발 더 나아가 탄소 제로화를 추구해야만 하는 상황에 직면하고 있다. 이와 함께 환경오염의 완화를 위한 자원 및 폐기물 관리, 더 적은 에너지와 자원을 소모하는 에너지 효율화도 중요한 이슈로 떠오르고 있다. 사회적(S) 측면에서는 기업의 지속성장을 위한 인권 보장, 데이터 보호, 다양성의 고려, 공급망 및 지역사회와의 신뢰성 있는 협력 관계 구축이라고 할 수 있다. 마지막으로, 지배구조(G) 측면에서는 이러한 환경과 사회의 가치를 기업이 실현할 수 있도록 뒷받침하는 투명하고 신뢰도 높은 이사회의 구성과 감사위원회의 구축이 필요하다. 또한 뇌물이나 부패를 방지하고, 로비 및 정치 기부금 활동에서 기업 윤리를 준수함으로써 높은 지배구조 가치를 확보하는 것이다. 지배구조의 한국적 의미는 투명한 의사결정이라고 할 수 있다. 이사회 중심의 의사결정이 이루어지는 대기업에서는 이사회의 구성과 운영이 중요하다면, 중소기업에서는 오너에 의한 의사결정이 어떻게 투명하고 신뢰성 있게 이루어지고 있는가가 중요하다.

◆ ESG와 주요 이슈 ◆

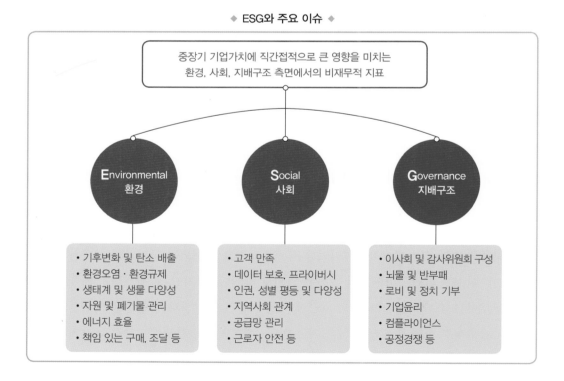

2. ESG의 등장배경과 역사

2020년을 전후하여 기업 경영에서 ESG가 큰 화두로 떠올랐지만, 사실 ESG가 어느 날 갑자기 등장한 개념은 아니다. ESG를 정확히 이해하기 위해서는 더 근원적인 개념인 '지속가능한 발전'과 관련하여 기업가치에 영향을 주는 지표로서 ESG의 역사적 흐름을 살펴볼 필요가 있다.

세계적으로 지속가능한 발전이 의제로 등장한 것은 1987년에 유엔환경계획(UNEP)과 세계환경개발위원회(WCED)가 공동으로 채택한 '우리 공동의 미래(Out Common Future)'라는 보고서에서이다. 일명 브룬트란트보고서(Brundtland report)라고 불리는 이 보고서에서는 지속가능한 발전을 "미래 세대에게 필요한 자원과 잠재력을 훼손하지 않으면서 현 세대의 수요를 충족하기 위해 지속적으로

◆ 블룬트란트보고서 ◆

United Nations

Report of the World Commission on Environment and Development

Our Common Future

**United Nations
1987**

유지될 수 있는 발전"으로 정의하였다. 그리고 인류가 빈곤과 인구 증가, 지구온난화와 기후변화, 환경파괴 등의 위기에 직면해 앞으로 대재앙이나 파국을 맞이하지 않고도 경제를 발전시키기 위해서는 지속가능한 발전으로의 패러다임 전환이 필요하다고 주장하였다.

이후 유엔환경계획은 1992년 브라질 리우회의에서 '리우선언'을 채택하게 되었다. 이 리우회의에서 ESG 환경 영역의 기반이 되는 세계 3대 환경협약인 기후변화협약, 생물다양성협약, 사막화방지협약을 신설하게 되었다.

1997년에는 기업이나 기관이 발간하는 지속가능경영보고서에 대한 가이드라인을 제시하기 위해 비영리단체인 글로벌 보고 이니셔티브(Global Reporting Initiative: GRI)가 설립되었다. GRI는 2000년에 첫 번째 가이드라인을 발표한 이후에 여러 번의 개정을 거쳐 2016년에는 GRI 표준(GRI Standards)을 정립하였다. GRI 표준은 경제, 환경, 사회 부문으로 나누어 기업이나 기관의 지속가능성을 평가하기 위한 지표를 제시하고 있다.

2006년에는 현재 ESG 투자의 출발점이 되는 유엔 책임투자원칙(UN Principles for Responsible Investment: UN PRI)이 결성되었다. UN PRI는 환경, 사회, 지배구조와 관련된 이슈를 투자 정책 수립 및 의사결정, 자산운용 등에 고려한다는 원칙을 발표하였다. UN

PRI가 발표한 6대 책임투자원칙은 다음의 표와 같다. UN PRI에는 우리나라의 국민연금을 포함해 2020년 3월 말 기준으로 전 세계 3,038개의 투자사 및 투자 기관이 가입되어 있다. UN PRI는 금융투자 원칙으로 ESG를 강조했다는 점에서 현재 기업 경영에서 강조되는 ESG 프레임워크의 초석을 제시한 것으로 볼 수 있다.

◆ **UN PRI 6대 책임투자원칙** ◆

1	투자분석 및 의사결정과정에 있어 ESG 이슈를 반영한다.
2	적극적인 소유권을 행사하여 소유권 정책 및 행사에 ESG 이슈를 반영한다.
3	투자 대상 기업의 ESG 이슈가 적절히 공개되도록 노력한다.
4	투자 업계 내에서 책임투자원칙의 도입 및 실행을 증진시킨다.
5	책임투자원칙 이행의 효과를 높이기 위해 협력한다.
6	책임투자원칙 이행에 관한 활동 및 진척 사항을 보고한다.

ESG와 관련하여 또 다른 중요 이벤트는 2017년에 기후변화 관련 재무정보공개 테스크포스(Task Force on Climate-related Financial Disclosure: TCFD)에서 발표한 재무정보공개 권고안이다. TCFD는 기후변화와 관련된 리스크와 기회요인을 분석하고, 지배구조, 전략, 위험관리, 감축 지표와 목표의 4가지 측면에서 재무정보공개 권고안을 제시하였다.

최근 기업의 ESG 경영이 본격적으로 부상하게 된 계기로 볼 수 있는 사건은 바로 2019년에 있었던 BRT(Business Roundtable) 선언이다. BRT는 애플, 아마존, 월마트, 블랙록과 같은 미국에서 가장 영향력이 있는 기업의 CEO가 참여하는 연례 회의이다. 2019년에 진행된 연례 회의에서 글로벌 비즈니스 리더들은 기업의 전통적 목적인 주주 이익의 극대화 원칙을 폐지하고 모든 이해관계자의 가치가 통합된 새로운 기업의 목표(purpose of a corporation)를 선언하게 되었다. 18명의 글로벌 기업 CEO가 서명한 이 선언에는 과거에 주주를 최우선시 했던 기업들이 이제는 주주를 포함하여 고객, 직원, 협력사, 지역사회 등 모든 이해관계자의 가치를 고려해야 한다는 내용이 담겨 있다.

실제 BRT 선언에 참여하기도 했던 세계 최대 자산운용사인 블랙록(BlackRock)의 CEO 래리 핑크(Larry Fink)는 2020년 1월에 전 세계 최고경영자들에게 보내는 연례 서한을 통해 지속가능성을 투자결정에서 핵심 요소로 반영할 것임을 밝혔다.

1. 우리의 고객에게 가치를 전달한다.
   (Delivering value for our CUSTOMERS.)

2. 우리의 직원에게 투자한다.
   (Investing in our EMPLOYEES.)

3. 공급자를 공정하게 윤리적으로 대한다.
   (Dealing fairly and ethically with our SUPPLIERS.)

4. 우리가 속한 지역사회를 지원한다.
   (Supporting the COMMUNITIES in which we word.)

5. 주주를 위한 장기적 가치를 창출한다.
   (Generating long-term value for SHAREHOLDERS.)

2020년 1월 스위스 다보스에서 개최된 세계경제포럼(WEF)에서는 지속가능성과 이해관계자가 핵심 주제로 다루어졌으며, 이에 9월에는 '이해관계자 자본주의 측정(Measuring Stakeholder Capitalism)'이라는 제목의 지속할 수 있는 가치 측정 가이드라인 백서가 발간되었다. 이 보고서는 KPMG 등 글로벌 빅4 회계법인이 참여하여 작성되었으며, 지배구조, 지구, 사람, 번영을 4대 축으로 하여 지속가능성을 측정하기 위한 지표가 제시되었다.

종합하면, ESG는 1987년에 발간된 브룬트란트보고서에 언급된 지속가능한 발전에서 시작되어 2006년 UN PRI를 통해 구체화되었다. 여기에 더해 2019년의 BRT 선언, 그리고 2020년의 세계경제포럼에서 이해관계자 자본주의가 강조되면서 ESG가 기업 경영의 핵심 화두로 떠오르게 된 것이다.

◆ ESG 논의 발전과정 ◆

1987	1992	2006	2016	2016	2019	2020
UNEP·WCED, 브룬트란트보고서 발간	UNEP 리우선언 채택	UN PRI (책임투자원칙) 발표	GRI 표준 발표	TCFD(기후변화 관련 재무정보공개 TF) 권고안 발표	BRT 연례회의, 'New Purpose' 선언	세계경제포럼, 지속가능성 의제 논의
지속가능발전을 전 세계적 의제로 제시	ESG 환경 영역의 기반인 기후변화협약, 생물다양성협약, 사막화방지협약 신설	ESG를 투자결정과 자산 운용에 고려한다는 원칙 발표	기업 및 기관의 지속가능성 평가지표 설정	기후변화와 관련된 리스크와 기회요인, 이에 따른 재무정보 공개 권고안 제시	이해관계자의 가치가 통합된 새로운 기업의 목적 선언	지속가능 가치를 측정할 수 있는 백서 발간

3. ESG가 기업에게 줌요한 이유

국제사회에서는 기업의 경영 리스크 관리를 강화하기 위하여 ESG 경영 정보 공시 의무를 더욱 강화하고 있다. 기업의 ESG 활동은 기업뿐만 아니라 기업을 둘러싼 다양한 이해관계자가 얽혀 있는 이슈이다. 기후변화 위기와 코로나19 팬데믹을 거치면서 기업의 핵심 이해관계자인 투자자, 고객, 신용평가사, 정부는 기업에게 높은 수준의 ESG 경영체계를 갖추도록 강력하게 요구하고 있다. 기업이 자율적으로 제공하는 단편적 정보를 넘어 ESG 관련 정보의 공시를 의무화하는 내용의 법제도 도입이 급물살을 타고 있으며, 기업의 투자 유치에 ESG 경영이 급부상되었다.

우리가 ESG를 준비해야 하는 이유로 투자자의 ESG 요구 증대, 고객의 ESG 요구 증대, 신용평가에 ESG 반영, ESG 정부 규제 강화를 들 수 있다.

1) 투자자의 ESG 요구 증대

ESG에 대한 투자자의 요구로 가장 대표적인 제도는 바로 스튜어드십 코드(stewardship code)이다. 스튜어드십 코드는 기관투자자가 의결권 행사 등으로 기업 경영에 관여하는 것을 의미한다. 과거의 기업투자자들은 피투자 기업과 운용사 간의 이해상충 문제 등으로 인해 적극적으로 기업의 경영에 관여하지 않았다. 그러나 2008년 글로벌 금융위기 이후 기관투자자들의 적극적인 주주권 행사를 통한 기업의 지배구조 견제를 통해 글로벌 금융위기와 같은 위기를 막아야 한다는 의견들이 나오면서 2010년 영국에서 최초로 스튜어드십 코드가 도입되었다. 우리나라에서는 2016년에 관련 제도가 갖추어지고, 2018년에 국민연금을 시작으로 스튜어드십 코드의 도입이 시작되었다. 이후 기관투자자의 스튜어드십 코드 도입이 지속적으로 증가하고 있다. 이는 기업의 지배구조에서 기관투자자의 역할과 영향력이 점점 커지고 있다는 것을 보여 주는 것이다.

실제로 해외에서 ESG 경영을 잘하지 못하는 기업들에게 기관투자자들이 직접 의결권을 행사하는 사례가 늘어나는 추세이다. 세계 최대 자산운용사인 블랙록의 CEO 래리 핑크 회장은 2020년 1월에 투자자들과 기업 CEO들에게 보낸 연례 서한에서 앞으로는 기업의 지속가능성을 투자결정의 기준으로 삼겠다고 선언함으로써 자본시장에서 ESG 경영이 투

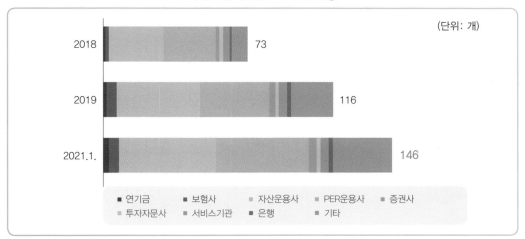

◆ 국내 스튜어드십 코드 도입 현황 ◆

(단위: 개)

2018   73

2019   116

2021.1.   146

■ 연기금   ■ 보험사   ■ 자산운용사   ■ PER운용사   ■ 증권사
■ 투자자문사   ■ 서비스기관   ■ 은행   ■ 기타

출처: 한국ESG기준원(구 한국기업지배구조원).

자자의 중요한 관심사라는 의식을 심어 주는 계기가 되었다. 이 선언에 대한 행동으로 블랙록은 2020년 엑슨모빌 주주총회에서 기후변화 대응 전략 수립과 기후변화의 재무적 영향에 대한 공시가 미비했다는 이유로 이사 2인의 연임에 반대표를 던졌다. 이러한 ESG 리스크 관리 미비가 이사회의 독립성 결여에 따른 것으로 판단하고 CEO와 이사회의 의장을 분리하는 안에 찬성표를 던졌다. 블랙록은 엑슨모빌 외에도 환경오염 개선 미비를 이유로 볼보 등 35개 기업에게 의결권을 행사한 바 있다. 이로 인해 주요 선진국들의 투자회사와 은행들도 ESG 철학을 자금 운영 전략에 접목하였고 지속가능성 투자에 대해 투자자를 중심으로 확산하고 있다.

우리나라의 대표 기업들에 대해서도 세계 최대 투자 기관들의 주주권 행사가 시작되고 있다. 기후행동 100+(Climate Action 100+)라는 세계 최대 투자 기관에서 2021년에 우리나라의 탄소중립위원회 위원장 앞으로 탄소(온실가스) 감축에 대한 명확한 계획을 제시하고 민간 석탄발전소 퇴출 문제를 논의해 달라는 공식 서한을 보내왔다.

투자자들은 투자 기업에 대한 의결권 행사뿐만 아니라 투자 대상을 정할

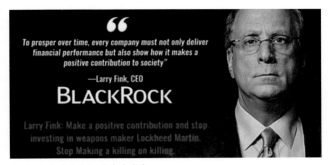

출처: 미래에셋대우 리서치센터.

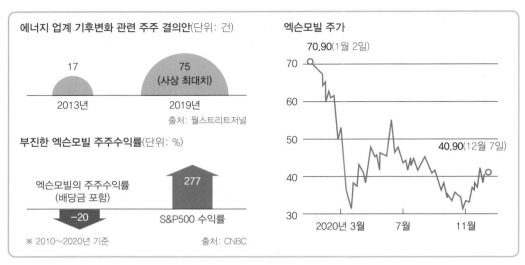

출처: 한경 홈페이지(https://www.hankyung.com).

때에도 ESG를 적극적으로 활용하고 있다. 매년 기관투자자들이 ESG를 고려해서 진행하는 투자액은 지속적으로 증가하고 있다. 기관투자자들이 ESG 투자를 할 때 고려하는 사항 중 가장 비중이 큰 전략은 네거티브 스크리닝이다. 네거티브 스크리닝은 담배 판매, 무기 제조와 같은 사회의 지속가능성을 해치는 활동을 통해 이익을 얻는 기업을 투자 포트폴리오나 펀드 구성에서 아예 배제해 버리는 것이다. 그리고 최근에는 투자 시 ESG 통합 전략의 비중이 커지고 있는데, ESG 통합 전략은 투자의사결정을 위한 재무분석 프로세스 자체에 ESG 요소를 체계적, 명시적으로 융합시키는 방식이다.

ESG 요소를 투자의사결정에 적용한 사례를 살펴보면, 네덜란드 연기금(APG)은 에어버스, 필립모리스 등 159개 기업을 무기 제조, 담배 판매 등의 이유로 투자를 배제하였고, 노르웨이은행투자운영회(NBIM)의 경우에는 환경파괴의 이유로 듀크에너지, 콜인디아(Coal India)에 대해 투자를 배제했다. 세계 3대 자산운용사인 뱅가드(Vanguard)도 중국 군수 관련 기업 투자 금지 목적으로 차이나모바일, 차이나유니콤, 차이나텔레콤의 주식을 매각하기도 했다.

투자자뿐만 아니라 유럽을 중심으로 금융권에도 최근 ESG가 기업 대출의 평가 요소로 사용되고 있으며, 기업의 신규 대출이나 대출 갱신 시에 금리 조건을 산정할 때 다양한 ESG 평가 기준을 사용하고 있다. 투자자들의 투자 배제와 금융권의 대출 규제는 해당 기업의 자본조달과 직결되기 때문에 ESG가 기업의 생존과 비즈니스 지속에 상당한 영향을 미칠 수 있다.

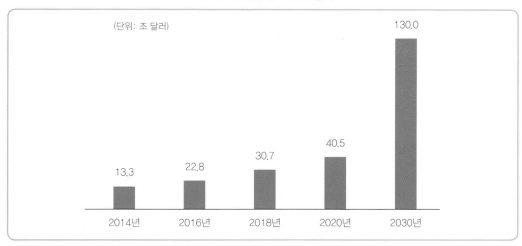

◆ ESG 투자 자산 규모 및 전망치 ◆

(단위: 조 달러)

2014년	2016년	2018년	2020년	2030년
13.3	22.8	30.7	40.5	130.0

출처: 글로벌지속가능투자연합(GSIA), 도이치뱅크.

◆ ESG 투자 전략 유형에 따른 투자 규모 ◆

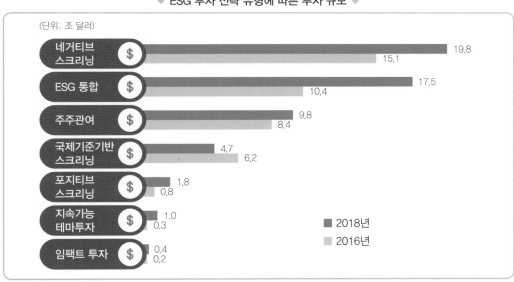

(단위: 조 달러)

전략	2018년	2016년
네거티브 스크리닝	19.8	15.1
ESG 통합	17.5	10.4
주주관여	9.8	8.4
국제기준기반 스크리닝	4.7	6.2
포지티브 스크리닝	1.8	0.8
지속가능 테마투자	1.0	0.3
임팩트 투자	0.4	0.2

출처: 글로벌지속가능투자연합(GSIA).

◆ 투자사의 네거티브 스크리닝을 통한 투자 철회의 예 ◆

네덜란드 연기금(APG)

apg
• 에어버스, 필립모리스 등 159개 기업
• 무기 제조 등의 이유로 투자 배제

노르웨이은행투자운영회(NBIM)

NORGES BANK
INVESTMENT MANAGEMENT
• 아보이티즈파워, 튜크에너지, 코인디아 등
• 환경파괴 이유로 투자 배제

뱅가드(Vanguard)

Vanguard
• 차이나모바일, 차이나유티콤, 차이나델레콤
• 중국 군수 관련 기업 투자 금지로 주식 매각

출처: 언론보도 종합, 한국거래소.

2) 고객의 ESG 요구 증대

소비자들은 한 기업의 ESG 경영을 넘어 그 기업과 관계된 모든 공급망을 관리하여야만 환경보호, 인권보호가 가능하다는 인식을 가지게 되었으며, 이러한 변화된 인식을 가지고 기업들에게 지속적으로 ESG 경영과 협력업체의 관리를 요구하고 있다. 이와 같은 고객들의 ESG 요구는 지속적으로 증대될 것이다.

소비자들의 ESG 친화적인 기업의 제품에 대한 요구가 증가하고 있는데 2021년 대한상공회의소 조사 결과에 따르면, 소비자의 63.0%가 '제품 구매 시 기업의 ESG 활동을 고려한다'라고 응답했다. 'ESG 활동에 부정적인 기업의 제품을 의도적으로 구매하지 않은 경험이 있다'라고 답변한 비율도 70.3%에 달했다. '추가 가격을 지불하더라도 ESG 활동이 우수한 기업의 제품을 구매하겠다'라고 대답한 비율도 88.3%로 매우 높게 나타나, 향후 기업의 ESG 활동이 소비자의 구매 기준이 될 것으로 보인다.

최근 조사에 따르면, 미국 소비자의 37%는 소비를 결정하는 데 있어서 지속가능성을 중요하게 생각하고 있다. 또한 30%의 소비자가 비용을 더 내더라도 지속가능성을 지닌 상품을 구매하겠다고 했다. 이러한 조사 결과는 소비자의 커다란 인식 변화를 잘 보여 주는 예라고 할 수 있다.

☑ 제품 구매 시 기업의 ESG 활동을 고려한다. ────── 63.0%

☑ ESG 활동에 부정적인 기업의 제품을 의도적으로 구매하지 않은 경험이 있다. ────── 70.3%

☑ ESG 우수 기업 제품의 경우 추가 가격을 지불하고 구매할 의향이 있다. ────── 88.3%

☑ ESG 우수 기업 제품의 경우 추가 가격 지불 의향 10% 이상(6.3%), 7.5~10%(8.0%), 5~7.5%(13.3%)

소비자의 인식 변화와 지속가능성에 대한 문제 인식에 따라 기업들이 움직이고 있다. 그중에서도 최근에 글로벌 기업 맥도날드는 2025년까지 100% 재생·재활용 패키징을 사용하겠다고 선언하였다. 구체적인 행동강령으로 첫 번째는 포장을 줄이겠다는 것이다. 혁신적인 디자인과 재사용이 가능한 제품으로 포장의 사용을 줄이겠다는 것이다. 두 번째는 100% 재생 혹은 재활용이 가능한 제품을 사용하겠다는 것이다. 세 번째는 매장에서뿐만 아니라 소비자 측에서도 재활용이 가능한 제품을 사용하겠다고 말했다. 마지막으로, 재활용된 제품을 사용하겠다고 밝혔다.

맥도날드처럼 환경을 고려하는 기업이라는 브랜드의 인식은 더욱 많은 충성고객을 유치할 뿐 아니라 지속가능성에 대한 고객의 역할, 기업의 책임에 대해 명확하게 설명해 준다. 이는 기업의 이미지를 개선해 줄 뿐 아니라 소비자의 환경보호를 위한 행동을 독려할 수 있다. 심지어 몇몇 기업들조차 정부가 플라스틱 사용에 대해서 정책의 방향을 제시해 주기를 바라고 있다. 이제 ESG에 기반한 지속가능성은 선택이 아니라 필수가 되었다.

한편, 글로벌 기업들은 소비자들의 요구에 따라 ESG 경영이 미흡한 공급업체와는 거래하지 않겠다는 움직임을 보이고 있다. 거미줄처럼 얽혀 있고, 분업화된 공급망 구조에서 자칫 ESG에 소극적인 기업은 향후 고객 기반을 상실할 수 있다. 다음의 코발트 광물에 대한 피소 사건은 ESG에 반하는 공급망 관리가 사회적으로 이슈가 될 수 있다는 것을 보여준 대표적인 사례라고 할 수 있다.

코발트는 전기차, 스마트폰의 배터리와 각종 전자기기에 매우 광범위하게 사용되고 있다. 전자기기에 사용되는 배터리의 핵심 원료인 코발트의 상당량이 콩고에서 생산되고 있고, 콩고에서는 코발트 생산을 위해 많은 어린아이가 노동 현장에 내몰리고 있다. 이와 같은 아동노동에 대하여 배터리를 많이 사용하는 유명 기업인 애플, 구글, 마이크로소프트웨어, 테슬라와 델까지 총 5개 기업이 국제권리변호사회로부터 피소되는 사건이 발생하게

테슬라

• '코발트 프리(Cobalt Free)' 배터리 개발 계획 발표
• 테슬라는 배터리 공급망 내 인원을 보호하기 위해 콩고에서 생산되는 코발트를 사용하지 않는 배터리를 개발

애플

• '협력업체 청정에너지 프로그램' 발표(2030년까지 협력업체는 100% 재생에너지로 생산한 제품을 공급)
• 공급망 내 모든 단계의 협력업체에 대한 노동권, 인권, 건강, 환경보호 등 행동수칙(Apple Supplier Code of Conduct) 마련 및 평가

바스크

• 글로벌 1위 화학 기업 바스크는 ESG 관련 공급업체 행동강령(Supplier Code of Conduct)을 제정하고 협력업체에 12개 언어로 제공
• 국제노동기구 등의 원칙 및 글로벌 화학산업 책임관리 프로그램 기반 협력업체의 ESG 표준 준수 의무화

출처: 언론보도 종합, 삼정 KPMG.

되었다. 소비자들은 자신이 물건을 구매하는 기업뿐 아니라 그 기업에 물품을 공급하는 협력업체까지 관리할 것을 요구한 사건이라 할 수 있다. 소비자들은 한 기업의 ESG 경영을 넘어 그 기업이 영향력을 발휘할 수 있는 전체 공급망까지 관리하라는 요구를 하고 있는 것이었다. 이 피소로 인해 테슬라는 코발트를 사용하지 않겠다는 '코발트 프리' 계획을 발표했다. 이를 위해 100% 니켈 함유의 배터리를 개발 중이며, 또 공급망에 있는 근로자의 인권과 근로환경 개선에도 노력하겠다는 입장을 밝혔다.

애플의 경우에도 본격적으로 ESG 기반의 공급망 관리에 돌입했다. '협력업체 청정에너지 프로그램'에 따라 2030년까지 애플의 협력업체는 100% 재생에너지로 생산한 제품을 공급해야 한다. 또한 애플은 공급망 내 모든 단계의 협력업체에 대한 노동력, 인권, 건강, 환경보호 등에 행동수칙(Apple Supplier Code of Conduct)을 마련하고, 이를 평가하여 협력업체의 ESG 성과 개선을 유도하고 있다. 애플에 반도체를 공급하는 삼성도 이들의 정책에 따라 ESG 경영을 실시하고 있고 삼성에 물품을 납품하는 협력업체들도 ESG 경영을 실시하고 있다.

세계 1위 화학 기업 바스크 같은 경우에도 자사뿐만 아니라 ESG 행동강령을 12개 언어로 번역해서 협력업체에 제공하고 있으며, 협력업체에게 국제적인 노동기준이나 안전기준의 표준을 준수하는 것을 의무화하고 있다.

고객의 ESG에 대한 요구 증대에 따라, EU는 최근 산업 전반에 걸쳐 기업의 공급망에 대한 인권, 환경 실사를 의무화하는 방안 도입을 검토하고 있다. 2021년 2월 EU에서 공급망 실사 의무화(Due Diligence) 법안을 상정하였으며, 2023년부터 효력을 발휘할 것으로 보인다. 이 법안은 EU에 소재하고 있는 기업뿐만 아니라 EU 시장에서 거래하는 기업들까지 대상에 포함하고 있어서 사실상 새로운 무역장벽으로 작용하는 것이 아닌가 하는 우려가 있어 이에 대한 우리 기업들의 대비가 필요하다.

글로벌 기업들은 탄소(온실가스) 감축 목표를 공급망 관련 협력업체들에게 지속적으로 요구하고 있는 상황이며, 공급망 리스크 관리 목적을 넘어서 구매표준 및 계약조건 등을 개정하여 ESG를 구매의사결정 요소로 반영하고, 유예기간을 두어 공급망의 리스크 개선을 강력하게 요구하고 있다. 만약 개선의 여지가 없는 협력업체는 거래에서 배제하는 것을 시사하고 있다. 애플의 경우에는 공급망 행동규범에서 위반 협력업체와 거래관계가 단절될 수 있음을 명시하고 있고, BMW의 경우에는 ESG 기준에 미충족된 108개 협력업체에 대해 입찰 기회를 제한하기도 했다. 이에 기업들은 ESG 경영을 하지 않으면 수출도 제약받는 현실적으로 절박한 상황이 되었다.

3) 신용평가에 ESG 반영

글로벌 신용평가기관인 무디스(Moody's), 피치레이팅스(Fitch Ratings), S&P(Standard & Poor's) 등에서는 ESG 평가 결과를 신용등급의 평가에 반영하고 있다. S&P Global의 경우, 환경오염이나 탄소 배출량, 안전보건, 내부통제, 위험관리 등으로 기업을 분류하여 ESG 신용평가 결과가 조정 사유에 해당하는 기업에 대해 신용등급을 조정하였다. 듀크에너지(Duke Energy)의 석탄발전소에서 과도하게 석탄재가 배출된다고 보고 신용등급을 'A-Stable'에서 'A-Negative'로 조정하였다. ESG가 기업의 신용평가에 영향을 미친 경우라고 할 수 있다. 신용평가기관들은 ESG 활동을 기업의 신용평가에 반영하기 위하여 ESG 평가의 전문성을 보유한 ESG 평가 기관들을 인수하고 있다.

신용등급에 비재무적 성과를 포함하는 글로벌 사례는 국내 신용평가기관에도 영향을 주고 있다. 2020년 10월 한국신용평가에서는 ESG 채권 인증 평가 사업을 최초로 선보였다. 자체 내 ESG 금융 평가방법론을 기준으로 한국중부발전이 발행한 제59회 공모사채(지속가능 채권)를 평가하였다. 이는 발행 기업의 지속가능경영, 기후변화 완화 및 대응에 대한 회사의 의지 등이 반영된 것으로 보인다. 이러한 사회적 흐름은 기업들의 ESG 경영이 재무적 위험을 넘어 신용위험까지도 영향을 줄 수 있음을 시사한다.

◆ ESG를 신용등급에 반영하는 글로벌 신용평가사 ◆

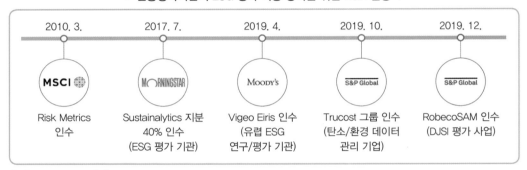

◆ 신용평가기관의 ESG 평가 역량 강화를 위한 N&A 활동 ◆

출처: Bloomberg, 삼정 KPMG.

4) ESG 정부 규제 강화

유럽의 경우, 2006년에 UN PRI가 ESG 투자원칙을 발표하면서 본격적으로 기업의 비재무적 요소에 대한 공시 강화가 추진되었다. 유럽은 2021년 3월부터 연기금을 시작으로 은행과 보험사, 자산운용사로 ESG 관련 고시 의무를 확대하였고, 영국은 모든 상장기업에 2025년까지 ESG 정보공시를 의무화할 예정이다.

우리나라의 경우에는 이미 2019년부터 자산총액 2조 원 이상의 코스피 상장사를 중심으로 기업지배구조 핵심 정보를 투자자에게 의무적으로 공시하도록 규정했다. 그리고

2021년 1월 금융위원회가 ESG 공시의 단계적 의무화를 추진하겠다고 발표했다. 현재 자율적으로 작성하고 공시하는 지속가능경영보고서의 공시를 단계적으로 의무화하겠다는 것이 핵심 요지이다. 먼저 2025년부터 2030년까지는 자산 2조 원 이상, 2030년 이후에는 코스피 상장사를 대상으로 확대하는 것으로 예정되어 있다.

◆ 국내 기업의 지속가능경영보고서 공시 단계적 의무화 ◆

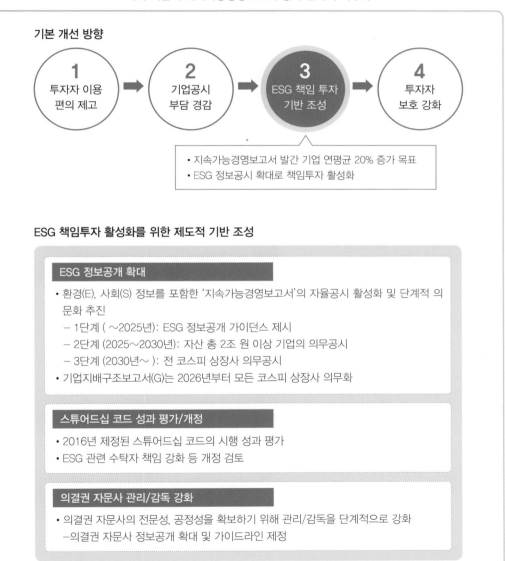

출처: 금융감독원, 삼정 KPMG.

◆ 주요 국가별 ESG 정보공시 의무화 일정 ◆

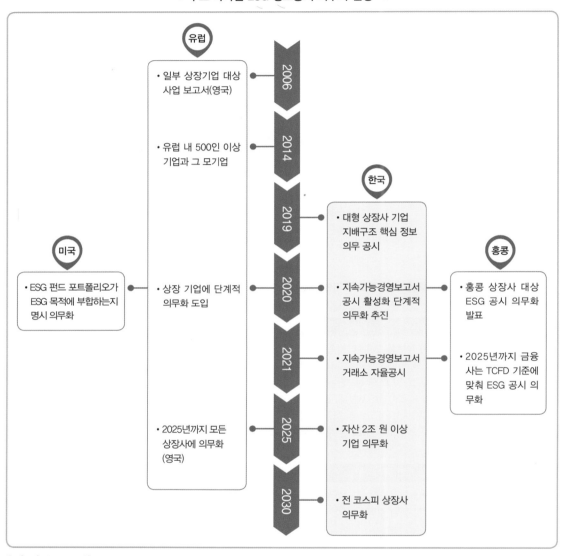

출처: 언론보도 종합.

ESG와 관련하여 또 다른 대표적인 규제에 기후변화와 관련된 탄소 규제를 들 수 있다. 2015년 파리협정에서는 모든 국가가 지구 평균기온 상승을 산업화 이전 대비 2℃ 보다 낮은 수준으로 유지하는 장기 목표를 설정하였으며, 5년 단위로 이행을 점검하도록 하였다.

2050년 탄소중립을 선언한 EU의 경우에 현재 가장 이슈가 되는 환경 규제 중 하나는 바로 탄소국경세이다. 탄소국경세는 EU가 자국보다 탄소 배출을 많이 하는 나라의 제품에 관세를 부과하겠다는 제도이다. EU는 이미 2018년에 탄소국경세 관련 법안의 근거를 마련하였으며, 2023년에 본격적인 도입을 진행하겠다는 계획이다. EU에서 시작된 탄소국경세는 바이든 미국 대통령이 도입을 공약함으로써 세계 무역 흐름에 변화를 가져올 것을 예고하고 있다. 탄소국경세로 대표되는 탄소 배출의 감축은 기후위기의 심각성과 함께 전 세계적으로 확산되고 있다.

국제적으로 탄소 배출량이 가장 높은 중국도 저탄소 배출을 위해 규제를 강화하고 있다. 중국의 경우에 탄소 다배출 업체에 대해서는 탄소 배출 보고서 작성을 의무화하고, 위반할 경우에는 1만 위안에서 3만 위안의 벌금을 부과하고 있다. 우리나라도 2050년 탄소중립을 선언하였으며, 온실가스 감축 목표를 상향 조정했기 때문에 기업에 대한 환경 관련 규제들이 앞으로 더욱 강화될 것으로 예상된다.

◆ 주요국의 탄소중립 목표 및 관련 정책 ◆

EU 2050년 탄소중립 (2019. 12. 발표)	미국 2050년 Net Zero 달성 (2020. 7. 발표)	중국 2050년 탄소중립 (2020. 9. 발표)	한국 2050년 탄소중립 (2020. 10. 발표)
• 2030년 온실 가스 감축 목표 상황 조정 (40→55%) 　－탄소국경세 2021년 상반기 도입 검토 중 • 2021년 7월 탄소국경세 법안 초안 발표 계획 • 향후 10년간 최소 1조 유로 조성 계획 　－연평균 130조 원 투자	• 바이든 행정부 친환경 드라이브 가속화 　－에너지 전환, 기후변화 대응 인프라에 4년간 22조 달러 투자 　－전력 부문 2035 탄소 배출 제로 달성 　－친환경차 산업 육성 및 캘리포니아식 연비 규제 강화 　－기후변화 국제 공조 주도 (파리협정 재가입)	• 제14차 5개년 계획 (2021~ 2025년) 내 이행 계획 포함 　－기존 친환경 산업 정책 추진력 강화 　－주요 산업 녹색 전환 등 녹색 성장 가속화, 탄소 감축 방안 구체화, 전국 탄소배출권 거리 시장 도입 　－2037년 전기차 비중 화석연료 차량 추월 전망 등	• 적응적(Adaptive) 감축 → 능동적(Proactive) 감축으로 전환 • 3대 정책 방향(10대 과제) 선정 　－2025년 내 2030국가 온실가스 감축 목표 상향 조정 추진 　－경제구조의 저탄소화, 신유망 저탄소사업 생태계 조성, 탄소중립사회로의 공정 전환

출처: 대외경제정책연구원, 관계부처 합동, 삼정 KPMG.

4. ESG 경영활동이란

1) 기업 경영활동의 새로운 패러다임

기업을 둘러싼 다양한 이해관계자의 ESG 경영 요구가 잘 받아들여지지 않으면 어떻게 될까? 이는 기업의 기업가치 유지와 사업의 지속성에 상당한 리스크로 작용할 것이다. 이와 반대로 ESG에 대한 이해관계자들의 요구가 잘 반영된 기업의 경우에는 제품과 서비스에 고객들의 관심이 커질 뿐만 아니라, 투자가 확대되고, 자본조달 비용 감소로 이어져서 기업가치의 상승으로 이어질 것이다. 이것이 바로 현재 진행되고 있는 새로운 경영 패러다임이다. 이제는 기업이 재무 성과뿐만 아니라 ESG와 같은 비재무적 성과를 함께 달성해야만 기업의 가치가 극대화되는 방향으로 나아갈 수 있다.

현재까지 기업들은 기업가치의 제고를 위해 재무적 관점에서 크게 두 가지 경영활동을 해 왔다. 첫 번째 경영활동은 경영전략 수립이다. 기술 혁신, 제품·서비스 혁신, 조직 역량 강화와 투자 등을 통해 매출과 이익을 극대화해 왔다. 두 번째는 이러한 경영전략 활동에 따른 경영 성과가 재무제표를 통해 자본시장에 공시되는 것이다.

ESG 경영도 마찬가지로 크게 두 가지 경영활동으로 구분할 수 있다. 첫 번째 경영활동은 ESG 관점에서 경영전략을 수립하고, 두 번째 경영활동으로는 ESG 성과를 지속가능경영보고서의 공시 등을 통해 시장의 이해관계자들과 의사소통하는 것이다.

결국 기업은 기존의 재무적 관점의 경영활동과 더불어 비재무적 관점인 ESG 경영활동도 함께 균형을 가지고 전개해야만 기업가치가 증대되며 지속가능해지는 것이다.

2) ESG 경영체계와 추진 과제

ESG 경영이란 'ESG 경영전략'과 'ESG 정보공개'로 구분될 수 있고, ESG 경영전략에 따른 ESG 경영활동과 ESG 정보공개를 통해서 기업가치를 제고하는 것이 ESG 경영의 개념이다.

그렇다면 ESG 경영전략은 무엇일까? ESG 경영전략이 필요하다는 것에는 이제 많은 기업의 리더들이 공감하고 있다. 그러나 막상 ESG 경영전략이 구체적으로 무엇인지 묻는다면 답변하기 어려운 경우가 많다. ESG 경영전략은 ESG 관점에서 기업의 비전과 목표를 설정하고 이러한 목표를 달성할 수 있는 전략이나 과제, 실행 체계 등을 구축하여 일관되게 추진하는 것을 의미한다. 대부분의 기업은 비전과 목표, 미션, 전략 등의 경영체계를 갖추고 있다. 회사의 경영체계를 ESG에 맞춰 재설계하는 것을 ESG 경영전략이라고 할 수 있다.

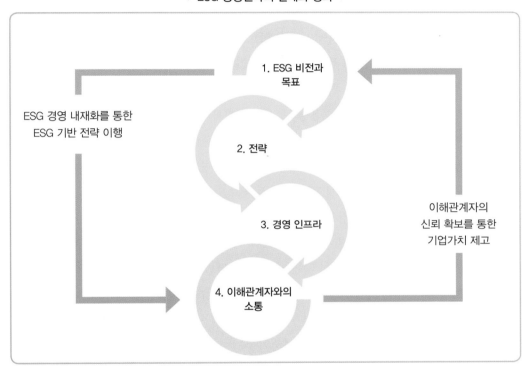

◆ ESG 경영전략의 설계와 성과 ◆

ESG 목표 달성을 위한 경영전략은 기업별 상황에 따라 여러 실행 과제를 생각해 볼 수 있다. 기업들은 우선 ESG 규제에 대응해야 하고, ESG가 기업의 투자나 자금조달에 미치는 영향을 파악해야 할 것이다. 또한 ESG가 기업의 투자나 자금조달에 미치는 영향을 파악해야 할 것이다. 그리고 ESG 테마의 M&A를 고려해 볼 수도 있고, 신기술을 ESG와 접목시켜서 사업 혁신을 모색할 수도 있다. 예를 들어, 구글(Google)은 AI 기술을 적용하여 클린에너지 활용을 극대화하는 신재생에너지 사업 모델을 진행하고 있고, 애플(Apple)은 로봇을 이용해 아이폰을 분해하고 재활용하는 순환 경제 모델을 개발하고 있다. 마지막으로 지속가능경영보고서를 어떻게 수행할 것인지도 기업에서는 ESG 경영전략의 중요한 실행

과제라고 할 수 있을 것이다.

3) ESG 정보공개와 가이드라인

그렇다면 ESG 경영활동의 또 다른 축인 ESG 정보공개란 무엇일까? ESG 정보공개는 투자자 관점에서 기업의 ESG 정보를 '지속가능경영보고서'에 효과적으로 반영하여 이해관계자들에게 공시하는 개념이다. 세부적으로 기업이 당면하고 있는 ESG 리스크가 기업가치에 미치는 영향을 분석하고, 이에 대한 대응 방안을 '지속가능경영보고서'에 반영하여 공시해야 한다. 앞으로 점점 더 많은 투자자가 ESG 정보가 반영된 기업의 '지속가능경영보고서'를 참고하여 투자결정을 하게 될 것이다.

글로벌 선도 기업들의 지속가능경영 보고율은 지속적으로 상승하는 추세이다. KPMG가 2020년 전 세계 기업의 지속성장보고(Sustainability Reporting) 동향을 조사한 결과, 포춘지 선정 500대 기업 중 매출 상위 250개 기업의 96%와 52개 국가의 매출 상위 100개 기업(5,200개)의 80%가 지속가능경영보고서를 작성하고 있는 것으로 파악되었다.

조사 대상 기업 중 지속가능경영보고서에 관한 내용을 제3자에게 인증받는 경우도 매년 증가하고 있다. 물론 이는 글로벌 리딩 기업이나 각 국가의 매출 상위 기업에 해당하며, 아직 지속가능경영보고서를 작성하지 않는 기업들이 훨씬 많다. 그러나 앞으로 다양한 이해관계자의 요구로 인해 대기업뿐만 아니라 더 많은 중소·중견기업도 지속가능경영보고서를 준비해야 할 것이다.

그렇다면 기업들은 어떤 기준에 따라 지속가능경영보고서를 작성해야 할까?

지속가능경영보고서 작성의 경우에 공통된 지표 개발에 대한 논의가 있으나, 전 세계적으로 아직까지 통일된 기준이 있는 것은 아니다. 지속가능경영보고서 작성을 위해 기업들이 주로 참고하는 글로벌 가이드라인으로는 GRI 표준, SASB 표준, TCFD 권고안, IR 프레임워크, ISO 26000, WEF의 '이해관계자 자본주의 공통지표' 등을 꼽을 수 있다. 한국거래소가 2021년에 발표한 'ESG 정보공개 가이던스'에서도 일반적으로 널리 사용되는 글로벌 표준, 이니셔티브의 지표를 사용하는 것이 바람직하다고 권고하고 있다.

기업이 지속가능경영보고서를 작성할 때는 하나의 가이드라인만 참고하는 것은 아니다. 예를 들어, TCFD나 ISO 등은 기업이 지속가능성을 달성하는 데 필요한 이사회와 경영진의 역할이나 리스크 관리 체계 등 주로 실행적인 측면에서의 정보공개를 요구하고 있

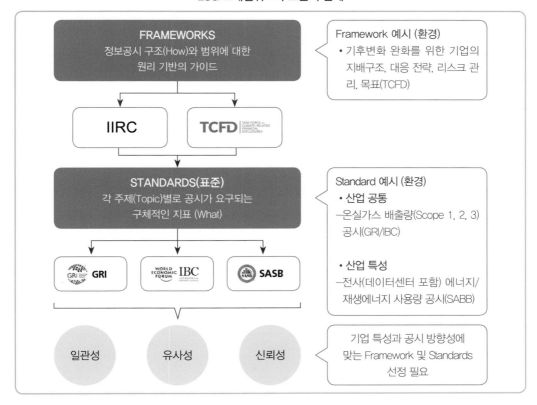

◆ ESG 프레임워크와 표준의 관계 ◆

FRAMEWORKS
정보공시 구조(How)와 범위에 대한
원리 기반의 가이드

Framework 예시 (환경)
• 기후변화 완화를 위한 기업의
  지배구조, 대응 전략, 리스크 관
  리, 목표(TCFD)

IIRC

TCFD TASK FORCE on CLIMATE-RELATED FINANCIAL DISCLOSURES

STANDARDS(표준)
각 주제(Topic)별로 공시가 요구되는
구체적인 지표 (What)

Standard 예시 (환경)
• 산업 공통
  —온실가스 배출량(Scope 1, 2, 3)
  공시(GRI/IBC)

• 산업 특성
  —전사(데이터센터 포함) 에너지/
  재생에너지 사용량 공시(SABB)

GRI GRI

WORLD ECONOMIC FORUM IBC INTERNATIONAL BUSINESS COUNCIL

SASB

일관성   유사성   신뢰성

기업 특성과 공시 방향성에
맞는 Framework 및 Standards
선정 필요

다. 반면, GRI나 SASB 같은 경우에는 지속가능경영보고서 공시에서 사용되는 구체적인
성과지표에 대한 가이드라인에 초점이 맞춰져 있다. 따라서 기업의 지속가능경영보고서
는 실행 체계와 성과지표에 대한 가이드라인을 종합하여 구성하고 있다.

과거 지속가능경영보고서는 자사의 비즈니스 모델이 환경과 사회에 어떠한 영향을 미
치는지에 초점이 맞춰졌다면, 최근에는 환경과 사회적 영향이 자사의 재무 성과에 어떠한
영향을 미치는지 파악하도록 요구된다. 즉, ESG 정보공시는 자사의 재무적 영향과 연계되
어 점차 고도화되는 추세이다.

한편, 각각의 글로벌 ESG 정보공개 표준·이니셔티브가 제시하는 지표들은 매우 다양
하며 어떤 지표들은 기업이나 특정 산업에만 적용되는 지표일 수 있다. 다양한 정보공개
표준, 이니셔티브들이 제시하는 지표 중 한국거래소에서 제시한 핵심적이고 공통적인 지
표들은 다음의 표와 같다.

	항목	지표	세부 내용
조직	ESG 대응	경영진의 역할	ESG 이슈의 파악, 관리와 관련한 경영진의 역할
	ESG 평가	ESG 위험 및 기회	ESG 관련 위험 및 기회에 대한 평가
	이해관계자	이해관계자 참여	이해관계자의 ESG 프로세스 참여 방식
환경	온실가스 배출	직접 배출량 (Scope1)	회사가 수용하고 관리하는 물리적 장치나 공장에서 대기 중으로 방출하는 온실가스 배출량
		간접 배출량 (Scope2)	회사가 소비용으로 매입 또는 획득한 전기, 냉난방 및 증기 배출에 기인한 온실가스 배출량
		배출 집약도 (Scope3)	활동, 생산, 기타 조직별 미터법의 단위당 배출된 온실가스 배출량
	에너지 사용	직접 에너지 사용량	조직이 소유하거나 관리하는 주체의 에너지 소비량
		간접 에너지 사용량	판매 제품의 사용 및 폐기 처리 등 조직 밖에서 소비된 에너지 소비량
		에너지 사용 집약도	활동, 생산, 기타 조직별 미터법의 단위당 필요한 에너지 소비량
	물 사용	물 사용 총량	조직의 물 사용 총량
	폐기물 배출	폐기물 배출 총량	매립, 재활용 등 처리 방법별 폐기물의 총중량
	법규 위반, 사고	환경 법규 위반, 사고	환경 법규 위반, 환경 관련 사고 건수 및 조치 내용
사회	임직원 현황	평등과 다양성	성별, 고용 형태별 임직원 현황, 차별 관련 제재 건수 및 조치 내용
		신규 고용 및 이직	신규 고용 근로자 및 이직 근로자 현황
		청년인턴 채용	청년인턴 채용 현황 및 정규직 전환 비율
		육아휴직	육아휴직 사용 임직원 현황
	안전, 보건	산업재해	업무상 사망, 부상 및 질병 건수 및 조치 내용
		제품 안전	제품 리콜(수거, 파기, 회수, 시정조치 등) 건수 및 조치 내용
		표시, 광고	표시, 광고 규제 위반 건수 및 조치 내용
	정보보안	개인정보보호	개인정보보호 위반 건수 및 조치 내용
	공정경쟁	공정경쟁, 시장지배적 지위 남용	내부거래, 하도급거래, 가맹사업, 대리점거래 관련 법규 위반 건수 및 조치 내용

4) 주요 정보공개 표준

ESG 정보공개 이니셔티브는 조직이 효율적으로 ESG 정보를 공개할 수 있도록 돕기 위해 자율적 준수가 가능한 기준과 방법을 제시하고 있는데, 주요 기관 및 이니셔티브는 다음과 같다.

• GRI(Global Reporting Initiative)

모든 조직에 공통으로 적용되는 정보공개 기준을 제시하고, 경제, 환경, 사회 분야의 지표를 구체화한다.

—GRI G1(2000), G2(2002), G3(2006), G3.1(2011), G4(2013)로 정보공개 지침 및 지표를 고도화하였으며, 2016년에는 지표를 모듈식으로 확장한 GRI 표준을 제정하였다.

—GRI 표준은 경제 분야 6개 주제 13개 지표, 환경 분야 8개 주제 30개 지표, 사회 분야 19개 주제 34개 지표로 구성되어 있다.

• IR 프레임워크(International Integrated Reporting Council)

조직의 ESG 요소와 관련된 시장 전망과 함께 조직의 ESG 전략, 체계, 운영, 가치 창출 활동 공개를 요구한다.

—조직에 영향을 주고받는 재무, 제조, 지적, 인적, 사회, 자연자본을 관리하기 위한 조직의 역할과 성과를 네러티브 방식으로 정보를 공개하도록 권고한다.

—ESG 정보공개를 위한 7대 원칙(guiding principles)과 정보공개 시 포함하여야 하는 8대 내용(contents elements)을 제시한다.

• TCFD(Task Force on Climate-related Financial Disclosures)

금융기관이 거래 대상의 기후 변화 관련 위험, 기회를 파악하기 위해 조직이 공개해야 하는 사항을 제시한다.

—TCFD의 기후변화 정보공개 목적은 금융기관이 거래 대상 조직의 기후변화 관련 정보를 거래 프로세스에 반영하여 개별 조직의 기후 변화 대응 노력을 촉구하는 것이다.

—TCFD 정보공개 지침을 조직의 기후변화 대응 지배구조(2개 지침), 전략(3개 지침), 위험관리(3개 지침), 감축 지표와 목표(3개 지침)에 대해 공개하도록 요구한다.

• SASB(Sustainability Accounting Standards Board)

산업별로 재무적으로 중요한 ESG 정보공개 지표를 제시하며, 미국 SEC 10-K, 20-F 적용을 권고한다.

—2018년에는 SASB 표준을 발표하여 11개 산업군 77개 산업별 ESG 정보공개 지표를 제시하였다(소비재, 서비스, 금융 등 산업군별로 5~8개의 ESG 정보공개 지표를 설정).

–77개의 세부 산업에 적용되는 ESG 정보공개 주제를 종합하면 지배구조 분야 7개, 사업모델 4개, 환경 자본 7개, 사회자본 6개, 인적자본 6개 주제로 구성되어 있다.

5. ESG 보고서 작성 및 공개

ESG 보고서는 주제 선정, 보고 기획, 내용 작성, 내용 검증, 대외 공개 순으로 진행된다.

◆ 중요성 평가 절차 ◆

1
주제 선정
- 경영 기초 자료 수집 및 검토
- 국내외 ESG 통향 분석
- 이해관계자의 의견 수렴
- 대내외 중요성 평가를 통한 중요 주제 선정

2
보고 기획
- 이해관계자의 관심사항, 기업의 사업 전략, 주요 보고 주제 등을 고려하여 적절한 보고서 구조 설계
- 글로벌 표준/이니셔티브를 참고하여 ESG 이슈의 일반적인 분류 및 구성 적용

3
내용 작성
- ESG 활동에 대한 단순 나열이 아닌 ESG 요소를 조직의 전략, 조직구조, 운영체계, 활동 및 성과 목표와 연계하여 작성
- 정보공개 원칙에서 제시된 요건을 고려

4
내용 검증
- 작성된 내용에 대한 검증을 통해 신뢰성 확보
- 검증의 방법, 범위 및 검증 기관 고려
- 제3자를 통한 독립적인 검증과 공인된 검증 표준을 준용하여 객관성 확보

5
대외 공개
- 홈페이지 및 전자공시 시스템 등 다양한 채널을 활용하여 연 1회 이상 공개
- 공개 시기는 ESG와 재무정보를 연계하여 평가할 수 있도록 사업보고서 발간 시기와 지나치게 차이가 나지 않도록 주의

1) 주제 선정

ESG 정보공개의 첫 단계는 보고에 포함할 중요 이슈를 선정하는 것이다. 기업이 모든 ESG 이슈를 보고해야 하는 것은 아니며, 중요한 평가를 통해 핵심 보고 이슈를 선정한다. 이를 위해 글로벌 공개 표준을 활용할 수 있으며, 주요 이해관계자들과 의견 수렴을 통해 조직의 중요 이슈를 파악한다.

그러나 공시 자체가 목적이 되어서는 안 되며, 기업은 ESG 이슈가 기업의 장기적인 가치 창출에 어떤 영향을 미치는지 이해관계자에게 알리는 것이 필요하다. 특히 기업이 선정한 ESG 이슈가 상품 및 서비스, 공급망 등에 어떤 영향을 미칠 수 있는지를 설명하는 것이 필요하다.

중요 보고 주제는 중요성 평가 절차를 거쳐 이를 선정할 수 있다. 1단계에서는 경영 기초 자료를 수집 및 검토하여 ESG 관련 이슈에 대한 목록을 작성한다. 이 과정에서 ESG 요소가 경영전략 및 의사결정에 어떻게 연계되어 관리되는지 검토한다. 2단계에서는 ESG 관련 외부 환경을 분석하고, 3단계에서는 이해관계자의 관심 사항을 파악한다. 이를 통해 마지막 단계에서 중요성을 평가하여 보고 우선순위를 결정한다.

◆ 중요성 평가 절차 ◆

경영 기초 자료 수집 및 검토	➡	국내외 ESG 동향 분석	➡	이해관계자의 의견 수렴	➡	중요 주제 선정

(1) 경영 기초 자료 수집 및 검토

바람직한 ESG 정보공개는 기업의 전략과 밀접한 관계가 있고 기업의 가치에 영향을 줄 수 있는 ESG 요소를 포괄적으로 공개하는 것이다. 경영전략, 이사회 회의록, 부서별 핵심성과지표(KPI), 내부감사 보고서 등의 기초 자료를 수집하고 검토하여 ESG 관련 이슈들에 대한 목록을 작성한다. 또한 그 과정에서 ESG 요소가 실제 경영전략 및 의사결정에 반영되고 있는지를 파악하고, 이들이 어떻게 연계되어 관리되는지 확인한다.

(2) 국내외 ESG 동향 분석

언론 보도 및 국내외 동종 산업 벤치마킹 조사를 통해 보고에 반영할 수 있는 지속가능경영 이슈들과 이해관계자들의 관심을 파악할 수 있다. 특히 언론 등을 통해 기업에 대한 부정적 이슈 등을 면밀히 살필 수 있으며, 동종 산업 내 우수 보고 사례를 통해 글로벌 보고 수준을 확인할 수 있다.

(3) 이해관계자의 의견 수렴

보고서의 범위를 결정하는 경우에 기업은 이해관계자의 기대와 관심 사항을 고려해야 한다. 이를 위해 기업은 기업과 관련 있는 이해관계자 집단을 파악하고 선정해야 한다. 이해관계자란 회사의 영업활동, 제품 또는 서비스 때문에 상당한 영향을 받거나 기업의 전략 수행 및 목표 달성에 상당한 영향력을 행사할 수 있는 자를 말한다. 이해관계자에는 주주, 근로자뿐만 아니라 기업과 관련된 모든 자가 포함된다.

설문조사를 통해 이해관계자의 관심 사항을 파악하고, 간담회를 개최하여 주요 이해관계자의 의견을 심층적으로 수집하는 것은 이해관계자의 관심 사항을 파악할 수 있는 유용한 방법이다. 이해관계자 참여 과정은 기업이 자신들의 전략적 파트너인 이해관계자에 대한 이해도를 높이고, 이들과의 관계를 강화하며, 기업이 제공하는 정보에 대한 신뢰도를 높일 수 있다.

◆ 이해관계자 및 소통 채널별 관심 사항의 예 ◆

이해관계자	소통 채널		주요 관심 사항
임직원	• 소통 게시판 • 경영설명회 • 경영진과의 대화 • 사내 방송 • 임직원 만족도 조사	• 노사협의회 • 임직원 포탈 • 직원 교육 • 워크숍	−공정한 보상 −안전한 근로환경 −중장기적 비전 −전문 교육 −임직원 소통 −복리후생 −노사관계 관리
협력업체	• 간담회 • 동반성장 워크숍 • 동반성장 협의회	• 설문조사 • 동반성장데이	−동반성장 −상생 경영 −지속할 수 있는 경영
주주, 투자자	• 주주총회 • 영업 브로셔 • 투자자 미팅 • 사외이사 후보 주주 추천 공모제	• 공시, 경영실적 발표 • 사업보고서 • 지속가능경영보고서 • 기업지배구조보고서	−투명한 경영활동 −투명한 공시 −지배구조 개선 −사업 포트폴리오 개선
정부, 지자체	• 환경부 • FSC, ISO • 공동 협력 프로그램	• 기획재정부 • 정책연구 참여	−고용 창출 −납세의무 −법규 준수로 기업 의무 이행 및 국가의 지속가능한 발전에 기여 −규제준수 −기후변화 대응 −공공정책 대응 및 참여 −사업장 안전 준수
고액	• 홈페이지 • 페이스북 • 브로셔 • 고객만족도 조사 • 전시회, 박람회	• 블로그 • 유튜브 • 홍보 영상 • 고객 초청 행사	−품질 및 서비스 향상 −고객 소통 −브랜드 가치
지역사회, NGO	• 사회공헌 활동 • 지속가능경영보고서	• 사업장 인근 지역 소통 활동	−폐수, 폐기물 저감 −사업장 유해 물질 관리 −고용 창출 및 유지 −사회공헌 −지역경제 발전

(4) 중요 주제 선정

앞의 과정을 통해 도출된 주제들에 대해 내외부 중요성을 평가하여 상대적 보고 우선순위에 있는 주제를 선정한다. 기업이 우선적으로 추진하고 보고해야 할 주제를 도출하기 위해 다양한 중요성 평가방법론을 활용할 수 있으며, 보고서에는 주제의 상대적 우선순위 결정 과정에 대한 설명을 포함해야 한다.

내부 중요성 평가 항목	외부 중요성 평가 항목
• 기업의 핵심 가치, 정책, 전략, 운영관리 체제, 목표 및 세부 목표 • 기업의 성공을 위해 투자한 이해관계자(예: 직원, 주주, 투자업체)의 관심사와 기대 수준 • 기업에게 중대한 위험, 기회요인	• 이해관계자가 제기한 주요 ESG 관심사항, 주제 및 지표 • 동종 업체 및 경쟁사에서 보고하고 있는 산업별 주요 주제 및 향후 해결 과제 • 기업이나 이해관계자에게 전략적으로 중요한 관련 법률, 규제, 국제협약, 자발적 협약

[핵심 주제 선정 매트릭스의 예]

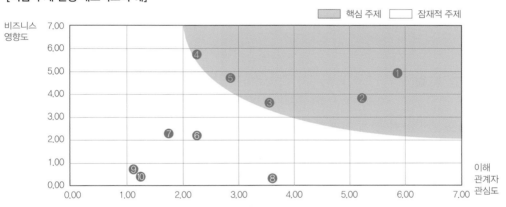

No	주제	이해관계자 영향						주제 경계		
		고객	임직원	협력사	주주/투자자	지역사회	정부	비용	수익	위험
❶	신성장 동력/사업다각화	●	●		●				●	
❷	환경친화적 제품 및 서비스 개발	●			●	●				●
❸	지역사회 참여 및 공헌 활동		●			●				●
❹	윤리경영/공정거래		●	●		●	●	●		
❺	협력사 동반성장 정책		●	●		●				●
❻	지배구조 건전성		●		●		●			●
❼	환경경영 전략 및 체계	●			●	●		●		
❽	지속가능한 공급망 선정 및 평가			●					●	
❾	친환경 에너지 기술	●			●	●				●
❿	인재 채용 및 유지		●				●		●	

(5) 권고 지표

기업이 ESG 정보를 공개하는 경우에 그 성과를 공개하기 위해 다양한 지표를 활용할 수 있다. 이 경우에는 일반적으로 널리 사용되는 표준·이니셔티브가 제시되는 지표를 활용하는 것이 바람직하다. 각각의 정보공개 표준·이니셔티브가 제시하는 지표들은 매우 다양하며, 이들 지표들은 특정 기업에만 해당되는 지표이거나 특정 기업이 속한 업종에만 적용되는 지표일 수도 있다. 다양한 정보공개 표준·이니셔티브가 제시하는 지표 중 핵심적이고 공통적인 지표들은 앞서 제시하였다. 기업은 공개 또는 설명(respond or explain)의 원칙에 따라 지표를 공개하고, 만약 특정 지표가 생략되는 경우에는 주석 등을 이용하여 그 이유를 설명할 수 있다.

이해관계자들은 기업의 ESG 성과 평가 및 동일 업종 내 다른 기업과의 비교를 위해 정략적 데이터에 대한 요구가 높다. 기업은 지표의 연도별 증감 현황 및 그 이유와 기업의 대응 전략을 설명함으로써 이에 대해 효과적으로 대처할 수 있다. 지표는 연간 기준으로 공개하는 것을 원칙으로 하고, 이와 다른 경우에는 대상 기간을 따로 밝힌다.

2) 보고 기획

보고서를 작성하기 전에 전체적인 보고 방향을 기획하고, 그 내용을 구성해야 한다. 이해관계자의 관심 사항, 기업 전략 등이 기본적인 프레임을 적용될 수 있으며, 기업의 사업 모델, 주요 보고 주제 등을 고려하여 가장 적절한 구조를 선택한다.

글로벌 공개 표준을 참고하여 ESG 이슈의 일반적인 분류 및 구성을 적용하는 것이 효과적일 수 있다.

3) 내용 작성

ESG 활동에 대한 단순한 나열을 피하고 ESG 요소를 조직의 전략, 조직구조, 운영체계, 활동 및 성과 목표와 연계하여 보고하는 것을 권고한다. 이를 통해 경영활동에 대한 이해관계자의 이해를 높일 수 있고, 경영체계를 보고할 수 있다.

또한 정보공개원칙에서 제시된 요건을 고려하여 내용을 작성하고, 작성 후에는 보고 담당자, 자료 수집 담당자 등이 함께 검토하고 보완해야 한다.

4) 내용 검증

작성된 내용에 대한 검증을 통해 정보의 품질 요건이 충족되었는지 확인한다. 이를 통해 정보의 신뢰성을 높일 수 있다. 검증 전에 검증의 방법, 범위 및 검증 기관 등을 고려해야 한다. 해당 기업과 이해관계가 없는 제3자를 통해 독립적인 검증을 진행하고, 공인된 검증 표준을 준용하여 객관성을 확보하는 것이 필요하다.

주요 ESG 정보 검증 표준으로는 글로벌 표준기관 Account Ability의 AA1000AS와 국제감사인증기준위원회(IAASB)의 ISAE3000이 있으며, 이 외에도 객관적으로 공인된 다양한 기준을 활용할 수 있다. 검증 후에는 검증 범위, 방법론 등을 명시하고, 검증 의견에 따라 보고 내용을 수정 및 보완한다.

5) 대외 공개

ESG 정보를 공개하는 채널은 기업의 커뮤니케이션 전략에 따라 다를 수 있다. 그러나 이해관계자들이 정보를 적시에 취득할 수 있는 적절한 채널을 선택하는 것이 필요하다. 이를 위해 기업은 홈페이지 등 다양한 채널을 활용할 수 있으며, 각 채널의 접근성 등을 고려하여 적절한 공개 채널을 선정하여야 한다.

한국거래소에서는 투자자 등이 기업에 대한 다양한 정보를 쉽게 취득할 수 있도록 전자공시시스템(KIND)을 운용하고 있다. 전자공시시스템은 기업의 재무 현황, 공시 내용 등 다양한 정보를 제공하고 있다. 또한 거래소의 공시 규정은 지속가능경영보고서를 자율공시 사항으로 규정하고 있다. 따라서 기업이 ESG 정보를 공개하는 경우에 그 채널의 하나로서 거래소의 전자공시시스템을 포함하는 것을 권고한다.

정보는 연 1회 이상 공개하는 것을 원칙으로 하고, 매년 일정한 시기에 공개하는 것을 권고한다. 투자자들이 ESG 요소와 재무정보를 연계하여 평가할 수 있도록 이를 공개하는 시기는 사업보고서를 공개하는 시점과 지나치게 차이가 나지 않도록 하는 것이 바람직하다.

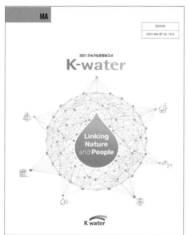

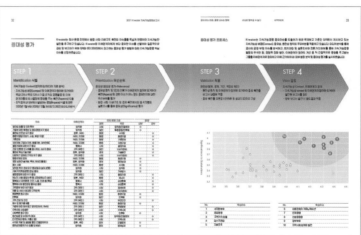

◆ 지속가능경영보고서의 예, K-Water ◆

국토를 이롭게 하는 K-water의 환경경영

기후변화 심화에 따른 탄소감축 노력이 전 세계적으로 요구되는 가운데, 대한민국 물관리 전문 공기업으로서 K-water 또한 친환경적이며 효율적인 물관리를 요구받고 있습니다. K-water는 사업 진행 시 모든 과정에서 환경경영을 실질적으로 관리하고자 친환경 경영체계를 구축하여 관리하고 있으며, 특히 탈탄소사회로의 진입을 위해, 기존의 환경경영체계를 지속 유지하면서, 기후위기경영 선언을 통한 녹색채권 발행, 신재생에너지 발전량증대 등의 노력을 다하고 있습니다.

K-water 환경경영시스템

K-water는 2002년 10월 환경경영시스템(ISO 14001)을 최초 인증 받고, 외부 전문 인증기관을 통해 매년 사후심사와 3년마다 갱신심사를 수검하며, 환경경영시스템의 효과성을 검증받고 있습니다. 또한 2007년부터 국내 최초로 환경성과평가시스템을 내부적으로 구축하여 전 부서가 사업영역별로 관리하고 있으며, 이를 활용하여 매년 품질 및 환경경영에 대한 국제표준 인증심사원을 양성하고, 양성된 내부전문가를 통해 개별 사업장의 품질·환경경영 실태를 매년 점검·개선함으로써 국제표준에 부합하는 환경경영을 실질적으로 실천하고 있습니다.

K-water 환경경영 체계

실행체계 전사적 품질·환경·녹색경영의 국제규격 유지	성과지표 환경성과평가 EPE(Environmental Performance Evaluation)	지원기반 유지 품질·환경·녹색경영시스템 내부전문가 양성
• 품질·환경·녹색경영에 관한 국제표준 인증 취득 　• 품질경영(ISO 9001)·환경경영(ISO 14001)·녹색경영(KSI 7001) • 매년 전 부서가 내부 전문가와 외부 인증 전문기관에 의해 국제규격의 이행현황을 점검받고, 개선활동 실시	• EPE 지수란, 공사의 환경경영성과를 경영 전 부분에서 종합적·계량적으로 측정하는 지수 • 기준 연도(2006년)대비 환경적 측면의 개선 정도를 상대적 수치로 나타냄 • 2007년 국내 최초로 환경성과평가 시스템 구축 및 특허 취득	• 2007년부터 내부 직원을 선발해서 ISO 품질·환경 경영 인증심사원 교육 기회를 제공 • 2021년 10월 기준으로 188명의 ISO 품질·환경 경영 인증심사원 양성 • 내부 전문가를 통해 K-water 전 사업점에서 국제 표준에 부합하는 품질·환경경영을 실질적으로 이해

K-water 환경경영 PDCA 체계

계획 PLAN
환경경영 방침·실천강령
환경경영 목표 수립
환경경영 추진계획
환경친화적 설계

실행 DO
환경경영목표·추진계획 실행
친환경 수자원개발·관리
청정에너지 생산
녹색구매

개선 ACT
경영자검토
지속가능경영보고서
부적합사항 시정·개선
이해관계자 의사소통

평가 CHECK
국제표준(ISO) 인증심사
환경성과평가(EPE)
정부경영평가 내부평가
내부심사

K-water 환경경영

6. 중소·중견기업의 ESG 준비

1) ESG 경영, 중소·중견기업의 새로운 경쟁력

선도적인 기업들은 코로나19 펜데믹 이후에 찾아온 새로운 상황에서 지속가능한 성장을 이어 나가기 위해 ESG 경영을 강화하고 있다. 국내의 기업들도 이러한 시대적 흐름에 맞춰 발 빠르게 ESG 경영전략을 수립하고, 대응 방안을 모색하고 있다. 그러나 ESG에 대한 준비는 지금까지 대기업을 중심으로 이루어지고 있다.

중소·중견기업의 경우에는 대기업에 비해 상대적으로 부족한 인력과 자본으로 인해 ESG 경영에 따른 업무 및 비용 증가에 대한 우려로 선뜻 나서기 어려운 상황이다. 또한 국내에 2030년까지 단계적으로 도입될 ESG 정보공개의 의무도 자산 2조 원 이상의 기업이나 코스피 상장사 등 규모가 큰 기업을 대상으로 하고 있기에 중소·중견기업의 ESG 경영에 대한 인식과 필요성은 상대적으로 미흡한 상황이다. 그러나 최근의 경영환경은 중소·중견기업들도 ESG 활동을 적극적으로 고려해야만 생존할 수 있는 상황으로 경영환경이 변화하고 있다. 앞서 투자자들은 ESG가 미흡한 기업에는 더 이상 투자하지 않겠다는 견해를 밝히고 있으며, 은행권에서도 기업의 대출심사 요건으로 ESG 수준을 반영하겠다는 계획을 발표하고 있다. 또한 대기업들은 전 공급망에 걸친 ESG 관리가 필요하므로 협력사인 중소·중견기업에도 ESG 관리에 대한 동참을 요구하고 있다. 이제 대기업들은 자신의 공급망 내에 있는 중소·중견기업의 산업안전, 노동환경, 인권, 환경보호 등 ESG 요소를 평가할 것이고, 이를 고려하여 협력업체를 선정하게 될 것이다. 기업의 공급망뿐 아니라 시민단체와 일반 소비자들도 윤리적이고 친환경적인 경영에 대한 압박이 커지고 있는 상황이다. 자금조달과 고객 기반 측면에서 볼 때, ESG 경영은 중소·중견기업에게도 선택이 아닌 필수이며, 생존과 직결된 문제라고 할 수 있다.

ESG에 대한 시대적 요구는 중소·중견기업에게 상당한 리스크 요인으로 작용하지만, 발상을 전환하면 중소·중견기업의 새로운 경쟁력이 될 수 있다. 상대적으로 ESG 경영을 잘하는 중소·중견기업은 이전보다 더 많은 자금을 조달할 수 있으며, 고객 기반을 크게 확대하는 기회로 삼을 수 있다. 따라서 중소·중견기업들도 ESG 경영전략을 선제적으로 수립하고, 자사의 ESG 경영을 이해관계자들에게 효과적으로 전달하기 위한 ESG 정보공개 방침을 세워야 할 것이다.

2) 중소 · 중견기업의 ESG 경영 강화를 위한 협력 전략

앞서 언급한 바와 같이 인력과 자본이 부족한 중소 · 중견기업이 자체적으로 높은 수준의 ESG 경영을 달성하기란 쉽지 않다. 따라서 중소 · 중견기업의 ESG 경영을 강화하기 위해서는 정부나 대기업의 지원과 협력이 필수적이라고 할 수 있다. 특히 대기업의 경우에는 협력업체와 동반성장이 사회적 책임을 준수하는 방법 중 하나라는 점에서 중소 · 중견기업의 ESG 경영을 지원할 요인이 있다.

주요 협력 전략으로 대기업과 중소 · 중견기업 간의 ESG 파트너십을 통해 공급망 내에 ESG 관리 프로그램을 구축하고, ESG 역량을 함께 성장시키는 방안이 있다. 또한 ESG 관련 교육을 통해 중소 · 중견기업의 인식 제고와 변화 관리를 이끌어 낼 수 있다. 중소 · 중견기업 ESG 지원 제도 간의 연계성과 실효성, 접근성을 강화하여 ESG 지원 생태계를 활성화하고, 공공 ESG 데이터 플랫폼을 구축하여 중소 · 중견기업이 다양한 ESG 정보를 활용할 수 있도록 지원해야 한다.

중소 · 중견기업은 협력 체계를 구축하고 있는 대기업에서 요구하는 ESG 지표를 중심으로 관리함으로써 좀 더 빠르게 ESG 경영을 정착시킬 수 있을 것이다.

전략 1: 대기업과 중소 · 중견기업 간의 ESG 파트너십 강화

중소 · 중견기업의 입장에서 대기업의 ESG 경영 요구와 지원 프로그램은 중소 · 중견기업이 ESG 경영을 추진하는 가장 핵심적인 요인이며, ESG 경영의 원동력 역할을 할 수 있다. 일례로 애플의 경우에는 협력업체의 ESG 경영 강화를 위해 에너지 효율 프로그램, 클린워터 프로그램, 폐기물 제로 목표 달성 파트너십 등 다양한 프로그램과 파트너십을 협력업체에 제공하고 있다.

중소 · 중견기업은 대기업이 추진하는 협력업체 ESG 관리 프로그램에 적극적으로 참여하여 ESG 역량을 개선해야 한다. 이를 위해 대기업과 중소 · 중견기업 간의 ESG 리스크 관리 체계를 수립할 필요가 있다. 대기업은 협력업체의 ESG 행동 규범을 제시하고, ESG 진단지표 개발을 지원할 필요가 있다. 또한 협력업체 ESG 진단을 통해 우수 사례를 선정하고 이에 대한 심층 분석 결과를 공급망 내 모든 중소 · 중견기업과 공유하여 해당 기업들이 이를 활용해서 미흡한 분야를 기업 자체적으로 개선해 나가는 선순환 구조를 만들어야 한다.

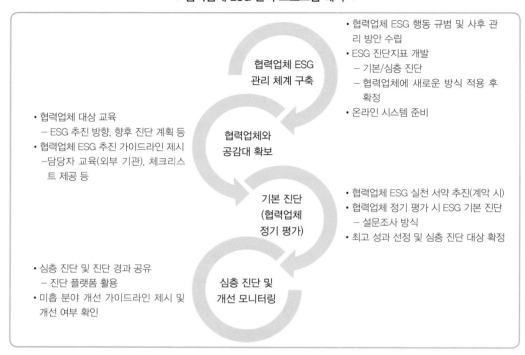

◆ 협력업체 ESG 관리 프로그램 예시 ◆

협력업체 ESG
관리 체계 구축

- 협력업체 ESG 행동 규범 및 사후 관리 방안 수립
- ESG 진단지표 개발
  – 기본/심층 진단
  – 협력업체에 새로운 방식 적용 후 확정
- 온라인 시스템 준비

- 협력업체 대상 교육
  – ESG 추진 방향, 향후 진단 계획 등
- 협력업체 ESG 추진 가이드라인 제시
  –담당자 교육(외부 기관), 체크리스트 제공 등

협력업체와
공감대 확보

기본 진단
(협력업체
정기 평가)

- 협력업체 ESG 실천 서약 추진(계약 시)
- 협력업체 정기 평가 시 ESG 기본 진단
  – 설문조사 방식
- 최고 성과 선정 및 심층 진단 대상 확정

- 심층 진단 및 진단 경과 공유
  – 진단 플랫폼 활용
- 미흡 분야 개선 가이드라인 제시 및 개선 여부 확인

심층 진단 및
개선 모니터링

전략 2: 중소 · 중견기업 인식 제고 및 변화 관리 지원

중소 · 중견기업이 ESG 경영에 선뜻 나서지 못하는 이유는 인력과 자본 여력이 부족하다는 측면도 있지만 동시에 ESG 경영에 대한 인식과 필요성이 낮기 때문이다. 대기업은 ESG 개선 시 나타날 수 있는 기대효과를 중소 · 중견기업과 적극적으로 공유함으로써 중소 · 중견기업의 자발적 이행력을 높여야 할 것이다. 또한 중소 · 중견기업이 ESG 이슈별 특성과 자사 현황을 고려하여 대응 전략을 수립할 수 있도록 실질적인 가이드와 교육을 지원해야 한다. ESG 경영을 통해 중소 · 중견기업이 얻을 수 있는 기대효과는 크게 고객과 투자자의 신뢰, 리스크와 규제 대응, 운영의 우수성 향상을 꼽을 수 있으며, 이를 통해 기업 경쟁력과 가치가 증대되는 것을 들 수 있다.

전략 3: 중소 · 중견기업 ESG 지원 생태계 활성화

중소벤처기업부, 동반성장위원회, 중소벤처기업진흥공단 등 중소 · 중견기업 관련 정부 기관에서는 다양한 ESG 지원 정책을 발표하고 있다. 정부는 이러한 지원 제도 간의 연계성과 실효성을 개선하여 ESG 지원 생태계를 보다 활성화시킬 필요가 있다.

세부적으로 ESG 가이드라인 평가, 인증 기준에 대해 각 유관기관의 연계성을 강화해야 하며, 정책자금융자나 금융지원 인센티브 등의 경우에는 중소 · 중견기업의 실질적인 ESG 경영 유인이 될 수 있도록 실효성을 높일 필요가 있다.

3) 중소·중견기업의 ESG 정보공개 방안

중소·중견기업은 대기업과 정부가 연계된 협력 전략에 적극적으로 참여할 뿐만 아니라 스스로도 ESG 역량을 강화하기 위해 노력을 해야 한다. 특히 중소·중견기업도 지속가능경영보고서 작성 등을 통해 자사의 ESG 경영을 적극적으로 알릴 필요가 있다. 지속가능경영보고서는 일반적으로 주제 선정, 보고 기획, 내용 작성, 내용 검증, 대외 공개의 과정을 거쳐 발간된다.

이 과정에서 공시 자체가 목적이 되어서는 안 되며, ESG 이슈가 기업의 장기적인 가치 창출에 어떤 영향을 미치는지 이해관계자에게 효과적으로 알리는 것이 중요하다. 특히 기업이 선정한 ESG 이슈가 제품 및 서비스, 공급망 등에 어떤 영향을 미칠 수 있는지를 설명하는 것이 필요하다.

ESG 정보공개 시 선행 과제는 자사의 핵심 ESG 요소를 파악하는 것이다. 기업이 모든 ESG 이슈를 보고해야 하는 것은 아니다. 또한 기업마다 영위하는 사업과 외부 환경요인이 다르므로 각 기업에 중요한 영향을 미치는 ESG 요소도 기업마다 동일할 수 없다. 특히 지속가능경영보고서 작성을 새롭게 시작하는 중소·중견기업의 경우에는 기업 내외부의 다양한 이해관계자와의 의사소통을 통해 자사의 핵심 ESG 요소를 파악해야 한다. 이때 ESG 경영전략 수립과 병행하는 것이 ESG 정보공개를 준비하는 데 보다 효과적으로 작용할 것이다.

만약 지속가능경영보고서를 미리 발간하고 있다면, 기존의 보고서 내용 중에서 ESG가 기업가치에 영향을 미치는 리스크가 충분히 분석되고 있는지를 검토해야 하고, 이러한 리스크를 어떠한 전략적이고 체계적으로 관리해 나갈 것인지를 보고서에 명시해야 한다. 이를 위해서는 전사 차원에서 지속적인 ESG 정보 관리가 필요하며, 경영진 차원에서 ESG 이슈를 관리하면서 ESG 정보를 관리하는 조직을 통해 기업 내 일관성 있는 ESG 측정 기준과 보고 기준을 갖추어야 한다. 이 과정에서 특히 이해관계자가 중요하게 생각하는 ESG 정보를 파악하고 이를 반영하기 위해 노력해야 한다.

제2장

ESG 공시표준은
무엇이며,
진단 및 평가는
어떻게 하는 것인가

1. ESG 공시 글로벌 표준과 흐름

국제적으로 ESG 공시 기준의 표준화가 빠르게 진행되고 있다.

유럽연합은 다년간에 걸쳐 지속가능성보고지침, EU 그린 택소노미, 유럽재무보고 자문 그룹의 지속가능성 표준(EFRAG Standards)으로 이어지는 공시 체계를 가장 체계적이고 빠르게 제도화하고 있다.

미국도 우여곡절이 있었지만 2022년 초에 미국 증권거래위원회(SEC)의 기후공시 강화와 표준화 법안을 발표해 빠르게 대응하고 있다.

유럽이나 미국의 회계기준처럼 민간에 위임하는 기존의 방식이 아닌 규제 기관이 직접 ESG 공시 기준 제정을 주도하고 있다. 이는 ESG의 정책 속도를 높이기 위한 강력한 전략으로 해석된다. 국가별 ESG 공시 의무화 현황을 표로 정리하였다.

◆ **국가별 ESG 공시 의무화 현황** ◆

유럽	• 2021년 3월부터 ESG 공시 의무 대상 확대 • 2024년부터 대기업 ESG 공시 의무화 합의 • 연기금에서 은행, 보험, 자산운용사 등의 금융회사로 확대	
미국	• 현재 투자자들이 알아야 할 ESG만 자율공시 • 바이든 정부 출범이 후 ESG 관심 증대	
영국	• 2025년까지 모든 기업의 ESG 정보공시 단계적 의무화 • TCFD 권고안 기준으로 기후 관련 정보공시 의무화 추진	
일본	• 2020년 스튜어드십 코드 개정 시행 • 2021년 상반기 ESG 공시 방법 마련 • 2022년 공급망에서의 인권존중을 위한 지침안 발표	

글로벌 기준에 따른 세계 선진국들의 ESG 공시 확산 속도에 비해서는 상당히 늦은 감은 있지만 국내의 공시 법제화를 위해 금융위원회에서는 2021년 1월에 지속가능경영보고서를 의무화하겠다는 계획을 발표하였다. 이에 따르면 2025년 이전까지는 자율공시이지만

2025년부터 자산총액 2조 원 이상의 유가증권시장 상장사를 시작으로 2030년에는 모든 코스피 상장사로 지속가능경영보고서 공시 의무가 확대될 예정이다.

금융위원회에서는 ESG 책임투자 활성화를 위해 ESG 정보공개를 확대하는 등 제도적 기반을 마련하기로 했고, 이를 위해서 지속가능경영보고서와 지배구조를 포함한 기업지배구조보고서 공시를 단계적으로 의무화한다.

◆ ESG 보고서 공시 의무화 일정 ◆

기업지배구조보고서		지속가능경영보고서
자산 2조 원 이상 (시행 중)	2021년 1월	자율공시
자산 1조 원 이상	2022년	
자산 500억 원 이상	2024년	
	2025년	자산 2조 원 이상
	2026년	
모든 코스피 상장사	2030년	모든 코스피 상장사

지속가능경영보고서는 이해관계자에게 중요하다고 판단되는 ESG 관련 정보를 포함해야 한다는 점에서 기업의 사업보고서와는 확실하게 차별화된다. 지속가능경영보고서는 기업의 사업보고서나 기업지배구조보고서 공시와는 달리 구체적인 서식이나 가이드라인 없이 기업이 이니셔티브를 선택하여 자유롭게 기재하는 형식이다. 향후에는 한국거래소가 구체적인 공시 지침을 제공할 예정이다.

한국거래소는 2017년 3월 기업지배구조 공시제도를 도입하였고, 2019년부터 자산 2조 원 이상의 코스피 상장사를 시작으로 2022년에는 1조 원 이상, 2024년에는 5,000억 원 이상, 2026년에는 모든 코스피 상장사로 기업지배구조보고서 공시 의무가 확대될 예정이다.

기업지배구조보고서 공시제도는 주주의 권리, 주주의 공평한 대우, 이사회의 기능, 이사회의 구성, 사외이사의 책임, 사외이사 활동의 평가, 이사회 운영, 이사회 내 위원회, 내부감사 기구, 외부감사인 등 10개 항목에 대해 기업지배구조 핵심 원칙을 두고 있다. 기업은 한국거래소에서 발간한 기업지배구조보고서 가이드라인에 따라 제시된 원칙에 대해 '원칙 준수, 미준수 시 사유 설명(Comply or Explain)' 방식으로 해당 원칙 준수 여부와 그 근거를 이용자들이 이해할 수 있도록 충분히 기재해야 한다.

ESG 공시가 법적 의무 사항이 되는 추세에 따라 국내 기업들은 선제적으로 어떠한 공시 의무 대상에 해당하는지에 따라 어떠한 사항을 공시해야 하는지를 파악한 후, 공시 항목에 대한 사전 점검 및 개선 작업을 거치고, 공시를 위해 필요한 데이터를 보관하고 유지해야 한다. 국내외의 ESG 공시 의무 사항 법제화 추세에 따라 자원이 부족하고 수출지향적인 제조 기반의 국내 중견·중소기업들은 공시 법적 의무 사항을 준수하여 지속가능경영보고서를 작성하고 운영할 수 있는 체계적인 실행 능력이 간절하게 요구된다.

아울러 유럽과 미국 중심으로 발전하고 있는 공급망 실사 지침도 ESG 경영과 더불어 글로벌 시장에서는 상당한 영향을 미칠 것으로 예측된다. 최근 유럽의회 인권위원회, 환경위원회에서도 지속할 수 있는 공급망 실사 법안에 대해 협의하는 등 유럽의회의 법안 논의도 활발하게 진행되고 있다. 유럽연합에서는 각 유럽 국가의 공급망 실사법을 일원화하기 위하여 2022년 2월에 유럽연합 집행위원회가 기업 지속가능성 실사 지침 초안을 발표하였고, 그 지침안은 유럽의회와 유럽연합 이사회의 승인을 받아서 2024년부터 본격적으로 시행되면 유럽연합에서 활동하거나 유럽연합 기업과 거래하는 대기업, 중견기업과 협력사들도 관련 공급망 실사를 의무적으로 실시해야 하므로 국내의 기업들도 대응책을 마련해야 하는 시급한 상황에 직면하게 되었다. 이에 국내의 산업통상자원부에서는 2022년 12월 말에 공급망 대응 K-ESG 가이드라인을 발간하여 자료를 제공하고 있다.

ESG 공시 및 공급망 대응을 위해 기업에서는 지속가능경영보고서를 작성하기 전에 먼저 해당 기업의 ESG 경영 상태를 면밀하게 진단하고 문제점을 도출하여 개선한 후 그 결과를 지속가능경영보고서에 반영하여 작성하여야 한다. ESG 경영 상태를 진단하는 방법에 대해서 간략하게 설명하고자 한다.

ESG 진단은 기업에서 ESG 경영을 하기 위해서 외부 또는 내부에서 진단하는 과정으로써 지속가능경영보고서의 항목들을 중심으로 자체적으로 개발하거나 이미 개발된 ESG 진단 체크리스트를 적극적으로 활용하면 된다.

대기업의 경우에는 내부 전문가 집단을 통해서 TF팀을 구성하여 GRI, SASB, TFCD 등 글로벌 지속가능경영보고서 가이드라인에 준해 제시된 세부 항목을 체계적으로 진단하고 그 결과를 경영시스템에 반영하여 지속적 성장을 담보할 수 있도록 운영되고 있다. 그러나 중견·중소기업과 Scope 3에 해당되는 공급망 협력사들의 경우에는 ESG 정보와 실행할 수 있는 자원의 부족으로 많은 한계점에 봉착되어 있는 것이 현실이다. 이에 정부 차원에서 한계점을 극복하기 위해서 기업들에게 제공되고 있는 ESG 진단 체크리스트는 산업별로 모든 기업의 특성에 맞게 진단할 수 있는 공신력을 현실적으로 제공하지 못하는 상황이다. 국내에서는 2021년 한국거래소에서 기업공시개선안이 발표되면서 본격적으로 ESG가 이슈화되었다. 기업 경영에 사용되는 경영전략에는 다양한 핵심 지표가 사용되고 있다.

산업통상자원부에서 2021년 12월에 관계 부처 합동으로 K-ESG 가이드라인 V1.0을 발간하였고, 이어 2022년 12월에는 공급망 실사 대응 K-ESG 가이드라인을 발간하였다. 중견·중소기업들에게 ESG 진단에 대응할 수 있는 자료들을 엄선하여 산업통상자원부에서 제공한 것이다. 국내에서 ESG 진단을 위한 평가지표로 활용되는 것은 한국ESG기준원(구 한국기업지배구조원)의 KCGS 지수, 산업통상자원부의 K-ESG 지수, 중소벤처기업부의 K-Doctor 지수, 경제실천협의회의 KEJI 지수, 대한상공회의소의 MSCI 지수 등이 있다.

이 장에서 설명할 ESG 공시 글로벌 표준, ESG 진단/평가 및 그 결과에 따른 기업의 개선 활동에 대해서 전체적으로 한눈에 쉽게 파악할 수 있도록 업무 진행 단계를 표로 구성해서 다음과 같이 제공할 것이다. ESG 공시 글로벌 표준과 진단/평가는 대표적인 기관만 제시

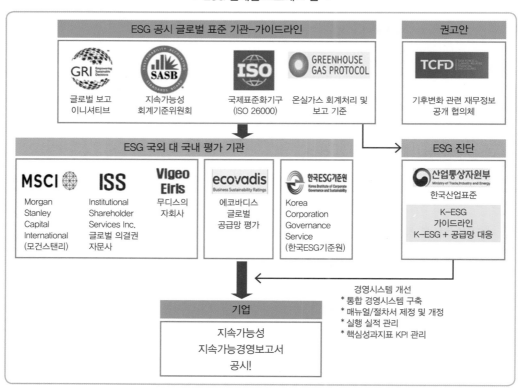

◆ ESG 단계별 프로세스 맵 ◆

하였고, 그 외의 기관들은 다음에서 자세히 설명하고자 한다.

ESG 공시 글로벌 표준 가이드라인에 준하여 국내에서는 산업통상자원부에서 2021년 12월 말에 K-ESG 가이드라인이 발간되었고, 또한 많은 기관에서 ESG 진단과 평가표가 제시되어 활용되고 있다. 기업들은 먼저 진단을 통해서 문제점을 도출하고, 그 문제점은 경영시스템 개선 과정을 통해서 개선하여야 하며, 이후 평가 기관을 통해 평가를 받고 지속가능경영보고서를 작성하여 공시하는 일반적인 업무 프로세스를 간략하게 표로 구성함으로써 ESG에 대해서 처음 접하는 사람도 한눈에 쉽게 이해할 수 있도록 도움을 주고자 다음과 같이 제공한다.

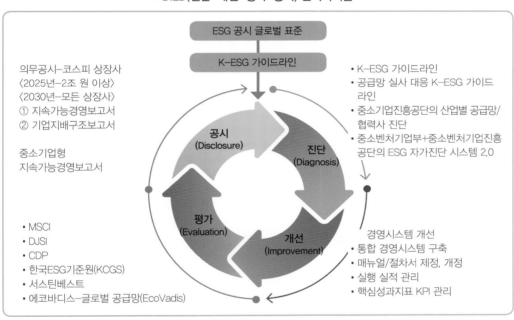

◆ DIED(진단-개선-평가-공시) 관리사이클 ◆

1) GRI 표준 가이드라인

GRI는 1997년에 미국의 비정부 기구(NGO)인 CERES와 UNEP가 중심이 되어 설립되었으며, 2002년 네덜란드 암스테르담에 본부를 둔 상설 기관으로 확대 개편되었다. GRI는 현재 세계적으로 통용되는 가장 권위 있는 지속가능경영보고서 가이드라인인 GRI 가이드라인을 제정·운영하는 기관이다.

먼저 전 세계적으로 많이 적용되고 있는 GRI 표준 가이드라인에서 제시된 내용과 성과지표에 관해서 설명하고자 한다. GRI 표준은 2016년에 도입된 이후에 1만 개 이상의 기업에서 지속가능경영보고서의 공시 가이드라인으로 활용되고 있는데, 각 주제에 따라 GRI 100~400번 항목으로 구성되어 있다.

- GRI 101: GRI 기준 설명
- GRI 102/103: 일반정보공개
- GRI 200: 경제적 성과지표
- GRI 300: 환경적 성과지표
- GRI 400: 사회적 성과지표

◆ 카테고리별 GRI 기준 분류 ◆

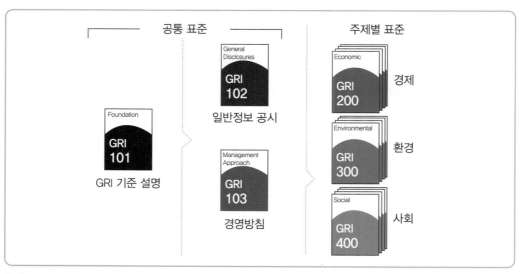

출처: GRI(Global Reporting Initiative).

GRI 원문을 참조하여 GRI 주제별로 구성된 표준 지표를 간략하게 표로 구성하여 다음과 같이 제시한다.

◆ GRI 102 일반정보공개 ◆

조직 프로필	102-1	조직 명칭(회사명)
	102-2	활동, 브랜드, 제품, 서비스(대표적 사회 위주)
	102-3	본사 위치
	102-4	조직이 사업을 운영하는 국가의 수와 국가명(사업장 위치)
	102-5	조직 소유 형태와 법적 형태
	102-6	제품과 서비스가 제공되는 지리적 위치, 관련 산업, 고객과 수혜자 유형
	102-7	조직의 규모(임직원 수, 사업장 수, 순 매출, 자기자본과 부채를 구분한 총자본, 제품 서비스 수량 포함)
	102-8	임직원 및 근로자 정보
	102-9	조직의 공급망
	102-10	보고 기간 동안 발생한 조직의 규모, 구조, 소유, 공급망과 관련된 중대한 변화
	102-11	조직의 사전 예방 접근법 및 원칙
	102-12	조직이 가입하였거나 지지하는 외부의 경제, 환경
	102-13	산업협회 등 국가별·국제적 정책 기구의 멤버십 현황
전략	102-14	최고 의사결정권자 성명(인사말)
	102-15	핵심 영향, 위험, 기회
윤리성과 청렴성	102-16	가치, 원칙, 표준, 행동규범
	102-17	윤리에 대한 자문과 신고 메커니즘(윤리경영)
거버넌스 (지배구조)	102-18	지배구조(이사회)
	102-19	권한 위임(지속가능경영 추진체계)
	102-20	경제, 환경, 사회적 주제에 대한 임원급의 책임(경영진의 역할)
	102-21	이해관계자와 경제, 환경, 사회적 주제 협의
	102-22	최고 거버넌스 기구와 위원회 구성(이사회 및 산하 위원회)
	102-23	최고 거버넌스 기구 의장
	102-24	최고 거버넌스 임명과 선정
	102-25	이해관계자 상충 방지 프로세스 및 이해 상충 사항의 공개 여부(이사회 구성 프로세스)
	102-26	목적, 가치 전략 수립에 관한 최고 거버넌스 기구의 역할(경제적·환경적·사회적 영향 관련)
	102-27	최고 거버넌스 기구의 경제적·사회적·환경적 주제에 관해 공동 지식 강화 및 개발 절차(지속가능경영 추진체계)
	102-28	최고 거버넌스 기구의 성과 평가에 대한 절차
	102-29	최고 거버넌스 기구의 경제적·환경적·사회적 영향 파악과 관리
	102-30	최고 거버넌스 기구의 리스크 관리 프로세스 효과
	102-31	최고 거버넌스 기구의 경제적·환경적·사회적 주제 검토
	102-32	조직의 지속가능성경영보고서를 공식 검토하고 승인하며, 모든 중요 측면 포함 여부를 확인하는 최고 위원회 또는 직위
	102-33	중요사항을 최고 거버넌스 기구에 보고하는 절차
	102-34	최고 거버넌스 기구에 보고된 중요사항의 성격, 개수, 해결 메커니즘
	102-35	보수 유형별 정책 및 고위 임원에 대한 보상
	102-36	보수 결정 절차 및 보수자문위원 관여 여부, 자문위원과 조직의 관계
	102-37	보수 관련 이해관계자의 의견 수렴 및 보수 정책 제안에 대한 투표 결과
	102-38	연간 총보상 비율
	102-39	연간 총보상 인상률

	102-40	조직과 관련 있는 이해관계자 집단들의 목록
이해관계자 참여	102-41	전체 임직원 중 단체협약이 적용되는 임직원의 비율
	102-42	조직이 관여할 이해관계자 파악 및 선정 기준
	102-43	조직이 관여시킬 이해관계자 참여 방식
	102-44	이해관계자 참여 과정에서 제기된 핵심 주제 및 관심사, 조직의 대응
파악된 중대 측면과 경계 및 보고서 프로필	102-45	조직의 연결재무제표
	102-46	보고서 내용과 토픽의 경제 결정 과정(중요성 평가)
	102-47	보고서 내용 결정 과정에서 파악한 모든 중요 주제의 목록
	102-48	이전 보고서에서 제공한 정보에 대한 수정이 미치는 영향과 수정 보고 이유
	102-49	이전 보고 기간 이후에 발생한 중요 주제의 목록 및 경계의 의미 있는 변화
	102-50	제공한 정보의 보고 기간(회계연도)
	102-51	가장 최근 보고서의 보고 일자
	102-52	보고 주기(매년, 격년 등)
	102-53	보고서 또는 그 내용에 대한 문의 시 연락처
	102-54	GRI 표준 부합 방법
	102-55	적용한 GRI 표준과 공개 목록을 표기한 GRI 인덱스
	102-56	보고서의 외부 검증에 대한 조직의 정책과 검증보고서

◆ GRI 103 일반정보공개 ◆

	103-1	중요 토픽과 그 경계에 대한 설명(중요성 평가 과정)
	103-2	경영접근방식의 목적, 토픽 관리 방법
	103-3	경영접근방식 평가 절차, 결과, 조정 사항

◆ GRI 200 경제 ◆

	201	측면과 경영접근방식 공개(회사소개, 비전, 경영전략 등)
경제 성과	201-1	직접적인 경제가치 발생과 분배
	201-2	기후변화가 조직의 활동에 미치는 재무적 영향 및 기타 위험과 기회
	201-3	조직의 확정급여형 연금제도 채무 충당
	201-4	국가별 정부의 재정지원 금액
시장지위 (비공개 기업이 많음)	202	측면별 경영접근방식 공개
	202-1	주요 사업장이 위치한 지역의 최저임금과 비교한 성별 기본 초임 임금 기준, 최저임금 보상 평가 방안 등 공개
	202-2	주요 사업장의 현지에서 고용된 고위 경영진 및 정의
간접 경제효과	203	측면별 경영접근방식 공개
	203-1	사회 기반 시설 투자와 지원 서비스의 개발 및 영향(지역사회의 긍정적·부정적 영향 평가, 기부 등)
	203-2	영향 규모 등 중요한 간접 경제효과 영향의 예시(긍정적·부정적 영향 포함)
조달 행위	204	측면별 경영접근방식 공개
	204-1	주요 사업장에서 현지 공급업체에 지급하는 구매 비율
반부패	205	측면별 경영접근방식 공개
	205-1	부패 위험을 평가한 사업장의 수 및 비율, 파악된 중요한 위험
	205-2	반부패 정책 및 절차에 관한 공지와 관련된 교육 현황
	205-3	확인된 부패 사례와 이에 대한 조치
반경쟁적 행위	206	측면별 경영접근방식 공개
	206-1	경쟁 저해 행위, 독과점 등 불공정한 거래 행위에 대한 법적 조치의 수와 그 결과

세금	207	측면별 경영접근방식 공개
	207-1	세금 관리에 대한 접근법
	207-2	세금 관련 거버넌스, 통제 및 리스크 관리
	207-3	세금 관련 이해관계자의 소통 및 고충 처리 절차
	207-4	국가별 세무 내역 공시(연결재무제표가 포괄하는 세무 당국)

◆ GRI 300 환경 ◆

원재료	301	측면별 경영접근방식 공개
	301-1	사용 원재료의 중량이나 부피
	301-2	재생 투입 원재료 사용 비율
	301-3	판매된 제품 및 그 포장재의 재생 비율
에너지	302	측면별 경영접근방식 공개
	302-1	조직 내 에너지 소비
	302-2	조직 밖에서의 에너지 소비
	302-3	에너지 집약도
	302-4	에너지 소비 절감
	302-5	제품 및 서비스의 에너지 요구량 감축
수자원 & 폐수	303	측면별 경영접근방식 공개
	303-1	공유자원으로서 용수 활용
	303-2	방류수 영향 관리
	303-3	용수 취수량
	303-4	용수 방류량
	303-5	용수 사용량
생물 다양성	304	측면별 경영접근방식 공개
	304-1	생태계 보호지역/주변 지역에 소유, 임대, 관리하는 사업장
	304-2	생태계 보호지역/주변 지역에 사업 활동, 제품, 서비스 등으로 인한 영향
	304-3	서식지 보호 또는 복구
	304-4	사업장에 의해 영향을 받는 지역에 서식지를 둔 세계자연보호연맹(UNCN)의 멸종위기 종의 수 및 국가 보존 종의 수(멸종 위기 단계별)
배출	305	측면별 경영접근방식 공개
	305-1	직접 온실가스(GHP) 배출(Scope1)
	305-2	에너지 간접 온실가스(GHP) 배출(Scope2)
	305-3	기타 간접 온실가스(GHP) 배출(Scope3)
	305-4	온실가스(GHP) 배출 집약도
	305-5	온실가스(GHP) 배출 감축
	305-6	오존파괴물질(ODS) 배출
	305-7	Nox, Sox 및 기타 중요한 대기 배출물
폐기물	306	측면별 경영접근방식 공개
	306-1	폐기물 발생 및 폐기물 관련 주요 영향
	306-2	폐기물 관련 주요 영향 관리
	306-3	폐기물 발생량 및 종류
	306-4	폐기물 재활용
	306-5	폐기물 매립
법규 준수	307	측면별 경영접근방식 공개
	307-1	환경법 및 규정 위반으로 부과된 중요한 벌금의 액수 및 비금전적 제재 조치의 수
공급업체 환경 평가	308	측면별 경영접근방식 공개
	308-1	환경기준 심사를 거친 신규 공급업체
	308-2	공급망 내 실질적 또는 잠재적인 중대한 부정적 환경 영향 및 조치

고용	401	측면별 경영접근방식 공개
	401-1	신규 채용 임직원과 이직 임직원
	401-2	임시적 또는 시간제 근로자에게는 제공되지 않고 상근직 근로자에게만 제공하는 복리후생
	401-3	육아휴직
노사관계	402	측면별 경영접근방식 공개
	402-1	경영상 변동에 관한 최소 통지 기간
산업안전보건	403	측면별 경영접근방식 공개
	403-1	산업안전보건 관리시스템
	403-2	위험 식별, 리스크 평가 및 사고 조사
	403-3	산업보건 지원 프로그램
	403-4	산업안전보건에 대한 근로자 참여, 상담, 커뮤니케이션
	403-5	산업안전보건 근로자 교육
	403-6	임직원 건강 증진 활동
	403-7	사업에 영향을 미치는 산업안전보건 영향에 대한 예방 및 완화
	403-8	산업안전보건 관리시스템 적용 대상 임직원
	403-9	재해율
	403-10	업무 관련 질병
훈련 및 교육	404	측면별 경영접근방식 공개
	404-1	근로자 1인당 한 해에 받는 평균 훈련시간
	404-2	임직원 직무교육 및 전직 지원 프로그램
	404-3	업무 성과 및 경력 개발에 대한 정기적인 검토를 받는 근로자 비율
다양성과 기회균등	405	측면별 경영접근방식 공개
	405-1	범주별 거버넌스 기구 및 근로자의 구성 현황
	405-2	남성 대비 여성의 기본 급여 및 보수 비율
차별금지	406	측면별 경영접근방식 공개
	406-1	차별 사건의 수와 이에 대한 시정조치
결사 및 단결교섭의 자유	407	측면별 경영접근방식 공개
	407-1	결사 및 단체교섭의 자유를 침해하였거나 침해될 현저한 위험성이 있는 것으로 파악된 사업장 및 공급업체의 결사 및 단체교섭의 자유를 보장하기 위해 취한 조치
아동 근로	408	측면별 경영접근방식 공개
	408-1	아동 근로 발생 위험이 크다고 파악되는 사업장 및 공급업체와 아동 근로를 효과적으로 폐지하기 위해 취한 조치
강제 노동	409	측면별 경영접근방식 공개
	409-1	강제 노동 발생 위험이 크다고 파악되는 사업장 및 공급업체와 모든 형태의 강제 노동을 폐지하기 위해 취한 조치
보안 관행	410	측면별 경영접근방식 공개
	410-1	인권 정책 및 절차에 관한 훈련을 받은 보안요원
원주민 관리	411	측면별 경영접근방식 공개
	411-1	원주민 권리 침해 사건의 수
인권 관리 평가	412	측면별 경영접근방식 공개
	412-1	인권 검토 또는 인권 영향 평가 대상인 사업장의 수와 비율
	412-2	인권 정책 및 절차에 관한 임직원 훈련
	412-3	인권 조항을 포함하거나 인권 심사를 거친 중요한 투자 약정 및 계약
지역사회	413	측면별 경영접근방식 공개
	413-1	지역사회에 참여 및 영향 평가, 개발 프로그램을 수행하는 사업장의 비율
	413-2	지역사회에 실질적이거나 잠재적으로 중대한 부정적 영향을 미치는 사업장
공급업체 사회적 평가	414	측면별 경영접근방식 공개
	414-1	사회 영향 평가 기준을 이용하여 심사를 거친 신규 공급업체
	414-2	공급망의 부정적인 사회적 영향과 이에 대한 조치

	415	측면별 경영접근방식 공개
공공정책	415-1	국가별, 수령인/수혜자별로 기부한 정치자금 총규모
	416	측면별 경영접근방식 공개
고객 안전보건 고객	416-1	개선을 위해 안전보건 영향을 평가한 주요 제품 및 서비스군의 비율
	416-2	제품 및 서비스의 안전보건 영향에 관한 법률 규정 및 자율 규정을 위반한 사건 수(처분 결과)
	417	측면별 경영접근방식 공개
제품 및 서비스 라벨링	417-1	정보 및 라벨을 위해 필요한 제품/서비스 정보 유형, 그리고 정보 조건을 갖춰야 하는 주요 제품/서비스군의 비율
	417-2	위반의 결과별, 제품/서비스 정보 및 라벨에 관한 법률 규정 및 자율 규정을 위반한 사건의 수
	417-3	마케팅 커뮤니케이션에 관한 법률 규정과 자율 규정 위반
고객 개인 정보보호	418	측면별 경영접근방식 공개
	418-1	고객 개인정보보호 위반 및 고객 정보 분실 사실이 입증된 불만 건수
법규 준수	419	측면별 경영접근방식 공개
	419-1	사회적·경제적 측면의 법률 및 규정 위반에 대한 주요 벌금의 액수

GRI가 2021년 10월 5일에 발표한 새로운 공시 표준은 다음과 같다.

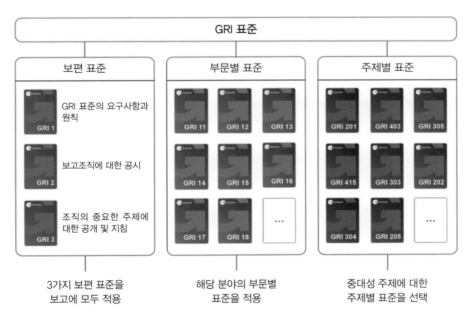

출처: GRI 2021 개정안.

개정된 GRI 기준은 보편 표준, 부문별 표준, 주제별 표준의 3개 부문으로 구성되어 있다. GRI는 지속가능보고의 핵심 개념인 영향, 중대성 주제, 실사, 이해관계자와 같은 개념을 포함한다. 기업이 중요하게 보고해야 할 주제를 선정하는 중대성 주제를 결정하는 데 실사 개념과 관리 및 결정 프로세스가 도입되었다. 이미 2016년에 도입된 GRI 기준에 인권과 환경 실사를 포함한 지속가능경영보고의 핵심 개념을 도입하였는데, 각국 정부기구

간의 기준들을 반영해 호환할 수 있는 공시 체계로 기능이 향상된 것이다.

(1) 보편 표준(universal standards)

보편 표준은 GRI 1, GRI 2, GRI 3의 부문으로 구성되어 있다.

- GRI 1은 기초(foundation) 2021로 불리는데, 표준의 기본 내용을 다루고 있다. 보편 표준의 목적과 핵심 개념을 밝히고 표준의 사용법을 설명한다.
- GRI 2는 일반 공시(general disclosures) 2021로, 조직의 구조 및 보고 관행에 대한 세부 정보를 소개한다. GRI 2는 기업의 활동, 근로자, 경영, 전략, 정책, 이해관계자의 참여와 같은 정보를 바탕으로 조직의 영향, 프로필, 규모를 이해하도록 도움이 되는 문맥을 제공한다.
- GRI 3은 중대성 주제(material topics) 2021로, 조직의 영향에 가장 관련 있는 주제를 선정하는 방법을 설명한다.

(2) 산업 부문별 표준(sector standards)

산업 부문별 표준은 지속가능경영보고서 공시 과정에서 산업 부문별 중대성 영향을 평가하고 이해관계자의 기대를 반영하는 등 산업별 지속가능성 맥락을 설명, 보고할 내용을 제시한다. 산업 부문별 표준에서 석유 및 가스 부문이 가장 먼저 공개되었고, 석유 및 가스 부문에 이어서 광업, 식품, 섬유 및 의류 산업, 금융, 자산운용사, 재생에너지, 임업 등 40개 부문의 표준을 제공하고 있다.

(3) 주제별 표준(topic standards)

주제별 표준은 조직의 영향에 가장 관련 있는 중대성 주제를 선정하는 방법을 제공하고 있다. 중대성 주제 우선순위 시각화 자료를 제공하여 조직이 식별한 초기 주제 리스트 및 보고를 위해 설정한 임계 값을 보여 줄 수 있다.

2) 지속가능회계기준위원회 표준 가이드라인

지속가능성회계기준위원회(Sustainability Accounting Standards Board: SASB)는 2011년에

설립되었는데, 설립의 주된 목적은 미국 증권거래위원회에 보고할 기업의 공시 기준을 마련하고, 투자자들에게 비교 가능한 비재무 정보를 제공함으로써 투자자들이 산업별로 중요한 ESG 이슈에 대한 기업의 성과를 비교할 수 있도록 하기 위한 것이다.

2018년에 미국 SASB에서 제정한 77개 산업별 지속가능성 공시 기준과 국제회계기준(International Financial Reporting Standards: IFRS) 재단 산하에 있는 국제지속가능성기준위원회(International Sustainability Standards Board: ISSB) 공시 기준의 통합 작업이 진행 중에 있다.

SASB는 국제통합보고위원회(International Integrated Reporting Committee: IIRC)와 합병하며 가치보고재단(VRF)으로 통합되었고, 가치보고재단은 ISSB의 글로벌 지속가능성 공시 기준 제정에 협력하기 위해서 2022년 6월에 국제회계기준과 통합되었다.

금융위원회와 회계기준원에서는 글로벌 지속가능성 공시 기준 제정 움직임에 따라 국내 ESG 공시 의무화에 기업들이 미리 대비할 수 있도록 SASB 기준의 국문 번역본을 추가적으로 공개하였는데, 이를 통해 SASB 기준의 이해도를 높이고 신뢰성 있는 지속가능성 공시가 가능할 것으로 기대되고 있으며, 공시의 단계적 의무화에 사전 대비를 할 수 있을 것이다.

ISSB에서는 국제적으로 통용되는 글로벌 지속가능성 공시 기준을 제정하기 위해 SASB 기준과의 통합을 추진 중이며, 이에 따라 ISSB의 공시기준 초안은 상당 부분 SASB 기준을 기반으로 하고 있다. ISSB에서 ESG 분야 전반에 걸쳐 산업별 기준까지 포함한 지속가능성 공시기준을 완전히 제정 및 시행하기까지는 상당한 시간이 소요될 것으로 예상되어 그전까지는 SASB 기준이 활용될 것으로 예상된다.

SASB 기준은 현재 미국 규정에 따라 상장기업이 중요한 지속가능성 요소에 관한 공시를 할 때 자발적으로 활용할 수 있도록 마련되었다. SASB 기준은 투자자의 의사결정에 유용하고 지속가능성 정보에 대한 시장 수요에 기반을 두고 개발된 기준이다.

미국 공시 기준 내 산업별 특성에 맞는 SASB 표준 가이드라인에 제시된 내용과 성과지표에 관해서 설명하고자 한다. SASB의 특징은 E(환경), S(사회), G(지배구조)를 포괄적으로 다루는 동시에 산업별로 공시 기준을 제공한다는 것이다.

산업분류체계는 기업의 자원 집약도를 고려하고 위험 및 기회 등 지속가능성의 특성이 유사한 산업을 함께 분류하여 11개 산업군, 77개 세부 산업별로 분류한다.

11개 산업군, 77개 세부 산업별

1) 소비재
- 가정 및 개인 용품
- 대형, 전문 유통 및 배급
- 전자상거래
- 의류, 액세서리 및 신발류
- 건축품 및 가구
- 가전제품 제조
- 완구류 및 스포츠용품

2) 식품/음료
- 농산물
- 육류, 가금류 및 유제품
- 가공식품
- 비알코올음료
- 알코올음료
- 담배
- 식품 유통 및 배급
- 식당

3) 헬스케어
- 바이오 기술 및 제약
- 의료 장비 및 의약품
- 헬스케어 제공
- 헬스케어 유통
- 관리형 의료
- 약품 유통

4) 재생가능 자원 및 대체에너지
- 바이오연료
- 태양에너지 및 프로젝트 개발자
- 풍력에너지 및 프로젝트 개발자
- 연료 전지 및 산업용 배터리
- 임업 경영
- 펄프 및 종이 제품

5) 인프라
- 전력 및 발전
- 가스 유틸리티 및 유통
- 수자원 유틸리티 및 서비스
- 폐기물 관리
- 엔지니어링 및 건축 서비스
- 주택 건설
- 부동산
- 부동산 서비스

6) 추출물 및 광물 가공
- 석유 및 가스 __ 탐사 및 생산
- 석유 및 가스 __ 중류
- 석유 및 가스 __ 정제 및 판매
- 석유 및 가스 __ 서비스
- 석탄 사업
- 철강 제조
- 금속 및 채광
- 건축 자재

7) 금융

- 상업은행
- 투자은행 및 중개
- 자산관리 및 보관 활동
- 소비자 금융
- 모기지 금융
- 증권 및 상품거래소
- 보험

8) 서비스

- 교육
- 전문 및 상업 서비스
- 호텔 및 숙박
- 카지노 및 사행성 게임
- 레저시설
- 광고 및 마케팅
- 미디어 및 엔터테인먼트

9) 기술 및 통신

- 제조전문서비스업(EMS) 및 제조자설계생산 (ODM)
- 소프트웨어 및 IT 서비스
- 하드웨어
- 반도체
- 통신서비스
- 인터넷 미디어 및 서비스

10) 자원 전환

- 화학
- 우주 항공 및 국방
- 전기 및 전자 장비
- 산업기계 및 제품
- 용기 및 포장

11) 운송

- 자동차
- 자동차 부품
- 차량 렌트 및 리스
- 항공
- 항공운송 및 물류
- 해상운송
- 철도운송
- 도로운송
- 크루즈선

기업은 표준 기구에서 제시하는 기준 중 자신의 업종에 맞는 중요도를 감안해 실행 과제를 정리하면 된다. E(환경), S(사회), G(지배구조) 각 분야별로 모든 기업이 동일 기준을 적용할 수는 없다. 금융사와 유화 업종의 간 환경과 사회, 지배구조 각 부문의 실천 비중이 똑같을 수 없기 때문이다. 따라서 SASB가 11개 산업군, 77개 세부 산업별로 구분한 산업별 중요성 지도(materiality map)가 좋은 참고 자료로 활용될 것이다.

분야	이슈
환경	GHG 배출
	대기물
	에너지 관리
	물/폐수 관리
	폐기물/유해물질 관리
	생물 다양성 영향
사회자본	인권/지역사회 관계
	고객 개인정보
	데이터보안
	접속/적정가격
	제품 품질/안전
	소비자 복리
	판매 관행/제품 표시
인적자원	노동 관행
	종업원 안전/위생
	종업원 참여/다양성
비즈니스 모델/ 이노베이션	제품디자인/라이트사이클 관리
	비스니스 모델 회복력
	공급 체인 관리
	재료 조달/효율성
	기후변화 물리적 영향
리더십/지배구조	사업 윤리
	경쟁적 행위
	법/규제 환경 관리
	중대 사고 위험 관리
	시스템적 리스크 관리

■ (진한 회색)	섹터 내 산업의 50% 이상에 중요한 이슈가 될 가능성이 있는 이슈
■ (연한 회색)	섹터 내 산업의 50% 이하에 중요한 이슈가 될 가능성이 있는 이슈
□ (흰색)	섹터 내 어느 산업에도 중요한 이슈가 될 가능성이 없는 이슈

분야	이슈	11개 산업										
		소비재	추출물/광물가공	금융	식품/음료	헬스케어	인프라	재생가능자원/대체에너지	자원전환	서비스	기술및통신	운송
환경	GHG 배출											
	대기물											
	에너지 관리											
	물/폐수 관리											
	폐기물/유해물질 관리											
	생물 다양성 영향											
사회자본	인권/지역사회 관계											
	고객 개인정보											
	데이터보안											
	접속/적정가격											
	제품 품질/안전											
	소비자 복리											
	판매관행/제품표시											
인적자본	노동관행											
	종업원 안전/위생											
	종업원 참여/다양성											
비즈니스 모델/ 이노베이션	제품디자인/라이트사이클 관리											
	비스니스 모델 회복력											
	공급 체인 관리											
	재료 조달/효율성											
	기후변화 물리적 영향											
리더십/ 지배구조	사업 윤리											
	경쟁적 행위											
	법/규제 환경 관리											
	중대 사고 위험 관리											
	시스템적 리스크 관리											

3) TCFD 표준 가이드라인

TCFD는 Task Force on Climate-related Financial Disclosures의 약자로 기후변화 관련 재무정보공개 협의체이다. 2015년에 G20 산하에 국제 금융규제·감독 역할을 하는 금융 안정위원회(Financial Stability Board)에서 설립하였다.

기업에 영향을 끼칠 수 있는 기후변화의 리스크와 기회요인을 정량적으로 수치화하고 이를 재무적으로 통합해 공개하는 것을 주된 목적으로 한다. 기업들의 기후변화 관련 재무정보 공시를 통해 투자자를 포함한 대내외의 이해관계자들이 더욱 완전한 의사결정을 할 수 있도록 지원하려는 취지이다.

기후위기가 기업에 미치는 재무적 영향을 공개하는 가이드라인을 만들기 위해 발족한 태스크포스로 2015년에 발족하여 최근 몇 년간 기후변화가 매우 중요한 이슈로 떠오름에 따라 그 영향력이 점차 커졌다. 처음 TCFD 권고안이 발표된 것은 2017년이다.

TCFD에서는 2017년에 기후변화와 관련된 4가지 핵심 요소인 지배구조, 전략, 위험관리, 감축 지표와 목표에 따라 기후변화 관련 위험 정보를 공개하라는 TCFD 권고안을 발표하였다. 기후위기 위험을 금융 안정성 모니터링에 반영할 수 있도록 하고 있고, 이는 기후변화를 단순히 환경보호 측면에서만 바라볼 것이 아니라 기업의 위험관리에 필요한 요소

◆ TCFD 권고안의 기후변화 관련 정보공시 주요 항목 ◆

영역	정보공시 주요 항목
지배구조	① 기후변화 관련 위험과 기회에 대한 이사회의 감독 ② 기후변화 관련 위험과 기회를 평가 및 관리하는 경영진의 역할
전략	③ 단기·중기·장기적 관점에서 확인한 기후변화 관련 위험과 기회 ④ 기후변화 관련 위험과 기회가 조직의 사업, 전략 및 재무 계획에 미치는 영향 ⑤ 2℃ 이내 상승 등 각종 기후변화 시나리오상의 조직 전략과 재무 계획에 미치는 영향
위험관리	⑥ 기후변화 관련 위험의 식별 및 평가를 위한 조직의 프로세스 ⑦ 기후변화 관련 위험을 관리하기 위한 조직의 프로세스 ⑧ 기후변화 관련 위험의 식별, 평가 및 관리 프로세스를 조직의 전반적인 리스크 관리 체계에 통합·관리하는 방법
감축 지표와 목표	⑨ 조직이 전략 및 리스크관리 프로세스에 따라 기후변화 관련 위험과 기회를 평가하기 위해 사용하는 지표 ⑩ 온실가스(green house gas) 배출량 및 관련 위험 ⑪ 기후변화 관련 위험과 기회를 관리하기 위해 사용하는 조직의 목표 및 목표 대비 성과

출처: TCFD(2017). Implementing the Recommendations of the Task Force on Climate-related Financial Disclosures.

로 인식하라는 강력한 메시지가 담겨 있다고 볼 수 있다.

2021년 10월 기준(TCFD 2021 상태 보고서)으로 전 세계 89개 국가에서 금융·정부기관 등을 포함한 2천600개 이상이 TCFD 지지 선언을 하였다. 해당 금융기관들의 총자산 운용 규모는 194조 달러, 기타 전 산업에 걸친 지지 선언 기업의 시가총액은 25조 달러 규모에 이른다. 이것은 2022년 3월을 기준(TCFD 웹사이트)으로 해서 93개국 3천100개 기관으로 확대되었다. 우리나라는 금융위원회와 금융감독위원회, 환경부 등 88개 기관이 참여하면서 놀라운 확산세를 보이고 있다. 유럽연합, 일본, 뉴질랜드, 영국 등에서는 TCFD에 대한 단순 지지를 넘어 권고안에 따른 보고서 발간을 기업에 공식적으로 요구하는 등 이행 수준을 점차적으로 강화하고 있다. 이처럼 TCFD의 필요성과 중요성은 앞으로 더 높아질 것으로 전망되고 있다. 기후변화와 관련된 기업의 위험와 기회를 식별하고 경영활동과 투자 등 관련 의사결정에 반영함으로써 단기·중기·장기의 기후변화 위험을 사전에 관리하여 대응해야 하기 때문이다.

국내외의 기업들도 연례보고서와 지속가능경영보고서 등에 자발적으로 적용하는 움직임을 보이고 있다. 69개국 1천651개 상장사의 공시 현황을 분석한 'TCFD 2021 상태 보고서'에 따르면, 2018~2020년 3년간의 권고안에서 제시하는 항목별 공시 비율이 해마다 증가하고 있다. 지역별로는 유럽(50%)과 아시아·태평양 지역(34%)이, 산업군을 기준으로는 건물(38%), 에너지(26%), 보험(24%)이 높은 공시 성적을 받았다.

◆ TCFD 지지 현황 ◆

2,600+
전 세계적 TCFD
지지 현황

8
TCFD 보고서 발간을
기업에 공식 요구한 지역

■ TCFD 지지 선언 지역
■ TCFD 보고서 발간을 기업에 공식 요구한 지역

① 브라질 ② 유럽연합(EU) ③ 홍콩 ④ 일본 ⑤ 뉴질랜드 ⑥ 싱가포르 ⑦ 스위스 ⑧ 영국
(2021년 10월 기준)

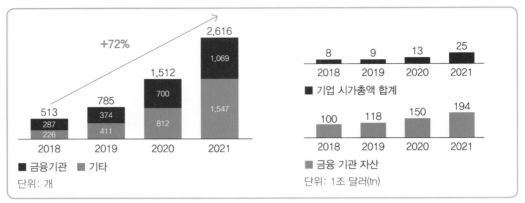

◆ TCFD 지지 선언 기업 수 ◆ | ◆ TCFD 지지 선언 기업의 마켓 커버리지 ◆

출처: TCFD(2021). Task Force on Climate-related Financial Disclosures 2021 Status Report.

TCFD는 의무가 아닌 자발적 공시이다. 별도의 단독 보고서로 발간하거나 기존에 기업이 발간하는 연례보고서 또는 지속가능경영보고서 내의 일부로 포함하는 방식으로 작성할 수 있다. TCFD 권고안에 따라 목차는 일반적으로 지배구조 · 전략, 위험관리, 감축 지표와 목표의 4대 영역을 기준으로 나눠 공시한다. 보고서 형식에 따라 서론과 결론을 별도로 작성하기도 한다. 일반적으로 서론에는 CEO의 메시지와 기업의 기후변화 관련 비전, 목표, 로드맵 등을, 결론에는 향후 계획과 기타 관련 데이터를 부록 형태로 작성한다. 특히 TCFD 공시 항목별 참조표는 보고서 서두나 말미에 두어 내용의 이해를 높이고 있다.

주요 공시정보를 다루는 본문의 경우에는 4대 영역 하위의 11개 세부 공시 항목을 참고

◆ TCFD 4대 영역 ◆

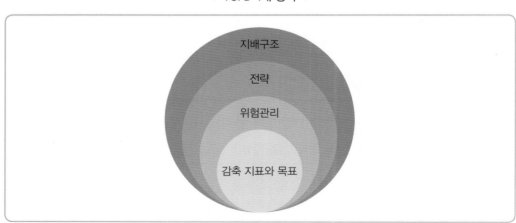

출처: TCFD(2021). Task Force on Climate-related Financial Disclosures 2021 Status Report.

해서 상세하게 작성한다. 다만, 낮은 데이터의 가용성으로 모든 영역을 다루기에는 어려움이 있을 수 있다. 따라서 가능한 범위 내에서 최대한의 정보를 공개하는 것에 의의를 둔다.

◆ TCFD 4대 영역별 세부 공시 항목 ◆

영역	세부 공시 항목
지배구조	• 기후변화 관련 리스크와 기회에 대한 이사회의 감독 • 기후변화 관련 리스크와 기회를 평가하고 관리하는 경영진의 역할
전략	• 기업이 식별한 단기·중기·장기 기후변화 관련 리스크와 기회 • 기후변화 관련 리스크와 기회가 기업의 사업과 전략, 재무 계획에 미치는 영향 • 2℃ 시나리오를 포함해 다양한 기후변화 시나리오를 고려한 기업 전략의 회복탄력성
위험관리	• 기후변화 관련 리스크를 식별하고 평가하기 위한 절차 • 기후변화 관련 리스크를 관리하기 위한 절차 • 기후변화 리스크 식별, 평가, 관리 절차가 기업의 전사 위험관리에 통합되는 방식
감축 지표와 목표	• 기업의 전략과 리스크 관리 절차에 따라 기후변화 리스크와 기회 평가에 사용한 지표 • 온실가스 배출량(Scope 1·2, 가능 시 3까지) 및 관련 리스크 • 기후변화 리스크와 기회, 목표 대비 성과를 관리하기 위해 기업이 설정한 목표

출처: TCFD(2021). Implementing the Recommendations of the Task Force on Climate-related Financial Disclosures.

국내 기업의 대다수가 기후변화 위험 계량화는 물론이고 기후변화 시나리오 분석이 익숙하지 않아서 이에 대한 어려움을 토로하는 경우가 상당히 많다. 최근에는 ESG 경영 확산에 따라 관련 이사회 조직이 신설되는 등 지배구조 영역도 아직 미비한 수준이다. 이러한 이유로 국내 TCFD 공시는 여러 가지로 활발하지 않은 어려운 상황이다.

TCFD는 자율 공시임에도 국제 ESG 공시표준 차원에서 확대 적용 및 의무화하는 추세가 전 세계적으로 이어지고 있다. 따라서 기업이 자발적으로 기후변화 리스크를 파악해서 선제적으로 대비하는 것이 바람직하다.

무엇보다 TCFD 공시는 데이터의 취합과 신뢰성 확보, 리스크 평가, 재무 영향의 추정, 분석 등 여러 단계를 아우르는 다차원의 노력이 요구된다. 조직 내부에서 다양한 방법을 동원해서 필요한 자원과 역량을 구비하고 연관 부서 간의 원활한 의사소통과 협업 체계를 마련하는 것이 유용하다. 그다음에 권고안에 기반해서 기업이 처한 조직 및 산업 상황에 맞춰 유연하게 적용하면서 사전에 충분히 준비할 수 있다.

준비 단계에서 필요한 것은 대내외 이해관계자의 의사결정을 지원하기 위해 공개 가능한 최대한의 정보를 투명하게 제공하려는 의지일 것이다. 이런 공감대를 토대로 TCFD의

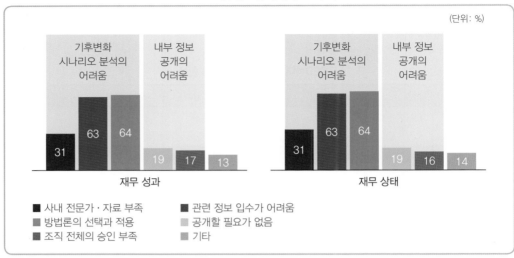

◆ TCFD 재무정보공개의 주요 과제 ◆

(단위: %)

기후변화 시나리오 분석의 어려움 / 내부 정보 공개의 어려움

재무 성과

31 63 64   19 17 13

재무 상태

31 63 64   19 16 14

■ 사내 전문가 · 자료 부족　　■ 관련 정보 입수가 어려움
■ 방법론의 선택과 적용　　　■ 공개할 필요가 없음
■ 조직 전체의 승인 부족　　　■ 기타

출처: TCFD(2021). Implementing the Recommendations of the Task Force on Climate-related Financial Disclosures.

근본적인 취지에 부합하고자 노력하면서 최선의 이익을 추구하는 기업이 ESG로 선도적인 위치에 자리매김할 수 있을 것으로 보인다.

4) ESG 글로벌 표준 가이드라인 비교

대표적인 ESG 글로벌 표준 가이드라인인 GRI 표준, SASB 표준, TCFD 권고안을 간략하게 비교하여 표로 정리하였다.

구분	GRI Standards 글로벌 지속가능성 보고 표준	SASB Standards 지속가능성 회계 기준	TCFD 권고안 기후변화 관련 재무정보공개 협의체 권고안
시작	2016년	2018년	2017년
주체	GRI	SASB	TCFD
특징	모든 기업과 이해관계자를 대상으로 한 경제, 환경, 사회 분야에 대한 지속가능경영 보고용 가이드라인	재무 성과와 연계된 ESG 관련 요소에 대한 산업별 세부 지침	기후변화 관련 위험과 기회요인 등이 끼치는 재무적 영향

평가 지표	보편 표준 GRI 1, 2, 3 *산업 부문별 표준(40) *주제별 표준(31)	총 30개 지표 * 지배구조(7) * 사업모델(4) * 환경자본(7) * 사회자본(6) * 인적자본(6)	총 11개 * 지배구조(2) * 전략(3) * 위험관리(3) * 감축 지표와 목표
활용 목적	이해관계자에게 지속가능성 보고에 대한 표준 제시	산업별로 중요한 ESG 이슈에 대해 기업의 성과 비교	기업들의 기후 관련 전략 정보 공개

2. ESG 진단

1) K-ESG 가이드라인

산업통상자원부 관계부처 합동 K-ESG 발표 자료인 K-ESG 가이드라인 V1.0 진단항목 체계를 요약하면 다음과 같다.

기업이 우선적으로 고려해야 할 ESG 경영 요소와 평가 기관에서 가장 많이 다루는 평가 항목 제시를 위해서 국내외의 주요 13개 평가지표와 공시 기준 등을 분석하여 공통적이고 핵심적인 사항을 진단항목으로 채택한 것이다.

대기업의 진단항목은 정보공시(5개 항목), 환경(17개 항목), 사회(22개 항목), 지배구조(17개 항목)의 총 61개로 구성되었고, 중견·중소기업의 진단항목은 정보공시(4개 항목), 환경(9개 항목), 사회(9개 항목), 지배구조(5개 항목)의 총 27개로 구성되었으며, 추가 진단항목은 환경(2개 항목), 사회(11개 항목), 지배구조(2개 항목)의 총 15개로 구성되어 있다. 단, 추가 진단항목에 대한 지표 설명과 성과지표 측정 방법 및 성과 기준을 요약하여 정리한 내용은 이 책에서는 제외하기로 한다.

	정보공시	환경(E)	사회(S)	지배구조(G)	
대기업 진단항목	5개 항목	17개 항목	22개 항목	17개 항목	61개
중견·중소기업 진단항목	4개 항목	9개 항목	9개 항목	5개 항목	27개

(1) 대기업 진단항목

ESG의 4개 영역과 27개의 범주에서 61개의 진단항목으로 구성되어 있다. 산업통산자원부에서 제공한 K-ESG 가이드라인의 대기업 진단항목의 지표 설명과 성과지표 측정 방법 및 성과 기준을 요약하여 정리하였다.

■ 대기업				
영역	**범주**		**진단항목**	
정보공시(P) (5개 항목)	정보공시 형식(3)	1	ESG 정보공시	
		2	ESG 주기	
		3	ESG 범위	
	정보공시 내용(1)	4	ESG 핵심 이슈 및 KPI	
	정보공시 검증(1)	5	ESG 정보공시 검증	
환경(E) (17개 항목)	환경경영 목표(2)	1	환경경영 목표 수립	
		2	환경경영 추진 체계	
	원부자재(2)	3	원부자재 사용량	
		4	재생 원부자재 비율	
	온실가스(3)	5	온실가스 배출량(Scope 1 & Scope 2)	
		6	온실가스 배출량(Scope 3)	
		7	온실가스 배출량 검증	
	에너지(2)	8	에너지 사용량	
		9	재생에너지 사용 비율	
	용수(2)	10	용수 사용량	
		11	재사용 용수 비율	
	폐기물(2)	12	폐기물 배출량	
		13	폐기물 재활용 비율	
	오염물질(2)	14	대기오염물질 배출량	
		15	수질오염물질 배출량	
	환경 법/규제 위반(1)	16	환경 법/규제 위반	
	환경 라벨링(1)	17	친환경 인증 제품 및 서비스 비율	
사회(S) (22개 항목)	목표(1)	1	목표 수립 및 공시	
	노동(6)	2	신규 채용 및 고용 유지	
		3	정규직 비율	
		4	자발적 이직률	
		5	교육훈련비	

		6	복리후생비
		7	결사의 자유 보장
	다양성 및 양성평등(3)	8	여성 구성원 비율
		9	여성 급여 비율(평균 급여액 대비)
		10	장애인 고용률
	산업안전(2)	11	안전보건 추진 체계
		12	산업재해율
	인권(2)	13	인권정책 수립
		14	인권 리스크 평가
	동반성장(3)	15	협력업체 ESG 경영
		16	협력업체 ESG 지원
		17	협력업체 ESG 협약 사항
	지역사회(2)	18	전략적 사회공헌
		19	구성원 봉사 참여
	정보보호(2)	20	정보보호 시스템 구축
		21	개인정보 침해 및 구제
	사회 법/규제 위반(1)	22	사회 법/규제 위반
지배구조(G) (17개 항목)	이사회 구성(5)	1	이사회 내 ESG 안건 상정
		2	사외이사 비율
		3	대표이사 이사회 의장 분리
		4	이사회 성별 다양성
		5	사외이사 전문성
	이사회 활동(4)	6	전체 이사 출석률
		7	사내이사 출석률
		8	이사회 산하 위원회
		9	이사회 안건 처리
	주주권리(4)	10	주주총회 소집 공고
		11	주주총회 집중일 이외 개최
		12	집중/전자/서면 투표제
		13	배당정책 및 이행
	윤리경영(1)	14	윤리규범 위반 사항 공지
	감사기구(2)	15	내부 감사부서 설치
		16	감사기구 전문성(감사기구 내 회계/재무 전문가)
	지배구조 법/규제 위반(1)	17	지배구조 법/규제 위반

(2) 중견·중소기업 진단문항

ESG의 4개 영역과 17개의 범주에서 27개의 진단항목으로 구성되어 있다. 산업통산자원부에서 제공한 K-ESG 가이드라인의 중견·중소기업 진단항목의 지표 설명과 성과지표 측정 방법 및 성과 기준을 요약하여 정리하였다.

■ 중소 · 중견기업			
영역	**범주**		**진단항목**
정보공시(P) (4개 항목)	정보공시 형식(3)	1	ESG 정보공시 방식
		2	ESG 정보공시 주기
		3	ESG 정보공시 범위
	정보공시 검증(1)	4	ESG 정보공시 검증
환경(E) (9개 항목)	환경경영 목표(1)	1	환경경영 추진 계획
	원부자재(1)	2	원부자재 사용량
	온실가스(2)	3	온실가스 배출량(Scope 1 & Scope 2)
		4	온실가스 배출량 검증
	에너지(1)	5	에너지 사용량
	용수(1)	6	용수 사용량
	폐기물(1)	7	폐기물 배출량
	오염물질(2)	8	대기오염물질 배출량
		9	수질오염물질 배출량
사회(S) (9개 항목)	노동(2)	1	정규직 비율
		2	결사의 자유 보장
	다양성 및 양성평등(3)	3	여성 구성원 비율
		4	여성 급여 비율(평균 급여액 대비)
		5	장애인 고용률
	산업안전(2)	6	안전보건 추진체계
		7	산업재해율
	지역사회(2)	8	전략적 사회공헌
		9	구성원 봉사 참여
지배구조(G) (5개 항목)	이사회 구성(1)	1	이사회 내 ESG 안건 상징
	이사회 활동(2)	2	전체 이사 출석률
		3	이사회 안건 처리
	주주권리(1)	4	주주총회 소집 공고
	윤리경영(1)	5	윤리규범 위반사항 공지

정보공시(P)

1) 정보공시 형식
1-1) ESG 정보공시 방식

구분	분류번호		영역	범주
	P-1-1		정보공시	정보공시 형식
진단항목 지표 설명	ESG 정보공시 방식			
	ESG 정보공시란 투자자를 비롯한 다양한 이해관계자의 의사결정 및 가치판단에 영향을 미칠 수 있는 환경, 사회, 지배구조와 관련된 정보를 공개적으로 널리 알리는 행위를 의미한다. 조직은 정기적으로 특정한 정보공시 창구(홈페이지, 사업보고서, 지속가능경영보고서, 기타 간행물 등)에 ESG 관련 정보를 종합적으로 수록하고 있으며, 해당 정보공시 창구를 이해관계자 누구나 ESG 정보를 접근 및 열람할 수 있고, 정보공시 여부를 대내외에 알리는 행위를 한 경우 ESG 정보공시를 하였다고 정의한다.			
성과지표 측정 방법	조직은 ESG 정보공시 동향에 맞추어 정보 수요자의 접근성을 고려한 ESG 정보공시 방식을 정립하고 있는지를 점검하고, ESG 정보를 종합한 온라인 채널 운영 및 ESG 정보공시 외부 확산 및 전파 등 정보 접근성 향상 측면의 노력을 확인한다. 조직의 홈페이지, 지속가능경영보고서, 사업보고서, 기타 간행물 등에 ESG 정보가 종합적으로 수록되어 있는지, ESG 정보공시 여부를 대외에 알리는지 측정한다.			
성과지표 측정 기준 (단계형)	레벨1	조직이 어떠한 방식으로 ESG 정보를 공시하지 않는 경우		
	레벨2	조직의 홈페이지, 지속가능경영보고서, 사업보고서, 기타 간행물 등에 ESG 정보를 분산하여 공시하고 있는 경우		
	레벨3	조직의 홈페이지, 지속가능경영보고서, 사업보고서, 기타 간행물 등에 ESG 정보를 통합하여 공시하고 있는 경우		
	레벨4	ESG 정보를 통합한 조직의 홈페이지, 지속가능경영보고서, 사업보고서, 기타 간행물 등을 지정한 장소에 비치하거나 특정 URL에 담고 있는 경우		
	레벨5	ESG 정보를 통합한 조직의 홈페이지, 지속가능경영보고서, 사업보고서, 기타 간행물 등의 발행 여부를 전자공시시스템-자율공시 사항으로 알리는 경우		

1-2) ESG 정보공시 주기

구분	분류번호		영역	범주
	P-1-2		정보공시	정보공시 형식
진단항목 지표 설명	ESG 정보공시 주기			
	ESG 정보공시 주기란 ESG 정보 수요자가 조직의 ESG 정보를 효과적으로 활용하기 위해서 조직이 ESG 정보를 주기적으로 공시하는 것이다. ESG 정보가 적시성을 확보하기 위해서는 ESG 정보공시 주기를 재무정보 공시 주기와 동일하게 하거나, 재무정보 공시 이후 최대한 빠른 시기에 ESG 정보를 공시할 필요가 있다. 또한 ESG 정보 수요자에 상당한 영향력을 미칠 수 있는 정보는 이를 확인한 즉시 대외 공시할 것을 권장한다.			
성과지표 측정 방법	투자자, 고객 등 정보 수요자의 의사결정 및 가치판단에 필요한 최신 ESG 정보를 적시에 제공하고 있는지를 점검하며, 조직의 ESG 데이터 취합, 분석, 마감 기간을 고려하여 1년 단위로 ESG 정보공시 주기를 설명하고 있는지 확인한다. 조직이 ESG 정보공시 일자 또는 지속가능경영보고서상 발간 주기를 확인하여 조직이 1년 단위로 ESG 정보를 공시하고 있는지 측정한다.			
성과지표 측정 기준 (단계형)	레벨1	ESG 정보공시 주기를 특정할 수 없거나 명시하고 있지 않은 경우		
	레벨2	2년 단위로 보고서 발간 및 ESG 정보를 공시하는 경우		
	레벨3	1년 단위로 보고서 발간 및 ESG 정보를 공시하는 경우		

1-3) ESG 정보공시 범위

구분	분류번호	영역	범주
	P-1-3	정보공시	정보공시 형식
진단항목 지표 설명	ESG 정보공시 범위		
진단항목 지표 설명	ESG 정보공시 범위란 조직이 ESG 정보공시 전에 어떠한 범위까지 성과관리를 할 것인지, 또는 성과관리가 가능한지 등 최대 범위를 설정하는 것이다. ESG 개념은 조직의 재무정보를 기반으로 투자의사결정을 하는 자본시장에서 등장하였기 때문에 장기적으로 ESG 성과관리 및 정보공시의 최대 범위는 (연결)재무제표에 포함되는 재무정보 범위와 동일하려는 논의가 진행될 것으로 예상된다. 따라서 조직은 다음의 영향력과 통제력이 행사되는 범위에서 발생하는 환경, 사회, 지배구조 관련 정보를 공시할 필요가 있다. • ESG 정보를 공시한 조직이 직접적으로 소유 및 관리하는 사업장의 ESG 성과관리 및 정보공시 • 지분율을 기준으로 경영 및 자본구조상 상당한 영향력을 행사하는 조직의 ESG 성과관리 및 정보공시 • 지분율 외 경영방식 및 산업 운영상 상당한 통제력을 행사하는 조직의 ESG 성과관리 및 정보공시		
성과지표 측정 방법	ESG 정보공시 제도화 움직임에 따라 조직의 ESG 활동 및 성과를 충분히 대표하고 나타낼 수 있는 정보가 공시되고 있는지 점검하고, 조직의 영향력과 통제력이 미치는 사업장(자회사 포함)의 ESG 정보가 최대한 공시되고 있는지 확인한다. ESG 정보공시에 필요한 데이터를 취합하는 사업장 등의 범위를 비율(%)로 계산하며, 이때 매출액, 직원 수, 생산량 등을 계산의 모수로 활용하여 측정한다.		
성과지표 측정 기준 (단계형)	레벨1	ESG 정보공시 범위를 특정할 수 없거나 명시하고 있지 않은 경우	
성과지표 측정 기준 (단계형)	레벨2	조직이 법적으로 직접 소유하고 있는 사업장(예: 별도 재무제표 기준)의 일부 또는 모든 ESG 정보를 공시하고 있는 경우	
성과지표 측정 기준 (단계형)	레벨3	조직의 영향력과 통제력 범위에 있는 곳(자회사, 종속법인, 연결실체 등)의 일부 ESG 정보를 공시하고 있는 경우	
성과지표 측정 기준 (단계형)	레벨4	조직의 영향력과 통제력 범위에 있는 곳(자회사, 종속법인, 연결실체 등)의 일부 ESG 정보를 공시하고 있는 경우(단, 조직의 영향력과 통제력 범위로 ESG 정보 공시 범위를 확대한다는 계획을 제시하고 있는 경우)	
성과지표 측정 기준 (단계형)	레벨5	조직의 영향력과 통제력 범위에 있는 곳(자회사, 종속법인, 연결실체 등)의 모든 ESG 정보를 공시하고 있는 경우	

정보공시(P)

2) 정보공시 내용
2-1) ESG 핵심 이슈 및 KPI

구분	분류번호	영역	범주
	P-2-1	정보공시	정보공시 내용

진단항목 지표 설명	ESG 핵심 이슈 및 KPI 조직의 중요한 경제적·환경적·사회적 영향을 반영하는 측면 또는 이해관계자들의 평가와 의사결정에 실질적으로 영향을 미치는 측면을 모두 고려하여 다룰 가치가 있다고 판단되는 주제를 선정하는 과정을 거쳐야 한다. 이러한 이슈의 중대성을 판별하는 방법으로 일반적으로 중대성 평가(materiality test)가 있으며, 중대 측면을 정의하는 데 있어 조직이 참작해야 할 요인은 다음과 같다. • 지속가능성에 영향, 위험, 기회요인이 될 수 있는 항목(예: 지구 온난화, 공급망 불안, 다양성 훼손, 사회적 불평등) 중 합리적 평가가 가능하고, 전문가나 해당 분야에 자격을 갖춘 전문 기관의 충분한 조사를 거친 주제 • 이해관계자(지역사회 내 취약계층, 시민사회 등)가 제시한 주요 지속가능성 관심 사항 및 주제 • 동종업계 및 경쟁사에 의해 보고된 사업 내 주요 주제 및 미래 도전 과제 • 관련 법규, 규정, 국제협약 또는 조직과 그 이해관계자들에게 전략적으로 중용한 자발적 협약 • 조직의 핵심 가치, 정책, 전략, 운영관리시스템, 목표 및 목적 • 조직의 성공 및 재무적으로 연관된 이해관계자(근로자, 주주 및 공급업체)의 기대와 관심 사항 • 조직의 중요 위험 사항 • 조직의 성공을 결정짓는 주요 요소 • 조직의 핵심 역량 및 그 핵심 역량이 지속가능발전에 기여하는 방법
성과지표 측정 방법	조직의 사업성과 환경 및 사회에 상당한 영향력을 미치는 핵심 이슈를 명확히 정의하고, 이를 관리하기 위한 시스템 및 절차를 갖추고 있는지 확인하며, 조직이 인식하고 관리하고 있는 핵심 ESG 이슈에 대한 조직의 정보공시 수준을 점검하여 측정한다.

성과지표 측정 기준 (단계형)	레벨1	중대성 평가 결과 또는 ESG 핵심 이슈를 공시하고 있지 않은 경우
	레벨2	중대성 평가 결과와 핵심 이슈를 명확히 정의하고 있는 경우
	레벨3	레벨2+핵심 이슈에 대해 조직이 관리하는 성과지표를 설명하고 있는 경우(예: 기후변화가 핵심일 경우에 온실가스 배출량 데이터 제시)
	레벨4	레벨3+핵심 이슈가 사업적·사회적 관심에서 중요한 사유를 설명하고 있는 경우(예: 사업적·사회적 관심의 기회요인과 리스크 요인)
	레벨5	레벨4+핵심 이슈를 관리하기 위한 시스템 및 절차를 설명하고 있는 경우(조직, 전략 및 계획, 고충처리체계, 활동 및 교육 등)

3-1) ESG 정보공시 검증

구분	분류번호		영역	범주
	P-3-1		정보공시	정보공시 검증
진단항목 지표 설명	ESG 정보공시 검증			
	조직은 지속가능경영보고서 발간 등 ESG 정보공시 지표 및 기준을 자율적으로 선택할 수 있으며, ESG 정보가 갖추어야 할 신뢰성을 강제할 수 있는 법적·제도적 장치도 마련되어 있지 않은 상황이다. 따라서 ESG 정보의 신뢰성을 확보하는 수단을 인정받고 있다.			
성과지표 측정 방법	조직의 ESG 정보를 직접적으로 또는 가공하여 활용하는 이해관계자들이 증가함에 따라서 조직이 대외적으로 공시하는 ESG 정보가 타당성, 신뢰성, 투명성을 확보하고 있는지를 확인하고, 조직이 대외적으로 공시하는 정보에 관해 제3기관으로부터 검증받은 경우에 해당 검증 의견이 갖추어야 할 형식적 요건을 점검한다. ESG 정보 검증의견서가 갖추어야 할 요건인 검증 기관의 적격성, 검증 기관의 독립성, 검증방법론의 합리성, 검증 수준의 명확성, 검증지표의 구체성이 충족되고 있는지를 측정한다.			
성과지표 측정 기준 (선택형)	요건1	검증의견서에 검증 기관(또는 검증인)이 명시되어 있는 경우(또는 검증 기관이 라이센스 번호를 보유하고 있는 경우)		
	요건2	검증의견서에 검증 기관과의 독립성 성명이 포함된 경우(즉, 검증 기관과 검증받은 조직 간의 이해관계 상충이 없음을 선언한 경우)		
	요건3	검증의견서에 검증 표준(방법론)이 제시되는 경우		
	요건4	검증의견서에 ESG 정보 검증 수준을 공개하는 경우		
	요건5	검증의견서에 제3 검증 기관이 검증한 정보공시 지표가 적시되어 있는 경우(즉, 조직의 모든 ESG 정보 중 어떠한 정보를 검증하였는지 명시하는 경우)		

환경(E)

1) 환경경영 목표
1-1) 환경경영 목표 수립

구분	분류번호	영역	범주
	E-1-1	환경	환경경영 목표
진단항목 지표 설명	환경경영 목표 수립		
	조직은 중대성 평가를 통해 조직의 사업 운영 및 외부 환경에 중요한 영향력을 행사하는 핵심 이슈를 도출할 수 있다. 조직은 사업 운영에 해당하는 모든 직간접 환경규제를 관리해야 함과 동시에 사업 성과와 연계된 핵심 이슈에 대해서는 목표에 의한 성과관리가 필요하다. 조직이 수립할 수 있는 환경 분야 목표와 관련된 핵심 이슈는 다음과 같다. • 에너지 사용량 절감, 재생에너지 투자 확대, 온실가스 배출량 감축, 탄소중립 기술 개발, 폐기물 발생량 저감, 생분해 플라스틱 도입, 재사용 용수 확대, 원자재의 효율적 투입, 삼림 및 토양 복원, 생물다양성 증진, 친환경 공급망 구축, 대기·수질·토양 오염 감소, 유해물질 감소, 제품 환경 라벨링		
성과지표 측정 방법	조직이 책임 있는 환경을 수행하기 위한 방향성을 명확히 설정하고 효율적인 자원 배분이 이루어지고 있는지, 또한 조직이 외부에 미치는 환경의 영향을 최소화하고 내부 환경성과를 향상시키기 위한 구체적인 계획이 마련되어 있는지 점검하고, 조직이 수립한 환경 분야의 단기·중기·장기 목표의 구체성과 내재화 수준을 확인한다. 조직의 환경경영 방향성을 확인할 수 있는 구체적이고 정량적인 단기·중기·장기 목표가 설정되어 있는지, 해당 목표 달성을 위한 과제 및 이행 점검을 위한 지표를 정의하고 있는지를 측정한다.		
성과지표 측정 기준 (단계형)	레벨1	단기·중기·장기 성과 목표, 또는 조직의 환경경영 방향성을 나타내는 환경경영 미션, 비전, 지향점이 없는 경우	
	레벨2	단기·중기·장기 성과 목표는 수립되지 않았으나, 조직의 환경경영 방향성을 나타내는 환경경영 미션, 비전, 지향점을 제시하고 있는 경우	
	레벨3	조직의 환경 분야 핵심 이슈에 대한 단기 목표를 설정하고 있으나, 중기·장기 목표는 없는 경우	
	레벨4	조직의 환경 분야 핵심 이슈에 대한 중기·장기 목표까지 수립하고 있는 경우	
	레벨5	조직의 환경 분야 핵심 이슈에 대한 중기·장기 목표까지 설정하고 있으며, 중기·장기 목표 달성을 위한 과제와 이해 점검 지표를 마련한 경우	

1-2) 환경경영 추진 체계

구분	분류번호	영역	범주
	E-1-2	환경	환경경영 목표
진단항목 지표 설명	환경경영 추진 체계 환경경영이란 조직의 사업 운영 전 과정에서 발생하는 환경영향을 최소화하면서 환경적으로 건전하고, 경제적으로 지속가능한 발전을 도모하고자 하는 경영활동이다. 조직의 환경경영 체계란 환경경영을 효과적으로 추진하기 위한 환경방침 개발, 이행, 달성, 검토 및 유지관리를 할 수 있는 조직, 책임, 자원, 절차, 과정 및 성과관리 등을 종합적으로 구축하는 것을 의미한다.		
성과지표 측정 방법	조직이 환경성과 향상과 환경개선 등의 경영활동으로 인한 환경영향 관리, 원부자재, 에너지, 폐기물 등의 효율적 관리, 국제사회 등 이해관계자의 환경 영역 요구 대응을 위해 체계적으로 환경경영을 추진하고 있는지를 점검하고, 국내외 규격에서 제시하는 환경경영시스템 구성 요건을 기준으로 조직이 이를 따르거나, 준용하여 환경경영 추진 체계를 갖추고 있는지 확인한다. 조직이 환경경영을 체계적으로 추진하기 위한 전사 거버넌스, 전사 전담 조직, 자원 및 역량, 이행현황 점검 시스템, 구성원 성과 평가지표 구축 여부를 측정한다.		
성과지표 측정 기준 (선택형)	요건1	환경경영 추진을 위한 전사 거버넌스 체계를 구축하고 있는 경우(전담조직, 실무협의회, 경영회의 및 내부점검 체계 등)	
	요건2	환경경영 추진을 위한 전사 전담 조직을 운영하고 있는 경우(전사 환경경영 기획, 점검, 성과관리 등 실행 업무 담당)	
	요건3	환경경영 과제 실행에 필요한 자원을 투입하고 있는 경우(환경 투자 예산, 역량 강화 교육, 내외부 전문인력 등)	
	요건4	환경경영 추진 현황을 점검, 분석, 평가하는 시스템이 있는 경우(IT 기반 모니터링 시스템, 과제 점검회의, 제3자의 의견 수렴 등)	
	요건5	환경경영 과제 이행 현황이 경영진을 포함하여 관련 구성원의 성과평가지표(KPIs)에 반영되고 있는 경우	

환경(E)

2) 원부자재
2-1) 원부자재 사용량

구분	분류번호		영역	범주
	E-2-1		환경	원부자재
진단항목 지표 설명	원부자재 사용량			
	원부자재 사용량 항목 정의서를 참고할 수 있는 산업군을 좁은 범위로 해석한다면 원부자재를 가공하여 제품을 대량 생산하는 광업, 제조업, 전기/가스/증기업 등으로 한정할 수 있으나, 넓은 범위로 해석한다면 서비스를 운용 및 제공하는 과정에서 광물, 종이, 플라스틱 등을 사용하는 도매/소매, 운수/창고, 정보통신, 금융/보험, 기타 전문 서비스업으로 확대할 수 있다.			
성과지표 측정 방법	조직이 이윤을 창출하기 위한 재화를 생산하는 과정에서 자연으로부터 가져온 원부자재를 효율적으로 관리하고 있는지를 점검하고, 조직 규모의 차이(매출액, 생산량 등) 또는 사업 변동(구조조정, 인수합병 등)을 고려하여 상대적으로 비교가능성이 높은 원단위 개념을 기반으로 원부자재 사용량을 점검한다. 조직의 지난 5개년 간 원단위 원부자재 사용량이 감소하는 추세인지, 지난 1개년의 원단위 원부자재 사용량이 산업 평균 미만인지를 측정한다.			
성과지표 측정 기준 (단계형)	현재 수준 (1/2)	레벨1	직전 1개년 원단위 원부자재 사용량이 당해 연도 산업 평균을 초과	
		레벨2	직전 1개년 원단위 원부자재 사용량이 당해 연도 산업 평균과 동일	
		레벨3	직전 1개년 원단위 원부자재 사용량이 당해 연도 산업 평균 미만	
	추세 (1/2)	레벨1	지난 5개년 원단위 원부자재 사용량이 증가 추세	
		레벨2	지난 5개년 원단위 원부자재 사용량의 변동이 없음	
		레벨3	지난 5개년 원단위 원부자재 사용량이 감소 추세	

2-2) 재생 원부자재 비율

구분	분류번호		영역	범주
	E-2-2		환경	원부자재
진단항목 지표 설명	재생 원부자재 비율			
	원료, 생산, 소비, 폐기로 이어지는 기존의 선형 경제 대안으로 유럽연합 등 선진국을 중심으로 자원순환 경제 모델(3R: Reduce, Recycle, Reuse)이 확산되고 있다. 자원순환 경제는 폐기 이후의 재활용, 자원의 절약 등을 통해 사회 전반의 순환성을 높이고 지속가능성을 추구하는 모델이다.			
성과지표 측정 방법	지속적인 경제성장으로 인한 천연자원 고갈 이슈가 증가함에 따라서 원부자재 조달-투입 방식을 자원순환형 체계로 전환하고 있는지를 점검하고, 조직이 생산하는 제품 중 재생 원부자재를 적용할 수 있는 부분을 실제 재생 원부자재로 대체하는 등의 자원순환 이행 성과를 확인한다. 조직의 지난 5개년 재생 원부자재 사용 비율이 증가 추세에 있는지, 지난 1개년의 재생 원부자재 사용 비율이 산업 평균을 초과하는지를 측정한다.			
성과지표 측정 기준 (단계형)	현재 수준 (1/2)	레벨1	직전 1개년 재생 원부자재 사용 비율이 당해 연도 산업 평균 미만	
		레벨2	직전 1개년 재생 원부자재 사용 비율이 당해 연도 산업 평균과 동일	
		레벨3	직전 1개년 재생 원부자재 사용 비율이 당해 연도 산업 평균을 초과	
	추세 (1/2)	레벨1	지난 5개년 재생 원부자재 사용 비율이 감소 추세	
		레벨2	지난 5개년 재생 원부자재 사용 비율의 변동이 없음	
		레벨3	지난 5개년 재생 원부자재 사용 비율이 증가 추세	

환경(E)

3) 온실가스
3-1) 온실가스 배출량(Scope 1 & Scope 2)

구분	분류번호		영역	범주
	E-3-1		환경	온실가스
진단항목 지표 설명	온실가스 배출량(Scope 1과 Scope 2)			
	조직은 연평균 성장률(Compound Annual Growth Rate: CAGR)을 활용하여 지난 5개년의 온실가스 배출량의 증가 또는 감소 추세를 확인할 수 있다. 온실가스 배출량 산정 방법 • Scope 1 = 고정 연소+이동 연소+공정 배출+탈루 배출+폐기물 처리 • Scope 2 = 구매전기+구매열(온수, 스팀 등)			
성과지표 측정 방법	조직이 소유, 관리, 통제하는 물리적 경계(사업장 등) 내에서 에너지 사용으로 인해 발생하는 온실가스 배출(Scope 1 & Scope 2)을 감축하고 있는지를 점검하고, 조직의 규모 차이(매출액, 생산량 등) 또는 사업 변동(구조조정, 인수 합병 등)을 고려하여 상대적 및 비교가능성이 높은 원단위 개념을 기반으로 온실가스 배출량을 확인한다. 조직의 지난 5개년 간 원단위 온실가스 배출량(Scope 1 & Scope 2)이 감축 추세에 있는지, 지난 1개년의 원단위 온실가스 배출량이 산업 평균 미만인지를 측정한다.			
성과지표 측정 기준 (단계형)	현재 수준 (1/2)	레벨1	직전 1개년 원단위 온실가스 배출량이 당해 연도 산업 평균을 초과	
		레벨2	직전 1개년 원단위 온실가스 배출량이 당해 연도 산업 평균과 동일	
		레벨3	직전 1개년 원단위 온실가스 배출량이 당해 연도 산업 평균 미만	
	추세 (1/2)	레벨1	지난 5개년 원단위 온실가스 배출량이 증가 추세	
		레벨2	지난 5개년 원단위 온실가스 배출량이 변동이 없음	
		레벨3	지난 5개년 원단위 온실가스 배출량이 감소 추세	

3-2) 온실가스 배출량(Scope 3)

구분	분류번호	영역	범주
	E-3-2	환경	온실가스

진단항목 지표 설명	온실가스 배출량(Scope 3) Scope 3 온실가스란 조직이 소유 및 관리하는 사업장 외에 가치사슬에서 발생하는 간접적인 온실가스 배출이다. 조직의 경계 내에서 직접 배출되는 Scope 1과 외부 전력 및 열 소비로 인해 배출되는 Socpe 2에 비해 감축 의무 대상은 아니다. 기후변화 이슈가 가속화됨에 따라 Scope 3 관리의 필요성도 증가하고 있다. 특히 조달-개발-생산-유통-판매-유지-폐기 등의 경영활동 전반을 내재화된 조직과 달리 사업 운영의 대부분을 외주화한 조직은 Scope 1과 Scope 2 못지않게 Scope 3의 관리가 중요하다.
성과지표 측정 방법	조직이 탄소중립을 달성하기 위해 물리적 경계 내에서 발생하는 Scope 1과 Scope 2 배출량뿐만 아니라, 조직이 외부에서 발생하는 Scope 3 배출량의 감축도 관리하고 있는지를 점검하고, 조직이 Scope 3을 통제할 수 없는 범주에 속하기 때문에 조직이 Scope 3을 직접 감축하고 있는지 확인하기보다는 Scope 3의 인식, 산정, 검증 등 성과를 관리하는 노력을 준수하는지를 확인한다. 조직이 지난 1개년 간 Scope 3 온실가스 배출 범주를 인식하고, 배출량을 산정하며, 배출량 산정 결과를 검증하고 있는지를 측정한다.

성과지표 측정 기준 (단계형)		[Scope 3 범주 인식] (1/3)	[Scope 3 배출량 산정] (1/3)	[Scope 3 배출량 검증] (1/3)
	레벨1	조직의 Scope 3 범주를 인식하고 있지 않은 경우	조직의 Scope 3 배출량을 측정하고 있지 않은 경우	Scope 3 배출량에 대한 제3자의 검증을 하지 않는 경우
	레벨2	조직의 가치사슬과 관련하여 일부 Scope 3 범주만 인식하고 있는 경우	국내 등 일부 사업장의 Scope 3 배출량만 측정하고 있는 경우	일부 Scope 3 범주 및 측정값에 대해서만 제3자의 검증을 하는 경우
	레벨3	조직의 가치사슬과 관련하여 모든 Scope 3 범주를 인식하고 있는 경우	조직의 모든 사업장의 Scope 3 배출량을 측정하고 있는 경우	모든 Scope 3 범주 및 측정값에 대해 제3자의 검증을 하는 경우

3-3) 온실가스 배출량 검증

구분	분류번호	영역	범주
	E-3-3	환경	온실가스

진단항목 지표 설명	온실가스 배출량 검증
	「저탄소 녹색성장 기본법」에 따라 국가 온실가스 감축 목표(2030년의 국가 온실가스 총배출량을 2018년의 온실가스 총배출량의 40%만큼 감축)를 달성할 수 있도록 일정 수준 이상의 온실가스를 배출하고 에너지를 소비하는 업체 및 사업장은 관리 업체로 지정되며, 해당 기업은 온실가스 감축 목표, 에너지 절약 목표를 설정하고 관리할 의무가 있다.
성과지표 측정 방법	온실가스 배출권 거래제, 온실가스 목표 관리제, 기타 온실가스 정보를 기반으로 의사결정을 하는 이해관계자가 증가함에 따라서 조직이 대외적으로 공시하는 온실가스 배출량 데이터가 타당성, 신뢰성, 투명성을 확보하고 있는지 확인하고, 조직의 온실가스 배출량 데이터에 관해 제3의 기관으로부터 검증받는 경우에는 해당 검증 의견이 갖추어야 할 형식적 요건을 점검한다. 온실가스 배출량 데이터 검증의견서가 갖추어져야 하는 검증 기관의 적격성, 검증 기관의 독립성, 검증방법론의 합리성, 검증 수준의 명확성, 검증지표의 구체성 요건이 충족되고 있는지를 측정한다.

성과지표 측정 기준 (선택형)	요건1	검증의견서에 검증 기관(또는 검증인)이 명시되어 있는 경우(또는 검증 기관이 라이센스 번호를 갖추고 있는 경우)
	요건2	검증의견서에 검증 표준(방법론)이 제시되어 있는 경우(온실가스 배출권 거래제의 배출량 보고 및 인증에 관한 지침)
	요건3	검증의견서에 ESG 정보 검증 수준을 공개하는 경우(전체 혹은 일부 데이터 검증, 제한적·합리적 보증 등)
	요건4	제3의 검증기관에서 검증한 온실가스 배출량의 검증 범위가 적시되어 있는 경우(즉, 조직의 사업장 중 온실가스 배출량을 검증받은 사업장 및 지역 등)
	요건5	조직의 온실가스 관리에 관한 제3의 검증 기관의 의견이 명시되어 있는 경우(온실가스 관리시스템 개선, 향후 검증값의 변동 가능성 등)

4) 에너지
4-1) 에너지 사용량

구분	분류번호		영역	범주
	E-4-1		환경	에너지
진단항목 지표 설명	에너지 사용량			
	에너지 사용량은 조직의 생산 및 운영의 효율성과 직접적으로 연계되어 있다. 따라서 조직의 생산성 및 운영의 효율성을 저하시키지 않고서는 에너지 효율 개선이 더 이상 가능하지 않거나, 내부 분석에 따른 근거 또는 외부 전문 기관의 조사 결과 등을 통해 에너지 효율이 최고 수준에 도달했음을 입증하여야 한다.			
성과지표 측정 방법	조직이 소유, 관리, 통제하는 물리적 경계(사업장 등) 내에서 직접 생산하거나 외부로부터 구매하는 에너지 사용 총량을 절감하고 있는지를 점검하고, 조직의 규모 차이(매출액, 생산량 등) 또는 각 조직의 사업 변동(구조조정, 인수합병 등)을 고려하여 상대적으로 비교가 용이한 단위당 개념의 원단위를 기반으로 에너지 사용량을 확인한다. 조직의 직전 1개년의 원단위 에너지 사용량이 산업 평균 미만인지, 지난 5개년 간 원단위 에너지 사용량이 저감 추세에 있는지 측정한다.			
성과지표 측정 기준 (단계형)	현재 수준 (1/2)	레벨1	직전 1개년 원단위 에너지 사용량이 당해 연도 산업 평균을 초과	
		레벨2	직전 1개년 원단위 에너지 사용량이 당해 연도 산업 평균과 동일	
		레벨3	직전 1개년 원단위 에너지 사용량이 당해 연도 산업 평균 미만	
	추세 (1/2)	레벨1	지난 5개년 원단위 에너지 사용량이 증가 추세	
		레벨2	지난 5개년 원단위 에너지 사용량의 변동이 없음	
		레벨3	지난 5개년 원단위 에너지 사용량이 감소 추세	

4-2) 재생에너지 사용 비율

구분	분류번호		영역	범주
	E-4-2		환경	에너지
진단항목 지표 설명	재생에너지 사용 비율			
	조직이 사업을 영위하는 국가 또는 지역의 에너지 체계에 따라, 또는 태양광, 대기, 조류 등의 양적·질적 조건에 따라 재생에너지 사용 비율을 확대하는 데 한계가 있다. 반면, 국가별 재생에너지의 이용, 보급, 확산을 위해 조직이 재생에너지를 직접 구매하거나 생산하지 않더라도 재생에너지를 사용하는 것으로 인정하는 제도를 도입하고 있다. 따라서 재생에너지 사용 비율은 친환경 에너지 체계로 전환을 위한 조직의 의지와 투자에 따라서 달라질 수 있으며, 이때 조직의 재생에너지 100%(Renewable Energy 100)를 목표 기준으로 설정하고 성과를 점검할 수 있다.			
성과지표 측정 방법	조직이 에너지 체계를 재생에너지로 전환하고 있는지를 확인하고, 조직이 총에너지 사용량 대비 재생에너지가 차지하는 비율로 해당 항목을 점검한다. 조직이 직전 1개년의 재생에너지 사용 비율이 산업 평균을 초과하는지, 지난 5개년 간 재생에너지 사용 비율이 증가 추세에 있는지 측정한다.			
성과지표 측정 기준 (단계형)	현재 수준 (1/2)	레벨1	직전 1개년 재생에너지 사용 비율이 당해 연도 산업 평균 미만	
		레벨2	직전 1개년 재생에너지 사용 비율이 당해 연도 산업 평균과 동일	
		레벨3	직전 1개년 재생에너지 사용 비율이 당해 연도 산업 평균을 초과	
	추세 (1/2)	레벨1	지난 5개년 재생에너지 사용 비율이 감소 추세	
		레벨2	지난 5개년 재생에너지 사용 비율의 변동이 없음	
		레벨3	지난 5개년 재생에너지 사용 비율이 증가 추세	

5) 용수
5-1) 용수 사용량

구분	분류번호	영역	범주
	E-5-1	환경	용수
진단항목 지표 설명	용수 사용량 용수 사용량은 조직의 생산성 및 운영의 효율성과 직접적으로 연계되어 있다. 따라서 조직의 생산성과 운영의 효율성을 저하시키지 않고서는 용수 사용의 효율 개선이 불가능하거나, 내부 분석에 따른 근거 또는 외부 전문 기관의 조사 결과 등을 통해 용수 사용의 효율성이 최고 수준임이 입증해야 한다. [데이터 산식] 용수 사용량 = 환경에서 유입된 취수량 + 조직 내 재사용량 + 다른 조직에서 전달받은 폐수량			
성과지표 측정 방법	조직이 용수를 공급받는 취수원을 보호하고 있는지, 또는 사업장이 위치한 지역의 수자원 고갈 리스크에 대비하고 있는지를 간접적으로 점검할 수 있는 항목으로서 조직이 사용하는 용수 총량(신규 취수량, 내부 재사용량)을 효율적으로 관리하고 있는지를 확인하고, 조직 간 규모 차이(매출액, 생산량 등) 또는 각 조직의 사업 변동(구조조정, 인수합병)을 고려하여 상대적으로 비교가능성이 높은 원단위 개념으로 용수 사용량을 점검한다. 조직의 직전 1개년의 원단위 용수 사용량이 산업 평균 미만인지, 지난 5개년 간 원단위 에너지 사용량이 저감 추세에 있는지 측정한다.			
성과지표 측정 기준 (단계형)	현재 수준 (1/2)	레벨1	직전 1개년 원단위 용수 사용량이 당해 연도 산업 평균을 초과	
		레벨2	직전 1개년 원단위 용수 사용량이 당해 연도 산업 평균과 동일	
		레벨3	직전 1개년 원단위 용수 사용량이 당해 연도 산업 평균 미만	
	추세 (1/2)	레벨1	지난 5개년 원단위 용수 사용량이 증가 추세	
		레벨2	지난 5개년 원단위 용수 사용량의 변동이 없음	
		레벨3	지난 5개년 원단위 용수 사용량이 감소 추세	

5-2) 재사용 용수 비율

구분	분류번호	영역	범주
	E-5-2	환경	용수
진단항목 지표 설명	재사용 용수 비율 조직이 사업의 특성에 따라 재사용 또는 재활용이 불가능한 수준의 오수, 하수, 폐수를 발생시킬 수 있으나, 해당 오수, 하수, 폐수를 재사용 또는 재활용할 수 있는 수처리 기술도 발전하고 있다. 따라서 재사용 용수 비율은 수자원 보호에 관한 조직의 의지와 투자에 따라 달라질 수 있으며, 이때 조직은 용수 재사용 100%를 목표 기준으로 할 수 있다.			
성과지표 측정 방법	조직이 도시화와 산업화의 진전으로 인해 발생되는 수자원의 부족에 대비하여 지속가능한 용수 순환 체계를 구축하고 있는지 확인하고, 조직이 소유, 관리, 통제하는 물리적 경계(사업장 등) 내에서 중수도·하폐수 처리 재이용 시설 등을 설치하여 오수, 하수, 폐수를 효과적으로 순환, 재생하는지 점검한다. 조직의 직전 1개년의 재사용 용수 비율이 산업 평균을 초과하고 있는지, 지난 5개년 간 재사용 용수 비율이 증가 추세에 있는지를 측정한다.			
성과지표 측정 기준 (단계형)	현재 수준 (1/2)	레벨1	직전 1개년 재사용 용수 비율이 당해 연도 산업 평균 미만	
		레벨2	직전 1개년 재사용 용수 비율이 당해 연도 산업 평균과 동일	
		레벨3	직전 1개년 재사용 용수 비율이 당해 연도 산업 평균을 초과	
	추세 (1/2)	레벨1	지난 5개년 재사용 용수 비율이 감소 추세	
		레벨2	지난 5개년 재사용 용수 비율의 변동이 없음	
		레벨3	지난 5개년 재사용 용수 비율이 증가 추세	

6) 폐기물
6-1) 폐기물 배출량

구분	분류번호		영역	범주
	E-6-1		환경	폐기물
진단항목 지표 설명	폐기물 배출량			
	폐기물 배출량은 조직이 소유, 관리, 통제하는 물리적 경계(사업장 등) 내에서 사업 및 영업 활동에 따라 발생하는 폐기물을 저감하고 있는지 확인하고, 조직간 규모 차이 또는 각 조직의 사업 변동을 고려하여 상대적으로 비교가능성이 높은 원단위 개념을 기반으로 폐기물 배출량을 점검하는 것이다.			
성과지표 측정 방법	조직의 직전 1개년의 원단위 폐기물 배출량이 산업 평균 미만인지, 지난 5개년 간 원단위 폐기물 배출량이 저감 추세에 있는지를 측정한다. [데이터 산식] 원단위 폐기물 배출량 = 총 폐기물 배출량/원단위 활용			
성과지표 측정 기준 (단계형)	현재 수준 (1/2)	레벨1	직전 1개년 원단위 폐기물이 당해 연도 산업 평균을 초과	
		레벨2	직전 1개년 원단위 폐기물이 당해 연도 산업 평균과 동일	
		레벨3	직전 1개년 원단위 폐기물이 당해 연도 산업 평균 미만	
	추세 (1/2)	레벨1	지난 5개년 원단위 폐기물이 증가 추세	
		레벨2	지난 5개년 원단위 폐기물이 변동이 없음	
		레벨3	지난 5개년 원단위 폐기물이 감소 추세	

6-2) 폐기물 재활용 비율

구분	분류번호		영역	범주
	E-6-2		환경	폐기물
진단항목 지표 설명	폐기물 재활용 비율			
	폐기물 재사용이란 원부자재 또는 재공품의 원래 용도 및 사용 목적과 같은 목적으로 사용하는 것을 의미하며, 폐기물 재활용이란 폐기된 원부자재 또는 재공품에 유용한 자원을 회수하여 활용하는 것을 의미한다. 폐기물 재활용은 크게 물리적 회수, 화학적 회수, 에너지 전환으로 구분할 수 있다.			
성과지표 측정 방법	조직이 자원순환 경제로 전환에 동참하기 위해 생산 단계에서부터 폐기물을 원천 감량하는 것을 넘어 폐기물의 순환 이용을 높이고 있는지 확인하기 위하여 조직이 가공-생산-보관-유통 과정에서 발생하는 폐기물을 생산 과정에 재투입하거나, 조직 내외부에서 2차 자원으로 재활용하고 있는지를 점검한다. 조직의 직전 1개년의 폐기물 재활용(재사용 포함) 비율이 산업 평균을 초과하고 있는지, 지난 5개년 간 폐기물 재활용(재사용 포함) 비율이 증가 추세에 있는지를 측정한다.			
성과지표 측정 기준 (단계형)	현재 수준 (1/2)	레벨1	직전 1개년 폐기물 재활용 비율이 당해 연도 산업 평균 미만	
		레벨2	직전 1개년 폐기물 재활용 비율이 당해 연도 산업 평균과 동일	
		레벨3	직전 1개년 폐기물 재활용 비율이 당해 연도 산업 평균을 초과	
	추세 (1/2)	레벨1	지난 5개년 폐기물 재활용 비율이 감소 추세	
		레벨2	지난 5개년 폐기물 재활용 비율의 변동이 없음	
		레벨3	지난 5개년 폐기물 재활용 비율이 증가 추세	

7) 오염물질
7-1) 대기오염물질 배출량

구분	분류번호		영역	범주
	E-7-1		환경	오염물질
진단항목 지표 설명	대기오염물질 배출량			
	대기오염물질은 환경부의 사업장 대기오염물질 총량관리 제도에서 규정한 관리 대상 오염물질로 질소산화물(NOx), 황산화물(SOx), 먼지(TSP)가 있다. 사업장 대기오염물질 총량관리 제도는 사업장에 연도별로 배출 허용 총량을 할당하고, 이를 준수하는 사업장은 잔여 할당량을 판매할 수 있고, 이를 초과하는 사업장은 총량 초과 과징금을 부과한다.			
성과지표 측정 방법	조직이 소유, 관리, 통제하는 물리적 경계(사업장 등) 내에서 발생하는 대기오염물질을 지속적으로 저감하는 등 대기환경 개선을 위한 노력을 이행하고 있는지를 확인하고, 질소산화물, 황산화물, 먼지 등의 배출농도를 기간별로 산업 평균과 비교하는 방식으로 점검한다.			
	조직의 직전 1개년의 질소산화물(NOx), 황산화물(SOx), 먼지(TSP)의 평균 배출농도가 산업 평균 미만인지, 지난 5개년 간 평균 배출농도가 저감 추세에 있는지를 측정한다.			
성과지표 측정 기준 (단계형)	현재 수준 (1/2)	레벨1	직전 1개년 대기오염물질 평균 배출농도가 당해 연도 산업 평균을 초과	
		레벨2	직전 1개년 대기오염물질 평균 배출농도가 당해 연도 산업 평균과 동일	
		레벨3	직전 1개년 대기오염물질 평균 배출농도가 당해 연도 산업 평균 미만	
	추세 (1/2)	레벨1	지난 5개년 대기오염물질 평균 배출농도가 증가 추세	
		레벨2	지난 5개년 대기오염물질 평균 배출농도의 변동이 없음	
		레벨3	지난 5개년 대기오염물질 평균 배출농도가 감소 추세	

7-2) 수질오염물질 배출량

구분	분류번호		영역	범주
	E-7-2		환경	오염물질
진단항목 지표 설명	수질오염물질 배출량			
	수질오염물질은 「물환경보전법 시행규칙」에서 규정한 관리 대상 오염물질로 생물화학적 산소요구량(BOD), 화학적 산소요구량(COD), 부유물질량(SS)이 있다. 「물환경보전법」에 따른 수질오염물질 방지 시설 면제 사업장에 해당하는 경우에는 수질오염물질 배출 성과를 점검하지 않을 수 있다.			
성과지표 측정 방법	조직이 소유, 관리, 통제하는 물리적 경계(사업장 등) 내에서 최종 발생하는 수질오염물질을 지속적으로 저감하는 등 수자원 보호를 위한 노력을 이행하고 있는지를 확인하고, 생물화학적 산소요구량, 화학적 산소요구량, 부유물질량 등의 배출농도가 기간별, 산업 평균과 비교하는 방식으로 점검한다.			
	조직의 직전 1개년의 생물화학적 산소요구량, 화학적 산소요구량, 부유물질량 평균 배출농도가 산업 평균 미만인지, 지난 5개년 간 평균 배출농도가 저감 추세에 있는지를 측정한다.			
성과지표 측정 기준 (단계형)	현재 수준 (1/2)	레벨1	직전 1개년 수질오염물질 평균 배출농도가 당해 연도 산업 평균을 초과	
		레벨2	직전 1개년 수질오염물질 평균 배출농도가 당해 연도 산업 평균과 동일	
		레벨3	직전 1개년 수질오염물질 평균 배출농도가 당해 연도 산업 평균 미만	
	추세 (1/2)	레벨1	지난 5개년 수질오염물질 평균 배출농도가 증가 추세	
		레벨2	지난 5개년 수질오염물질 평균 배출농도의 변동이 없음	
		레벨3	지난 5개년 수질오염물질 평균 배출농도가 감소 추세	

환경(E)

8) 환경 법/규제 위반
8-1) 환경 법/규제 위반

구분	분류번호	영역	범주
	E-8-1	환경	환경 법/규제 위반
진단항목 지표 설명	환경 법/규제 위반		
	환경 법/규제 위반 행위란 오염물질 불법 배출의 가중처벌, 환경보호지역 오염행위 등의 가중처벌, 과실범, 멸종위기야생생물의 포획 등의 가중처벌, 누범의 가중, 명령 불이행자에 대한 처벌의 규정에 해당하는 행위나 「대기환경보전법」-비산먼지 발생을 억제하기 위한 시설 설치 혹은 조치를 하지 않은 경우나 「폐기물관리법」-생활폐기물을 불법 처리하는 행위 등으로써 환경 범죄 등의 단속 및 가중처벌에 관한 법률을 통해 처벌수위를 규정하고 있다.		
성과지표 측정 방법	조직이 사업을 운영하는 과정에서 준수해야 할 환경 관리 법/규제를 명확하게 인식하고, 환경 법/규제 리스크 해결을 위한 투자 및 개선 활동이 효과적인지를 확인하고, 환경관리 법/규제 위반 사건 중 조직의 재무구조 및 평판 관리에 상당한 영향력을 미치는 사법상 형벌, 행정상 처분(금전적, 비금전적)에 대해 가중치를 달리 적용하는 방식으로 환경 법/규제 위반을 점검한다. 조직의 지난 5개년 간 환경 법/규제 위반 건수에 대해 처벌수위별 감점 기준을 달리 적용하며, 이를 종합하여 감점이 몇 점인지 확인하는 방법으로 측정한다.		
성과지표 측정 기준 (감점형)	유형1	직전 5개년 간 환경 법/규제 위반 내역 중 판결이 확정된 건수에 대해 처벌수위가 사법상 형벌, 벌금, 과태료인 경우, 또는 국가나 지방자치단체를 당사자로 하는 계약에서 입찰참가자격을 제한당한 경우	
	유형2	직전 5개년 간 환경 법/규제 위반 내역 중 판결이 확정된 건수에 대해 처벌수위가 행정상 처분 중 금전적 처분에 해당하는 과태료, 과징금, 이행강제금 등인 경우	
	유형3	직전 5개년 간 환경 법/규제 위반 내역 중 판결이 확정된 건수에 대해 처벌수위가 행정상 처분 중 비금전적 처분에 해당하는 시정명령, 시정권고, 경고 등인 경우	

환경(E)

9) 환경 라벨링
9-1) 친환경 인증 제품 및 서비스 비율

구분	분류번호	영역	범주
	E-9-1	환경	환경 라벨링
진단항목 지표 설명	친환경 인증 제품 및 서비스 비율		
	친환경 제품 및 서비스 인증은 (1) 제품 및 서비스 자체의 친환경성을 확인, (2) 제품 및 서비스가 환경에 미치는 계량적 정보를 라벨링하는 것에 대해 공신력 있는 제3의 기관으로부터 인증을 획득하거나 국내외의 표준규격을 준용하여 조직이 자체적으로 선언하는 것을 포함한다. 친환경 제품 및 서비스 인증표준 및 관련 제도는 국가별, 지역별 또는 제품/서비스 유형별로 다양하게 도입되고 있어 조직은 해당 산업 내에서 통용되는 친환경 제품 및 서비스 인증표준 및 관련 제도를 파악하고, 해당 인증을 획득한 제품 및 서비스가 차지하는 비율을 관리할 수 있다.		
성과지표 측정 방법	제품의 조달-생산-사용 등의 과정에서 자원-에너지 사용, 오염물질 배출, 인체-생태계 독성 등 제품 전 과정의 환경영향을 파악하며, 제품의 긍정적 환경영향을 확대하고 부정적 환경영향은 축소하고 있는지를 확인하고, ISO 등 국제인증표준에 준하여 환경부 등 정부기관에서 시행하고 있는 친환경 인증 획득 제품이 전체 제품에서 차지하는 비율을 점검하다. 조직의 1개년 간 판매한 전체 제품 및 서비스 중 친환경 인증 제품 및 서비스 판매가 차지하는 비율을 산업 평균과 상대 비교하는 방식으로 측정한다.		
성과지표 측정 기준 (단계형)	레벨1	친환경 인증을 획득한 제품 및 서비스, 또는 친환경 인증 원부자재 등이 포함된 제품군의 매출 비율이 산업 평균 대비 20% 낮은 수준인 경우	
	레벨2	친환경 인증을 획득한 제품 및 서비스, 또는 친환경 인증 원부자재 등이 포함된 제품군의 매출 비율이 산업 평균 대비 10% 낮은 수준인 경우	
	레벨3	친환경 인증을 획득한 제품 및 서비스, 또는 친환경 인증 원부자재 등이 포함된 제품군의 매출 비율이 산업 평균 수준인 경우	
	레벨4	친환경 인증을 획득한 제품 및 서비스, 또는 친환경 인증 원부자재 등이 포함된 제품군의 매출 비율이 산업 평균 대비 10% 높은 수준인 경우	
	레벨5	친환경 인증을 획득한 제품 및 서비스, 또는 친환경 인증 원부자재 등이 포함된 제품군의 매출 비율이 산업 평균 대비 20% 높은 수준인 경우	

사회(S)

1) 목표
1-1) 목표 수립 및 공시

구분	분류번호		영역	범주
	S-1-1		사회	목표
진단항목 지표 설명	목표 수립 및 공시			
	조직은 중대성 평가를 통해 조직의 사업 운영 및 외부환경에 중요한 영향력을 행사하는 핵심 이슈를 도출할 수 있다. 조직은 사업 운영에 해당하는 모든 직간접적인 환경규제를 관리해야 함과 동시에 사업 성과와 연계된 핵심 이슈에 대해서는 목표에 의한 성과관리가 필요하다. 조직이 수립할 수 있는 환경 분야 목표와 관련된 핵심 이슈는 다음과 같다. • 인권 리스크 저감, 구성원의 다양성 증진, 차별 및 괴롭힘 방지, 산업재해율 저감, 협력사 ESG 지원, 동반성장 및 생산 협력, 지역사회 투자 확대, 개인정보 유출의 최소화, 소비자 정보제공, 제품 품질 및 안전 증진			
성과지표 측정 방법	조직이 중요하게 생각하는 사회 분야의 이슈에 대하여 재무적 가치와 사회적 가치의 균형점을 찾는 구체적인 목표를 설정하고, 이를 달성하기 위한 노력을 하는지를 확인하고, 보고서를 통해 도출된 중요한 사회 분야 이슈에 대해서 정성·정량적인 목표를 투자자, 고객 등의 이해관계자에게 공개하고 있는지를 점검한다. 지속가능경영보고서를 통해 사회 분야의 핵심 주제에 대한 목표 및 성과관리 현황을 측정한다.			
성과지표 측정 기준 (단계형)	레벨1	단기·중기·장기 성과 목표 또는 조직의 사회 분야 추진 방향을 나타내는 사회 분야 경영 미션, 비전, 지향점이 없는 경우		
	레벨2	단기·중기·장기 성과 목표는 수립되어 있지 않으나, 조직의 사회 분야 추진 방향성을 나타내는 사회 분야 미션, 비전, 지향점을 제시하고 있는 경우		
	레벨3	조직의 사회 분야 핵심 이슈에 대한 단기 목표를 설정하고 있는 경우		
	레벨4	조직의 사회 분야 핵심 이슈에 대한 중장기 목표를 설정하고 있으나, 모든 중장기 목표가 정성적 형태로 되어 있는 경우		
	레벨5	조직의 사회 분야 핵심 이슈에 대한 중장기 목표를 설정하고 있으며, 중장기 목표에 정성적 목표 외에도 정량적인 목표를 포함하고 있는 경우		

2-1) 신규 채용과 고용 유지

구분	분류번호		영역	범주
	S-2-1		사회	노동
진단항목 지표 설명	신규 채용과 고용 유지			
	신규 채용이란 조직이 필요에 따라 구직자의 채용 서류 심사 등을 기반으로 새로운 근무 인력을 채용하는 것을 의미한다. 여기서 새로운 인력이란 통계청의 경제활동인구조사 근로 형태 중 비정규직 형태(한시적 근로자 또는 기간제 근로자, 단시간 근로자, 파견/용역/호출 등의 형태로 종사하는 근로자 등)를 제외한 기간의 정함이 없는 임금근로자를 통칭하는 모든 정규직 채용을 대상으로 한다.			
성과지표 측정 방법	조직이 신규 채용을 통해 지속적 성장에 필요한 인적자원을 축적함과 동시에 지역사회의 일자리 창출, 고용안정성 증대에 기여하고 있는지를 확인하고, 조직이 창출한 부가가치를 채용에 투자하고 있는지, 조직의 고용 규모가 안정적인지를 점검한다. 조직의 직전 1개년 신규 채용 지수 및 고용 규모가 산업 평균 초과인지, 지난 5개년 간 부가가치 증감률 대비 신규 채용률이 증가 추세인지를 측정한다.			
성과지표 측정 기준 (단계형)	현재 수준 (1/2)	레벨1	직전 1개년 신규 채용 지수가 산업 평균 미만	
		레벨2	직전 1개년 신규 채용 지수가 산업 평균과 동일	
		레벨3	직전 1개년 신규 채용 지수가 산업 평균을 초과	
	추세 (1/2)	레벨1	직전 5개년 연평균(CAGR)적으로 고용 규모가 감소	
		레벨2	직전 5개년 연평균(CAGR)적으로 고용 규모가 유지	
		레벨3	직전 5개년 연평균(CAGR)적으로 고용 규모가 증가	

2-2) 정규직 비율

구분	분류번호	영역	범주
	S-2-2	사회	노동
진단항목 지표 설명	정규직 비율		
	정규직 비율은 정규직 근로자의 비율 확대가 조직과 사회의 지속가능성에 긍정적 영향을 미친다는 가정 하에 조직이 정규직의 확대를 통해 지역사회의 고용안정성 증가와 비정규직 근로자 문제에 기여하고 있는 정도를 확인하고, 조직의 전체 인력 대비 정규직 비율을 점검하는 것이다.		
성과지표 측정 방법	국내외 모든 사업장을 기준으로 정규직의 비율을 확인하여 측정한다. [데이터 산식] 정규직 비율 = (해당연도 말 기준 총 근로자 수 − 한시적 근로자 또는 기간제 근로자 − 단시간 근로자 − 파견, 용역, 호출 등의 형태로 종사하는 근로자) / 해당연도 말 기준 총 근로자 수		
성과지표 측정 기준 (단계형)	레벨1	한시적 근로자, 기간제 근로자, 단시간 근로자, 파견 용역/호출 등의 형태로 종사하는 근로자의 현황이 관리되지 않는 경우	
	레벨2	조직의 정규직 비율이 40% 이하인 경우	
	레벨3	조직의 정규직 비율이 40% 초과 60% 이하인 경우	
	레벨4	조직의 정규직 비율이 60% 초과 80% 이하인 경우	
	레벨5	조직의 정규직 비율이 80%를 초과하는 경우	

2-3) 자발적 이직률

구분	분류번호		영역	범주
	S-2-3		사회	노동
진단항목 지표 설명	자발적 이직률			
	자발적 이직률은 조직의 인적자원 관리 수준이 산업 평균 대비 적정한 수준을 유지하며 관리되고 있는지를 확인하고, 구성원이 자발적으로 조직을 이동하는 자발적 이직률을 점검하는 것이다.			
성과지표 측정 방법	국내외의 모든 직원에 대하여 자발적 이직률 증감 추이를 분석하여 동종 산업 평균과 비교하여 자발적 이직률의 상대적 수준을 측정한다. [데이터 산식] 자발적 퇴사(이직)률 = 해당연도 총 자발적 퇴사자(이직자) 수 / 해당연도 말 총 직원 수			
성과지표 측정 기준 (단계형)	현재 수준 (1/2)	레벨1	직전 1개년 자발적 이직률이 당해 연도 산업 평균을 초과	
		레벨2	직전 1개년 자발적 이직률이 당해 연도 산업 평균과 동일	
		레벨3	직전 1개년 자발적 이직률이 당해 연도 산업 평균 미만	
	추세 (1/2)	레벨1	지난 5개년 간 자발적 이직률이 증가 추세	
		레벨2	지난 5개년 간 자발적 이직률의 변동이 없음	
		레벨3	지난 5개년 간 자발적 이직률이 감소 추세	

2-4) 교육훈련비

구분	분류번호		영역	범주
	S-2-4		사회	노동
진단항목 지표 설명	교육훈련비			
	조직은 교육 및 훈련을 통해 업무 수행에 필요한 기술, 지식 등 구성원의 역량을 강화할 수 있으며, 이러한 교육훈련의 성과는 조직의 몰입도에 긍정적인 영향을 미치고 생산성 향상에 기여함으로써 미래 시장의 경쟁력을 높이게 한다. 조직은 단기적인 이익 창출과 교육훈련을 통한 장기적인 성과 회수 사이의 괴리로 인해 구성원의 교육훈련에 소극적이고 수동적인 자세를 보일 수 있지만 장기적 관점의 경영 성과 창출과 지속가능성 확보에 더욱 초점을 맞추는 것이 바람직하다.			
성과지표 측정 방법	조직이 미래 경쟁력 및 지속가능성 확보를 위해 구성원의 교육 및 훈련에 얼마나 투자하고 있는지를 확인하고, 상대적 비교가능성이 높은 원 단위의 개념을 적용하여 인적자본 관리 기본 진단 항목인 구성원 수 기반의 1인당 교육훈련비를 점검한다. 최근 5개 회계 연도의 1인당 교육훈련비 추세를 함께 고려한다. 조직이 과거 5개년의 1인당 교육비 데이터를 관리하고 있는지, 동종 산업 평균과 비교하여 1인당 교육훈련비 지출의 상대적 수준을 측정한다.			
성과지표 측정 기준 (단계형)	현재 수준 (1/2)	레벨1	직전 1개년 교육훈련비가 당해 연도 산업 평균을 초과	
		레벨2	직전 1개년 교육훈련비가 당해 연도 산업 평균과 동일	
		레벨3	직전 1개년 교육훈련비가 당해 연도 산업 평균 미만	
	추세 (1/2)	레벨1	지난 5개년 교육훈련비가 증가 추세	
		레벨2	지난 5개년 교육훈련비의 변동이 없음	
		레벨3	지난 5개년 교육훈련비가 감소 추세	

2-5) 복리후생비

구분	분류번호		영역	범주
	S-2-5		사회	노동
진단항목 지표 설명	복리후생비			
	복리후생은 조직이 구성원에 제공하는 대표적인 비임금성 보상으로서 기업복지, 근로복지 등 다양한 용어로 사용되고 있다. 최근에는 소위 워라벨(work and life balance)로 불리는 일과 삶의 균형, 일과 가정의 양립 등이 중요한 사회적 이슈로 떠오르고, 복리후생이 구직자가 조직을 선택하는 중요한 기준으로 자리 잡는 등 노동과 복리후생에 대한 사회의 시각이 빠르게 변화하고 있다. 이러한 복리후생은 구성원의 만족도, 핵심 인재의 확보와 유지 및 조직의 몰입도와 성과 향상 등에 영향을 미침에 따라 조직은 효과적인 복리후생 프로그램을 운영하기 위한 노력을 기울일 필요가 있다.			
성과지표 측정 방법	조직이 임직원의 업무 환경 및 근로조건 개선을 통해 직원의 만족도를 높이고 있는지 점검하는 항목으로서 법률상 강제성이 있는 법적 복리후생비를 제외한 조직별 복리후생비를 확인하고, 상대적 비교가능성이 높은 원 단위 개념을 적용하여 인적자원 관리 기본 진단항목인 구성원 수 기반의 1인당 복리후생비를 점검한다. 최근 5개년 회계연도의 1인당 복리후생비 추세를 고려한다. 조직이 과거 5개년의 1인당 복리후생비가 증가 추세에 있는지, 동종 산업 평균과 비교하여 1인당 복리후생비 지출의 상대적 수준을 측정한다.			
성과지표 측정 기준 (단계형)	현재 수준 (1/2)	레벨1	직전 1개년 복리후생비가 당해 연도 산업 평균 미만	
		레벨2	직전 1개년 복리후생비가 당해 연도 산업 평균과 동일	
		레벨3	직전 1개년 복리후생비가 당해 연도 산업 평균을 초과	
	추세 (1/2)	레벨1	지난 5개년 복리후생비가 감소 추세	
		레벨2	지난 5개년 복리후생비의 변동이 없음	
		레벨3	지난 5개년 복리후생비가 증가 추세	

2-6) 결사의 자유 보장

구분	분류번호	영역	범주
	S-2-6	사회	노동
진단항목 지표 설명	결사의 자유 보장		
	결사의 자유 보장은 조직의 직원이 유엔 세계인권선언 제20조에서 제시하는 결사의 자유를 보장받을수 있는지, 근로자 이해 대변 및 협력적 노사관계 형성 및 유지를 위한 협의기구가 있는지 확인하는 것이다.		
성과지표 측정 방법	결사의 자유 보장 수준을 확인하기 위해 노동조합 조직, 단체협약 체결, 체결된 단체협약의 성실한 이행 등을 측정하고, 이와 병행하여 노사협력 수준을 측정하기 위해 노사협의회가 설치되어 관리되고 있는지, 정기회의 개최 등 실질적인 운영 수준 등을 측정한다.		
성과지표 측정 기준 (단계형)	레벨1	노동조합 가입/설립, 노사협의회 설치 관련 정보가 없음(노사 가입/신설과 관련하여 부당 노동행위로 노동위원회의 판정 또는 법원 판결이 유죄로 확정된 경우)	
	레벨2	노동조합 가입/설립 또는 상시근로자 30인 이상인 경우에는 노사협의회 설치(위원 선임, 협의회 규정 제정 등)	
	레벨3	레벨2 + 과거 또는 현재에 적법한 교섭당사자로서의 노동조합의 단체교섭 진행 + 3개월마다 노사협의회 정기회의 개최(회의록 작성 및 비치)	
	레벨4	레벨3 + 노동조합과 단체협약(임금협약 포함) 체결 + 노사협의회의 정기회의 외에 추가로 임시회의(노사 실무협의 포함) 개최	
	레벨5	레벨4 + 체결된 단체협약의 성실한 이행(단체협약 위반 시 불이행으로 간주) + 노사협의회의 의결(합의) 여부	

3) 다양성 및 양성평등
3-1) 여성 구성원 비율

구분	분류번호	영역	범주
	S-3-1	사회	다양성 및 양성평등
진단항목 지표 설명	여성 구성원 비율		
	조직의 구성원 중 여성의 비율과 미등기 임원 중 여성의 비율 차이를 측정하는 이유는 여성이 안정적으로 근무할 수 있는 근로환경을 제공하고 있는지, 여성 리더를 적극적으로 발굴 및 육성하고 있는지 확인하기 위함이다.		
성과지표 측정 방법	조직의 중장기적 성장 및 새로운 사업기획 발굴에 필요한 창조적이고 혁신적인 조직문화를 위해 모든 직급에서의 구성원 다양성이 관리되고 있는지 확인하고, 국내 인구 구조적 특성을 고려하여 다수의 다양성 기준 중 성별에 따른 다양성 현황을 점검한다. 이를 위해 조직의 남성 구성원 대비 여성 구성원(또는 여성 구성원 대비 남성 구성원)이 차지하는 비율을 직급별로 점검한다. 조직의 전체 구성원 중 여성 비율과 미등기 임원 중 여성의 비율 차이를 측정한다.		
성과지표 측정 기준 (단계형)	레벨1	조직의 전체 구성원 중 여성이 차지하는 비율과 미등기 임원 중 여성이 차지하는 비율의 차이가 80%를 초과하는 경우	
	레벨2	조직의 전체 구성원 중 여성이 차지하는 비율과 미등기 임원 중 여성이 차지하는 비율의 차이가 60% 초과 80% 이하인 경우	
	레벨3	조직의 전체 구성원 중 여성이 차지하는 비율과 미등기 임원 중 여성이 차지하는 비율의 차이가 40% 초과 60% 이하인 경우	
	레벨4	조직의 전체 구성원 중 여성이 차지하는 비율과 미등기 임원 중 여성이 차지하는 비율의 차이가 20% 초과 40% 이하인 경우	
	레벨5	조직의 전체 구성원 중 여성이 차지하는 비율과 미등기 임원 중 여성이 차지하는 비율의 차이가 20% 이하인 경우	

3-2) 여성 급여 비율(평균 급여액 대비)

구분	분류번호	영역	범주
	S-3-2	사회	다양성 및 양성평등
진단항목 지표 설명	여성 급여 비율(평균 급여액 대비)		
	여성(또는 남성)의 급여 비율을 점검하는 이유는 조직이 성별의 다양성 증진 활동을 통해 성과를 창출하고 있는지 간접적으로 확인하기 위함이다. 조직의 성별 다양성 증진 활동이 효과적으로 실행되었다면 상위 직급 여성의 분포가 높아졌거나, 여성의 근속연수가 증가하였을 것이다. 이는 해당 조직의 다양성 관리가 효과적으로 이루어졌다고 볼 수 있다.		
성과지표 측정 방법	조직이 다양성 측면에서 소수 계층, 사회적 취약계층, 기타 단순한 신체적 차이를 사유로 급여 지급에 차별을 두는 인사제도, 고용 관행이 있는지를 확인하고, 국내 인구구조적 특성을 고려하여 차별이 발생하는 다양한 사례 중 성별에 따른 급여 차이가 발생하는지를 점검하고자 함이다. 조직의 남녀 구성원 중 평균 급여액 미만의 급여를 받는 집단을 기준으로 급여 차이를 확인하는 항목으로서 1인 평균 급여액 대비 여성 1인 평균 급여액(또는 남성 1인 평균 급여액)의 비율을 점검한다. 조직의 1인 평균 급여액 대비 여성(또는 남성) 1인 평균 급여액의 차이를 측정한다.		
성과지표 측정 기준 (단계형)	레벨1	조직의 1인 평균 급여액 대비 여성(또는 남성) 1인의 평균 급여액 비율이 60% 이하인 경우	
	레벨2	조직의 1인 평균 급여액 대비 여성(또는 남성) 1인의 평균 급여액 비율이 60% 초과 70% 이하인 경우	
	레벨3	조직의 1인 평균 급여액 대비 여성(또는 남성) 1인의 평균 급여액 비율이 70% 초과 80% 이하인 경우	
	레벨4	조직의 1인 평균 급여액 대비 여성(또는 남성) 1인의 평균 급여액 비율이 80% 초과 90% 이하인 경우	
	레벨5	조직의 1인 평균 급여액 대비 여성(또는 남성) 1인의 평균 급여액 비율이 90% 초과인 경우	

3-3) 장애인 고용률

구분	분류번호	영역	범주
	S-3-3	사회	다양성 및 양성평등
진단항목 지표 설명	장애인 고용률		
	장애인고용의무제도는 국가 및 지방자치단체와 50명 이상의 공공기관, 민간기업의 사업주에게 장애인을 일정 비율 이상 고용하도록 의무화하고, 미준수 시 부담금을 부과하는 제도이다. 의무고용률 이상으로 고용한 사업주에 대해서는 규모에 상관없이 초과 인원에 대해 장려금을 지급하며, 매년 「장애인고용촉진 및 직업재활법 시행령」을 통해 기준 연도에 해당하는 의무고용률을 공시하고 있다.		
성과지표 측정 방법	장애인은 능력에 따라 보장받고 고용되어 유익하고 생산적인 업무를 통해 합리적인 보수를 받을 권리가 있음에 따라 조직이 해당 권리 향상을 지원하는지를 확인하고, 정부의 장애인의무고용률을 기준으로 조직이 해당하는 사회적 책임을 이행하고 있는지를 점검한다. 조직의 직전 1개 회계연도 장애인의무고용률을 법적 의무고용률과 비교하여 측정한다.		
성과지표 측정 기준 (단계형)	레벨1	직전 1개년 장애인의무고용률이 60% 미만인 경우	
	레벨2	직전 1개년 장애인의무고용률이 60% 이상 80% 미만인 경우	
	레벨3	직전 1개년 장애인의무고용률이 80% 이상 100% 미만인 경우	
	레벨4	직전 1개년 장애인의무고용률이 100% 이상 120% 미만인 경우	
	레벨5	직전 1개년 장애인의무고용률이 120% 이상인 경우	

사회(S)

4) 산업안전

4-1) 안전보건 추진 체계

구분	분류번호	영역	범주
	S-4-1	사회	산업안전
진단항목 지표 설명	안전보건 추진 체계		
	안전보건 관리란 구성원의 안전과 건강을 보호하기 위해 조직 스스로 위험요인을 파악하여 제거 및 대체하거나 통제 방안을 마련해서 이행하며 이를 지속적으로 개선하는 일련의 활동을 말한다.		
성과지표 측정 방법	조직이 산업인력 손실, 구성원의 사기 저하, 생산성 및 품질 하락, 조사관계 악화 등 경제적 손실과 사회적 비용을 예방 하기 위해 안전 리스크 저감, 복지 증진 등 안전보건 성과 개선을 체계적으로 추진하고 있는지를 확인하고, 국내외 규 격에서 제시하는 안전보건경영시스템 구성 요건을 기준으로 조직이 이를 따르거나 준용하여 안전보건 추진 체계를 갖 추고 있는지를 점검한다. 조직의 안전보건 관리가 체계적으로 추진되고 있는지를 점검하기 위해 경영자 리더십, 근로자 참여, 위험요인 파악 및 제거, 대체, 통제, 비상조치 계획의 수립, 평가 및 개선 여부를 측정한다.		
성과지표 측정 기준 (선택형)	요건1	경영자가 확고한 리더십으로 비전을 제시하고 필요한 자원을 배정하는 경우(안전경영방침 공표, 인력, 시 설, 장비 등 배정, 구성원에게 책임과 권한 부여)	
	요건2	안전보건 관리 체계 구축을 위해 근로자의 참여 및 합의를 보장하는 경우(안전보건 정보공개, 구성원 참 여 절차 마련, 의견 제시 문화 조성 등)	
	요건3	조직의 위험요인 파악과 이에 대한 제거, 통제, 조치를 하는 경우(위험요인 파악, 위험성 평가, 위험요인 제거, 대체, 통제 방안 마련, 교육훈련 실시)	
	요건4	중대한 위험요인에 대처할 수 있는 비상조치 계획을 수립하는 경우(위험요인별 시나리오 및 조치계획 수 립, 주기적 훈련, 사업장 내 도급 근로자 등 모든 구성원에 대한 보호 여부)	
	요건5	안전보건 과제 및 목표의 이행 현황을 평가하고 개선하는 경우(목표 설정, 계획 대비 달성 여부 평가, 문 제점에 대한 주기적 검토와 개선)	

4-2) 산업재해율

구분	분류번호	영역	범주
	S-4-2	사회	산업안전

구분			내용
진단항목 지표 설명	산업재해율		
	조직이 산업재해 발생 현황을 파악할 수 있는 지표는 다양하며, 국내에서는 대표적으로 재해율을 기본 지표로 활용하고 있다.		
성과지표 측정 방법	조직의 안전보건 거버넌스 구축, 중점 과제 추진, 업무 시스템 구축, 성과 점검 및 평가 등의 안전보건 추진 체계가 효과성을 나타내고 있는지를 확인하고, 조직 구성원의 안전보건을 위협하는 요인을 지속적으로 관리하고 재해율을 줄이기 위해 노력하고 있는지를 점검한다. 국내외 모든 구성원으로부터 발생하는 산업재해율 추이와 산업 평균을 비교 및 분석한다. 조직의 지난 5개년 간 산업재해율이 감소 추세에 있는지, 지난 1개년 산업재해율이 산업 평균 미만인지를 측정한다.		
성과지표 측정 기준 (단계형)	현재 수준 (1/2)	레벨1	직전 1개년 산업재해율이 당해 연도 산업 평균을 초과
		레벨2	직전 1개년 산업재해율이 당해 연도 산업 평균과 동일
		레벨3	직전 1개년 산업재해율이 당해 연도 산업 평균 미만
	추세 (1/2)	레벨1	지난 5개년 산업재해율이 증가 추세
		레벨2	지난 5개년 산업재해율의 변동이 없음
		레벨3	지난 5개년 산업재해율이 감소 추세

사회(S)

5) 인권
5-1) 인권정책 수립

구분	분류번호	영역	범주
	S-5-1	사회	인권

구분		내용
진단항목 지표 설명	인권정책 수립	
	인권정책 수립 정의서는 UN, ILO, OECD 등에서 제시하는 인권 분야 이슈에 대해 조직이 공식적인 입장을 제시하고 있는지를 확인한다. 각 인권의 이슈는 다음과 같으며, 제도, 상관습, 사회문화 등의 변화에 따라 인권의 이슈는 새롭게 추가되거나 변동될 수 있다. • 차별금지, 근로조건 준수, 인도적 대우, 강제근로 금지, 아동노동 착취 금지, 결사 및 단체교섭의 자유, 산업안전 보장, 지역주민의 인권 보호, 고객의 인권 보호	
성과지표 측정 방법	조직이 UN의 세계인권선언 및 기업과 인권 이행 원칙, ILO 핵심 협약, OECD 책임 있는 산업을 위한 실사 가이드라인 등에 기반하여 인권 경영 추진을 선언하는 대외공식적 정책을 제시하고 있는지를 확인하고, 조직이 인권정책(human rights policy)을 통해 인권 보호가 필요한 이슈에 대해 어떠한 정책적 접근을 하고 있는지를 점검한다. 조직이 인권의 이슈에 대해서 어떠한 이슈를 다루고 있는지 측정한다.	
성과지표 측정 기준 (단계형)	레벨1	조직의 대외공식적 인권정책이 수립되지 않은 경우. 또는 인권정책이 있으나 상기의 이슈 중 1~2개에 대한 조직의 정책적 접근 방향이 설명되어 있는 경우
	레벨2	상기의 이슈 중 3~4개에 대한 조직의 정책적 접근 방향이 설명되어 있는 경우
	레벨3	상기의 이슈 중 5~6개에 대한 조직의 정책적 접근 방향이 설명되어 있는 경우
	레벨4	상기의 이슈 중 7~8개에 대한 조직의 정책적 접근 방향이 설명되어 있는 경우
	레벨5	상기의 이슈 중 9개 이상에 대한 조직의 정책적 접근 방향이 설명되어 있는 경우

5-2) 인권 리스크 평가

구분	분류번호	영역	범주
	S-5-2	사회	인권

구분		내용
진단항목 지표 설명		인권 리스크 평가
		조직은 세계인권선언, UN 기업과 인권 이행 원칙 및 국제노동기구, OECD 실사 가이드라인 등의 인원, 노동 관련 국제 표준 및 가이드라인을 참고하여 인권 리스크 평가 체계를 구축할 수 있어야 한다. 여기서 인권 리스크 평가 체계란 진단-실사-개선으로 구성되는 일련의 프로세스를 의미한다.
성과지표 측정 방법		조직의 사업 운영과 관련되어 있는 구성원(직접고용 임직원, 협력사 근로자, 기타 사업장이 위치한 지역의 원주민 등)이 직면하거나 또는 해당 구성원에게 잠재되어 있는 인권 리스크를 관리하고 있는지를 확인하고, 조직이 인권 리스크 평가 체계를 구축하고 있으며, 해당 인권 리스크 평가 체계에 따라 실제 인권 리스크를 평가 및 개선하고 있는지를 점검한다. 조직의 인권 리스크 평가 체계와 구체성 및 실제 기능 여부를 측정한다.
성과지표 측정 기준 (단계형)	레벨1	인권 리스크 평가 지표, 평가 기준, 평가 일정 등의 체계가 구축되지 않은 경우
	레벨2	인권 리스크 평가 지표, 평가 기준, 평가 일정 등의 체계가 구축되어 있는 경우(단, 해당 리스크 평가 체계를 운용하지 않는 경우)
	레벨3	인권 리스크 평가 체계를 구축하고 있으나, 온라인, 서면 등의 비대면 방식으로 인권 리스크 진단 행위만 실시하는 경우
	레벨4	인권 리스크 평가 체계를 구축하고 있으며, 온라인, 서면 등의 비대면 방식의 진단과 함께 고위험 인권 리스크에 대해서는 현장 실사까지 실시하는 경우
	레벨5	인권 리스크 평가 체계를 구축하고 있으며, 비대면 진단 및 현장 실사 행위를 실시한 경우. 또한 확인된 인권 리스크에 대한 개선 계획, 개선 활동을 추진한 경우

6) 동반성장
6-1) 협력업체 ESG 경영

구분	분류번호	영역	범주
	S-6-1	사회	동반성장
진단항목 지표 설명	협력업체 ESG 경영 조직은 ESG 리스크를 관리할 협력업체의 범위를 자율적으로 지정할 수 있다. 넓게는 조직의 모든 1차 협력업체를 대상으로 ESG 리스크를 관리할 수 있으며, 조직의 전략적 판단하에 사업 운영에 중대한 영향력을 행사하는 핵심 협력업체에 대해서만 ESG 리스크를 관리할 수도 있다.		
성과지표 측정 방법	조직이 협력업체가 직면한 ESG 관련 리스크를 인지하고 있는지, 협력업체에 잠재되어 있는 ESG 리스크가 조직에 전이되는 상황을 미연에 방지하기 위해 노력하는지를 확인하고, 조직이 협력업체 ESG 리스크 관리 체계를 구축하고 있으며, 해당 관리 체계에 따라 실제 협력사 ESG 리스크를 진단-실사-개선하고 있는지를 점검한다. 조직의 협력업체 ESG 리스크 관리 체계가 구체화되어 있으며, 실제 기능하고 있는지를 측정한다.		
성과지표 측정 기준 (단계형)	레벨1	협력업체 ESG 리스크 평가 지표, 평가 기준, 평가 일정 등의 관리 체계가 구축되지 않은 경우	
	레벨2	협력업체 ESG 리스크 평가 지표, 평가 기준, 평가 일정 등의 관리 체계가 구축되어 있으나, 해당 협력사 ESG 리스크 관리 체계를 운용하지 않는 경우	
	레벨3	협력업체 ESG 리스크 관리 체계를 구축하고 있으며, 온라인, 서면 등의 비대면 방식의 진단 행위만 실시한 경우	
	레벨4	협력업체 ESG 리스크 관리 체계를 구축하고 있으며, 온라인, 서면 등의 비대면 방식의 진단과 함께 고위험 ESG 리스크에 대해서는 현장 실사까지 실시한 경우	
	레벨5	협력업체 ESG 리스크 관리 체계를 구축하고 있으며, 비대면 진단 및 현장 실사 행위를 실시한 경우. 또한 확인된 리스크에 대한 개선 계획, 개선 활동을 추진한 경우	

6-2) 협력업체 ESG 지원

구분	분류번호	영역	범주
	S-6-2	사회	동반성장
진단항목 지표 설명	협력업체 ESG 지원 협력업체 ESG 지원이 구체적이고 체계적으로 추진되기 위해서는 우선적으로 조직의 협력업체 ESG 지원 계획이 수립되어야 한다. 협력업체 ESG 계획에는 전략 방향, 전략 방향 달성을 위한 세부 추진 과제, 세부 추진 과제 이행 현황을 점검할 수 있는 성과관리지표가 포함된다.		
성과지표 측정 방법	조직이 협력업체 ESG 관리에 있어 진단-평가-개선으로 이어지는 일련의 프로세스 외에 협력업체가 ESG 역량을 갖출 수 있는 지원방안을 마련하고 있는지를 확인하고, 조직이 협력업체의 ESG 지원에 대한 의지를 선언하는 것과 함께 협력업체 ESG 지원 전략과 계획이 마련되어 있는지를 점검한다. 단, 조직은 협력업체 ESG 지원을 위한 별도 전략 및 실행 방안을 수립할 수 있으나, 조직의 일반적인 협력업체 지원방안 내에 ESG 관련 내용을 포함할 수도 있다. 협력업체의 ESG 지원을 구체적이고 체계적으로 추진하는 조직의 노력 수준을 측정한다.		
성과지표 측정 기준 (선택형)	요건1	협력업체 ESG 지원에 관한 공식적 선언을 하고 있는 경우	
	요건2	협력업체 ESG 지원 전략 방향, 추진 영역을 제시하고 있는 경우	
	요건3	협력업체 ESG 지원 전략 방향 및 추진 영역별 세부 실행 과제를 제시하고 있는 경우	
	요건4	협력업체 ESG 지원에 관한 성과관리지표(KPIs)를 제시하고 있는 경우	
	요건5	협력업체 ESG 지원에 관한 성과관리지표(KPIs) 달성을 위해 투자재원(예산), 역량투입(인력) 방안을 마련한 경우	

6-3) 협력업체 ESG 협약 사항

구분	분류번호	영역	범주
	S-6-3	사회	동반성장
진단항목 지표 설명	협력업체 ESG 협약 사항		
	협력업체 ESG 협약이란 조직이 지속가능한 공급망 조성을 위해 협력업체의 ESG 성과 개선 및 역량 강화 등에 필요한 예산 및 인력 자원과 같은 모든 종류의 협약을 통칭하며, 주요 협약 사항은 다음과 같다. • 교육지원: ESG 관련 품질관리, 안전보건, 외국어 교육, 직무 및 정보화 역량 강화 교육 등 • 기술지원: ESG 관련 특허 개방, 공동 기술개발, 기술자료 임치 지원 및 기술 보호 등 • 금융지원: ESG 관련 성과 개선 인센티브 지급, 상생펀드 운영, 납품단가 연동제 도입 현황 등 • 인허가 지원: ESG 관련 각종 대내외 인증서 취득, 검증의견서 발행에 필요한 제반 업무 등 • 설비/장치 지원: 친환경, 또는 스마트 설비 신규 설치, 산업용 장치의 구조적 개선 등		
성과지표 측정 방법	조직이 협력업체 ESG 지원을 상생 및 동반성장에 필요한 핵심 요소이자, 사회적 책무로 인식하고 있으며, 이를 위해 중장기적으로 협력업체의 성장과 혁신에 필요한 지원을 다각적으로 추진하고 있는지를 확인하고, 조직이 중장기적으로 안정적이고 지속가능한 협력업체 ESG 지원 의지가 있는지를 확인할 수 있는 항목으로서 협력사와 체결한 협약 사항을 점검한다. 협력업체와 협약을 통해 ESG 지원을 다각적 방식으로 추진하고 있는지 측정한다.		
성과지표 측정 기준 (선택형)	요건1	협력업체의 ESG 추진에 필요한 교육 운영 지원 협약 체결	
	요건2	협력업체의 ESG 추진에 필요한 기술 및 R&D 지원 협약 체결	
	요건3	협력업체의 ESG 추진에 필요한 금융 및 자금 지원 협약 체결	
	요건4	협력업체의 ESG 추진에 필요한 인허가 획득 지원 협약 체결	
	요건5	협력업체의 ESG 추진에 필요한 설비 및 장치 도입 지원 협약 체결	

사회(S)

7) 지역사회
7-1) 전략적 사회공헌

구분	분류번호	영역	범주
	S-7-1	사회	지역사회

구분		내용
진단항목 지표 설명		전략적 사회공헌
		조직은 특정한 목적과 방향성을 가지고 사회공헌을 추진할 수 있으며, 해당 목적과 방향성을 달성하기 위한 방안이 구체화된 것을 사회공헌 전략이라고 한다. 일반적으로 사회공헌 전략에 포함되는 내용은 사회공헌 미션, 비전, 또는 슬로건, 중점 추진 분야, 사회공헌 사업 전략, 특정 기간 동안의 사업 추진 로드맵, 세부 실행계획, 그리고 이러한 전략을 통해 달성하고자 하는 사회공헌 사업 목표 및 KPIs, 성과 평가 및 홍보계획, 예산계획 등이 포함될 수 있다.
성과지표 측정 방법		조직이 지역사회로부터 사업을 운영할 권리(license to operate)를 획득함과 동시에 지역사회 일원으로 공동의 환경·사회 문제 해결에 필요한 활동에 앞장서는 등 전략적 사회공헌을 추진하고 있는지를 확인하고, 조직이 사업적 필요와 사회적 기대를 충분히 고려한 사회공헌 추진 방향을 수립하며, 해당 방향에 따라 사회공헌 프로그램이 운영되고 있는지를 점검한다. 전략적이고 체계적으로 사회공헌을 추진하려는 조직의 노력 수준을 측정한다.
성과지표 측정 기준 (선택형)	요건1	조직의 사회공헌을 대표할 수 있으며, 대사회적 메시지로 활용되는 사회공헌 미션, 비전, 또는 슬로건이 있는 경우
	요건2	조직이 사회공헌 미션, 비전, 또는 슬로건을 달성하기 위한 사회공헌 추진 분야/영역을 제시하고 있는 경우
	요건3	조직의 사회공헌 추진 분야/영역별 대표 프로그램을 제시하고 있는 경우
	요건4	조직의 사회공헌 대표 프로그램별 중장기 실행계획을 마련하고 있는 경우
	요건5	조직의 대표 사회공헌 프로그램이 사업적 또는 사회적으로 기여하는 성과를 측정할 수 있는 성과관리지표가 있는 경우

7-2) 구성원 봉사 참여

구분	분류번호	영역	범주
	S-7-2	사회	지역사회
진단항목 지표 설명	구성원 봉사 참여		
	조직의 업무 생산성 향상에 대한 관심, 구성원의 자기결정권 주장, 대외 사회봉사 프로그램의 확대 등에 따라 조직이 봉사활동 프로그램을 기획하고 구성원의 참여를 강제화하는 방식에서 벗어나 봉사활동 참여 의지가 있는 구성원에게 자율 봉사활동을 할 수 있는 기회를 제공하는 방식으로 접근할 필요가 있다. 이를 위해 조직은 자원봉사의 본질적인 가치를 훼손하지 않는 범위의 금전적 또는 이에 상응하는 기타 인센티브 제도를 통해 봉사활동에 참여하고자 하는 구성원의 니즈를 충족시킬 수 있다.		
성과지표 측정 방법	조직이 봉사활동 프로그램을 기획하여 구성원의 강제적 참여를 요구하는 방식에서 벗어나 봉사활동 참여 의지가 있는 구성원의 니즈를 충족시켜 주기 위해 조직이 기여하는 수준을 확인하고, 구성원의 자율적 봉사활동을 지원하는 인센티브 제도를 운영하고 있는지를 점검한다. 다양한 형태의 봉사활동 참여 인센티브 제도가 운영되고 있는지를 확인한다.		
성과지표 측정 기준 (단계형)	레벨1	봉사활동 참여 인센티브 제도가 없는 경우	
	레벨2	현재는 봉사활동 참여자에 대한 인센티브 제도가 없으나, 향후에 봉사활동 참여 인센티브 제도 도입 계획이 수립된 경우	
	레벨3	봉사활동 참여 인센티브 제도 중 1개를 도입하고 있는 경우	
	레벨4	봉사활동 참여 인센티브 제도 중 2개를 도입하고 있는 경우	
	레벨5	봉사활동 참여 인센티브 제도 중 3개 이상을 도입하고 있는 경우	

사회(S)

8) 정보보호
8-1) 정보보호 시스템 구축

구분	분류번호	영역	범주
	S-8-1	사회	정보보호

구분		내용
진단항목 지표 설명		정보보호 시스템 구축
		정보보호 시스템이란 정보의 수집, 가공, 저장, 검색, 송신, 수신 중에 발생할 수 있는 정보의 훼손, 변질, 유출 등을 방지 및 복구하거나, 또는 암호, 인식, 감시 등의 보안 기술을 활용하여 재난, 재해, 범죄 등에 대응하거나, 관련 장비, 시설을 안전하게 운영하기 위한 관리적 · 기술적 · 물리적 수단을 의미한다.
성과지표 측정 방법		조직이 보유하고 있는 정보통신망 및 기타 정보자산 등의 안전성 이슈가 강조되고 있다. 이에 따라 정보자산 해킹, 네트워크 침입 등의 외부 공격과 물리적 · 인적 오류로 인해 발생하는 장애에 대응할 수 있는 체계를 갖추고 있는지를 확인하고, 정보보호 최고책임자(CISO) 선임, 정보보호 시스템 인증, 모의해킹 등 취약성 분석, 정보보호 공시 이행(의무 또는 자율), 정보보호 시스템 사고에 대비하기 위한 보험 가입 여부 등을 점검한다.
		정보통신망 및 기타 정보자산 등을 체계적으로 관리하려는 조직의 노력 수준을 측정한다.
성과지표 측정 기준 (선택형)	요건1	등기 임원이나 미등기 임원(또는 이에 준하는 관리자급 구성원)을 정보보호 최고책임자(CISO)로 선임하고 있는 경우
	요건2	정보보호 시스템의 안정성에 대해 제3자(또는 규제기관)의 인증을 획득하고 있는 경우
	요건3	모의해킹 등 외부 공격에 대해 취약성 분석을 실시하고 있는 경우
	요건4	정보보호 공시(의무 또는 자율) 사항을 이행하고 있는 경우
	요건5	정보보호 시스템의 손상 또는 외부 공격 등 정보보안 관련 사고에 대비하기 위한 보험에 가입하고 있는 경우

8-2) 개인정보 침해 및 구제

구분	분류번호	영역	범주
	S-8-2	사회	정보보호

구분		내용
진단항목 지표 설명		개인정보 침해 및 구제
		「개인정보보호법」에 따르면 개인정보의 범위는 개인에 관한 정보로서 다음과 같다.
		• 성명, 주민등록번호 및 영상 등을 통하여 개인을 알아볼 수 있는 정보
		• 해당 정보만으로는 특정 개인을 알아볼 수 없더라도 다른 정보와 쉽게 결합하여 알아볼 수 있는 정보
		• 앞의 내용을 가명 처리함으로써 원래의 상태로 복원하기 위한 추가 정보의 사용, 결합 없이는 특정 개인을 알아볼 수 없는 정보(가명 정보)
성과지표 측정 방법		조직이 관리하고 있는 고객, 협력사 등 다양한 이해관계자의 개인정보 침해에 대한 법/규제 요건을 명확하게 인식하고, 개인정보 침해 사건이 발생하였을 경우에 이에 대한 구제 활동을 추진하는지를 확인하고, 「개인정보보호법」상 형벌, 행정상 처분(금전적, 비금전적)에 대해 가중치를 달리 적용하는 방식으로 개인정보 침해 및 구제 현황을 점검한다.
		조직의 지난 5개년 간 개인정보보호 관련 법/규제 위반 건수에 대해 처벌수위별 감점 기준을 달리 적용하며, 이를 종합하여 감점이 몇 점인지 확인하는 방법으로 측정한다.
성과지표 측정 기준 (감점형)	유형1	지난 5개년 간 개인정보보호 관련 법/규제 위반 내역 중 처분이 확정된 건수에 대해 처벌수위가 사법상 형벌, 벌금, 과료인 경우, 또는 국가나 지방자치단체를 당사자로 하는 계약에서 입찰참가자격을 제한당한 경우
	유형2	지난 5개년 간 개인정보보호 관련 법/규제 위반 내역 중 처분이 확정된 건수에 대해 처벌수위가 행정상 처분 중 금전적 처분에 해당하는 과태료, 과징금, 이행강제금 등인 경우
	유형3	지난 5개년 간 개인정보보호 관련 법/규제 위반 내역 중 처분이 확정된 건수에 대해 처벌수위가 행정상 처분 중 비금전적 처분에 해당하는 시정명령, 시정권고, 경고 등인 경우

사회(S)

9) 사회 법/규제 위반
9-1) 사회 법/규제 위반

구분	분류번호	영역	범주
	S-9-1	사회	사회 법/규제 위반

진단항목 지표 설명	사회 법/규제 위반
	사회 법/규제 위반은 「근로기준법」, 「고용상 연령차별금지 및 고령자고용촉진에 관한 법률」, 「산업안전보건법」, 「중대재해 처벌 등에 관한 법률」, 「소비자보호법」, 「전자상거래 등에서의 소비자보호에 관한 법률」, 「하도급거래 공정화에 관한 법률」, 「가맹사업거래의 공정화에 관한 법률」, 「거대규모유통업에서의 거래 공정화에 관한 법률」 등 사회 영역에서 포함하는 범주(노동, 인권, 안전보건, 정보보호, 공정거래, 고객가치 등)의 관련 법/규제 사항들이 금지하는 행동을 위반하는 행위를 의미한다.

성과지표 측정 방법	조직이 재화와 용역을 제공하는 과정에서 준수해야 할 법/규제 요건을 명확하게 인식하고, 법/규제 리스크 해결을 위한 사회 영역의 투자·유지·보수 활동을 추진하고 있는지를 확인하고, 사회 영역 관련 법/규제 위반 건수 중 조직의 재무 구조 및 명성 관리에 상당한 영향력을 미치는 사법상 형벌, 행정상 처분(금전적, 비금전적)에 대해 가중치를 달리 적용하는 방식으로 점검한다. 조직의 지난 5개년 간 사회 관련 법/규제 위반 건수에 대해 처벌수위별 감점 기준을 달리 적용하며, 이를 종합하여 감점이 몇 점인지 확인하는 방법으로 측정한다.

성과지표 측정 기준 (감점형)	유형1	지난 5개년 간 사회 관련 법/규제 위반 내역 중 처분이 확정된 건수에 대해 처벌수위가 사법상 형벌, 벌금, 과태료인 경우, 또는 국가나 지방자치단체를 당사자로 하는 계약에서 입찰참가자격을 제한당한 경우
	유형2	지난 5개년 간 사회 관련 법/규제 위반 내역 중 처분이 확정된 건수에 대해 처벌수위가 행정상 처분 중 금전적 처분에 해당하는 과태료, 과징금, 이행강제금 등인 경우
	유형3	지난 5개년 간 사회 관련 법/규제 위반 내역 중 처분이 확정된 건수에 대해 처벌수위가 행정상 처분 중 비금전적 처분에 해당하는 시정명령, 시정권고, 경고 등인 경우

지배구조(G)

1) 이사회 구성
1-1) 이사회 내 ESG 안건 상정

구분	분류번호		영역	범주
	G-1-1		사회	이사회 구성
진단항목 지표 설명	이사회 내 ESG 안건 상정			
	ESG가 사업 운영 중장기 발전을 위한 중요한 요인으로 등장함에 따라 조직의 최고 의사결정기구인 이사회에서 ESG 안건을 검토, 심의, 의결하도록 요구받고 있다. 조직은 이사회에서 ESG와 관련한 중요 안건을 보고받거나, 심의, 의결할 수도 있으며, 이사회 산하 위원회를 설치하여 ESG 관련 안건을 다루도록 함으로써 이사회 역할 수행의 전문성과 효율성을 제고할 수 있다.			
성과지표 측정 방법	조직의 최고 의사결정 기구인 이사회 또는 산하 위원회가 ESG 관련 안건을 보고받고 있으며, 특히 중대한 ESG 안건에 대해서는 심의, 의결하고 있는지를 확인하고, 이사회 또는 산하 위원회를 통해 조직의 ESG 경영이 효율적으로 관리 및 감독되고 있는지 점검하기 위해 활동 내역, 운영 규정의 두 가지를 점검한다. 또한 조직은 ESG 안건을 다루기 위해 이사회 산하에 ESG 위원회를 설립할 수 있으나, 이사회 또는 기존의 산하 위원회(사회적 책임위원회, 투명경영위원회, 거버넌스위원회, 경영위원회, 감사위원회 등)를 통해서 ESG 안건을 다룰 수 있다. 이사회 또는 산하 위원회 활동 내역 중 ESG 안건을 보고, 심의, 의결하였는지, 이사회 또는 산하 위원회 운영 규정상 권한과 역할에 ESG 관련 항목이 명시되어 있는지를 측정한다.			
성과지표 측정 기준 (단계형)	이사회 의결 (1/2)	레벨1	이사회 또는 산하 위원회에서 ESG 관련 안건을 다루고 있지 않은 경우	
		레벨2	최근 1년 간 ESG 관련 안건이 모두 '보고' 사항인 경우	
		레벨3	최근 1년 간 ESG 관련 안건 중 '심의, 의결' 사항이 있는 경우	
	ESG 운영 규정 (1/2)	레벨1	이사회 또는 산하 위원회 운영 규정에 ESG 관련 사항을 명시하지 않은 경우	
		레벨2	이사회 또는 산하 위원회 운영 규정에 'ESG'라는 단어만 기재하고 있는 경우	
		레벨3	이사회 또는 산하 위원회 운영 규정에 ESG 이외에 조직과 관련된 중요 ESG 이슈 또는 안건을 명시하고 있는 경우	

1-2) 사외이사 비율

구분	분류번호	영역	범주
	G-1-2	사회	이사회 구성
진단항목 지표 설명	사외이사 비율		
	이사회가 조직의 경영활동에 대한 감독과 견제의 기능을 효과적으로 수행하며, 경영진이 합리적이고 객관적인 의사결정을 내릴 수 있도록 제언하기 위해서는 사외이사의 독립성이 확보되어야 한다.		
성과지표 측정 방법	조직이 사외이사 제도를 통해 경영진 및 지배주주에 대한 견제, 기업경영 투명성의 제고, 소수 주주의 권리보호 등의 목적을 달성하고 있는지를 확인하고, 경영진의 의사결정 행위를 견제할 수 있으며, 독립적인 시간에서 기업 발전에 관한 제언을 할 수 있는 사외이사 비율이 충분한지 점검한다. 조직과 독립적인 사외이사 비율을 측정한다.		
성과지표 측정 기준 (단계형)	레벨1	총원의 과반수로 구성되었으나, 사외이사가 3인인 경우	
	레벨2	3인 이상, 이사 총원의 과반수를 차지하고 있으나 전체 이사 중 60% 미만인 경우	
	레벨3	3인 이상, 이사 총원의 과반수를 차지, 전체 이사 중 60% 이상 70% 미만인 경우	
	레벨4	3인 이상, 이사 총원의 과반수를 차지, 전체 이사 중 70% 이상 80% 미만인 경우	
	레벨5	3인 이상, 이상 총원의 과반수를 차지, 전체 이사 중 80% 이상인 경우	

1-3) 대표이사와 이사회 의장 분리

구분	분류번호		영역	범주
	G-1-3		사회	이사회 구성
진단항목 지표 설명	대표이사와 이사회 의장 분리			
	경영진을 대표하는 대표이사와 이사회를 대표하는 이사회 의장이 동일하다면 경영진의 경영활동을 감독하고 견제하는 이사회의 역할을 제대로 수행할 수 없다. 다만, 대표이사와 이사회 의장이 분리되지 않은 경우에도 독립성을 갖춘 선임사외이사를 두고 이사회의 기능과 역할을 주도적으로 수행하도록 할 수 있다. 선임사외이사는 이사회(대표이사 또는 특수관계인 이사회 의장으로 선임된)에서 대표이사의 이해와 관계된 의사결정 사안에 대해 이사회 의장을 대리하며, 사외이사들의 의견을 대표로 사내이사 및 경영진에게 전달하는 역할을 수행한다.			
성과지표 측정 방법	경영진의 경영활동을 감독하고 견제하는 이사회의 역할을 제대로 수행하기 위한 독립성 확보 여부를 확인하고, 이사회의 의장과 경영진의 대표인 대표이사와의 분리 여부 및 선임사외이사 임명을 점검한다. 이사회 의장이 대표이사와 분리되어 있는지를 확인하여 측정한다.			
성과지표 측정 기준 (단계형)	레벨1	현재 대표이사와 이사회 의장이 동일한 경우		
	레벨2	과거 대표이사 또는 이사회 의장을 역임했던 자가 현재 이사회 의장인 경우		
	레벨3	현재 이사회 의장이 과거 또는 현재 대표이사나 이사회 의장을 역임하지 않았으나, 모회사 또는 자회사의 임원 등 독립성이 결여된 자가 이사회 의장인 경우		
	레벨4	과거 또는 현재 대표이사이거나 이사회 의장을 역임하였거나, 독립성이 결여된 자가 현재 이사회 의장인 경우(단, 이사회 의장과 이해관계가 상충하는 안건 등에 있어 이사회 의장 역할을 대신하는 선임사외이사를 임명하고 있는 경우)		
	레벨5	과거 또는 현재 대표이사이거나 이사회 의장을 역임한 적이 없으며, 회사로부터 독립성이 확보된 이사가 현재 이사회 의장인 경우		

1-4) 이사회 성별 다양성

구분	분류번호		영역	범주
	G-1-4		사회	이사회 구성
진단항목 지표 설명	이사회 성별 다양성			
	조직이 대내외 환경 변화에 유연하게 대처하고 장기적인 지속가능성을 위해서는 다양한 시각과 관점에서 당면한 문제를 바라보고 해결할 수 있는 다양한 배경과 경험을 가진 이사를 선임해야 할 필요가 있다. 이러한 다양성을 확인할 수 있는 대표적인 기준 중 하나인 성별 비율을 통해 이사회 내 성별 다양성을 점검하도록 요구하고 있다.			
성과지표 측정 방법	이사회가 다양한 이해관계자의 요구사항을 두루 고려하여 폭넓은 시각과 경험을 바탕으로 중요한 의사결정에 임할 수 있도록 이사회 구성원이 다양한 배경을 가지고 있는지를 확인하고, 다양성과 포용성 분야에서 대표적인 분류인 남성 대비 여성 비율(혹은 여성 대비 남성 비율)을 점검한다. 이사회 구성원 전체 대비 여성 이사 비율이 충분히 높은 수준인지 측정한다.			
성과지표 측정 기준 (단계형)	레벨1	이사회 내 여성 이사가 선임되어 있지 않은 경우		
	레벨2	이사회 내 여성 이사가 1명만 선임되어 있는 경우		
	레벨3	이사회 내 여성 이사가 2명 이상이며, 그 비율이 10% 이상 20% 미만인 경우		
	레벨4	이사회 내 여성 이사가 2명 이상이며, 그 비율이 20% 이상 30% 미만인 경우		
	레벨5	이사회 내 여성 이사가 2명 이상이며, 그 비율이 30% 이상인 경우		

1-5) 사외이사 전문성

구분	분류번호		영역	범주
	G-1-5		사회	이사회 구성
진단항목 지표 설명	사외이사 전문성			
	전문성이 있는 사외이사란 사내이사(경영진 등)의 경영의사결정에 대한 제언과 감독 기능을 충실히 이행할 수 있도록 해당 산업 전문지식과 경력을 보유하고 있는 자를 말한다.			
성과지표 측정 방법	사내이사와 사외이사의 정보 비대칭이 존재하는 상황에서 사외이사가 조직의 중장기 발전에 관한 충분한 의견을 제공하거나, 경영진의 의사결정을 견제할 수 있는 전문성을 갖추고 있는지를 확인하고, 사외이사가 조직의 사업 방향에 대해 전문적인 의견을 제시할 수 있는지를 점검한다. 동종 산업에서 업무 경험을 보유한 사외이사 비율을 측정한다.			
성과지표 측정 기준 (단계형)	레벨1	동종 산업 경력을 보유한 사외이사가 없는 경우		
	레벨2	동종 산업 경력을 보유한 사외이사가 1명 이상인 경우		
	레벨3	동종 산업 경력을 보유한 사외이사가 50% 이상인 경우		

지배구조(G)

2) 이사회 활동
2-1) 전체 이사 출석률

구분	분류번호		영역	범주
	G-2-1		사회	이사회 활동
진단항목 지표 설명	전체 이사 출석률			
	「상법」에서는 이사의 이사회 출석 의무를 규정하고 있지 않으나, 이사 출석률은 이사가 수행해야 할 역할을 충실히 하고 있는지를 대변하는 중요한 지표가 된다.			
성과지표 측정 방법	조직의 최고의사결정기구인 이사회가 검토·심의·의결 기능을 효과적으로 수행하기 위해서는 이사회 구성원의 적극적인 참여가 중요하다. 이사회 구성원이 이사회에 참여하여 조직의 성장 및 발전에 관한 제언, 주요 안건에 대한 의사결정 행위를 하고 있는지를 확인하고, 이사회 구성원별 출석률을 평균하여 전체 이사 출석률이 일정 수준 이상인지를 점검한다. 직전 회계연도에 개최한 이사회에 대해 개별 이사의 참석률을 평균하여 측정한다.			
성과지표 측정 기준 (단계형)	레벨1	이사회 구성원 평균 출석률이 75% 미만인 경우		
	레벨2	이사회 구성원 평균 출석률이 75% 이상 85% 미만인 경우		
	레벨3	이사회 구성원 평균 출석률이 85% 이상 90% 미만인 경우		
	레벨4	이사회 구성원 평균 출석률이 90% 이상 95% 미만인 경우		
	레벨5	이사회 구성원 평균 출석률이 95% 이상인 경우		

2-2) 사내이사 출석률

구분	분류번호		영역	범주
	G-2-2		사회	이사회 활동
진단항목 지표 설명	사내이사 출석률			
	「상법」에서는 이사의 이사회 출석 의무를 규정하고 있지 않으나, 이사 출석률은 이사가 수행해야 할 역할을 충실히 하고 있는지를 대변하는 중요한 지표가 된다.			
성과지표 측정 방법	조직의 최고 의사결정기구인 이사회가 검토·심의·의결 기능을 효과적으로 수행하기 위해서는 이사회 구성원의 적극적인 참여가 중요하다. 특히 조직의 사업 운영을 총괄하는 사내이사가 적극적으로 이사회에 참여하고 있는지를 확인하고, 이사회 구성원 중 전체 사내이사 출석률이 일정 수준 이상인지를 점검한다. 직전 회계연도에 개최한 이사회에 대해 개별 사내이사의 참석률을 평균하여 측정한다.			
성과지표 측정 기준 (단계형)	레벨1	사내이사 평균 출석률이 75% 미만인 경우		
	레벨2	사내이사 평균 출석률이 75% 이상 85% 미만인 경우		
	레벨3	사내이사 평균 출석률이 85% 이상 90% 미만인 경우		
	레벨4	사내이사 평균 출석률이 90% 이상 95% 미만인 경우		
	레벨5	사내이사 평균 출석률이 95% 이상인 경우		

2-3) 이사회 산하 위원회

구분	분류번호		영역	범주
	G-2-3		사회	이사회 활동
진단항목 지표 설명	이사회 산하 위원회			
	조직의 모든 중요 안건을 이사회에서 검토하고 의사결정을 내리는 것은 비효율적이다. 따라서 전문성을 요구하는 특정 사안이나 안건 심의에 있어 독립성이 필요한 사안에 대해서는 이사회 산하 위원회를 통해 검토하게 함으로써 이사회 운영의 효율성을 제고할 수 있다.			
성과지표 측정 방법	이사회가 효율적으로 운영될 수 있도록 이사회 권한 및 역할의 일부를 산하 위원회에 위임하고 있는지, 각 소위원회는 위임받은 권한 및 역할에 대해 전문적인 시각으로 검토하는지를 확인하고, 조직마다 이사회 산하 위원회 수와 종류는 다양하며, 각 조직의 경영방식 및 사업환경에 따라 위원회 수를 달리할 수 있다. 따라서 이사회 산하 위원회 수가 많고 적음을 떠나 위원회가 체계적이고 효과적으로 운영되고 있는지를 점검한다. 이사회 산하 위원회가 다음의 요건에 따라 체계적이고 효과적으로 운영되고 있는지 점검하여 측정한다. • 위원회 운영 규정 도입, 위원회 구성원 중임, 위원회 구성 독립성, 위원회 개최 횟수, 위원회 산정 안건			
성과지표 측정 기준 (선택형)	요건1	이사회 산하 모든 위원회의 설치는 정관에 근거하고 있으며, 모든 위원회에 대해 운영 규정을 제정하고 있는 경우		
	요건2	특정 이사(사내이사, 사외이사, 기타 비상임이사)가 이사회 산하 모든 위원회의 구성원으로 선임되어 있지 않은 경우		
	요건3	이사회 산하 모든 위원회가 구성원의 과반수 이상을 사외이사로 선임하고 있는 경우		
	요건4	직전 회계연도 중 이사회 산하 위원회 개최 횟수가 평균적으로 3회 이상인 경우		
	요건5	직전 회계연도 중 이사회 산하 모든 위원회가 심의·의결 안건을 다룬 경우		

2-4) 이사회 안건 처리

구분	분류번호	영역	범주
	G-2-4	사회	이사회 활동
진단항목 지표 설명			

구분	분류번호	영역	범주
	G-2-4	사회	이사회 활동
진단항목 지표 설명	이사회 안건 처리 이사회 구성이 자유로운 의견을 개진하고 있는지를 확인하기 위한 내용으로 전체 이사회 안건 처리 중 수정·부결 비율을 측정하는 방법 외에도 이사회 의사진행에 관한 경과와 결과를 기재하고 있는 의사록상의 논의사항을 확인하는 방법, 이사회 구성원의 안건 검토를 위한 개별 자료제공 요청사항을 확인하는 방법 등으로 이사회 구성원의 자유로운 의견 개진 현황을 확인할 수 있다.		
성과지표 측정 방법	이사회 구성원이 상정된 안건에 대해 독립적·전문적·다양한 시각으로 수정 및 보완 의견을 제시하고 있거나, 특히 조직에 리스크가 될 수 있는 안건에 대해서는 적극적인 반대 의견을 제시하는지를 확인하고, 이사회 심의·의결 안건 중 원안대로 가결되지 않은 안건이나 원안에 반대한 이사, 그리고 가결되지 않거나 안건을 반대한 사유를 점검한다. 이사회 활동 내역 또는 이사회 의사록 등을 통해 전체 안건 중 수정, 보안 및 반대 의견이 나타난 안건의 비율을 측정한다.		
성과지표 측정 기준 (단계형)	레벨1	안건에 대한 수정, 보완, 반대하는 의견이 한 건도 없는 경우	
	레벨2	안건에 대한 수정, 보완, 반대하는 의견이 한 건 이상 존재하는 경우	
	레벨3	안건에 대한 수정, 보완, 반대하는 의견이 5% 이상 존재하는 경우	

지배구조(G)

3) 주주권리
3-1) 주주총회 소집 공고

구분	분류번호	영역	범주
	G-3-1	사회	주주관리
진단항목 지표 설명	주주총회 소집 공고 기업은 주주총회의 개최 일시, 장소 및 의안에 관한 정보를 사전에 제공해야 한다. 주주에게 제공되는 정보는 주주가 의안을 사전에 검토하여 객관적이고 합리적인 판단을 내릴 수 있도록 충분해야 하며, 주주총회 개최 일시와 장소는 최대한 많은 주주가 참여할 수 있도록 충분한 시간을 가지고 서면 또는 주주의 동의하에 전자문서로 통지하여야 한다.		
성과지표 측정 방법	주주가 주주총회 참석 전에 충분하고 합리적인 판단을 내릴 수 있도록 주주에게 주주총회 개최 일자, 장소, 안건, 기타 재무 사항 등의 정보를 담은 주주총회 소집 공고를 다양한 채널로 전달하는지를 확인하고, 조직이 주주총회 소집을 공고하는 방법을 점검한다. 주주총회 소집 공고 방법을 점검하여 측정한다.		
성과지표 측정 기준 (단계형)	레벨1	주주총회 소집 공고를 서면으로만 통지하거나 주주의 동의를 받아 전자문서로만 하는 경우	
	레벨2	서면 또는 전자문서로 통지하는 방식 외에 1개의 추가 방식을 이용하는 경우	
	레벨3	서면 또는 전자문서로 통지하는 방식 외에 2개의 추가 방식을 이용하는 경우	
	레벨4	서면 또는 전자문서로 통지하는 방식 외에 3개의 추가 방식을 이용하는 경우	
	레벨5	서면 또는 전자문서로 통지하는 방식 외에 4개 이상의 추가 방식을 이용하는 경우	

3-2) 주주총회 집중일 이외 개최

구분	분류번호	영역	범주
	G-3-2	사회	주주관리
진단항목 지표 설명	주주총회 집중일 이외 개최 주주총회 집중일 이외 개최는 주주가 주주총회의 안건을 검토하고 분석하기 위한 충분한 시간과 여건이 확보될 수 있도록 주주총회가 개최되고 있는지를 확인하고, 조직이 주주총회 개최일을 지정하는 데 있어 주주를 포함한 주주총회 관련 내외부 이해관계자의 의견 수렴 과정을 진행하고 있는지를 점검하는 것이다.		
성과지표 측정 방법	주주총회 개최일을 지정하는 데 있어 조직이 고려한 요소를 측정한다.		
성과지표 측정 기준 (선택형)	요건1	주주총회 개최일을 지정하는 데 있어 재무결산 및 감사보고서 발행일을 고려함	
	요건2	주주총회 개최일을 지정하는 데 있어 조직의 연간 업무 계획 및 경영진 등의 업무 일정을 고려함	
	요건3	주주총회 개최일을 지정하는 데 있어 연기금, 기관투자자, 의결권 자문사 등의 주요 시장 참여자의 의견을 수렴함	
	요건4	주주총회 개최일을 지정하는 데 있어 소액주주 및 기타 이해관계자 등의 의견을 수렴함	
	요건5	주주총회 개최일을 지정하는 데 있어 주주총회 예상 집중일을 고려함	

3-3) 집중/전자/서면 투표제

구분	분류번호	영역	범주
	G-3-3	사회	주주관리
진단항목 지표 설명	집중/전자/서면 투표제 조직은 주주가 보유하고 있는 기본적인 권리 행사, 재산 보호, 이해관계 대변 등을 용이하게 할 수 있도록 직접적 또는 간접적인 방법으로 의결권을 행사할 수 있는 기회를 보장해야 한다. 주주의 의결권 행사 용이성을 높일 수 있는 장치로는 서면투표제와 전자투표제가 있다. 주주가 직접 참석하지 않더라도 의결권을 행사할 수 있는 장치를 마련한다면 조직의 중요한 의사결정에 주주의 의사를 결집하여 반영할 수 있고, 조직에 대한 견제, 감독도 수월해지게 된다. 또한 조직은 주주총회에 소요되는 경비를 절감할 수 있으며, 더 나아가 조직이 필요로 하는 안건에 대해 의결권을 확보하는 데 도움이 될 수 있다.		
성과지표 측정 방법	조직의 모든 주주가 의사결정권을 용이하게 행사할 수 있으며, 소수주주의 이해관계를 대변할 수 있는 이사 선임 기회를 제공하고 있는지를 확인하고, 국내 「상법」상 조직의 자율적 의사결정에 따라 선택할 수 있는 소수주주 보호장치인 서면투표제, 전자투표제, 집중투표제 도입 여부를 점검한다. 조직의 정관에 서면투표제, 전자투표제, 집중투표제를 도입하고 있는지, 특히 이사회가 결의하여 전자투표제를 장려하고 있는지를 점검하여 측정한다.		
성과지표 측정 기준 (단계형)	집중투표제 도입(1/5)		
	레벨1	정관에서 집중투표제를 배제하고 있음	
	레벨2	정관에서 집중투표제를 명시하고 있음	
	전자투표제 도입(2/5)		
	레벨1	정관에서 전자투표제를 배제하고 있음	
	레벨2	정관에서 전자투표제를 명시하거나 이사회 결의로 도입하고 있음	
	서면투표제 도입(2/5)		
	레벨1	정관에서 서면투표제를 배제하고 있음	
	레벨2	정관에서 서면투표제를 명시하고 있음	

3-4) 배당정책 및 이행

구분	분류번호		영역	범주
	G-3-4		사회	주주관리
진단항목 지표 설명	배당정책 및 이행			
	배당정책이란 조직의 향후 배당목표에 대해 주주에게 제공하는 설명으로서 배당수준의 유지, 확대, 축소에 관한 방향, 배당목표 결정 시 사용된 재무지표와 이를 산출한 방법, 기타 자사주 매입 및 소각 계획 등을 포함해야 한다. 당해연도 배당계획에는 배당규모, 배당성향, 배당형태, 배당시기를 포함해야 한다.			
성과지표 측정 방법	조직이 주주가치 증진 및 투자 의사결정에 필요한 배당 관련 정보를 적시에 충분하게 안내하고 적절하게 배당을 실시했는지를 확인하고, 주주에게 배당정책 및 배당계획을 충실히 통지함과 동시에 배당정책 및 배당계획에 따라 실제 배당을 진행하였는지를 점검한다.			
	조직이 직전 회계연도에 주주를 대상으로 배당정책 및 배당계획을 충실히 통지하였는지, 또한 통지한 배당정책 및 배당계획에 따라 실제 배당을 집행하였는지를 점검하여 측정한다.			
성과지표 측정 기준 (단계형)	레벨1	주주에게 배당정책 및 배당계획을 통지하지 아니한 경우		
	레벨2	주주에게 배당정책 및 배당계획을 연 1회 이상 통지한 경우		
	레벨3	주주에게 배당정책 및 배당계획을 연 1회 이상 통지하였으며, 배당정책 및 배당계획대로 배당을 집행한 경우		

지배구조(G)

4) 윤리경영
4-1) 윤리규범 위반 사항 공시

구분	분류번호		영역	범주
	G-4-1		사회	윤리경영
진단항목 지표 설명	윤리규범 위반 사항 공시			
	윤리규범이란 윤리경영을 실천하기 위한 올바른 의사결정과 윤리적 판단 기준을 구성원에게 제공하는 것으로서 조직에 속한 구성원 및 해당 조직과 거래관계에 있는 자들이 업무 수행 과정에서 준수해야 하는 행동 방식이 담겨 있는 문서를 지칭한다. 조직마다 윤리규범을 일컫는 용어는 다양하며, 윤리헌장, 윤리강령, 행동강령, 행동규범, 청렴규범 등의 용어가 존재한다.			
성과지표 측정 방법	조직이 구성원의 윤리규범 위반 행위(부당한 이익이나 뇌물의 수수, 불공정 경쟁 및 거래, 제품/서비스 책임 소홀, 구성원 상호 간 모독 및 비하, 기타 사회적 책임 등)를 관리 및 감독함과 동시에 구성원의 윤리규범 위반행위가 재발하지 않도록 내부 개선이 이루어지고 있는지를 확인하고, 이해관계자와의 신뢰성 및 투명성 관점을 고려하여 조직이 윤리규범 위반 행위와 개선 활동을 대외적으로 공시하고 있는지를 점검한다.			
	조직이 직전 회계연도에 발생한 윤리규범 위반 건수 및 관련 구성원의 수, 윤리규범 위반 내용, 위반에 따른 처벌 및 관련 구성원의 처분, 재발 방지를 위한 개선 활동을 공시하고 있는지를 측정한다.			
성과지표 측정 기준 (선택형)	요건1	윤리규범 위반 건수를 공시하고 있는 경우		
	요건2	윤리규범을 위반한 구성원의 수를 공시하는 경우		
	요건3	윤리규범 위반 건과 관련한 처벌 내역(「사법」상, 행정상)을 공시하는 경우		
	요건4	윤리규범 위반 건과 관련한 구성원의 처벌 내역(인사상)을 공시하는 경우		
	요건5	윤리규범 위반 사건 재발 방지를 위한 개선 활동 및 개선 계획을 공시하고 있는 경우		

5) 감사기구
5-1) 내부 감사부서 설치

구분	분류번호	영역	범주
	G-5-1	사회	감사기구
진단항목 지표 설명	내부 감사부서 설치		
	감사위원회의 회계감사 및 내부 통제 업무를 보조하거나 지원할 수 있는 내부 감사부서의 설치가 필요하다. 감사위원회는 조직의 회계, 재무, 감사에 관한 감독 등 내부 통제제도에 관한 사항을 심의하는 역할에 집중하고 있어 일상적인 감사 관련 업무를 수행하는 데 한계가 있기 때문이다. 특히 감사위원회가 전원 사외이사로만 구성되어 있는 경우, 조직의 회계, 재무, 감사에 관한 정보 접근성에 제약이 발생하기 때문에 이를 보완할 수 있는 조직으로서 내부 감사부서 설치는 필요하다.		
성과지표 측정 방법	조직의 재무, 회계, 감사 관련 부정 사안, 기타 내부 통제 관련 현안 등을 상시적으로 점검하고, 중요한 의사결정 사항 및 관련 정보를 감사위원회에 보고하는 거버넌스 체계가 구축되어 있는지를 확인하고, 조직이 내부 감사부서를 두고 있는지, 내부 감사부서의 독립성, 책임과 역할을 명확히 규정하고 있는지를 점검한다. 조직의 감사위원회가 효율적인 역할을 수행할 수 있도록 독립적인 내부 감사부서 설치, 감사위원회를 지원하는 부서 및 업무 분장을 명확하게 지정하고 있는지를 측정한다.		
성과지표 측정 기준 (단계형)	레벨1	독립된 내부 감사부서를 두고 있지 않거나, 감사 관련 업무를 수행하는 부서 또는 업무분장을 두고 있지 않는 경우	
	레벨2	독립된 내부 감사부서를 두고 있지 않으나, 감사 관련 업무를 수행하는 기타 부서 및 업무분장이 있는 경우	
	레벨3	독립된 내부 감사부서를 두고 있으나, 내부 감사부서의 업무분장 등에 감사위원회 업무 지원과 관련된 내용을 명시하지 않은 경우	
	레벨4	독립된 내부 감사부서를 두고 있으며, 내부 감사부서의 업무분장 등에 감사위원회 업무 지원과 관련된 내용을 명시한 경우	
	레벨5	독립된 내부 감사부서를 두고 있으며, 또한 조직과 독립적으로 감사위원회 지원 역할을 수행하는 별도의 전담 부서(또는 업무 분장)를 두고 있는 경우	

5-2) 감사기구 전문성(감사기구 내 회계/재무 전문가)

구분	분류번호	영역	범주
	G-5-2	사회	감사기구
진단항목 지표 설명	감사기구 전문성(감사기구 내 회계/재무 전문가) 감사위원회의 기본적인 업무는 회계감사이며, 감사위원회가 효과적으로 기능하기 위해서는 감사위원이 조직과 이해관계 상충이 없다는 독립성 요건을 충족하는 것 이외에 회계, 재무, 감사 분야의 전문성이 확보되어야 한다. 특히, 감사위원회의 핵심 역할은 재무제표 작성 및 회계감사를 감독하는 업무이므로 회계 및 감사 업무의 전문성은 반드시 필요하다.		
성과지표 측정 방법	조직의 감사위원회(또는 감사)가 거시경제 흐름 및 업종 동향에 대한 직관, 「상법」 등 관련 법률 소양, 회계, 재무, 감사에 관한 전문적 지식을 보유하고 있는지를 확인하고, 국내 법률상으로 규정되어 있는 감사위원회의 전문성 조건을 상회하여 회계 및 재무 전문가를 감사위원으로 선임하고 있는지를 점검한다. 조직의 직전 회계연도 감사위원회 구성원(감사위원회 위원장 및 감사위원) 중 「상법」 및 「금융회사의 지배구조에 관한 법률」 등에서 규정한 회계 및 재무 전문가가 차지하는 비율을 측정한다.		
성과지표 측정 기준 (단계형)	레벨1	감사위원회 내 회계 및 재무 분야의 전문성을 보유한 감사위원이 1명 선임되어 있는 경우	
	레벨2	감사위원회 내 회계 및 재무 전문가가 1명 이상 선임되어 있으나, 전체 감사위원 중 50% 이상인 경우	
	레벨3	감사위원회 내 회계 및 재무 전문가가 1명 이상 선임되어 있으며, 전체 감사위원 중 50%를 초과한 경우	

지배구조(G)

6) 지배구조 법/규제 위반
6-1) 지배구조 법/규제 위반

구분	분류번호	영역	범주
	G-6-1	사회	지배구조 법/규제 위반
진단항목 지표 설명	지배구조 법/규제 위반 지배구조 법/규제 위반은 「상법」 「자본시장과 금융투자업에 관한 법률」 「금융회사의 지배구조에 관한 법률」 및 이에 준하는 기타 법률 등에서 규정한 주주권리의 보호, 상호 출자 등 소유 구조, 계열회사 등 특수관계인과의 거래, 이사회 구성 및 운영, 감사기구 구성 및 운영, 경영정보 공시 요건을 위반한 경우로 볼 수 있다.		
성과지표 측정 방법	조직이 주주권리 보호, 이사회 및 경영진 등 최고 거버넌스 운영, 상호 출자 등 소유 구조, 특수관계인 거래 등과 관련한 법/규제를 명확하게 인식하고, 지배구조 리스크 해결을 위한 제도 및 활동을 도입하고 있는지를 확인하고, 지배구조 관련 법/규제 위반 건 중 조직의 재무 구조 및 명성 관리에 상당한 영향력을 미치는 「사법」상 형벌, 행정상 처분(금전적, 비금전적)에 대한 가중치를 달리 적용하여 점검한다. 조직의 지난 5개년 간 조직의 지배구조 관련 법/규제 위반 건수에 대한 처벌수위별 감점 기준을 달리 적용하며, 이를 종합하여 감점이 몇 점인지 확인하는 방법으로 측정한다.		
성과지표 측정 기준 (감점형)	유형1	지난 5개년 간 지배구조 법/규제 위반 내역 중 처분이 확정된 건수에 대해 지배구조 법/규제 위반의 처벌수위가 「사법」상 형벌, 벌금, 과태료인 경우, 또는 지배구조 법/규제 위반으로 인해 국가나 지방자치단체를 당사자로 하는 계약에서 입찰참가자격을 제한당한 경우	
	유형2	지난 5개년 간 지배구조 법/규제 위반 내역 중 처분이 확정된 건수에 대해 지배구조 법/규제 위반의 처벌수위가 행정상 처분 중 금전적 처분에 해당하는 과태료, 과징금, 이행강제금 등인 경우	
	유형3	지난 5개년 간 지배구조 법/규제 위반 내역 중 처분이 확정된 건수에 대해 지배구조 법/규제 위반의 처벌수위가 행정상 처분 중 비금전적 처분에 해당하는 시정명령, 시정권고, 경고 등인 경우	

2) 공급망 실사 대응 K-ESG 가이드라인

산업통상자원부 공급망 대응 K-ESG 발표 자료인 K-ESG 가이드라인 V1.0 진단항목 체계를 요약하면 다음과 같다. 중소·중견기업의 ESG 평가는 국내와 공급망에 편입된 중소·중견기업의 경영 상황을 고려하여 윤리적·법적 책임 수준의 ESG 리스크 관리 현황을 평가한다. 그리고 최소한의 조직, 제도, 체계가 구축되지 않았다는 가정하에서 리스크가 있을 경우에 감점하는 방식으로 평가를 진행한다. 공급망 대응 K-ESG 가이드라인의 진단항목은 기초, 심화, 추가로 세 가지로 분류되어 구성되어 있다.

- **기초 진단항목**
  - 공급망 ESG 진단/실사를 요구받을 경우에 기업이 최소한의 대응을 위해 필수 관리해야 하는 25개의 진단항목으로 구성되어 있다.
  - 산업별 이니셔티브 및 다수의 공급망 ESG 평가의 공통 진단항목으로 기업이 필수적으로 대응해야 하는 최소한의 항목으로 구성되어 있다.

- **심화 진단항목**
  - 공급망 ESG 진단/실사 대응을 위해 기업이 관리할 필요가 있는 60개의 진단항목으로 구성되어 있다.
  - 산업별 이니셔티브 및 다수의 공급망 ESG 진단/실사 항목을 종합하여 중장기 리스크 관리를 위해 필요한 진단항목으로 구성되어 있다.

- **추가 진단항목**
  - 기초·심화 진단항목 외에 기업 규모와 경영방식 등을 고려하여 활용할 수 있는 6개의 진단항목으로 구성되어 있다.
  - 공급망 ESG 진단/실사 대응과 더불어 ESG 수준 향상을 위한 진단항목으로 구성되어 있다.

	정보공시	환경(E)	사회(S)	지배구조(G)	
기초 진단항목	0개 항목	10개 항목	11개 항목	4개 항목	25개
심화 진단항목	4개 항목	18개 항목	32개 항목	6개 항목	60개
추가 진단항목	0개 항목	0개 항목	0개 항목	6개 항목	6개

기초 진단항목은 환경(10개 항목), 사회(11개 항목), 지배구조(4개 항목)으로 총 25개로 구성되었고, 심화 진단항목은 정보 공시(4개 항목), 환경(18개 항목), 사회(32개 항목), 지배구조(6개 항목)로 총 60개로 구성되었고, 추가 진단항목은 지배구조(6개 항목)로 구성되어 있다.

(1) 기초 진단항목

ESG의 3개 영역과 12개의 범주에서 25개의 진단항목으로 구성되어 있다. 산업통산자원부에서 제공한 공급망 대응 K-ESG 가이드라인의 기초 진단항목의 지표 설명과 성과지표 측정 방법 및 측정 기준을 요약하여 정리하였다.

■ 기초

영역	범주		진단항목
환경(E) (10개 항목)	환경경영체계(2)	1	환경정책 수립
		2	환경 인허가 취득
	자원(1)	3	원부자재 사용량
	에너지 및 온실가스(2)	4	에너지 사용량
		5	온실가스 배출량(Scope 1 & 2)
	유해물질(3)	6	제품 내 유해물질 관리
		7	사업장 내 화학물질 관리
		8	폐기물 배출량
	대기오염(1)	9	대기 및 소음 관리
	수질오염(1)	10	용수 및 폐수 관리

사회(S) (11개 항목)	노동(1)	1	단체교섭 및 집회 참여
	인권(4)	2	강제근로 금지
		3	아동노동 금지
		4	근무시간 준수
		5	임금 산정 및 지급
	안전보건 체계(1)	6	안전보건 인허가 취득
	작업환경 개선(3)	7	작업환경 측정
		8	설비기계 안전 사용
		9	산업재해율
	산업재해 예방(2)	10	비상상황 대응 체계
		11	소방안전 관리
지배구조(G) (4개 항목)	윤리경영(4)	1	윤리헌장 및 실천 규범
		2	비윤리 행위 예방 조치
		3	반경쟁 행위 예방 조치
		4	공익제보자 보호

(2) 심화 진단항목

ESG의 4개 영역과 18개의 범주에서 60개의 진단항목으로 구성되어 있다. 산업통산자원부에서 제공한 공급망 대응 K-ESG 가이드라인의 심화 진단항목의 지표 설명과 성과지표 측정 방법 및 측정 기준을 요약하여 정리하였다.

■ 심화			
영역	범주		진단항목
정보공시(P) (4개 항목)	정보공시 형식(4)	1	ESG 정보공시 주기
		2	ESG 정보공시 방식
		3	ESG 정보공시 범위
		4	ESG 정보공시 검증
환경(E) (18개 항목)	환경경영체계(4)	1	환경경영 추진 체계
		2	환경경영시스템 인증 비율
		3	환경정책 수립
		4	환경 인허가 취득
	자원(2)	5	폐제품 수거 및 재활용
		6	원부자재 사용량

		7	에너지 절감 및 온실가스 감축
	에너지 및 온실가스(4)	8	에너지 사용량
		9	온실가스 배출량(Scope 1 & 2)
		10	온실가스 배출량 검증
	유해물질(3)	11	제품 내 유해물질 관리
		12	사업장 내 화학물질 관리
		13	폐기물 배출량
	대기오염(2)	14	대기 및 소음 관리
		15	대기오염물질 배출량
	수질오염(3)	16	용수 및 폐수 관리
		17	용수 사용량
		18	수질오염물질 배출량
사회(S) (32개 항목)	노동(3)	1	정규직 비율
		2	결사의 자유 보장
		3	단체교섭 및 집회 참여
	인권(6)	4	인권정책 수립
		5	강제근로 금지
		6	아동노동 금지
		7	근무시간 준수
		8	임금 산정 및 지급
		9	고충처리 절차
	다양성 및 양성평등(3)	10	여성 구성원 비율
		11	여성 급여 비율(평균 급여액 대비)
		12	장애인 고용률
	안전보건 체계(3)	13	안전보건 추진 체계
		14	안전보건경영시스템 인증 비율
		15	안전보건 인허가 취득
	작업환경 개선(4)	16	작업환경 측정
		17	설비기계 안전 사용
		18	위험성 평가
		19	산업재해율
	산업재해 예방(5)	20	비상상황 대응 체계
		21	소방안전 관리
		22	비상출구 시설관리
		23	환경 및 식품위생 관리
		24	안전보건 의사소통

		25	책임 원자재 조달 정책
동반성장(2)		26	원자재 생산지 리스크 점검
지역사회(2)		27	전략적 사회공헌
		28	구성원 사회봉사
정보보호(2)		29	정보보호 시스템 구축
		30	개인정보 침해 및 구제
고객관계(2)		31	고객만족 대응 체계
		32	광고 및 홍보 윤리
지배구조(G) (6개 항목)	윤리경영(6)	1	윤리헌장 및 실천 규범
		2	비윤리 행위 예방 조치
		3	반경쟁 행위 예방 조치
		4	공익 제보자 보호
		5	정보공개 투명성
		6	윤리규범 위반 사항 공시

정보공시(P)

1) 정보공시 형식
1-1) ESG 정보공시 주기

구분	분류번호		영역	범주
	P-1-2		정보공시	정보공시 형식
진단항목 지표 설명	ESG 정보공시 방식			
	ESG 정보공시 방식은 조직이 ESG 정보공시 동향에 맞추어 정보 수요자의 접근성을 고려한 ESG 정보공시 방식을 정립하고, ESG 정보를 종합한 온오프라인 채널 운영 및 ESG 정보공시 외부 확산 및 전파 등 접근성 향상을 하는 것이다.			
성과지표 측정 방법	조직의 홈페이지, 지속가능경영보고서, 사업보고서, 기타 간행물 등에 ESG 정보가 종합적으로 수록되어 있는지, ESG 정보공시 여부를 대외에 알리는지 점검하여 측정한다. [근거] 홈페이지, 지속가능경영보고서, 사업보고서, 기타 간행물, 전자공시시스템상에서 자율공시			
성과지표 측정 기준 (단계형)	레벨1	조직이 어떠한 방식으로든 ESG 정보를 공시하지 않는 경우		
	레벨2	조직의 홈페이지, 지속가능경영보고서, 사업보고서, 기타 간행물 등에 ESG 정보를 분산하여 공시하고 있는 경우		
	레벨3	조직의 홈페이지, 지속가능경영보고서, 사업보고서, 기타 간행물 등에 ESG 정보를 통합하여 공시하고 있는 경우		
	레벨4	통합된 ESG 정보가 담긴 조직의 홈페이지, 지속가능경영보고서, 사업보고서, 기타 간행물 등을 지정된 장소에 비치하거나, 특정 URL에 담고 있는 경우		
	레벨5	통합된 ESG 정보가 담긴 조직의 홈페이지, 지속가능경영보고서, 사업보고서, 기타 간행물 등의 발행 여부를 '전자공시시스템-자율공시' 사항으로 알리는 경우		

1-2) ESG 정보공시 방식

구분	분류번호		영역	범주
	P-1-1		정보공시	정보공시 형식
진단항목 지표 설명	ESG 정보공시 주기			
	ESG 정보공시 주기는 투자자, 고객 등 정보 수요자의 의사결정 및 가치판단에 필요한 최신 ESG 정보를 적시에 제공하고, 조직의 ESG 데이터 취합·분석·마감 기간을 고려하여 1년 단위로 ESG 정보공시 주기를 설정하는 것이다.			
성과지표 측정 방법	조직의 ESG 정보공시 일자, 또는 지속가능경영보고서상 발간 주기를 확인하여 조직이 1년 단위로 ESG 정보를 공시하고 있는지를 점검하여 측정한다. [근거] ESG 정보공시 일자, 지속가능경영보고서 발간 주기			
성과지표 측정 기준 (단계형)	레벨1	ESG 정보공시 주기를 특정할 수 없거나 명시하고 있지 않는 경우		
	레벨2	2년 단위로 보고서 발간 및 ESG 정보를 공시하는 경우		
	레벨3	1년 단위로 보고서 발간 및 ESG 정보를 공시하는 경우		

1-3) ESG 정보공시 범위

구분	분류번호		영역	범주
	P-1-3		정보공시	정보공시 형식
진단항목 지표 설명	ESG 정보공시 범위			
	ESG 정보공시 범위는 ESG 정보공시의 제도화에 따라 조직의 ESG 활동 및 성과를 충분히 대표할 수 있는 정보가 공시되고, 조직의 영향력과 통제력이 미치는 사업장(자회사 포함)의 ESG 정보가 최대한 공시되는 것이다.			
성과지표 측정 방법	ESG 정보공시에 필요한 데이터를 취합하는 사업장 등의 범위를 비율(%)로 계산(매출액, 직원 수, 생산량 등을 모수로 활용)하여 점검해서 측정한다. [근거] 홈페이지, 지속가능경영보고서, 사업보고서, 전자공시시스템상에서 자율공시 [산식] ESG 정보공시 범위 = ESG 정보 공시에 포함된 사업장 등의 (매출액 등) / 전체 조직의 (매출액 등)			
성과지표 측정 기준 (단계형)	레벨1	ESG 정보공시 범위를 특정할 수 없거나, 명시하고 있지 않는 경우		
	레벨2	조직이 법적으로 직접 소유하고 있는 사업장(예: 별도 재무제표 기준)의 ESG 정보를 일부 또는 모두 공시하고 있는 경우		
	레벨3	조직의 영향력과 통제력 범위에 있는 곳(자회사, 종속법인, 연결실체 등)의 일부 ESG 정보를 공시하고 있는 경우		
	레벨4	조직의 영향력과 통제력 범위에 있는 곳(자회사, 종속법인, 연결실체 등)의 일부 ESG 정보를 공시하고 있는 경우, 단 조직의 영향력과 통제력 범위로 ESG 정보공시 범위를 확대한다는 계획을 제시하고 있는 경우		
	레벨5	조직의 영향력과 통제력 범위에 있는 곳(자회사, 종속법인, 연결실체 등)의 모든 ESG 정보를 공시하고 있는 경우		

1-4) ESG 정보공시 검증

구분	분류번호		영역	범주
	P-1-4		정보공시	정보공시 형식
진단항목 지표 설명	ESG 정보공시 검증			
	ESG 정보공시 검증은 조직의 ESG 정보를 직접적으로 또는 가공하여 활용하는 이해관계자가 증가함에 따라 조직이 대외적으로 공시하는 ESG 정보가 타당성, 신뢰성, 투명성을 확보하고, 조직이 대외적으로 공시하는 정보에 관해 제3의 기관으로부터 검증을 받는 경우에 해당 검증 의견을 갖추는 것이다.			
성과지표 측정 방법	ESG 정보 검증의견서가 갖추어야 할 요건인 검증 기관의 적격성, 검증 기관의 독립성, 검증방법론의 합리성, 검증 수준의 명확성, 검증지표의 구체성이 충족되고 있는지를 점검하여 측정한다. [근거] ESG 정보 검증의견서, 지속가능경영보고서 검증의견서			
성과지표 측정 기준 (선택형)	요건1	검증의견서에 검증 기관(또는 검증인)이 명시되어 있는 경우(또는 검증 기관이 라이센스 번호를 보유하고 있는 경우)		
	요건2	검증의견서에 검증 기관과의 독립성 성명이 포함되어 있는 경우(즉, 검증 기관과 검증받는 조직 간의 이해관계 상충이 없음을 선언한 경우)		
	요건3	검증의견서에 검증 표준(방법론)이 제시되어 있는 경우(AA1000AS, ISAE3000, 또는 제3의 검증 기관이 개발한 자체 검증 표준 등)		
	요건4	검증의견서에 ESG 정보 검증 수준을 공개하고 있는 경우(Type 1/Type 2, Moderate/High, 제한적/합리적 등)		
	요건5	검증의견서에 제3의 검증기관이 검증한 정보공시 지표가 적시되어 있는 경우(즉, 조직이 모든 ESG 정보 중 어떠한 정보를 검증하였는지 명시하는 경우)		

환경(E)

1) 환경경영 체계
1-1) 환경경영 추진 체계

구분	분류번호	영역	범주
	E-1-1	환경	환경경영 체계

구분		
진단항목 지표 설명	환경경영 추진 체계	
	환경경영 추진 체계는 조직이 환경성과의 향상과 환경개선 등 경영활동을 관리하는지의 여부와 원부자재, 에너지, 폐기물 등을 효율적으로 관리하고, 국제사회 등 이해관계자의 환경지표 개선 요구 대응을 위해 체계적으로 환경경영을 추진하며, 조직이 국내외 규격에서 제시하는 환경경영시스템 구성 요건을 따르거나, 준용하여 환경경영 추진 체계를 갖추는 것이다.	
성과지표 측정 방법	조직이 환경경영을 체계적으로 추진하기 위해 전사 거버넌스, 전사 전담조직, 자원 및 역량, 이행현황 점검 시스템, 구성원 성과평가 지표를 구축하였는지를 점검하여 측정한다. [근거] 환경경영시스템, 환경경영 정책, 환경경영 가이던스	
성과지표 측정 기준 (선택형)	요건1	환경경영 추진을 위한 전사 거버넌스 체계를 구축하고 있는 경우(전담조직, 실무협의회, 경영회의 및 내부 점검체계 등)
	요건2	환경경영 추진을 위한 전사 전담 조직을 운영하고 있는 경우(전사 환경경영 기획, 점검, 성과관리 등 실행 업무 담당)
	요건3	환경경영 과제 실행에 필요한 자원을 투입하고 있는 경우(환경 투자 예산, 역량 강화 교육, 내외부 전문인력 등)
	요건4	환경경영 추진 현황을 점검, 분석, 평가하는 시스템이 있는 경우(IT 기반 모니터링 시스템, 과제 점검 회의, 제3자의 의견 수렴 등)
	요건5	환경경영 과제 이행 현황이 경영진을 포함하여 관련 구성원의 성과평가지표에 반영되는 경우

1-2) 환경경영시스템 인증 비율

구분	분류번호	영역	범주
	E-1-2	환경	환경경영 체계

진단항목 지표 설명	환경경영시스템 인증 비율
	환경경영시스템 인증 비율은 조직이 지속가능경영 실천을 위해 환경경영시스템을 구축 및 실행하고, 성과평가와 보상에 환경적 요소를 고려하고, 회계 부문의 환경적 요소를 조직 사정에 맞게 의사결정과정에 반영하는 시스템 및 환경심사시스템, 환경교육시스템 등이 갖추어져 있으며, 환경경영시스템이 일부 부서나 사업장에 국한되어 구축된 것이 아니라 전사적으로(전 사업장과 전 부서) 일상 업무에 반영되어 수준 높은 지속가능경영을 이루는 것이다.

성과지표 측정 방법	조직이 국내외 제3의 인증 기관(IAF에서 인정된)으로부터 환경경영시스템 인증을 획득하였는지를 확인하며, 인증서의 인증 유효기간이 적합하고 해외를 포함하여 다수의 사업장을 보유한 경우에는 사업장별 개별 인증서 또는 통합 인증서로 확인이 가능한지를 점검하여 측정한다. [근거] 사업장의 환경경영시스템(ISO 14001) 인증서 [산식] 인증 비율 = 환경경영시스템 인증 보유 사업장의 수 / 전체 사업장의 수(국내외 제조 사업장과 비제조 사업장의 총 수)

성과지표 측정 기준 (단계형)	레벨1	환경경영시스템 인증서를 보유하지 않은 경우
	레벨2	국내 및 해외 사업장에 대한 환경경영시스템 인증을 50% 미만으로 보유한 경우
	레벨3	국내 및 해외 사업장에 대한 환경경영시스템 인증을 50% 이상 75% 미만으로 보유한 경우
	레벨4	국내 및 해외 사업장에 대한 환경경영시스템 인증을 75% 이상 100% 미만으로 보유한 경우
	레벨5	국내 및 해외 사업장과 비제조 시설(본사, 연구소, 고객센터)까지 환경경영시스템 인증을 보유한 경우(국내 및 해외 사업장에 대한 환경경영시스템 인증을 100% 보유함)

1-3) 환경정책 수립

구분	분류번호	영역	범주
	E-1-3	환경	환경경영 체계

진단항목 지표 설명	환경정책 수립
	환경정책 수립은 조직의 고유한 제품, 생산 및 서비스 활동에 의해 필연적으로 발생되는 부정적인 환경영향을 최소화하면서 환경적으로 건전하고 지속가능한 성장을 위해 조직의 특성을 고려한 환경정책이 수립되고, 조직의 환경경영에 필요한 내외부 이슈를 파악한 후에 이슈를 해결하기 위해 체계적으로 환경정책이 수립되는 것이다.

성과지표 측정 방법	환경경영을 위한 조직의 중장기 환경정책에 따른 실천적 목표와 세부적인 계획을 제시하고 있으며, 주기적으로 성과에 대한 모니터링을 하고 있는지를 점검하여 측정한다. [근거] 환경경영시스템, 중장기 환경정책, 연간 환경정책 관련 계획 및 보고서

성과지표 측정 기준 (단계형)	레벨1	환경경영을 추진하기 위한 연간 환경정책, 정량적 환경목표가 수립되어 있지 않은 경우
	레벨2	연간 환경정책, 정량적 환경목표 및 환경경영 계획은 수립되어 있으나, 방침 및 목표, 계획에 대한 관련 근거가 없이 형식적으로 수립되어 있는 경우
	레벨3	연간 환경정책, 정량적 환경목표 및 추진 계획은 조직의 외부 및 내부 이슈를 고려하여 체계적으로 수립되어 있으며, 모니터링, 측정, 분석 및 평가를 하고 있는 경우
	레벨4	예상을 반영한 중장기 환경정책, 정량적 환경목표 및 추진 계획이 체계적으로 수립되어 있으며, 정기적으로 모니터링, 측정, 분석 및 평가하여 피드백을 통한 환경성과 및 개선활동 실적을 보유하고 있는 경우
	레벨5	레벨4 + 조직의 영향력과 통제력 범위에 있는 사업장(자회사, 종속법인, 연결실체)까지를 포함하는 경우

1-4) 환경 인허가 획득

구분	분류번호	영역	범주
	E-1-4	환경	환경경영체계
진단항목 지표 설명	환경 인허가 획득		
	환경 인허가 획득은 조직과 관련된 대기 배출물, 폐수, 폐기물, 원료 사용, 에너지, 용수, 생물 다양성 등 조직에 적용되는 모든 유형의 환경요인과 관련된 인허가의 규제 사항을 파악하여 인허가를 획득하고, 조직에게 요구되는 모든 환경 관련 인허가를 획득하고 등록하여 현행 상태로 유지하며, 운영 및 보고 요구사항을 준수하는 것이다.		
성과지표 측정 방법	조직이 모든 환경 관련 인허가 처리를 위한 절차를 보유하고 있는지, 환경시설에 대한 인허가 획득과 운영, 모니터링 상태를 직전 회계연도 기준으로 측정한다.		
성과지표 측정 기준 (단계형)	레벨1	조직이 사업장과 관련된 환경 인허가 대상을 명확하게 파악하지 못한 경우	
	레벨2	조직이 사업장과 관련된 환경 인허가 대상을 파악하고 있으며, 인허가 처리를 위한 근거 및 절차를 보유한 경우(배출시설 및 방지시설 명세서를 보유하고 있음)	
	레벨3	환경 인허가 대상의 변경 유무를 정기적으로 검토하고 있으며, 검토 결과를 반영하여 인허가의 갱신 관리를 수행하고 있는 경우	
	레벨4	환경 관련 인허가 대상 물질에 대한 배출량(발생률)을 모니터링하고 있으며, 모니터링 결과를 보유하고 있는 경우	
	레벨5	환경 관련 인허가 대상 물질에 대한 배출량(발생량)을 IT 기반 정보시스템을 활용하여 모니터링하고 있는 경우	

환경(E)

2) 자원
2-1) 폐제품 수거 및 재활용

구분	분류번호		영역	범주
	E-2-1		환경	자원
진단항목 지표 설명	폐제품 수거 및 재활용			
	폐기물 수거 및 재활용은 조직이 전기·전자제품의 재활용을 촉진하기 위하여 유해물질의 사용을 억제하고 재활용이 쉽도록 제조하며, 그 폐기물을 적정하게 재활용하도록 하여 자원을 효율적으로 이용하는 자원순환 체계를 구축하는 것이다.			
성과지표 측정 방법	폐제품(폐기물)의 회수 절차를 거쳐 조직 내외부에서 2차 자원으로 재활용하고 있는지, 그리고 재활용률을 높이기 위해 재질, 구조 등 제품설계를 개선, 유해물질 사용을 억제, 의무 사항을 준수하고 있는지를 점검하여 측정한다. [근거] 폐기품(폐기물) 대상 목록, 재활용의무이행계획서, 재활용의무이행결과보고서, 유해물질검증보고서, 제품설계 개선 실적			
성과지표 측정 기준 (선택형)	요건1	전기·전자제품의 제조회사로 폐제품(폐기물)의 회수·인계·재활용 의무 대상 여부를 파악하고 있는 경우		
	요건2	폐제품(폐기물)의 직접 회수 또는 위탁에 의한 회수를 실시하고, 관련 기록을 보유하고 있는 경우		
	요건3	재활용의무이행계획서를 제출하고 있으며, 승인된 재활용의무이행결과보고서를 보유하고 있는 경우		
	요건4	전기·전자제품의 재활용을 용이하게 하고, 환경에 미치는 유해성을 최소화하기 위하여 환경에 미치는 유해성이 높은 중금속, 난연재 등 정부가 정한 유해물질의 함유 기준을 준수하며, 관련 근거를 보유하고 있는 경우		
	요건5	전기·전자제품의 재활용을 용이하게 재질·구조 개선에 관한 정부의 지침을 준수하고 있거나 재활용이 쉬운 재질을 사용, 재질의 단순화 및 재질 정보 표시, 분리 및 해체의 용이성 제고 등 재질·구조 개선 활동을 수행하고 있는 경우		

2-2) 원부자재 사용량

구분	분류번호		영역	범주
	E-2-2		환경	자원
진단항목 지표 설명	원부자재 사용량			
	원부자재 사용량은 조직이 이윤을 창출하기 위한 재화를 생산하는 과정에서 자연으로부터 가져온 원부자재를 효율적으로 관리하는 것이며, 조직 규모의 차이(매출액, 생산량 등) 또는 사업 변동(구조조정, 인수합병 등)을 고려하여 상대적으로 비교 가능성이 높은 원단위 개념을 기반으로 하는 원부자재 사용량이다.			
성과지표 측정 방법	조직이 지난 5개년 간 원단위 원부자재 사용량이 감소 추세에 있는지를 점검하여 측정한다. [근거] 조직별 홈페이지상에서 지속가능경영보고서, 한국환경공단)자원순환정보시스템)연도별 전국 폐기물 발생 및 처리 현황 [산식] 총 원단위 원부자재 사용량 = 총 원부자재 사용량(재생 불가능한, 재생 가능한, 재생/재활용) / 원단위 활용 분모 (매출액 등)			
성과지표 측정 기준 (단계형)	레벨1	지난 5개년 원단위 원부자재 사용량이 증가 추세		
	레벨2	지난 5개년 원단위 원부자재 사용량의 변동이 없음		
	레벨3	지난 5개년 원단위 원부자재 사용량이 감소 추세		

환경(E)

3) 에너지 및 온실가스
3-1) 에너지 절감 및 온실가스 감축

구분	분류번호		영역	범주
	E-3-1		환경	에너지 및 온실가스
진단항목 지표 설명	에너지 절감 및 온실가스 감축			
	에너지 절감 및 온실가스 감축은 조직의 소유, 관리, 통제하는 물리적 경계(사업장 등) 내에서 직접 생산하거나 외부로부터 구매하는 에너지 사용량을 절감하고 온실가스 배출(Scope 1 & Scope 2)을 감축하는 것이다. 조직의 규모 차이(매출액, 생산량 등) 또는 조직의 사업 변동(구조조정, 인수합병 등)을 고려하여 상대적으로 비교가 용이한 단위당 개념의 원단위를 기반으로 에너지 사용량과 온실가스 배출량에 관한 것이다.			
성과지표 측정 방법	조직이 최근 2개년의 원단위 에너지 사용량이 절감 추세에 있는지와 최근 2개년의 원단위 온실가스 배출량(Scope 1 & Scope 2)이 감축 추세에 있는지를 점검하여 측정한다. [근거] 최근 2개년의 월별, 연차별 에너지 사용량 및 온실가스 발생량 원단위 관리 D/B, 온실가스 인벤토리, 월간보고서(매출액, 생산량, 종업원 수 포함) [산식] – 에너지 절감률 = 당해 연도 에너지 원단위 – 전년도 에너지 원단위 ÷ 당해 연도 에너지 원단위 × 100 – 온실가스 감축률 = 당해 연도 온실가스 원단위 – 전년도 온실가스 원단위 ÷ 당해 연도 온실가스 원단위 × 100			
성과지표 측정 기준 (단계형)	에너지 절감 (1/2)	레벨1	전년 대비 에너지 사용량 원단위 증가	
		레벨2	전년 대비 에너지 사용량 원단위 절감률 0% 이상 1% 미만	
		레벨3	전년 대비 에너지 사용량 원단위 절감률 3% 이상 5% 미만	
		레벨4	전년 대비 에너지 사용량 원단위 절감률 5% 이상 10% 미만	
		레벨5	전년 대비 에너지 사용량 원단위 절감률 10% 이상	
	온실가스 감축 (1/2)	레벨1	전년 대비 온실가스 배출량 원단위 증가	
		레벨2	전년 대비 온실가스 배출량 원단위 감축률 0% 이상 3% 미만	
		레벨3	전년 대비 온실가스 배출량 원단위 감축률 3% 이상 5% 미만	
		레벨4	전년 대비 온실가스 배출량 원단위 감축률 5% 이상 10% 미만	
		레벨5	전년 대비 온실가스 배출량 원단위 감축률 10% 이상	

3-2) 에너지 사용량

구분	분류번호	영역	범주
	E-3-2	환경	에너지 및 온실가스
진단항목 지표 설명	에너지 사용량		
	에너지 사용량은 조직이 소유, 관리, 통제하는 물리적 경계(사업장 등) 내에서 직접 생산하거나 외부로부터 구매하는 에너지 사용의 총량이며, 조직의 규모 차이(매출액, 생산량 등) 또는 각 조직의 사업 변동(구조조정, 인수합병 등)을 고려하여 상대적으로 비교가 용이한 단위당 개념의 원단위를 기반으로 하는 에너지 사용량이다.		
성과지표 측정 방법	조직이 지난 5개년 간 원단위 에너지 사용량이 감소 추세에 있는지를 점검하여 측정한다. [근거] 전자공시시스템상에서 사업보고서, 조직별 홈페이지상에서 지속가능경영보고서, 한국에너지공단 홈페이지상에서 산업 부문 에너지 사용 및 온실가스 배출량 통계 [산식] 원단위 에너지 사용량 = 총 에너지 사용량 / 원단위 활용 분모		
성과지표 측정 기준 (단계형)	레벨1	지난 5개년 원단위 에너지 사용량이 증가 추세	
	레벨2	지난 5개년 원단위 에너지 사용량의 변동이 없음	
	레벨3	지난 5개년 원단위 에너지 사용량이 감소 추세	

3-3) 온실가스 배출량(Scope 1 & Scope 2)

구분	분류번호	영역	범주
	E-3-3	환경	에너지 및 온실가스
진단항목 지표 설명	온실가스 배출량(Scope 1 & Scope 2)		
	온실가스 배출량(Scope 1 & Scope 2)은 조직이 소유, 관리, 통제하는 물리적 경계(사업장 등) 내에서 에너지 사용으로 인해 발생하는 온실가스 배출량(Scope 1 & Scope 2)으로, 조직 간 규모 차이(매출액, 생산량 등) 또는 사업 변동(구조조정, 인수 합병 등)을 고려하여 상대적으로 비교가능성이 높은 원단위 개념을 기반으로 한다.		
성과지표 측정 방법	지난 5개년 간 조직의 원단위 온실가스 배출(Scope 1 & Scope 2)이 감축 추세에 있는지를 점검하여 측정한다. [근거] 전자공시시스템상에서 사업보고서, 조직별 홈페이지상에서 지속가능경영보고서, 국가온실가스종합관리 시스템상에서 명세서배출량통계 [산식] 원단위 온실가스 배출량 = 총 온실가스 배출량 / 원단위 활용 분모		
성과지표 측정 기준 (단계형)	레벨1	지난 5개년 원단위 온실가스 배출량이 증가 추세	
	레벨2	지난 5개년 원단위 온실가스 배출량의 변동이 없음	
	레벨3	지난 5개년 원단위 온실가스 배출량이 감소 추세	

3-4) 온실가스 배출량 검증

구분	분류번호	영역	범주
	E-3-4	환경	에너지 및 온실가스
진단항목 지표 설명	온실가스 배출량 검증		
	온실가스 배출량 검증은 온실가스 배출권 거래제, 온실가스 목표관리제, 기타 온실가스 정보를 기반으로 의사결정을 하는 이해관계자가 증가함에 따라서 조직이 대외적으로 공시하는 온실가스 배출량 데이터가 타당성, 신뢰성, 투명성을 확보하고 있는지 확인하고, 조직의 온실가스 배출량 데이터에 관해 제3의 기관으로부터 검증을 받고 해당 검증 의견을 갖추는 것이다.		
성과지표 측정 방법	온실가스 배출량 데이터 검증의견서가 갖추어야 하는 검증 기관의 적격성, 검증 기관과의 독립성, 검증방법론의 합리성, 검증 수준의 명확성, 검증지표의 구체성 요건이 충족되고 있는지를 점검하여 측정한다. [근거] 온실가스 배출량 검증의견서		
성과지표 측정 기준 (선택형)	요건1	검증의견서에 검증 기관(또는 검증)이 명시되어 있는 경우(또는 검증 기관이 라이센스 번호를 갖추고 있는 경우)	
	요건2	검증의견서에 검증 표준(방법론)이 제시되어 있는 경우(온실가스 배출권거래제의 배출량 보고 및 인증에 관한 지침, GHP Protocal, ISO14064-1 등)	
	요건3	검증의견서에 ESG 정보 검증 수준을 공개하는 경우(전체 혹은 일부 데이터 검증, 제한적 · 합리적 보증 등)	
	요건4	제3의 검증 기관에서 검증한 온실가스 배출량의 검증 범위가 적시되어 있는 경우(즉, 조직이 사업장 중 온실가스 배출량을 검증받은 사업장 및 지역 등)	
	요건5	조직의 온실가스 관리에 관한 제3의 검증기관의 의견이 명시되어 있는 경우(온실가스 관리 시스템 개선, 향후 검증값의 변동 가능성 등)	

환경(E)

4) 유해물질
4-1) 제품 내 유해물질 관리

구분	분류번호	영역	범주
	E-4-1	환경	유해물질
진단항목 지표 설명	제품 내 유해물질 관리		
	제품 내 유해물질 관리는 조직의 제품 내에 포함된 유해물질을 파악하여 기술문서, 관리 절차와 관리 기준 지침을 수립하고, 유해물질의 농도를 점검하여 규제치를 관리하는 것이며, 조직의 공정, 부품 등에 포함된 RoHS 등을 모니터링, 측정, 분석 및 평가하는 것이다.		
성과지표 측정 방법	조직의 유해물질 관리 절차 유지 및 최종 제품에 대한 관련 인증을 취득 및 관리하는지를 점검하여 측정한다. [근거] (RoHS) 제품 성적서, 부품성적서, 기술문서, 관리계획서/QC공정관리도		
성과지표 측정 기준 (단계형)	레벨1	유해물질관리 지침이 없으며 유해물질을 관리하지 않는 경우	
	레벨2	유해물질관리 지침이 있고 실행하는 경우	
	레벨3	레벨2 + 유해물질 검사를 위한 자체 장비(XRF 등)를 보유하고 주기적으로 검사하는 경우	
	레벨4	레벨3 + 최종 제품에 대한 적합성 선언을 하는 경우	
	레벨5	레벨4 + RoHS 인증을 받아 유지하거나 3년마다 갱신하고 있는 경우	

4-2) 사업장 내 화학물질 관리

구분	분류번호	영역	범주
	E-4-2	환경	유해물질
진단항목 지표 설명	사업장 내 화학물질 관리		
	사업장 내 화학물질 관리는 조직의 사업장 내에서 화학물질을 관리하기 위한 관리 절차와 관리 기준이 수립되어 있으며, 화학물질종합정보시스템에 따라 관리하며, 사용하는 화학물질을 「화학물질관리법」에 따라 관리하는 것이다.		
성과지표 측정 방법	조직의 화학물질 관리 프로세스에 따라 관리 및 개선을 위해 노력하고 있는지를 점검하여 측정한다. [근거] 화학물질통계조사, 화학물질배출량조사서, 화학물질관리대장		
성과지표 측정 기준 (단계형)	레벨1	화학물질관리 절차 및 기준이 수립되어 있지 않은 경우	
	레벨2	화학물질관리 절차 및 기준을 수립하여 실행하고 있는 경우	
	레벨3	레벨2 + 화학물질통계조사, 화학물질배출량조사, 화학물질관리대장 작성 중 2가지 이상을 실행하고 있는 경우	
	레벨4	레벨3 + 화학물질통계조사, 화학물질배출량조사, 화학물질관리대장 작성을 모두 실행하고 있는 경우	
	레벨5	레벨4 + 이를 전산화하여 모니터링 및 추적관리하고 있는 경우	

4-3) 폐기물 배출량

구분	분류번호	영역	범주
	E-4-3	환경	유해물질
진단항목 지표 설명	폐기물 배출량		
	폐기물 배출량은 조직이 소유, 관리, 통제하는 물리적 경계(사업장 등) 내에서 사업 및 영업 활동(예: 연구개발, 제품 생산/가공/포장 등 포함, 소비자가 사용한 이후에 폐기한 제품은 제외)에 따라 발생하는 폐기물이며, 조직의 규모 차이(매출액, 생산량 등) 또는 각 조직의 사업 변동(구조조정, 인수합병 등)을 고려하여 상대적으로 비교가능성이 높은 원단위 개념을 기반으로 폐기물 배출량을 점검하는 것이다.		
성과지표 측정 방법	조직이 지난 5개년 간 원단위 폐기물 배출량이 저감 추세에 있는지를 점검하여 측정한다. [근거] 조직별 홈페이지상에서 지속가능경영보고서, 한국환경공단 〉자원순환정보시스템 〉연도별 전국 폐기물 발생 및 처리 현황 [산식] 원단위 폐기물 배출량 = 총 폐기물 배출량 / 원단위 활용 분모		
성과지표 측정 기준 (단계형)	레벨1	지난 5개년 원단위 폐기물이 증가 추세	
	레벨2	지난 5개년 원단위 폐기물의 변동이 없음	
	레벨3	지난 5개년 원단위 폐기물이 감소 추세	

환경(E)

5) 대기오염
5-1) 대기 및 소음 관리

구분	분류번호		영역	범주
	E-5-1		환경	대기오염
진단항목 지표 설명	대기 및 소음 관리			
	대기 및 소음 관리는 조직의 배출시설에서 발생하는 대기오염물질 및 소음 방지시설의 설치, 운영 및 관리를 추진하고, 소음의 감소와 대기환경 개선을 위한 노력을 하며, 「대기환경보전법」상의 오염물질과 「소음·진동관리법」상의 소음, 진동에 대한 관리 체계를 갖추고 이를 체계적이고 지속적으로 관리하는 것이다.			
성과지표 측정 방법	조직이 최근 1년 대기오염물질 및 소음, 진동을 적절하게 관리하고 저감 활동을 수행하고 있는지를 점검하여 측정한다. [근거] 인허가서류, 작업환경측정결과보고서, 자가측정결과			
성과지표 측정 기준 (단계형)	대기오염 물질관리 (1/2)	레벨1	대기오염물질 관리 절차 및 기준을 수립하고 있지 않는 경우	
		레벨2	대기오염물질 관리 절차 및 관리 기준을 수립, 실행하고 있는 경우	
		레벨3	대기오염물질 관리를 반기에 1회 이상 정기적으로 모니터링하고 있는 경우	
		레벨4	대기오염물질 저감을 위해 설비투자 등 실질적인 개선 활동을 수행하고 있는 경우	
		레벨5	대기오염물질의 저감을 위해 IT 시스템으로 관리하는 경우	
	소음관리 (1/2)	레벨1	소음 관리 절차 및 기준을 수립하고 있지 않는 경우	
		레벨2	소음 관리 절차 및 기준을 수립, 실행하고 있는 경우	
		레벨3	소음 관리를 반기에 1회 이상 정기적으로 모니터링하고 있는 경우	
		레벨4	소음 방지를 위해 설비투자 등 실질적인 개선 활동을 수행하고 있는 경우	
		레벨5	소음 방지를 위해 IT 시스템으로 관리하는 경우	

5-2) 대기오염물질 배출량

구분	분류번호	영역	범주
	E-5-2	환경	대기오염
진단항목 지표 설명	대기오염물질 배출량		
	대기오염물질 배출량은 조직이 소유, 관리, 통제하는 물리적 경계(사업장 등) 내에서 발생하는 대기오염물질을 지속적으로 저감하는 등 대기환경 개선을 위해 노력하고, 「대기환경보전법」상 64개의 대기오염물질 중 대다수를 차지하는 질소산화물(NOx), 황산화물(SOx), 미세먼지(PM2.5)의 배출농도이다.		
성과지표 측정 방법	조직의 지난 5개년 질소산화물, 황산화물, 미세먼지의 평균 배출 농도가 저감 추세에 있는지를 점검하여 측정한다. [근거] 조직별 홈페이지상에서 지속가능경영보고서, 한국환경공단-에어코리아상에서 실시간 자료 조회 [산식] 대기오염물질 배출 = 질소산화물, 황산화물, 미세먼지의 배출 농도(PPM, mg/㎥)		
성과지표 측정 기준 (단계형)	레벨1	지난 5개년 대기오염물질 평균 배출 농도가 증가 추세	
	레벨2	지난 5개년 대기오염물질 평균 배출 농도의 변동이 없음	
	레벨3	지난 5개년 대기오염물질 평균 배출 농도가 감소 추세	

환경(E)

6) 수질오염
6-1) 용수 및 폐기 관리

구분	분류번호		영역	범주
	E-6-1		환경	수질오염
진단항목 지표 설명	용수 및 폐수 관리			
	용수 및 폐수 관리는 조직의 용수 사용량을 관리함으로써 취수원을 보호하고 수자원 고갈에 대비하는 것이며, 사업 과정에서 발생하는 폐수의 감소와 재활용을 관리하여 수자원의 보호 및 물순환체계 개선을 위하여 노력하는 것으로 용수 및 폐수 관리체계와 용수 사용량 및 폐수재활용률의 상대적 비교가 용이한 원단위로 한다.			
성과지표 측정 방법	조직이 최근 1년 용수 및 폐기를 적절하게 관리하고 저감 활동을 수행하고 있는지를 점검하고 측정한다. [근거] 조직별 홈페이지상에서 지속가능경영보고서, 기업실적보고서			
성과지표 측정 기준 (단계형)	용수 관리 (1/2)	레벨1	용수 관리 절차 및 관리 기준을 수립하지 않은 경우	
		레벨2	용수 관리 절차 및 관리 기준을 수립, 실행하고 있는 경우	
		레벨3	반기에 1회 이상 정기적으로 모니터링을 하고 있는 경우	
		레벨4	설비투자 등 실질적인 저감 개선 활동을 수행하고 있는 경우	
		레벨5	용수오염의 저감을 위해 IT 시스템으로 관리하는 경우	
	폐수 관리 (1/2)	레벨1	폐수 관리 절차 및 관리 기준을 수립하지 않은 경우	
		레벨2	폐수 관리 절차 및 관리 기준을 수립, 실행하고 있는 경우	
		레벨3	반기에 1회 이상 정기적으로 모니터링을 하고 있는 경우	
		레벨4	설비투자 등 실질적인 저감 개선 활동을 수행하고 있는 경우	
		레벨5	폐수 오염의 저감을 위해 IT 시스템으로 관리하는 경우	

6-2) 용수 사용량

구분	분류번호	영역	범주
	E-6-2	환경	수질오염
진단항목 지표 설명	용수 사용량		
	용수 사용량은 조직이 용수를 공급받는 취수원을 보호하고 있는지, 또는 사업장이 위치한 지역의 수자원 고갈 리스크에 대비하고 있는지를 간접적으로 점검할 수 있는 항목으로, 조직이 사용하는 용수 총량(신규 취수량, 내부 재사용량)이며, 조직의 규모 차이(매출액, 생산량 등) 또는 각 조직의 사업 변동(구조조정, 인수합병 등)을 고려하여 상대적으로 비교가능성이 높은 원단위 개념을 기반으로 한 것이다.		
성과지표 측정 방법	지난 5개년 간 조직의 원단위 용수 사용량이 절감 추세에 있는지를 점검하여 측정한다. [근거] 조직별 홈페이지상에서 지속가능경영보고서, 한국에너지공단 물정보포털(My Water)상에서 GIS 수자원 [산식] 원단위 용수 사용량 = 총 용수 사용량 / 원단위 활용 분모		
성과지표 측정 기준 (단계형)	레벨1	지난 5개년 원단위 용수 사용량이 증가 추세	
	레벨2	지난 5개년 원단위 용수 사용량의 변동이 없음	
	레벨3	지난 5개년 원단위 용수 사용량이 감소 추세	

6-3) 수질오염물질 배출량

구분	분류번호	영역	범주
	E-6-3	환경	수질오염
진단항목 지표 설명	수질오염물질 배출량 수질오염물질 배출량은 조직이 소유, 관리, 통제하는 물리적 경계(사업장 등) 내에서 최종 발생하는 수질오염물질을 지속적으로 저감하는 등 수자원 보호를 위한 노력을 이행하고, 「물환경보전법」상 수질오염물질을 대표하는 생물화학적 산소요구량(BOD), 화학적 산소요구량(COD), 부유물질량(SS)의 배출 농도이다.		
성과지표 측정 방법	조직이 지난 5개년 배출한 폐수 내의 생물화학적 산소요구량, 화학적 산소요구량, 부유물질량의 평균 배출농도가 저감 추세에 있는지를 점검하여 측정한다. [근거] 조직별 홈페이지상에서 지속가능경영보고서, 환경부-물환경정보시스템상에서 수질측정망 [산식] 수질오염물질 배출 = 생물화학적 산소요구량, 화학적 산소요구량, 부유물질량의 배출 농도(PPM, mg/l)		
성과지표 측정 기준 (단계형)	레벨1	지난 5개년 수질오염물질 평균 배출 농도가 증가 추세	
	레벨2	지난 5개년 수질오염물질 평균 배출 농도의 변동이 없음	
	레벨3	지난 5개년 수질오염물질 평균 배출 농도가 감소 추세	

사회(S)

1) 노동
1-1) 정규직 비율

구분	분류번호	영역	범주
	S-1-1	사회	노동
진단항목 지표 설명	정규직 비율 정규직 비율은 정규직 근로자의 비율 확대가 조직과 사회의 지속가능성에 긍정적 영향을 미친다는 가정하에 조직이 정규직 확대를 통해 지역사회의 고용안정성 증가와 비정규직 근로자 문제에 기여하고, 조직의 전체 인력 대비 정규직의 비율이다.		
성과지표 측정 방법	국내외 모든 사업장을 기준으로 정규직의 비율을 점검하여 측정한다. [근거] 전자공시시스템상에서 사업보고서, 조직별 홈페이지상에서 지속가능경영보고서 [산식] 정규직 비율 = 해당연도 말 기준 총 근로자 수 − 한시적 근로자 또는 기간제 근로자 − 단시간 근로자 − 파견, 용역, 호출 등의 형태로 종사하는 근로자) / 해당연도 말 기준 총 근로자 수		
성과지표 측정 기준 (단계형)	레벨1	최근 5개년 정규직 비율 데이터가 관리되지 않는 경우	
	레벨2	조직의 정규직 비율이 40%인 이하인 경우	
	레벨3	조직의 정규직 비율이 40% 초과 60% 이하인 경우	
	레벨4	조직의 정규직 비율이 60% 초과 80% 이하인 경우	
	레벨5	조직의 정규직 비율이 80%를 초과하는 경우	

1-2) 결사의 자유 보장

구분	분류번호	영역	범주
	S-1-2	사회	노동

구분	내용
진단항목 지표 설명	결사의 자유 보장 결사의 자유 보장은 조직의 직원이 유엔 세계인권선언 제20조에서 제시하는 결사의 자유를 보장받을 수 있는지, 근로자 이해 대변 및 협력적 노사관계 형성 및 유지를 위한 협의기구이다. • (결사의 자유 보장) 근로자가 주체가 되어 자주적으로 단결하여 근로조건의 유지, 개선 및 기타 근로자의 경제적·사회적 지위 향상을 도모함을 목적으로 조직하는 노동조합의 설립과 정당한 노동조합의 활동을 보장 • (노사협력) 「근로자참여 및 협력증진에 관한 법률」에 따른 노사 협의기구인 노사협의회 설치와 실질적인 운영
성과지표 측정 방법	결사의 자유 보장 수준을 측정하기 위해 노동조합 가입, 조직 및 단체협약 체결, 체결된 단체협약의 성실한 이행 등을 측정하고, 이와 병행하여 노사협력 수준을 측정하기 위해 노사협의회의 설치 및 관리 여부와 정기회의 개최 등 실질적인 운영 수준 등을 점검하여 측정한다. [근거] 노동조합 가입 및 설립, 단체교섭 및 단체협약 체결, 단체협약 위반 여부, 노사협의회의 설치 및 정기회의 개최, 노사협의회의 의결(합의) 여부 등
성과지표 측정 기준 (단계형)	레벨1 · 노동조합의 가입 및 설립, 노사협의회의 설치와 관련된 정보가 없는 경우

성과지표 측정 기준 (단계형)	레벨	내용
	레벨1	노동조합의 가입 및 설립, 노사협의회의 설치와 관련된 정보가 없는 경우
	레벨2	노동조합의 가입 및 설립 또는 상시근로자가 30인 이상인 경우에 노사협의회 설치(위원 선임, 협의회 규정 제정 등)
	레벨3	레벨2 + 과거 또는 현재에 적법한 교섭당사자로서의 노동조합과 단체교섭을 진행 + 3개월마다 노사협의회 정기회의 개최(회의록 작성 및 비치)
	레벨4	레벨3 + 노동조합과 단체협약(임금협약 포함) 체결 + 노사협의회의 정기회의 외에 추가 임시회의(노사 실무협의 포함) 개최
	레벨5	레벨4 + 체결된 단체협약의 성실한 이행(단체협약 위반 시 불이행으로 간주) + 노사협의회의 의결(합의) 여부

1-3) 단체교섭 및 집회 참여

구분	분류번호	영역	범주
	S-1-3	사회	노동

구분	내용
진단항목 지표 설명	단체교섭 및 집회 참여 단체교섭 및 집회 참여는 단체교섭과 집회의 자유에 관한 모든 법적 관리를 존중하는 노력(참여하거나 참여하지 않을 권리 존중), 노동조합, 노사협의회 등 노동자로부터 위임을 받은 자와 회사가 성실하게 협의하려는 노력, 노동자가 자유의사에 기반하여 자유롭게 모임 및 집회를 가질 수 있고, 노동자가 근로조건에 대해 자유롭게 회사 측과 소통할 수 있도록 적극적으로 지원하는 것이다.
성과지표 측정 방법	임금 및 단체협약 등에 관한 합의서, 「노동조합 및 노동관계조정법」, 조직의 내부 규정을 점검하여 측정한다. [근거] 임금 및 단체협약 등에 관한 합의서, 조직의 내부 규정

성과지표 측정 기준 (선택형)	요건	내용
	요건1	회사가 정기적으로 노동자의 대표와 단체교섭 사항에 대해 협의하여 결정하고 있는 경우
	요건2	단체교섭의 계약조건이 이행되는 현황을 공개하고 있는 경우
	요건3	단체교섭 및 집회의 자유와 관련된 사항을 회사 내부 규정(단체협약, 인권경영 규정 등)에 반영하고 있거나 지침으로 표명하고 있는 경우
	요건4	회사가 노동 관련 문제를 자유롭게 논의할 수 있는 공간 등의 편의를 제공하고 있는 경우
	요건5	근로자가 개인적으로나 또는 집단적으로 우려하는 사항에 대해 아이디어를 제시할 수 있는 내부 소통 채널이 존재하는 경우

사회(S)

2) 인권
2-1) 인권정책 수립

구분	분류번호		영역	범주
	S-2-1		사회	인권
진단항목 지표 설명	인권정책 수립			
	인권정책 수립은 조직이 유엔세계인권선언 및 기업과 인권 이행 원칙, ILO 핵심 협약, 책임 있는 사업을 위한 실사 가이드라인 등에 기반하여, 인권경영 추진을 선언하는 공식적 정책을 제시하고, 조직이 인권정책(human rights policy)을 통해 인권보호가 필요한 이슈에 대한 정책적 접근이다.			
성과지표 측정 방법	[근거] 조직이 인권정책에서 다음 중 어떠한 이슈를 다루는지를 점검하여 측정한다. 차별금지, 근로조건 준수, 인도적 대우, 강제근로 금지, 아동노동 착취 금지, 결사 및 단체교섭의 자유, 산업안전 보장, 지역주민 인권 보호, 고객의 인권 보호, 기타			
성과지표 측정 기준 (단계형)	레벨1	조직이 공식적 인권정책을 수립하지 않는 경우, 또는 인권정책이 있으나 상기의 이슈 중 1~2개에 대한 조직의 정책적 접근방향이 설명되어 있는 경우		
	레벨2	상기의 이슈 중 3~4개에 대한 조직의 정책적 접근 방향이 설명되어 있는 경우		
	레벨3	상기의 이슈 중 5~6개에 대한 조직의 정책적 접근 방향이 설명되어 있는 경우		
	레벨4	상기의 이슈 중 7~8개에 대한 조직의 정책적 접근 방향이 설명되어 있는 경우		
	레벨5	상기의 이슈 중 9개 이상에 대한 조직의 정책적 접근 방향이 설명되어 있는 경우		

2-2) 강제근로 금지

구분	분류번호		영역	범주
	S-2-2		사회	인권
진단항목 지표 설명	강제근로 금지			
	강제근로 금지는 회사가 노동자가 원하지 않는 의무적 초과 노동을 강요하지는 않는지, 또한 상호 간에 합의를 통해 근로조건을 계약사항에 반영하여 근로를 실시하고 있는지이며, 회사가 특정 조건, 상황의 노동자에게 근로와 관련된 불리한 조건을 강요하지 않는지를 확인하는 것이다.			
성과지표 측정 방법	회사가 근로계약서 세부 조항에 강제근로금지를 규정하고, 이를 설명하고 있는지를 확인 및 점검하여 측정한다. [근거] 채용 서류, 근로계약서, 취업규칙, 출입 통제 상황			
성과지표 측정 기준 (단계형)	레벨1	모든 형태의 입사자(정규직, 계약직)와 근로계약서를 작성하고, 근로계약서 세부 조항에 강제근로금지에 대해 회사가 공식적으로 밝히고 있는 경우		
	레벨2	레벨1 + 직원 채용 시 제출해야 할 서류들에 대해 명시하고, 그 서류에 대해서만 제출을 요구함을 규정상 명시하고 있는 경우		
	레벨3	레벨2 + 근로자의 이동의 자유 및 기본욕구 해소를 위한 활동에 불합리한 제한을 두지 않는 경우		
	레벨4	레벨3 + 근로계약서에 법에서 규정한 항목이 빠짐없이 포함되어 있으며, 근로계약서는 근로자가 이해 가능한 언어로 서면으로 작성되고, 관련 내용을 모국어로 충분히 설명하고 있는 경우		
	레벨5	레벨4 + 채용 관련 근로자의 비용 부담을 금지하고 있으며, 근로자에게 부과되는 수수료가 모두 공개되어 있는 경우		

2-3) 아동노동 금지

구분	분류번호	영역	범주
	S-2-3	사회	인권
진단항목 지표 설명	아동노동 금지 아동노동 금지는 회사가 15세 미만의 연소자를 고용하지 않는지 확인하는 것으로, 18세 미만의 연소자가 노동기관/계약자를 통해 직간접적으로 고용되지 않도록 적절한 프로세스가 있는지, 만 15세 이상 18세 미만의 연소자를 고용하는 경우에 친권자나 후견인의 동의를 받았는지, 만 15세 이상 18세 미만의 연소자를 고용하는 경우에 건강이나 안전, 도덕의식에 해로운 작업을 규정한 정책 수립 내용을 확인하는 것이다.		
성과지표 측정 방법	회사는 서류를 통해 근로자의 나이를 확인한 후에 고용조건, 근로조건 및 신분증명서를 점검하여 측정한다. [근거] 근로계약서, 사진이 부착된 신분증, 근로자 명부, 의료 파일, 작업시간 기록으로 회사가 직간접적(파견, 용역, 도급, 위탁 등을 포함)으로 고용한 모든 근로자		
성과지표 측정 기준 (선택형)	요건1	만 15세 이상 18세 미만의 자를 고용할 시 근로조건 및 명시 및 1일 7시간, 1주일 40시간을 초과하지 않는 것을 명시한 경우	
	요건2	청소년 근로자는 위험한 업무나 야근을 하지 않음을 정책적으로 규정한 경우	
	요건3	아동노동 금지를 위한 연령 검증 절차가 채용 절차에 명시되어 있는 경우	
	요건4	연령에 관한 증명 문서를 확인하기 위해 최소 2개 이상의 신뢰 가능한 공식 문서를 대조하여 확인하는 프로세스가 있는 경우	
	요건5	다른 사람의 ID카드 활용을 막기 위해 지문, 사진이 포함된 ID카드를 기반으로 하는 출입 통제 체계를 갖추고 있는 경우	

2-4) 근로시간 준수

구분	분류번호	영역	범주
	S-2-4	사회	인권
진단항목 지표 설명	근로시간 준수 근로시간 준수는 근로계약서에 근로시간은 긴급상황이나 비정상적인 상황을 제외하고 1일 8시간 1주 40시간을 초과할 수 없다는 규정이 있는지를 확인하고, 초과 근무시간이 너무 지나치면 근로자의 건강을 위협하므로 법에 의한 한도인 12시간을 초과하고 있지 않는지를 확인한다. 또한 근로자의 정규 및 초과 근무시간에 대한 상세한 기록을 포함하여 적정한 시스템 또는 의사소통, 기록관리가 되어 있는지 확인하는 것이다.		
성과지표 측정 방법	근로 관련 서류를 통해 근로자의 근로시간이 법률에서 정한 최대 시간을 초과하지 않는지 확인 및 점검하여 측정한다. [근거] 근로계약서, 작업시간 기록, 취업규정, 연장근로계획서 등		
성과지표 측정 기준 (단계형)	레벨1	근로시간은 1일 8시간, 1주일 40시간을 초과하지 않음	
	레벨2	레벨1 + 근로자의 정규 및 초과 근무시간에 대한 신뢰할 수 있는 정책과 프로세스가 수립되어 있음	
	레벨3	레벨2 + 근로자가 병가, 출산휴가 등을 위한 휴가 신청 시 유급 및 휴가가 보장되고 있음	
	레벨4	레벨3 + 임산부 또는 출산 후 1년 미만의 여성 근로자에 대한 근로시간 제한이 수립되어 있고, 이를 이행하고 있음(단, 근로계약 시 연장 근무에 대한 합의가 적법한 절차에 따라 수립되어 있는 경우는 제외)	
	레벨5	레벨4 + 연장 근무 시 근로자 개인과 회사의 상호 합의가 선행되며, 일수, 시간, 연장근무 거부에 대한 구체적인 사항은 근로계약 시 미리 정하거나 회사의 결정에 포괄적으로 합의할 수 있으며, 일정 기간 앞서 사전통지를 통해 근로자 개인의 일정을 조절할 수 있도록 지원하고 있음	

2-5) 임금 산정 및 지급

구분	분류번호	영역	범주
	S-2-5	사회	인권
진단항목 지표 설명	임금 산정 및 지급 임금 산정 및 지급은 근로계약서에 근로자 임금의 구성 항목, 임금의 계산 방법, 임금의 지급 방법이 구체적으로 명시되어 있는지를 확인하며, 급여 주기에 따라 근무한 시간에 정확히 맞는 보상임이 증명되도록 총 근무시간, 초과 근무시간, 구체적인 공제 내역 등의 충분한 정보가 포함된 급여명세서를 제공하고 있는지를 확인하는 것이다.		
성과지표 측정 방법	회사가 근로자에게 지급하는 임금과 관련된 일체의 기록을 점검하여 측정한다. [근거] 표준근로계약서, 임금지급확인서, 임금지급 확인 시스템		
성과지표 측정 기준 (선택형)	요건1	근로계약서에 명시한 대로 통상임금이 정기적 일률적으로 지급되고 있는 경우	
	요건2	정규 및 초과 근무에 대한 산출 내역이 기재되어 정확하게 지급되고 있는 경우	
	요건3	근로자가 정해진 시기에 단위 급여 기간(주간 혹은 월간)에 대한 급여를 받고, 수행한 작업에 대한 정확한 보상을 확인할 수 있는 프로세스가 있는 경우	
	요건4	공제 또는 원천징수액이 올바르게 계산되어 우리나라 법률 기간 내에 해당 기관에 정확하게 납부되고 있는 경우	
	요건5	임금 산정 및 지급과 관련된 징계로서 감봉 이상의 징계 내용이 반영되어 있는 경우	

2-6) 고충처리절차

구분	분류번호	영역	범주
	S-2-6	사회	인권
진단항목 지표 설명	고충처리절차 고충처리절차는 조직이 제도화된 고충처리제도를 보유하고 운영하며, 직원의 접근과 이용이 용이한 고충처리 신청서, 고충처리 접수 채널을 공시하고 있고, 고충처리 위원에게 신고된 사항이 고충처리위원회를 통해 처리되고, 고충처리 위원은 고충처리 조치 사항 또는 처리 결과에 대해 이해시키는 것이다.		
성과지표 측정 방법	신고, 심사 또는 협의, 고충 해소의 전 과정을 포함한 고충처리 절차가 있는지를 점검하여 측정한다. [근거] 고충처리접수신고서, 해당 사건의 조사결과보고서		
성과지표 측정 기준 (단계형)	레벨1	고충처리를 위한 접수-조사-처리 절차가 회사 내부에 존재하고 있는 경우	
	레벨2	고충처리를 위한 전담 인력이 있으며, 신고된 고충처리 처리 과정 및 처리 결과를 확인할 수 있는 정보가 공개되고 있는 경우	
	레벨3	익명성이 보장된 고충/불만 접수 핫라인(이메일, 전화 등 다양한 채널 운영)을 운영하고, 제도적으로 제보자 보호 및 보복금지 관련 절차를 수립하고 있는 경우	
	레벨4	징계는 감독자 개인이 아닌 공식적인 절차에 따라 이루어지고, 본인에게 소명의 기회를 부여하며, 동의하지 않을 시 재심청구에 대한 프로세스와 관련된 내용이 문서로 기록되고 있는 경우	
	레벨5	재발 방지를 위한 개선 활동 및 대내외 홍보를 통한 노력이 있고, 내외부 고충처리심의위원회를 구성하여 사내 의결기구에 고충처리 사안을 상정하고 있는 경우	

3) 다양성 및 양성평등
3-1) 여성 구성원 비율

구분	분류번호		영역		범주	
	S-3-1		사회		다양성 및 양성평등	

진단항목 지표 설명	여성 구성원 비율
	여성 구성원 비율은 조직의 중장기적 성장 및 새로운 사업 기회 발굴에 필요한 창조적이고 혁신적인 조직 문화를 위해 모든 직급에서 구성원의 다양성이 관리되고, 국내 인구구조적 특성을 고려하여 다수의 다양성 기준 중 성별에 따른 다양성 현황을 점검하고자 한다. 이를 위해 조직의 남성 구성원 대비 여성 구성원(또는 여성 구성원 대비 남성 구성원)이 차지하는 비율이다.
성과지표 측정 방법	조직의 전체 구성원 중 여성 비율과 미등기 임원 중 여성 비율의 차이를 점검하여 측정한다. [근거] 전자공시시스템상에서 사업보고서, 조직별 홈페이지상에서 지속가능경영보고서 [산식] 여성 구성원 비율 = 직전 회계연도 말 여성 구성원의 수(전체, 미등기 임원) / 직전 회계연도 말 총 구성원의 수(전체, 미등기 임원)
성과지표 측정 기준 (단계형)	레벨1
	조직의 전체 구성원 중 여성이 차지하는 비율과 미등기 임원 중 여성이 차지하는 비율의 차이가 80%를 초과하는 경우

성과지표 측정 기준 (단계형)	레벨1	조직의 전체 구성원 중 여성이 차지하는 비율과 미등기 임원 중 여성이 차지하는 비율의 차이가 80%를 초과하는 경우
	레벨2	조직의 전체 구성원 중 여성이 차지하는 비율과 미등기 임원 중 여성이 차지하는 비율의 차이가 60% 초과 ~ 80% 이하인 경우
	레벨3	조직의 전체 구성원 중 여성이 차지하는 비율과 미등기 임원 중 여성이 차지하는 비율의 차이가 40% 초과 ~ 60% 이하인 경우
	레벨4	조직의 전체 구성원 중 여성이 차지하는 비율과 미등기 임원 중 여성이 차지하는 비율의 차이가 20% 초과 ~ 40% 이하인 경우
	레벨5	조직의 전체 구성원 중 여성이 차지하는 비율과 미등기 임원 중 여성이 차지하는 비율의 차이가 20% 이하인 경우

3-2) 여성 급여 비율(평균 급여액 대비)

구분	분류번호	영역	범주
	S-3-2	사회	다양성 및 양성평등
진단항목 지표 설명	여성 급여 비율(평균 급여액 대비)		
	여성 급여 비율(평균 급여액 대비)은 조직의 다양성 측면에서 소수 계층, 사회적 취약계층, 기타 단순한 신체적 차이를 사유로 임금 지급에 차별을 두는 인사제도, 고용 관행이 있는지, 국내 인구구조적 특성을 고려하여 차별이 발생하는 다양한 사례 중 성별에 따른 급여 차이가 발생하는지, 조직의 남녀 구성원 중 평균 급여액 미만의 급여를 받는 집단을 기준으로 급여 차이를 확인하는 항목으로서 1인 평균 급여액 대비 여성 1인 평균 급여액(또는 남성 1인 평균 급여액) 비율을 말한다.		
성과지표 측정 방법	조직의 1인 평균 급여액 대비 여성(또는 남성) 1인 평균 급여액의 차이를 점검하여 측정한다. [근거] 전자공시시스템상에서 사업보고서, 조직별 홈페이지상에서 지속가능경영보고서 [산식] 남성 대비 여성 임금 비율 = 직전 회계연도 여성(또는 남성) 1인 평균 급여액 / 직전 회계연도 조직의 1인 평균 급여액		
성과지표 측정 기준 (단계형)	레벨1	조직의 1인 평균 급여액 대비 여성(또는 남성) 1인 평균 급여액 비율이 60% 이하인 경우	
	레벨2	조직의 1인 평균 급여액 대비 여성(또는 남성) 1인 평균 급여액 비율이 60% 초과 ~ 70% 이하인 경우	
	레벨3	조직의 1인 평균 급여액 대비 여성(또는 남성) 1인 평균 급여액 비율이 70% 초과 ~ 80% 이하인 경우	
	레벨4	조직의 1인 평균 급여액 대비 여성(또는 남성) 1인 평균 급여액 비율이 80% 초과 ~ 90% 이하인 경우	
	레벨5	조직의 1인 평균 급여액 대비 여성(또는 남성) 1인 평균 급여액 비율이 90%를 초과하는 경우	

3-3) 장애인 고용률

구분	분류번호	영역	범주
	S-3-3	사회	다양성 및 양성평등
진단항목 지표 설명	장애인 고용률		
	장애인 고용률은 장애인이 능력에 따라 보장을 받고, 고용되어 유익하고 생산적인 업무를 통해 합리적인 보수를 받을 권리가 있으며, 조직이 해당 권리 향상을 지원하는지, 정부의 장애인 의무고용률을 기준으로 조직이 해당 사회적 책임을 이행하고 있는지를 매년 고용노동부에서 공시하는 장애인 의무고용률과 비교하는 것이다.		
성과지표 측정 방법	조직의 직전 회계연도 기준 장애인 고용률을 법적 의무고용률과 비교하여 점검 및 측정한다. [근거] 전자공시시스템상에서 사업보고서, 조직별 홈페이지상에서 지속가능경영보고서 [산식] 장애인 고용률 = Σ(월별 장애인 상시 근로자 수)/Σ(월별 상시근로자 수) * 상시 근로자 수: 해당 월 15일 이상 또는 60시간 이상 근무한 자		
성과지표 측정 기준 (단계형)	레벨1	직전 회계연도 장애인 의무고용률이 60% 미만일 경우	
	레벨2	직전 회계연도 장애인 고용률이 법적 의무고용률의 60% 이상 80% 미만 수준인 경우	
	레벨3	직전 회계연도 장애인 고용률이 법적 의무고용률의 80% 이상 100% 미만 수준인 경우	
	레벨4	직전 회계연도 장애인 고용률이 법적 의무고용률의 100% 이상 120% 미만 수준인 경우	
	레벨5	직전 회계연도 장애인 고용률이 법적 의무고용률의 120% 이상 수준인 경우	

사회(S)

4) 안전보건 체계
4-1) 안전보건 추진 체계

구분	분류번호		영역	범주
	S-4-1		사회	안전보건 체계
진단항목 지표 설명	안전보건 추진 체계 안전보건 추진 체계는 조직이 산업 인력 손실, 구성원의 사기 저하, 생산성 및 품질 하락, 노사관계 악화 등 경제적 손실과 사회적 비용을 예방하기 위해 안전 리스크 저감 및 건강·복지 증진 등 안전보건 성과 개선을 체계적으로 추진하고, 국내외 규격에서 제시하는 안전보건경영시스템 구성 요건을 기준으로 조직이 이를 따르거나 준용한 안전보건 추진 경영시스템이다.			
성과지표 측정 방법	안전보건 추진 체계를 체계적으로 구축하고 이행하기 위한 지표를 점검하여 측정한다. 경영자의 리더십, 근로자 참여, 위험요인 파악 및 제거, 대체, 통제, 비상조치 계획의 수립, 평가 및 개선 여부를 측정한다. [근거] 안전보건경영시스템, 안전보건 정책, 안전보건 관리 규정			
성과지표 측정 기준 (선택형)	요건1	경영자가 확고한 리더십으로 비전을 제시하고 필요한 자원을 배정하는 경우(안전경영방침 공표, 인력, 시설, 장비 등 배정, 구성원에게 책임과 권한 부여)		
	요건2	안전보건 관리 체계 구축을 위해 근로자의 참여 및 협의를 보장하는 경우(안전보건 정보공개, 구성원의 참여 절차 마련, 의견 제시 문화 조성 등)		
	요건3	조직의 위험요인 파악과 이에 대한 제거·대체·통제 조치를 하는 경우(위험요인 파악, 위험성 평가, 위험요인 제거·대체·통제 방안 마련, 교육훈련 실시)		
	요건4	중대한 위험요인에 대처할 수 있는 비상 조치 계획을 수립하는 경우(위험요인별 시나리오 및 조치 계획 수립, 주기적 훈련, 사업장 내 도급 근로자 등 모든 구성원에 대한 보호 여부)		
	요건5	안전보건 과제 및 목표의 이행 현황을 평가하고 개선하는 경우(목표 설정, 계획 대비 달성 여부 평가, 문제점에 대한 주기적인 검토와 개선)		

4-2) 안전보건경영시스템 인증 비율

구분	분류번호	영역	범주
	S-4-2	사회	안전보건 체계

진단항목 지표 설명	안전보건경영시스템 인증 비율
	안전보건경영시스템 인증 비율은 지속가능경영 실천을 위해 안전보건경영시스템을 구축 및 실행하고, 성과 개선과 보상에 안전보건적 요소를 반영하며, 안전보건 요소를 기업의 사정에 맞게 고려하여 의사결정과정에 반영하는 시스템이다. 안전보건교육시스템 등을 갖추고, 안전보건경영시스템이 일부 부서나 사업장에 국한되어 구축된 것이 아니라 전 사업장과 전 부서의 업무에 일상적으로 반영하는 것이다.

성과지표 측정 방법	조직이 국내외 제3의 인증 기관으로부터 안전보건경영시스템 인증을 획득하였는지 확인하며, 인증서의 유효기간은 적합한지, 해외를 포함하여 다수의 사업장을 보유한 경우에는 사업장별로 개별 인증서 또는 통합 인증서로 확인이 가능한지를 점검하여 측정한다. [근거] 사업장의 안전보건경영시스템(ISO 45001) 인증서 [산식] 인증 비율 = (인증 보유 사업장의 수 / 전체 사업장의 수)×100

성과지표 측정 기준 (단계형)	레벨1	(비제조 시설을 포함한) 전체 사업장에 대한 안전보건경영시스템 인증서를 보유하지 않은 경우
	레벨2	(비제조 시설을 포함한) 전체 사업장에 대한 안전보건경영시스템 인증을 50% 미만으로 보유한 경우
	레벨3	(비제조 시설을 포함한) 전체 사업장에 대한 안전보건경영시스템 인증을 50% 이상 75% 미만으로 보유한 경우
	레벨4	(비제조 시설을 포함한) 전체 사업장에 대한 안전보건경영시스템 인증을 75% 이상 100% 미만으로 보유한 경우
	레벨5	(비제조 시설을 포함한) 전체 사업장에 대한 안전보건경영시스템 인증을 100% 보유한 경우

4-3) 안전보건 인허가 취득

구분	분류번호	영역	범주
	S-4-3	사회	안전보건 체계

진단항목 지표 설명	안전보건 인허가 취득
	안전보건 인허가 취득은 조직이 안전보건을 위한 사내 안전보건 장비, 장치 등의 설치에 대하여 정부의 인허가를 획득하여 적절하게 관리하고 있는지를 점검하고, 안전보건 인허가 항목에 다른 인허가 허가증 항목이 포함되어 있지 않은지 확인하고, 인허가에 문제가 없도록 관리 및 노력을 하는지를 확인하는 것이다.

성과지표 측정 방법	조직의 안전보건을 위해 모든 필수 인허가증과 검사보고서를 발급받아 구비하고 있으며, 허가증을 항상 최신 상태로 관리하는지를 점검하여 측정한다. [근거] 안전보건 인허가 항목, 인허가 자료, 인허가증, 인허가 관리 상태

성과지표 측정 기준 (단계형)	레벨1	조직이 산업 안전을 위한 모든 필수 인허가증, 검사보고서를 발급받아야 하나 이를 발급받지 않은 경우
	레벨2	조직이 산업 안전을 위한 모든 필수 인허가증, 검사보고서를 발급받은 경우
	레벨3	레벨3 + 인허가증 및 검사보고서에 해당되는 안전보건 장비, 장치를 관리하는 경우
	레벨4	레벨4 + 절차 및 관리 기준을 설정하고 관련 문서 및 체크리스트 등을 통해 이를 관리하는 경우
	레벨5	레벨5 + 관리 방법으로서 정기 및 예방 점검 등이 포함되어 있으며, 이를 IT 기반 시스템을 활용하거나 이와 동등한 수준하에서 즉각적으로 관리하는 경우

사회(S)

5) 작업환경 개선
5-1) 작업환경 측정

구분	분류번호		영역	범주
	S-5-1		사회	작업환경 개선
진단항목 지표 설명	작업환경 측정			
	작업환경 측정은 조직이 조직 내의 유해인자 노출 수준을 평가한 후에 시설 및 설비 개선을 위해 노력하는지를 확인하며, 조직이 유해인자 노출 수준에 대하여 관리 기준 및 이에 따른 적극적인 개선 및 사내에 유해인자 노출 측정 결과의 확산, 전파 등 정보 접근성 향상 측면의 노력을 확인하는 것이다.			
성과지표 측정 방법	조직이 유해인자 노출 수준을 평가한 후에 시설 및 설비를 개선하고자 노력하고, 이에 대한 결과를 전파하며 체계적인 관리를 실시하는지를 점검하여 측정한다. [근거] 작업환경 측정 보고서			
성과지표 측정 기준 (단계형)	레벨1	조직이 작업환경 측정을 실시하지 않는 경우		
	레벨2	조직이 작업환경 측정을 실시한 경우		
	레벨3	레벨2 + 레벨2 측정 결과를 토대로 관련 기준을 수립 및 실행한 경우		
	레벨4	레벨3 + 레벨2 측정 결과를 토대로 저감 및 개선 활동에 대하여 조직이 구체적인 목표를 설정하고 이를 실행한 경우		
	레벨5	레벨4 + 레벨2 측정 결과를 토대로 작업환경 개선을 위해 근본 원인을 제거하거나 작업환경 측정항목에 대한 조직 내 모니터링 시스템을 구축 및 관리를 위한 경보 장비 및 저감 장치를 설치한 경우		

5-2) 설비기계 안전 사용

구분	분류번호		영역	범주
	S-5-2		사회	작업환경 개선
진단항목 지표 설명	설비기계 안전 사용			
	조직 내 기계설비의 안전한 사용을 위한 절차를 마련하고, 방호덮개 및 관련 방호장치 등을 설치, 활용 및 적절하게 관리하고 있는지를 점검하고, 안전보건과 관련하여 기계설비 사용에 대한 적절한 절차를 구비했는지의 여부와 방호덮개 및 관련 방호장치 등의 상태를 확인하고, 생산 활동 중에 기계설비의 안전한 사용을 위한 예방 관리 상태를 확인한다.			
성과지표 측정 방법	조직 내 기계설비의 안전한 사용을 위해 절차를 마련하고 방호덮개 및 관련 방호장치 등의 설치, 활용 및 적절한 유지와 개선 여부, 최신 상태로 관리하는지의 여부를 점검하여 측정한다. [근거] 안전보건 확보를 위한 기계설비의 절차, 가이드 및 방호장치의 관리 상태			
성과지표 측정 기준 (단계형)	레벨1	조직 내 기계 장치의 안전한 사용을 위한 절차, 방호덮개 및 관련 방호장치를 관리하지 않는 경우		
	레벨2	조직 내 기계 장치의 안전한 사용을 위한 절차, 방호덮개 및 관련 방호장치를 마련하고 관리하는 경우		
	레벨3	레벨2 + 레벨2의 기계 장치가 사업장 내 모든 기계 장치 및 설비로까지 범위가 확대된 경우		
	레벨4	레벨3 + 기계 장치의 안전한 사용을 위한 절차, 방호덮개 및 관련 방호장치의 마련, 관리, 기계 장치의 에너지 유무, 작업 시 휴먼에러 등이 사전에 검토되어 실행되는 경우		
	레벨5	레벨4 + 기계 장치의 안전한 사용을 위해 보호구 지급 및 관리 대책 마련뿐 아니라 근본적인 위험 원인을 제거하는 등 안전을 강도 높게 관리하는 경우		

5-3) 위험성 평가

구분	분류번호		영역	범주
	S-5-3		사회	작업환경 개선
진단항목 지표 설명	위험성 평가			
	위험성 평가는 조직이 안전보건에 대해 유해·위험 요인을 파악하고, 부상 또는 질병의 발생 빈도를 추정하여 사내 안전보건 관련 유해 및 위험 요인을 저감하기 위해 조직의 안전보건 유해·위험 요인 선정 및 선정된 항목의 저감(위험 감소 및 개선) 활동을 위한 관리이다.			
성과지표 측정 방법	조직의 유해·위험 요인의 실태를 파악하고, 이를 평가하여 위험 감소 대책을 수립 및 실행하도록 하는 위험성 평가가 항상 최신 상태로 관리되고 있는지를 점검하여 측정한다. [근거] 위험성 평가 결과			
성과지표 측정 기준 (단계형)	레벨1	조직이 산업 안전보건을 위한 유해·위험 요인의 실태를 파악하고, 이를 평가하지 않는 경우		
	레벨2	조직이 산업 안전보건을 위한 유해·위험 요인의 실태를 파악하고, 이에 대한 위험성 평가를 정기적으로 실시하며, 그 결과에 따라 개선 활동을 이행한 경우		
	레벨3	레벨2 + 위험성 평가 범위를 전 사업장의 모든 활동, 사업장 주변 및 모든 근로자의 유해 및 위험 요인까지 포함하며, 평가 주기는 관련 법령 및 위험의 변경에 따라 수시로 평가하고, 그 결과에 따라 개선한 경우		
	레벨4	레벨3 + 위험성 평가를 실시하기 위하여 유해·위험요인에 대한 데이터(아차사고 및 타사 유해·위험 요인 사례 등)를 지속적으로 축적하여 위험성 평가에 반영하고, 그 결과에 따라 개선한 경우		
	레벨5	레벨4 + 위험성 평가를 실시하기 위하여 외부 전문 평가 인원을 포함하거나 동일한 위험 작업에 다양한 위험성 평가방법론을 접목하여 이러한 평가를 IT 기반 시스템을 활용하여 즉각적으로 활용 및 관리하는 경우		

5-4) 산업재해율

구분	분류번호		영역	범주
	S-5-4		사회	작업환경 개선
진단항목 지표 설명	산업재해율			
	산업재해율은 조직의 안전보건 거버넌스 구축, 중점 과제 추진, 업무 시스템 구축, 성과 점검 및 평가 등 안전보건 추진 체계가 효과성을 나타내고 있는지를 확인하며, 조직 구성원의 안전보건을 위협하는 요인을 지속적으로 관리하고 재해율을 줄이기 위해 노력하고 있는지를 확인하는 것이다(국내외 모든 구성원으로부터 발생하는 산업재해율 추이 분석).			
성과지표 측정 방법	지난 5개년 간 조직의 산업재해율이 저감 추세에 있는지를 점검하여 측정한다. [근거] 전자공시시스템상에서 사업보고서, 홈페이지상에서 지속가능경영보고서, 고용노동부 홈페이지상에서 산업재해 현황 분석 [산식] 산업재해율 = (재해자 수 / 연 평균 근로자 수)×100			
성과지표 측정 기준 (단계형)	레벨1	지난 5개년 산업재해율이 증가 추세		
	레벨2	지난 5개년 산업재해율의 변동이 없음		
	레벨3	지난 5개년 산업재해율이 감소 추세		

사회(S)

6) 산업재해 예방
6-1) 비상상황 대응 체계

구분	분류번호		영역	범주
	S-6-1		사회	산업재해 예방
진단항목 지표 설명	비상상황 대응 체계			
	비상상황 대응 체계는 조직이 잠재적 비상상황 발생 시 인적·물적 피해를 방지하기 위해 비상상황 대응 체계를 구축하여 비상상황에 체계적으로 대응하고 있는지를 확인하며, 조직이 국내외 규격에서 제시하는 비상상황 대응 체계의 구성 요건을 따르거나 준용하여 비상상황 대응 체계를 갖추는 것이다.			
성과지표 측정 방법	조직의 비상상황 대응 체계가 체계적으로 운영 및 관리되고 있는지를 점검하여 측정한다. [근거] 재해경감활동계획, 재난안전관리규정, 안전보건관리규정, 소방계획서			
성과지표 측정 기준 (단계형)	레벨1	비상상황 대응 계획이 수립되지 않는 경우		
	레벨2	비상상황 대응 계획을 수립하였으나 비상대응조직(자위소방대)만 구축된 경우 (위기관리조직과 사업재개(복구)조직이 구축되지 않은 경우)		
	레벨3	비상상황 대응 계획과 위기관리조직 체계(비상대응+위기관리+업무재개조직)가 모두 구축된 경우		
	레벨4	레벨3 + 연 2회 이상 비상대응 시나리오별로 대응 훈련을 실시하고 평가 및 개선하는 경우(훈련 목표 설정, 계획 대비 달성 여부 평가, 문제점에 대한 검토 및 개선)		
	레벨5	레벨4 + 중요한 변경 사항(조직 개편, 인사이동, 신규 설비 도입 등) 발생 시 비상상황 대응 계획의 갱신 여부, 비상상황 대응 훈련의 평가와 문제점 개선 조치 여부 등이 문서화된 정보로 정기적으로 관리되고 있는 경우		

6-2) 소방안전 관리

구분	분류번호	영역	범주
	S-6-2	사회	산업재해 예방

진단항목 지표 설명	소방안전 관리 소방안전 관리는 조직이 화재 등의 재난 상황 발생 시 인적·물적 피해를 방지하기 위해 소방안전 설비의 체계적인 유지 관리 활동과 설비의 최신화에 노력하고, 조직이 국내외 규격에서 제시하는 설치 및 관리 요건을 따르거나 이를 준용하여 소방안전 설비를 유지 및 관리하는 것이다.
성과지표 측정 방법	소방안전 설비의 최신화 및 설비의 성능·기능 유지를 조직의 노력 수준을 점검하여 측정한다. [근거] 소방완공검사 필증, 소방설비 관련 도면, 소방계획서, 소방설비 점검(종합 정밀 점검, 작동 기능 점검, 자체 점검) 결과보고서

성과지표 측정 기준 (단계형)	레벨1	소방안전 설비가 건물 준공 당시 법 기준에 만족하지 않는 경우(소방완공검사 필증이 없는 경우)
	레벨2	소방안전 설비가 건물 준공 당시 법 기준을 만족하고 현재 법 기준에 맞으며, 일부 소방설비(소방기구, 비상경보설비, 자동화재속보설비, 피난설비)가 적합하게 설치되어 있는 경우
	레벨3	법정 점검(작동 기능 점검, 종합 정밀 점검)을 정기적으로 실시하고 점검 결과를 기반으로 발견된 문제점을 보수 및 교체하여 설비의 기능과 성능을 유지하는 경우(화재수신반에 오동작 및 오경보가 없고 모든 스위치가 정상 위치에 있는 경우)
	레벨4	모든 소방안전 설비가 내용 연수 기준을 만족하여 법정 점검 외에 소방안전 설비의 정상적인 기능을 유지할 수 있도록 최소 월 1회 이상 자체 점검 및 유지 보수 절차를 수립 및 시행하고 관련 자료를 문서화된 정보로 관리하는 경우
	레벨5	사업장 내의 소방안전 설비를 첨단화된 소방관리시스템(지능형 소방방재시스템, 스마트 소방관제시스템 등)으로 구축하여 운영하는 경우

6-3) 비상출구 시설관리

구분	분류번호	영역	범주
	S-6-3	사회	산업재해 예방

진단항목 지표 설명	비상출구 시설관리 비상출구 시설관리는 화재와 같은 비상상황 발생 시 임직원과 고객이 신속하게 대피할 수 있도록 비상출구의 성능 및 기능을 확보하기 위한 노력과 안전관리를 체계적으로 하고, 국내외 규격에서 제시하는 비상출구의 설치 및 관리 요건을 기준으로 조직이 이를 따르거나 준용하여 유지하고 관리하는 것이다.
성과지표 측정 방법	사업장 내 비상출구의 적정성 및 안전성을 점검하여 측정한다. [근거] 건축 및 소방설비 도면, 소방계획서, 소방설비 점검(종합 정밀 점검·작동 기능 점검) 결과보고서, 방화문 시험 성적서

성과지표 측정 기준 (단계형)	레벨1	비상출구가 설치되어 있지 않는 경우
	레벨2	출입구 외에 안전한 장소로 대피 가능한 비상출구가 관련 기준에 따라 설치된 경우
	레벨3	레벨2 + 어떤 위치에서도 비상출구의 위치 표시가 용이하게 판명되도록 유도등, 위치 표지와 비상 조명, 비상 상황 경보설비가 설치된 경우
	레벨4	레벨3 + 비상출구가 2개 이상이고 비상출구의 폐쇄 및 훼손, 피난 통로상 장애물 적치 등이 없는 경우
	레벨5	레벨4 + 모든 비상출구가 특별한 지식 또는 노력 없이 열리는 구조인 경우

6-4) 환경 및 식품위생 관리

구분	분류번호		영역	범주
	S-6-4		사회	산업재해 예방
진단항목 지표 설명	환경 및 식품위생 관리			
	환경 및 식품위생 관리는 기숙사 및 식당의 위해요소 발굴 및 제거 등 임직원의 환경위생과 식품위생을 확보하고, 사업장 내에 설치된 기숙사 및 식당은 임직원들이 쾌적하고 안전하게 생활할 수 있도록 정기적인 위생관리를 말한다.			
성과지표 측정 방법	기숙사 및 식당 등의 청결한 보건 · 위생 상태 확보, 개선 활동 등에 관한 조직의 노력 수준을 점검하여 측정한다. [근거] 관련 도면, 보건 · 위생 관리 규정 및 점검표, 관련 면허증			
성과지표 측정 기준 (선택형)	기숙사 (1/2)	요건1	기숙사 용도로 허가를 받은 건축물이며, 설치 장소 및 위치가 적합한 경우(심한 소음 또는 진동, 자연재해나 오물 · 폐기물로 인한 오염 우려가 없을 것)	
		요건2	기숙사 시설은 성별로 구분되고, 합리적인 크기를 유지하고 있는 경우(개인당 2.5㎡ 이상의 넓이 보장, 1실의 거주 인원은 15명 이하)	
		요건3	위생 관리 규정이 구비되어 있고, 월 1회 이상의 위생 점검과 위생 소독을 실시하며, 실시 여부를 문서화된 정보로 확인 가능한 경우	
		요건4	화장실 및 세면 · 목욕 시설, 냉난방 설비, 채광 · 환기 설비, 소방설비, 수납시설이 모두 설치 및 구비된 경우	
		요건5	1인 1실, 1일 1회 위생 소독 실시와 정기적인 입주자 의견 수렴 조사를 통해 투자 계획과 예산을 반영하여 정기적으로 시설 · 위생 상태를 개선하는 경우	
	식당 (1/2)	요건1	보건복지부령에 따라 구내식당의 설치 및 영업 신고를 완료한 경우	
		요건2	조리사 및 영양사 면허소지자가 운영 및 관리하며, 연 1회 이상 건강진단을 실시하는 경우(관련 자격증, 종사자 건강진단 결과서 비치)	
		요건3	위생 관리 규정이 구비되어 있고 일일 위생 점검과 정기적인 위생교육을 실시하며 실비 여부를 문서화된 정보로 확인 가능한 경우	
		요건4	화장실 및 세면시설, 냉난방 설비, 급수 · 배수 설비, 채광 · 환기 설비, 소방 설비, 조리장 및 식품 보관실이 모두 설치된 경우	
		요건5	식당 위생 관리의 우수성에 대해 제3자(또는 규제 기관)의 인증을 획득하여 관리하는 경우('우수' 이상의 위생등급제 인증, HACCP 인증 등)	

6-5) 안전보건 의사소통

구분	분류번호		영역	범주
	S-6-5		사회	산업재해 예방
진단항목 지표 설명	안전보건 의사소통 안전보건 의사소통은 안전 표시, 안전 작업 지시, 근로자 안전보건 교육활동 등 안전보건 의사소통을 확보하고, 조직이 화재 및 물리적 위험 등을 포함한 모든 작업 현장에서의 위험에 대해 근로자와 적절한 안전보건 의사소통을 정립하는 것이다.			
성과지표 측정 방법	안전 표시, 안전 작업 지시, 근로자 대상 안전보건교육 등이 포함된 안전보건 의사소통에 관한 규정과 절차가 수립 및 실행되는지를 점검하여 측정한다. [근거] 안전보건 매뉴얼, 의사소통 절차서, 교육훈련 절차서			
성과지표 측정 기준 (단계형)	레벨1	안전보건 의사소통 규정이 없는 경우		
	레벨2	안전보건 의사소통 규정이 수립되어 있는 경우		
	레벨3	레벨2 + 안전보건 관련 정보가 시설 내에 잘 보이도록 게시되었고, 근로자가 쉽게 접근 가능하도록 비치된 경우		
	레벨4	레벨3 + 업무 시작 전이나 업무 중에 정기적으로 모든 근로자에게 교육을 제공하는 경우		
	레벨5	레벨4 + 안전보건 의사소통이 모든 근로자가 이해할 수 있는 언어로 제공 및 게시되고 이에 관한 기 록 등을 보관하고 있는 경우		

사회(S)

7) 동반성장
7-1) 책임 원자재 조달 정책

구분	분류번호		영역	범주
	S-7-1		사회	동반성장
진단항목 지표 설명	책임 원자재 조달 정책			
	책임 원자재 조달 정책은 OECD의 책임 있는 사업을 위한 실사 가이드라인 및 이와 유사한 업종별 원산지 리스크 관리 이니셔티브에 기반하여 책임 있는 원자재 조달을 선언하는 대외공식적 정책이며, 조직이 책임 원자재 조달 정책 (responsible sourcing policy)을 통해 ESG 리스크 우려가 있는 원자재를 어떠한 기준과 절차에 따라서 관리 및 접근하는 것이다.			
성과지표 측정 방법	조직이 책임 원자재 조달 정책 중 어떠한 사항을 다루고 있는지를 점검하여 측정한다. [근거] 1) 관리 대상 원자재 2) 해당 원자재가 사용되는 제품, 서비스 또는 물리적 자산 3) 원자재 리스크를 관리하는 방법(담당 조직, 시행 기관, 업무 절차, 관리 방식 등) 4) 해당 원자재의 리스크를 제거 또는 다른 원자재로 대체한다는 공약 5) 해당 원자재의 리스크 관리를 위한 대외 협력 및 활동 내역 6) 해당 원자재 관련 제3자 인증 획득 여부 또는 인증받은 원자재가 차지하는 비율 7) 공급망 내 해당 원자재를 생산(채굴, 채취 등) 또는 가공하는 협력사 수			
성과지표 측정 기준 (단계형)	레벨1	조직이 공식적 책임 원자재 조달 정책을 수립하지 않는 경우 또는 정책이 있으나 상기 사항 중 1~2개 사항에 대해서만 정책에 반영한 경우		
	레벨2	상기 사항 중 3개에 대해 조직의 접근 방향 및 활동. 성과가 설명되어 있는 경우		
	레벨3	상기 사항 중 4개에 대해 조직의 접근 방향 및 활동. 성과가 설명되어 있는 경우		
	레벨4	상기 사항 중 5개에 대해 조직의 접근 방향 및 활동. 성과가 설명되어 있는 경우		
	레벨5	상기 사항 중 6개에 대해 조직의 접근 방향 및 활동. 성과가 설명되어 있는 경우		

7-2) 원자재 생산지 리스크 점검

구분	분류번호		영역	범주
	S-7-2		사회	동반성장
진단항목 지표 설명	원자재 생산지 리스크 점검 원자재 생산지 리스크 점검은 조직이 제품 및 서비스 생산, 판매에 필요한 원자재를 생산(채취, 채굴, 채광 등)하는 지역에 잠재되어 있거나 발생 가능한 ESG 리스크를 능동적으로 관리하고, 조직이 원자재 생산지의 ESG 리스크를 구체적이고 정밀하게 평가(진단 및 실사)하는 체계를 구축하고 있는지를 점검하는 것이다.			
성과지표 측정 방법	조직의 원산지 ESG 리스크 평가의 구체성 및 실제 기능 여부를 점검하여 측정한다. [근거] ESG 리스크: 노동인권, 안전보건, 환경, 윤리 리스크 등			
성과지표 측정 기준 (단계형)	레벨1	원산지의 잠재 ESG 리스크를 평가(진단 및 실사)하는 체계가 구축되어 있지 않거나 원산지 위치, 원자재 생산 방식, 원자재 유통 경로 등이 파악되지 않는 경우		
	레벨2	원산지의 잠재 ESG 리스크를 평가하지 않으나 직접 공급망(1차 협력사)으로부터 ESG 리스크 또는 이슈가 있는 원자재가 없음을 선언하는 확약서만 있는 경우		
	레벨3	원산지의 잠재 ESG 리스크를 평가하지 않으나, 직접 공급망(1차 협력사)으로부터 서면으로 원산지 위치, 원자재 생산 방식, 원자재 가공업체 및 유통 경로 등의 정보를 조사 및 관리하고 있는 경우		
	레벨4	조직 자체적으로 또는 공급망(1차 협력사 등)과 공동으로 원자재 가공업체 및 유통업체를 대상으로 하여 원산지 리스크가 있는 원자재를 사용 및 유통하고 있는지를 간접 평가(진단 및 실사)하는 경우		
	레벨5	조직 자체적으로 또는 공급망(1차 협력사 등)과 공동으로 원자재가 실제 생산(채취, 채굴, 채광 등)되는 지역 및 업체의 ESG 리스크 여부를 확인하기 위해 직접 평가(진단 및 실사)를 실시하는 경우		

사회(S)

8) 지역사회
8-1) 전략적 사회공헌

구분	분류번호		영역	범주
	S-8-1		사회	지역사회
진단항목 지표 설명	전략적 사회공헌 전략적 사회공헌은 조직이 지역사회로부터 사업을 운영할 권리(licence to operate)를 획득함과 동시에 지역사회 일원으로서 공동의 환경·사회 문제 해결에 필요한 활동에 앞장서는 등 전략적 사회공헌을 추진하고, 조직이 사업적 필요와 사회적 기대를 충분히 고려한 사회공헌 추진 방향을 수립하며, 해당 방향에 따라 사회공헌 프로그램이 운영되는 것이다.			
성과지표 측정 방법	전략적이고 체계적으로 사회공헌을 추진하려는 조직의 노력 수준을 점검하여 측정한다. [근거] 사회공헌 전략, 사회공헌 분야/영역, 사회공헌 성과지표			
성과지표 측정 기준 (선택형)	요건1	조직의 사회공헌을 대표할 수 있으며, 대사회적 메시지로 활용되는 사회공헌 비전, 미션, 또는 슬로건이 있는 경우		
	요건2	조직의 사회공헌 비전, 미션, 또는 슬로건을 달성하기 위한 사회공헌 추진 분야/영역을 제시하고 있는 경우		
	요건3	조직의 사회공헌 추진 분야/영역별 대표 프로그램을 제시하고 있는 경우		
	요건4	조직의 사회공헌 대표 프로그램별 중장기 실행 계획을 마련하고 있는 경우		
	요건5	조직의 대표 사회공헌 프로그램이 사업적 또는 사회적으로 기여하는 성과를 측정할 수 있는 성과관리 지표가 있는 경우		

8-2) 구성원 사회봉사

구분	분류번호	영역	범주
	S-8-2	사회	지역사회

구분		
진단항목 지표 설명	구성원 사회봉사	
	구성원 사회봉사는 조직이 봉사활동 프로그램을 기획하여 구성원에게 참여를 강제하는 방식에서 벗어나 봉사활동 참여 의지가 있는 구성원의 니즈를 충족시켜 주기 위해 조직이 기여하고, 구성원의 자율적 봉사활동을 지원하는 다양한 형태의 참여 인센티브 제도를 운영하는 것이다.	
성과지표 측정 방법	봉사활동 참여 인센티브 제도를 다각적으로 운영하고 있는지를 점검하여 측정한다. [근거] 1) 구성원 KPIs 내 봉사활동 반영 2) 봉사활동 참여 유급휴가 3) 봉사활동 참여 비용지원 4) 우수 봉사활동 참여자 금전적 포상 5) 우수 봉사활동 참여자 포창 6) 자율봉사자 대상 네트워킹 모임 지원 7) 자원봉사처 연계 8) 기타	
성과지표 측정 기준 (단계형)	레벨1	봉사활동 참여 인센티브 제도가 없는 경우
	레벨2	현재 봉사활동 참여자에 대한 인센티브 제도가 없으나, 향후에 봉사활동 참여 인센티브제도 도입 계획이 수립된 경우
	레벨3	상기 봉사활동 참여 인센티브 제도 중 1개를 도입하고 있는 경우
	레벨4	상기 봉사활동 참여 인센티브 제도 중 2개를 도입하고 있는 경우
	레벨5	상기 봉사활동 참여 인센티브 제도 중 3개를 도입하고 있는 경우

9) 정보보호
9-1) 정보보호 시스템 구축

구분	분류번호	영역	범주
	S-9-1	사회	정보보호
진단항목 지표 설명	정보보호 시스템 구축		
	정보보호 시스템 구축은 조직이 보유하고 있는 정보통신망 및 기타 정보자산 등의 안정성 이슈가 강조되고 있다. 이에 따라 정보자산 해킹, 네트워크 침입 등의 외부 공격과 물리적 · 인적 오류로 인해 발행하는 장애에 대응할 수 있는 체계를 갖추고, 정보보호 최고책임자(CISO) 선임, 정보보호 시스템 인증, 모의해킹 등 취약성 분석, 정보보호 공시 이행(의무 또는 자율), 정보보호시스템 사고에 대비하기 위한 보험가입 등을 하는 것이다.		
성과지표 측정 방법	정보통신망 및 기타 정보자산 등을 체계적으로 관리하려는 조직의 노력 수준을 점검하여 측정한다. [근거] 정보보호 시스템 관리 규정, 정보보호 추진 계획 및 결과, 정보보호 공시 내역		
성과지표 측정 기준 (선택형)	요건1	등기 임원이나 미등기 임원(또는 이에 준하는 관리자급의 구성원)을 정보보호 최고책임자(CISO)로 선임하고 있는 경우	
	요건2	정보보호 시스템의 안정성에 대해 제3자(또는 규제 기관)의 인증을 획득하고 있는 경우	
	요건3	모의해킹 등 외부 공격에 대한 취약성 분석을 실시하고 있는 경우	
	요건4	장보호 공시(의무 또는 자율) 사항을 이행하고 있는 경우	
	요건5	정보보호 시스템의 손상 또는 외부 공격 등 정보보안 관련 사고에 대비하기 위한 보험에 가입하고 있는 경우	

9-2) 개인정보 침해 및 구제

구분	분류번호	영역	범주
	S-9-2	사회	정보보호
진단항목 지표 설명	개인정보 침해 및 구제		
	개인정보 침해 및 구제는 조직이 관리하고 있는 고객, 협력사 등 다양한 이해관계자의 개인정보 침해에 대한 법/규제 요건을 명확하게 인식하고, 개인정보 침해 사건이 발생하였을 경우에 이에 대한 구제 활동 체계를 갖추는 것이다. 활동을 수행하며, 정보보호법상 형벌, 행정상 처분(금전적, 비금전적)에 대해 가중치를 달리 적용하는 방식으로 개인정보 침해 및 구제에 적용한다.		
성과지표 측정 방법	조직의 지난 5개년 간 개인정보보호 관련 법/규제 위반 건수에 대해 처벌수위별 감점 기준을 달리 적용하며, 이를 종합한 감점이 몇 점인지 확인하는 방법으로 점검하여 측정한다. [근거] 전자공시시스템상에서 사업보고서, 조직별 홈페이지상에서 지속가능경영보고서 [산식] 총 개인정보보호 관련 법/규제 위반 감점 = Σ(개인정보 법/규제 위반 건×처벌수위별 감점 기준)		
성과지표 측정 기준 (감점형)	유형1	지난 5개년 간 개인정보보호 관련 법/규제 위반 내역 중 처분이 확정된 건수에 대해 처벌수위가 사법상 형벌, 벌금, 과료인 경우, 또는 국가를 당사자로 하는 계약에서 입찰참가자격을 제한당한 경우	
	유형2	지난 5개년 간 개인정보보호 관련 법/규제 위반 내역 중 처분이 확정된 건수에 대해 처벌수위가 행정상 처분 중 금전적 처분에 해당하는 과태료, 과징금, 이행강제금 등인 경우	
	유형3	지난 5개년 간 개인정보보호 관련 법/규제 위반 내역 중 처분이 확정된 건수에 대해 처벌수위가 행정상 처분 중 비금전적 처분에 해당하는 시정명령, 시정권고, 경고 등인 경우	

10) 고객관계
10-1) 고객 만족 대응 체계

구분	분류번호	영역	범주
	S-10-1	사회	고객관계
진단항목 지표 설명	고객 만족 대응 체계		
	고객 만족 대응 체계는 기업과 고객 간에 분쟁 발생 시 해결을 위해 조직이 관련 규정과 담당 조직을 마련하여 체계적으로 처리하고 그 내용을 기반으로 고객의 불만을 줄이기 위한 노력을 하고, 조직이 고객 불만 발생 시 이에 대해 적절하게 처리할 수 있는 규정 및 조직을 갖추고 있는지, 고객 불만 발생을 줄이기 위한 활동을 적극적으로 추진하는 것이다.		
성과지표 측정 방법	고객이 불만을 제기했을 경우, 이를 적절한 형태로 접수하고 처리하는 규정 및 체계를 갖추고 있는지, 이후 관리를 적절하게 진행하고 있는지의 여부를 점검하여 측정한다. [근거] 고객 불만 처리 관련 규정, 조직의 유무, 자료 및 지표 관리 현황(사업보고서, 내부 규정, 소비자중심경영 공적 기술서 등)		
성과지표 측정 기준 (단계형)	〈소비자불만 처리 내용의 관리〉		
	레벨1	소비자불만 처리 내용을 관리하지만 DB화하지 않는 경우(통계자료로서 활용 불가)	
	레벨2	소비자불만 처리 내용을 DB화하여 관리하지만, 기초적인 통계자료로만 활용하는 경우(건수 취합 등)	
	레벨3	소비자불만 처리 내용을 DB화하여 관리하지만, 제품 개선, 신제품 개발 등에 활용	
	〈소비자불만 관련 지표 관리〉		
	레벨1	소비자불만 관련 지표를 수립하지 않는 경우	
	레벨2	소비자불만 관련 지표를 수립하고 있으나 체계적으로 관리되지 않는 경우	
	레벨3	소비자불만 관련 지표를 수립하여 정기적으로 모니터링, 평가 등을 통해 관리하는 경우	

10-2) 광고 및 홍보 윤리

구분	분류번호		영역	범주
	S-10-2		사회	고객관계
진단항목 지표 설명	광고 및 홍보 윤리			
	광고 및 홍보 윤리는 제품 및 서비스의 광고 및 홍보 시 윤리적 측면에서 지켜야 할 규범이며, 제품 및 서비스의 광고 및 홍보 콘텐츠에 대한 시장의 피드백을 수용하고 개선하는 프로세스를 갖추는 것이다.			
성과지표 측정 방법	제품 및 서비스의 광고 및 홍보 시 윤리적 측면 등을 점검하여 측정한다. [근거] 광고 및 홍보 콘텐츠 제작 지침, 기제작한 광고 및 홍보물에 관한 고객의 피드백 사항			
성과지표 측정 기준 (선택형)	요건1	표시광고를 위반하지 않기 위해(허위 및 과장 광고를 예방하기 위해) 광고에 표시되는 제품 및 서비스 품질의 객관적인 검증 과정을 규정화하고 있는 경우		
	요건2	광고 및 홍보 콘텐츠의 기획 전, 광고 대상 및 그에 따른 사회적 영향력을 진단하는 프로세스를 갖추고 있는 경우		
	요건3	윤리경영을 위한 헌장, 규범, 방침을 제정하고 그 내용이 광고 및 홍보 윤리에 관한 내용을 포함하고 있는 경우		
	요건4	사후 관리 고객(customer)과 시장의 피드백을 조사하고, 향후 광고 및 홍보 콘텐츠 개선에 활용하는 체계를 갖추고 있는 경우		
	요건5	허위 또는 과장 광고 발생 시 소비자를 대상으로 한 적절한 시정 및 개선 조치 프로세스를 갖추고 있는 경우		

지배구조(G)

1) 윤리경영
1-1) 윤리헌장 및 실천 규범

구분	분류번호		영역	범주
	G-1-1		지배구조	윤리경영
진단항목 지표 설명	윤리헌장 및 실천 규범			
	윤리헌장 및 실천 규범은 기업이 윤리경영을 선언하고, 이를 실천하기 위한 헌장 및 규범을 갖추고, 내부 구성원을 대상으로 윤리경영을 확산하기 위한 교육 및 정책을 수립하며, 윤리경영 방침 및 결과를 문서화하여 대내외적으로 공개하는 것이다.			
성과지표 측정 방법	윤리헌장 및 실천 규범의 유지를 조직의 노력 수준을 점검하여 측정한다. [근거] 윤리경영 헌장/규범/방침 등, 윤리경영 교육 프로그램, 윤리경영 평가 체계			
성과지표 측정 기준 (선택형)	요건1	경영자가 윤리경영 의지를 발표한 경우		
	요건2	윤리경영 실천을 위해 계획을 수립하고 규범을 갖추고 있는 경우		
	요건3	윤리, 인권, 경영투명성 등의 임직원 교육을 정기적으로 실시하고 있는 경우		
	요건4	기업의 의사결정과정에 준법 및 윤리성을 점검할 수 있는 체계와 조직을 갖추고 있는 경우		
	요건5	윤리경영 방침 및 결과를 문서화하여 대내외적으로 공개하고 있는 경우		

1-2) 비윤리 행위 예방 조치

구분	분류번호	영역	범주
	G-1-2	지배구조	윤리경영
진단항목 지표 설명	비윤리 행위 예방 조치		
	비윤리 행위 예방 조치는 기업이 경영활동 중에 발생할 수 있는 부패, 뇌물수수, 부정청탁 등 비윤리적 행위에 대한 관리 기준을 마련하고, 기업 내부에 비윤리적 행위 발생 시 사후조치를 통해 개선하는 체계를 갖추며, 비윤리적 행위를 관리하고 개선하는 내용을 공개하는 체계를 갖추어서 전 임직원에 윤리적 행위를 장려하는 것이다.		
성과지표 측정 방법	비윤리 행위 등을 점검하여 측정한다. [근거] 비윤리적 행위 예방 지침(윤리헌장, 윤리규정 등), 비윤리적 행위 감시 체계 및 감시 결과, 비윤리 행위 적발 또는 신고 내역		
성과지표 측정 기준 (선택형)	요건1	ISO 37001(부패방지경영시스템) 인증을 받은 경우	
	요건2	비윤리 행위에 대한 내부 신고 및 모니터링 체계를 갖추고 있는 경우	
	요건3	비윤리 행위 예방을 위한 교육 및 훈련이 이루어지고 있는 경우	
	요건4	비윤리 행위 발생 시 징계 등 조치 및 개선을 위한 프로세스를 갖추고 있는 경우	
	요건5	비윤리 행위 발생 및 사후조치에 관한 정보공개 체계를 갖추고 있는 경우	

1-3) 반경쟁 행위 예방 조치

구분	분류번호	영역	범주
	G-1-3	지배구조	윤리경영
진단항목 지표 설명	반경쟁 행위 예방 조치		
	반경쟁 행위 예방 조치는 기업에 적용되는 국내외의 불공정경쟁 행위의 규제 체계(경쟁법, competition law)를 파악하고, 반경쟁 행위를 예방하기 위한 내부적 기준과 지침을 마련하는 것이다.		
성과지표 측정 방법	반경쟁 행위 등을 점검하여 측정한다. [근거] 상품이나 용역의 거래 내역(수량/내용 · 거래 상대방), 공정거래 업무처리 지침, 거래 시 활용하고 있는 자가진단 체크리스트 등		
성과지표 측정 기준 (선택형)	요건1	공정거래를 위한 업무처리 기준과 지침(공정거래 자율 준수 편람)을 마련하고 있는 경우	
	요건2	기업에 적용될 수 있는 반경쟁 행위의 유형 및 관련 법규를 파악하고 점검할 수 있는 인력 또는 조직을 갖추고 있는 경우[준법 지원(compliance) 인력 또는 조직]	
	요건3	반경쟁 행위 예방을 위해 거래 전 자가진단 체크리스트를 작성하고 있는 경우	
	요건4	불공정 거래 행위 발생 시 적발 및 개선 프로세스를 갖추고 있는 경우	
	요건5	불공정 거래 행위 발생 및 사후조치에 관한 정보공개 체계를 갖추고 있는 경우	

1-4) 공익제보자 보호

구분	분류번호	영역	범주
	G-1-4	지배구조	윤리경영
진단항목 지표 설명	공익제보자 보호		
	공익제보자 보호는 기업 내외부로부터의 공익제보를 수용하는 창구를 마련하고, 공익제보의 진위를 파악하여 합당한 조치를 취하는 체계를 갖추며, 공익제보자의 신변을 보호하는 장치와 규정을 마련하는 것이다.		
성과지표 측정 방법	공익제보자 보호 등을 점검하여 측정한다. [근거] 공익제보 접수 채널, 공익제보 처리 이력, 공익제보 처리 지침, 공익제보자 보호 지침		
성과지표 측정 기준 (선택형)	요건1	기업 내외부로부터의 공익제보 신고제도를 운영하고 있는 경우	
	요건2	실명신고, 변호사를 비실명 대리신고, 익명신고를 모두 수용하며, 각 유형에 따른 후속조치 프로세스를 마련하고 있는 경우	
	요건3	공익제보 접수 시 진위를 실사하기 위한 적절한 조치를 취하고 있는 경우	
	요건4	공익제보의 진위가 가려진 후, 적절한 조치를 취하고 공익을 개선하기 위한 체계를 갖추고 있는 경우	
	요건5	공익제보 접수 순간부터 사후 처리까지 제보자를 적절히 보호할 수 있는 장치를 마련하고 있는 경우	

1-5) 정보공개 투명성

구분	분류번호	영역	범주
	G-1-5	지배구조	윤리경영
진단항목 지표 설명	정보공개 투명성		
	정보공개 투명성은 기업 내외부 주요 이해관계자의 의사결정에 영향을 끼칠 수 있는 경영정보를 공개하고, 기업 정보공개 담당 조직이나 인력을 갖추고, 정보 이용자의 피드백을 모니터링하고 정보공개의 내용 및 방식을 개선하는 체계를 마련하는 것이다.		
성과지표 측정 방법	정보공개 투명성 등을 점검하여 측정한다. [근거] 공개정보 목록, 공개정보 관리 지침		
성과지표 측정 기준 (선택형)	요건1	홈페이지 등 기업의 이해관계자를 위한 적절한 정보공개 채널을 갖추고 있는 경우	
	요건2	기업이 정보공개 담당 인력이나 조직을 할당한 경우	
	요건3	주요 정보공개 이니셔티브와 기업의 경영성과 등을 고려하여 자사만의 공개 기준 및 공개 항목을 문서화한 경우	
	요건4	기업에 적용될 수 있는 정보공개 관련 법규를 파악하고 이에 따른 공개 항목을 문서화한 경우	
	요건5	정보 이용자와의 소통 채널을 마련하여 정보공개의 내용 및 방식에 대한 피드백을 수용하고 개선하고 있는 경우	

1-6) 윤리규범 위반 사항 공시

구분	분류번호		영역	범주
	G-1-6		지배구조	윤리경영
진단항목 지표 설명	윤리규범 위반 사항 공시			
	윤리규범 위반 사항 공시는 조직이 구성원의 윤리규범 위반 행위(부당한 이익이나 뇌물의 수수, 불공정 경쟁 및 거래, 제품/서비스 책임 소홀, 구성원 상호 간 모독 및 비하, 기타 사회적 책임 등)를 관리 및 감독함과 동시에 구성원의 윤리규범 위반 행위가 재발하지 않도록 내부 개선을 진행 중인지를 확인하고, 이해관계자와의 신뢰성 및 투명성 관점을 고려하여 조직이 윤리규범 위반 행위와 개선활동을 대외적으로 공시하는 것이다.			
성과지표 측정 방법	조직이 지난 1개년에 발생한 윤리규범 위반 건수 및 관련 구성원의 수, 윤리규범 위반 내용, 위반에 따른 처벌 및 관련 구성원의 처분, 재발 방지를 위한 개선활동을 공시하고 있는지를 점검하여 측정한다. [근거] 윤리규범 위반 내역 및 조치 경과			
성과지표 측정 기준 (선택형)	요건1	윤리규범 위반 건수를 공시하고 있는 경우		
	요건2	윤리규범을 위반한 구성원의 수를 공시하고 있는 경우		
	요건3	윤리규범 위반 건과 관련된 처벌 내역(사법상, 행정상)을 공시하고 있는 경우		
	요건4	윤리규범 위반 건과 관련된 처분 내역(인사상)을 공시하고 있는 경우		
	요건5	윤리규범 위반 사건 재발 방지를 위한 개선활동 및 계획을 공시하고 있는 경우		

(3) 추가 진단항목

ESG의 1개 영역과 3개의 범주에서 6개의 진단항목으로 구성되어 있다. 산업통산자원부에서 제공한 공급망 대응 K-ESG 가이드라인의 추가 진단항목의 지표 설명과 성과지표 측정 방법 및 측정 기준을 요약하여 정리하였다.

■ 추가

영역	범주		진단항목
지배구조(G) (6개 항목)	경영자(2)	1	경영자 성과평가
		2	경영자 보수 지급
	감사기구(2)	3	내부 감사부서 설치
		4	감사기구 전문성 (감사기구 내 회계/재무 전문가)
	주주권리(2)	5	주주총회 소집 공고
		6	배당정책 및 이행

추가 진단항목

1) 경영자
1-1) 경영자 성과평가

구분	분류번호		영역	범주
	추가(지배구조)-01		지배구조	경영자
진단항목 지표 설명	경영자 성과평가			
	경영자 성과평가는 경영자의 성과 목표를 설정하고 이를 관리하는 지표를 갖추며, 합리적 의사결정과 경영 투명성 제고를 위한 경영자에 대한 성과평가 프로세스를 갖추고 있는지를 확인하는 것이다.			
성과지표 측정 방법	경영자 성과평가 등을 점검하여 측정한다. [근거] 경영자 성과평가 지표 및 체계, 경영자 성과평가 운영 규정			
성과지표 측정 기준 (단계형)	레벨1	경영자 성과평가 운영 규정이 없는 경우		
	레벨2	경영자의 성과평가가 정기적으로 이루어지고 있는 경우		
	레벨3	이사회에 의한 경영자 성과평가가 정기적으로 이루어지고 있는 경우		
	레벨4	경영자 성과평가를 위한 객관적이고 명확한 지표 및 목표(KPI)가 설정되어 있는 경우		
	레벨5	경영자 성과평가 결과에 대한 피드백 제공과 경영활동 개선의 프로세스를 갖추고 있는 경우		

1-2) 경영자 보수 지급

구분	분류번호		영역	범주
	추가(지배구조)-02		지배구조	경영자
진단항목 지표 설명	경영자 보수 지급			
	경영자 보수 지급은 경영자의 보수 지급에 객관적이고 투명한 기준과 절차를 갖추고, 경영자의 보수를 결정함에 있어서 성과평가 결과를 반영하는 것이다.			
성과지표 측정 방법	경영자 보수 지급 등을 점검하여 측정한다. [근처] 경영자 성과평가 운영 규정, 경영자 보수 지급 내역, 경영자 보수 결정 근거			
성과지표 측정 기준 (선택형)	요건1	회사 정관에 경영자를 비롯한 임원 보수 규정을 마련하고 있는 경우		
	요건2	경영자 급여의 인상에 관한 단계적이고 합리적인 기준이 마련되어 있는 경우		
	요건3	경영자의 성과평가 체계를 갖추고 그 결과를 급여 및 상여의 결정에 연계하고 있는 경우		
	요건4	경영자 보수에 대한 최종 결정이 이사회에 의해 이루어지는 경우		
	요건5	주주총회의 의결을 거쳐 임원 보수 규정 변경에 대한 절차적 체계를 갖추고 있는 경우		

2) 감사기구
2-1) 내부 감사부서 설치

구분	분류번호	영역	범주
	추가(지배구조)-03	지배구조	감사기구
진단항목 지표 설명	내부 감사부서 설치 내부 감사부서 설치는 조직의 재무, 회계, 감사 관련 부정 사안, 기타 내부 통제 관련 현안 등을 상시적으로 점검하고, 중요한 의사결정 사항 및 관련 정보를 감사위원회에 보고하는 거버넌스 체계를 구축하고, 조직이 내부 감사부서를 두고 있는지, 내부 감사부서의 책임과 역할을 명확히 규정하는 것이다.		
성과지표 측정 방법	조직의 감사위원회가 효율적인 역할을 수행할 수 있도록 감사위원회를 지원하는 부서 및 업무 분장을 명확하게 지정하고 있는지를 점검하여 측정한다. [근거] 내부 감사부서 등 조직도 및 업무 분장		
성과지표 측정 기준 (단계형)	레벨1	독립된 내부 감사부서를 두고 있지 않거나, 감사 관련 업무를 수행하는 부서 또는 업무 분장을 두고 있지 않는 경우	
	레벨2	독립된 내부 감사부서를 두고 있지 않으나, 감사 관련 업무를 수행하는 기타 부서 및 업무 분장이 있는 경우	
	레벨3	독립된 내부 감사부서를 두고 있으나, 내부 감사부서의 업무 분장 등에 감사위원회 업무지원과 관련된 내용을 명시하지 않은 경우	
	레벨4	독립된 내부 감사부서를 두고 있으며, 내부 감사부서의 업무 분장 등에 감사위원회 업무지원과 관련된 내용을 명시한 경우	
	레벨5	감사위원회 지원 역할만을 수행하는 별도의 전담 부서 또는 업무 분장이 규정되어 있는 경우	

2-2) 감사기구 전문성(감사기구 내 회계/재무 전문가)

구분	분류번호	영역	범주
	추가(지배구조)-04	지배구조	감사기구
진단항목 지표 설명	감사기구 전문성(감사기구 내 회계/재무 전문가) 감사기구 전문성(감사기구 내 회계/재무 전문가)은 조직의 감사위원회(또는 감사)가 거시경제의 흐름 및 업종 동향에 대한 직관, 「상법」 등 관련 법률적 소양, 회계, 재무, 감사에 관한 전문적 지식을 보유하고, 국내 법률상 규정되어 있는 감사위원회의 전문성 조건을 상회하여 회계 및 재무 전문가를 감사위원으로 선임하는 것이다.		
성과지표 측정 방법	조직의 지난 1개년도 감사위원회 구성원(감사위원회 위원장 및 감사위원) 중 「상법」 및 「금융회사의 지배구조에 관한 법률」 등에서 규정한 회계 및 재무 전문가가 차지하는 비율을 점검하여 측정한다. [근거] 감사위원회(또는 감사) 구성		
성과지표 측정 기준 (단계형)	레벨1	감사위원회 내 회계 및 재무 분야에 전문성을 보유한 감사위원이 1명 선임되어 있는 경우	
	레벨2	감사위원회 내 회계 및 재무 전문가가 1명 이상 선임되어 있으나, 전체 감사위원 중 50% 이하인 경우	
	레벨3	감사위원회 내 회계 및 재무 전문가가 1명 이상 선임되어 있으며, 전체 감사위원 중 50%를 초과한 경우	

3) 주주권리
3-1) 주주총회 소집 공고

구분	분류번호		영역	범주
	추가(지배구조)-05		지배구조	주주권리
진단항목 지표 설명	주주총회 소집 공고			
	주주총회 소집 공고는 주주가 주주총회 참석 전에 충분하고 합리적인 판단을 내릴 수 있도록 주주에게 주주총회 개최 일자, 장소, 안건, 기타 재무 사항 등의 정보를 담은 주주총회 소집 공고를 다양한 채널로 전달하고, 조직이 주주총회 소집을 공고하는 것이다.			
성과지표 측정 방법	주주총회 소집 공고 방법을 점검하여 측정한다. [근거] 주주총회 소집 통보사 외 다음의 방식에 따른 공고 1) 조직의 사업장 게시판 2) 조직의 온라인 홈페이지 3) 명의개서대행사 4) 일간지(신문) 5) 전자공문시스템 6) 기타			
성과지표 측정 기준 (단계형)	레벨1	주주총회 소집 공고를 서면으로만 통지하거나, 주주의 동의를 받아 전자문서로만 하는 경우		
	레벨2	서명 또는 전자문서로 통지하는 방식 외에 1개의 추가 방식을 이용하는 경우		
	레벨3	서명 또는 전자문서로 통지하는 방식 외에 2개의 추가 방식을 이용하는 경우		
	레벨4	서명 또는 전자문서로 통지하는 방식 외에 3개의 추가 방식을 이용하는 경우		
	레벨5	서명 또는 전자문서로 통지하는 방식 외에 4개의 추가 방식을 이용하는 경우		

3-2) 배당정책 및 이행

구분	분류번호		영역	범주
	추가(지배구조)-06		지배구조	주주권리
진단항목 지표 설명	배당정책 및 이행			
	배당정책 및 이행은 조직이 주주 가치 증진 및 투자 의사결정에 필요한 배당 관련 정보를 적시에 충분하게 안내하고, 적절하게 배당을 실시하고, 주주에게 배당정책 및 배당계획을 충실히 통지함과 동시에 배당정책 및 배당계획에 따라 실제 배당을 진행하는 것이다.			
성과지표 측정 방법	조직이 직전 회계연도에 주주를 대상으로 배당정책 및 배당계획을 충실히 통지하였는지, 또한 통지한 배당정책 및 배당계획에 따라 실제 배당을 집행하였는지를 점검하여 측정한다. [근거] 배당정책, 현금현물배당 결정			
성과지표 측정 기준 (단계형)	레벨1	주주에게 배당정책 및 배당계획을 통지하지 아니한 경우		
	레벨2	주주에게 배당정책 및 배당계획을 연 1회 이상 통지한 경우		
	레벨3	주주에게 배당정책 및 배당계획을 연 1회 이상 통지하였으며, 배당정책 및 배당계획대로 배당을 집행한 경우		

3) 중소벤처기업진흥공단의 산업별 공급망/협력사 진단

중소벤처기업진흥공단 무상진단 진단항목 체계를 요약하면 다음과 같다. 공급망/협력사 중심으로 43개 산업별 리스크 평가모델로 구성되어 있다. 43개 산업별 중 대표적인 전기·전자장비산업 진단항목은 환경(12개 항목), 사회(11개 항목), 지배구조(8개 항목), 제품 및 서비스 책임(5개 항목)으로 총 36개로 구성되어 있다.

■ 공급망/협력사 중심: 43개 산업 분류 ■

N	코드	산업명	N	코드	산업명	N	코드	산업명
1	CHM	화학	15	FNS	금융서비스	29	ROD	육상운송
2	BUM	건축자재/제품	16	TOB	담배	30	BNK	은행
3	RTS	리테일 소매	17	DTB	딜러/판매업체/대리점	31	BIV	음료
4	ITS	IT 서비스 및 소프트웨어	18	LEG	레저용 장비와 제품	32	ITR	인터넷 소매
5	PRS	전문 서비스	19	MED	미디어/엔터테인먼트	33	INF	인프라
6	FOD	식품	20	SEM	반도체와 반도체 장비	34	ATM	자동차
7	EEM	전기·전자장비	21	HSP	병원, 약국, 건강관리 업체 및 서비스	35	EUT	전기 유틸리티
8	ATP	자동차 부품	22	INS	보험	36	PHA	제약/생명과학
9	MAC	기계	23	RES	부동산	37	PFO	종이와 임산물
10	CON	건설/엔지니어링	24	CSS	사업지원 및 공급서비스	38	HWP	컴퓨터와 주변기기
11	GUT	가스 유틸리티	25	OGS	석유, 가스 및 에너지	39	COM	통신서비스
12	HOU	가정용 내구재	26	TXL	섬유, 의류, 호화품	40	AIR	항공
13	HCP	건강관리 장비와 용품	27	DCS	소비자서비스	41	MRN	해운
14	MMI	금속 및 채굴	28	WUT	수도 유틸리티	42	HRL	호텔, 레스토랑, 레저
						43	PPD	개인용품

(1) 전기 · 전자장비산업 진단항목

ESGR 4개의 영역에서 36개의 진단항목으로 구성되어 있다. 중소벤처기업진흥공단 산업별 공급망/협력사 진단항목의 성과지표 측정 방법 및 평가 방식과 기준을 요약하여 정리하였다.

전기 · 전자장비산업

영역		진단항목	적용	세부사항	평가 방식	비고
환경(E) (12개 문항)	1	환경인증	공통지표	환경 관련 인증 ISO14001(환경경영시스템), ISO5001(에너지경영시스템)	서류 제출	ISO 인증서 제출 및 검토
	2	환경정책 보유 여부	공통지표	기업이 적절한 환경정책을 보유하며, 환경영향 관리요인(온실가스, 에너지 등)을 명확히 정의하고, 사업활동에서 환경영향 관리를 수행하는지 검토	서류 제출	국내외 규정에 따른 환경정책서, 규정 보유 여부
	3	환경경영 실행	공통지표	기업이 환경정책에 따라 환경경영을 수행하는지 검토	문답 형식	전담 조직, 감축활동, 대외활동 등
	4	환경컴플러이언스	공통지표	최근 환경 법규 위반에 따른 법적 제재 사실 여부 확인 뉴스 등 매스컴 및 지역사회로의 부정적인 환경 관련 이슈 여부 확인	문답 형식	Negative Screening으로 자체적으로 추가 검토
	5	온실가스 배출량	공통지표	온실가스 배출량 확인	문답 형식	매출액 대비 배출량 검토 제3자 검토 여부 등
	6	온실가스 감축 목표 활동	공통지표	온실가스 배출량 감축 목표 설정 및 활동 추진 여부 확인	문답 형식	에너지 저감 활동, 대내외 캠페인
	7	용수 사용량 및 폐수 배출량	산업특수지표	용수 및 폐수 사용량 확인	문답 형식	용수 및 폐수 배출량 검토 등
	8	용수 및 폐수 관리 활동	산업특수지표	용수 취수량 및 폐수 배출량을 위한 기업 내부의 활동 및 외부 협력 활동	문답 형식	용수 및 폐수 감축 활동
	9	폐기물 배출량	산업특수지표	일반폐기물 배출량, 지정폐기물 배출량 확인	문답 형식	폐기물 배출량 검토 등
	10	폐기물 배출량 감축 활동	산업특수지표	폐기물 배출량 감축을 위한 가입 내부의 활동 및 외부 협력 활동	문답 형식	폐기물 배출량 감축 활동
	11	대기오염물질 배출량	산업특수지표	대기오염물질(질소산화물, 황산화물, 미세먼지 등) 배출량 확인	문답 형식	대기오염물질 배출량 검토 등
	12	대기오염물질 감축 활동	산업특수지표	대기오염물질 배출량 감축을 위한 기업의 내부 활동 및 외부 협력 활동	문답 형식	대기오염물질 감축 활동
사회(S) (11개 문항)	1	인권 · 노동 기준 및 정책	공통지표	기업이 적절한 인권 · 노동 관련 정책을 보유, 차별금지, 직장 내 괴롭힘 금지, 근로시간 준수 등 노동기본권에 대한 정의를 하고 준수하는지 확인	서류 제출	인권 · 노동 관련 정책(취업규칙 등)
	2	근로 현황 관리	공통지표	법정근로시간 준수 여부, 근로계약서 작성 여부, 급여명세서 지급 여부	문답 형식	주당 평균 근로시간 작성, 근로계약서, 급여명세서
	3	근로환경 개선	공통지표	기업이 사회적 책임을 위해 근로자의 근로환경 개선 활동을 끊임없이, 주기적으로 수행하는지 확인	문답 형식	근로 개선 관련 제도 도입 여부 확인 근로법 위반 Negative Screening
	4	안전인증	산업특수지표	중대재해와 관련하여 ISO45001(안전보건경영시스템), OHSAS18001(산업보건 및 안전경영시스템)	서류 제출	ISO 인증서
	5	중대재해 방지 정책	산업특수지표	중대재해 방지를 위한 공식적인 안전보건관리규정 및 관련 정책 보유 여부	서류 제출	사업장의 안전규정 검토

	6	중대재해 방지 활동	산업특수지표	중대재해 방지를 위한 기업의 활동 검토	문답 형식	전담 조직, 교육, 위험성 평가 등 검토
	7	비상상황 대응	산업특수지표	잠재적 비상상황 대응 체계 검토	문답 형식	비상 대응 계획, 훈련, 점검 등 검토
	8	산업재해	산업특수지표	연간 근로손실재해율(LTIFR)을 관리하고 있는지 여부	문답 형식	3년 간 재해율 변동 검토 산업재해 발생 및 3자 검증 여부
	9	협력사 행동 규범	산업특수지표	협력사가 준수해야 할 인권 및 노동 기본 규정 수립 여부	서류 제출	협력사 행동 규범
	10	협력사 인권/노동 조사	산업특수지표	기업이 협력업체에 대한 인권 및 노동 증진 활동에 관여하여 개선 활동을 추진하는지 여부	문답 형식	협력사 인권ㆍ노동 위험 조사, 관리 위험 감지 시 조치 진행 내역
	11	공급망 관리 내 ESG 통합	산업특수지표			
지배구조 (G) (8개 문항)	1	이사회 독립성	공통지표	중소기업 주요 지배구조인 이사회의 독립성을 확보하였는지 여부	문답 형식	이사회 독립성 검토
	2	이사회 다양성	공통지표	이사회 내 인원의 다양성에 대한 검토	문답 형식	여성 이사 선출 여부 검토
	3	감사 독립성	공통지표	외부 감사를 통한 경영진 견제 여부	서류 제출	독립된 외부 감사인의 감시보고서
	4	윤리강령 및 제도 보유 여부	공통지표	기업 내 부패, 불공정 행위를 통제할 수 있는 윤리강령을 보유하고 있는지 확인	서류 제출	윤리강령 및 윤리규정서
	5	윤리강령 실행	공통지표	기업 내 부패, 불공정 행위 등의 발생 시 관리시스템을 보유하고 있는지 확인	문답 형식	윤리 위반사항 신고 프로세스 보유 윤리서약서 서명 여부 온라인 교육 진행 여부 등
	6	윤리 위반 조치	공통지표			
	7	ESG 정보공개	공통지표	ESG 정보공개를 통한 투명성 확보 여부	서류 제출	지속가능경영보고서 또는 홈페이지 게시 정보
	8	ESG 추진 의지	공통지표	경영진의 ESG 추진 의지 및 활동	문답 형식	
제품 및 서비스 책임 (R) (5개 문항)	1	원재료 소싱	공통지표	분쟁광물 사용 여부, 원자재 출처에 대한 추적 가능성	문답 형식	원자재 인증서
	2	신재생에너지 기회	공통지표	신재생에너지 사용량 및 도입 계획	문답 형식	신재생에너지 전환 목표
	3	회수 및 재판매	공통지표	제품 및 부품의 회수 및 리퍼브, 재판매 프로그램 도입 여부	서류 제출	회수 프로그램 운영 현황
	4	제품 탄소발자국 및 연비	공통지표	제품 설계 시 제품 사용 및 폐기 단계에서의 탄소발자국을 줄이기 위한 방법 고려 여부	서류 제출	-
	5	결함 및 리콜	공통지표	품질 안전 및 결함 관리	문답 형식	품질관리 프로세스 최근 1년 내 리콜 진행 여부

4) 중소벤처기업부와 중소벤처기업진흥공단의 ESG 자가진단 시스템 2.0

중소벤처기업부와 중소벤처기업진흥공단은 ESG 경영 실천에 어려움을 느끼는 중소기업을 위해서 2023년 1월에 ESG 준비 수준과 각 분야별 솔루션 제공을 위한 ESG 자가진단 시스템 2.0을 구축하여 발표하였다.

ESG 자가진단 2.0은 공통지표 29개, 산업별 지표 13개, 대기업 협력사 및 수출기업 특화 지표 41개 등 총 83개의 지표로 구성되어 개별 기업의 업종, 납품처에 따른 맞춤형 필수 지표를 제공하고 있다. ESG 자가진단 2.0은 중소벤처기업진흥공단 ESG 통합 플랫폼(https://esg.kosmes.or.kr)에 접속해서 무료로 진단 후 세부 솔루션을 받을 수 있다.

중소기업 ESG 자가진단 체크리스트인 ESG 자가진단 시스템 2.0의 진단항목 체계를 요약하여 정리하면 다음과 같다. 공통 진단항목은 환경(10개 항목), 사회(13개 항목), 지배구조(6개 항목)로 총 29개로 구성되어 있고, 산업별 특화 진단문항은 환경(4개 항목), 사회(7개 항목), 지배구조(2개 항목)로 총 13개로 구성되어 있고, 대기업 협력사 특화 진단문항은 환경(7개 항목), 사회(15개 항목), 지배구조(5개 항목)로 총 27개로 구성되어 있다. 마지막으로 수출기업 특화 진단문항은 환경(4개 항목), 사회(7개 항목), 지배구조(2개 항목)로 총 13개로 구성되어 있다.

	정보공시	환경(E)	사회(S)	지배구조(G)	
공통 진단항목	0개 항목	10개 항목	13개 항목	6개 항목	29개
산업별 특화 진단항목	0개 항목	4개 항목	7개 항목	2개 항목	13개
대기업 협력사 특화 진단항목	0개 항목	7개 항목	15개 항목	5개 항목	27개
수출기업 특화 진단항목	0개 항목	4개 항목	7개 항목	2개 항목	13개

다음은 중소기업 ESG 자가진단 체크리스트인 ESG 자가진단 시스템 2.0의 구성체계표를 도표로 정리한 것이다.

[2] 산업별 특화 – 총 13개 항목(E:4개/S:7개/G:2개)			
산업	환경(E)	사회(S)	G(지배구조)
제조업 (고탄소)	NE02 대기오염물질 관리	NS03 작업장 안전 관리	
	NE03 유해물질 관리	NS04 협력회사 커뮤니케이션	
		NS07 노사 상생문화 조성	
제조업 (일반)	NE04 원부자재 소비량 관리	NS01 강제·아동노동 금지	NG02 이해관계자 소통
	NE02 대기오염물질 관리	NS05 제품 품질 및 안전 관리	
서비스업		NS06 정보보호	NG01 리스크 관리시스템 구축
		NS02 차별금지 및 모니터링	
도소매업	NE01 지속가능패키지(포장)	NS05 제품 품질 및 안전 관리	NG01 리스크 관리시스템 구축
건설업	NE02 대기오염물질 관리	NS03 작업장 안전 관리	NG02 이해관계자 소통
		NS01 강제·아동노동 금지	
물류운송업	NE01 지속가능패키지(포장)	NS07 노사 상생문화 조성	
정보처리업		NS06 정보보호	
		NS02 차별금지 및 모니터링	

[3] 대기업 협력사 특화 – 총 27개 항목(E:7개/S:15개/G:5개)			
산업	환경(E)	사회(S)	G(지배구조)
삼성전자	CE01 환경 인허가 및 보고	CS01 대출 등 지원금의 상환 제한	CG01 경영진의 의무와 책임
SK하이닉스	CE02 우수 관리	CS02 결사의 자유 보장	
		CS03 육체노동 관리	
LG전자	CE03 화학물질 관리	CS04 채용 수수료 부담 금지	CG02 신원 보호와 보복 금지
LG화학	CE04 환경 영향 평가	CS05 책임광물 관리	
현대차, 기아차	CE05 환경성과 관리	CS06 설비기계 안전관리	
포스코	CE01 환경 인허가 및 보고	CS07 품질 관리(공급망 차원)	
		CS08 동반성장	
한화	CE05 환경성과 관리	CS03 육체노동 관리	
		CS09 책임 있는 원부자재 구매	
현대건설	CE06 친환경 설계	CS10 비상 상황 대응체계 구축	
		CS11 제품 안전관리	
CJ	CE07 친환경 원재료 조달	CS12 사회공헌 정책	CG04 합리적 징계 절차 및 공개
네이버		CS13 인재 확보와 육성	
		CS14 정보 보안	
쿠팡		CS15 국제 거래 질서 준수	CG05 자금 세탁 방지

[4] 수출기업 특화 – 총 13개 항목(E:4개/S:7개/G:2개)			
산업	환경(E)	사회(S)	지배구조(G)
미국	CE04 환경 영향 평가	CS16 다양성(기회 균등) 및 포용성	CG06 지속가능 정보공시
중국	CE06 친환경 설계	CS09 책임 있는 원부자재 구매	CG07 지적재산 침해 금지
일본	CE03 화학물질 관리		CG08 다양성(기회 균등) 금지
베트남	CE01 환경 인허가 및 보고	CS17 아동노동 금지	CG09 사업 청렴성
인도네시아	CE08 생물 다양성 보호	CS18 강제노동 금지	CG10 부당이익 금지
대만	CE03 화학물질 관리	CS05 책임광물 관리 CS14 정보 보안	
독일(EU)	CE03 화학물질 관리	CS19 근로자 소통 및 참여	CG03 위험 평가 및 관리
인도	CE05 환경성과 관리	CS12 전략적 사회공헌 활동	CG11 내부 의사소통
러시아	CE09 기술투자(환경 경쟁력 확보)	CS20 지역사회 참여	
홍콩	CE05 환경성과 관리	CS21 제품 수명 주기 관리	CG01 경영진의 의무와 책임

(1) 공통 진단항목

ESG의 3개 영역에서 29개의 진단항목으로 구성되어 있다. 중소벤처기업부와 중소벤처기업진흥공단에서 발표한 ESG 자가진단 시스템 2.0의 공통 진단항목에서 질문 문항과 평가 기준을 요약하여 정리하였다.

영역	진단항목		질문 문항	
환경(E) (10개 항목)	환경경영 정책	E01	(환경 목표 수립 및 계획) 귀사의 경영방침 및 사업계획서에 장단기 환경경영 목표가 수립되어 있습니까?	
			1	중강기(2년 이상) 계획
			2	단기(1년) 계획 수립
			3	계획 없음
		E02	(분야별 목표 수립) 귀사의 경영방침 및 사업계획서에 반영된 환경경영 목표 분야를 체크하십시오.	
			1	온실가스 배출
			2	에너지 사용
			3	용수
			4	폐기물
			5	해당 없음
		E03	(친환경 혁신 실행) 귀사의 경영방침 및 사업계획서상에 친환경제품 개발 또는 환경친화적 공정 개선 계획이 포함되어 있습니까?	
			1	경영방침 및 사업계획서상에 포함되어 있으며, 친환경제품 개발 실적과 친환경적 공정 개선 실적을 보유하고 있다.
			2	경영방침 및 사업계획서상에 포함되어 있으나 현재 실적은 없다.
			3	경영방침 및 사업계획서상에 포함되어 있지 않다.
	환경경영 관리	E04	(온실가스 배출 관리) 귀사의 온실가스 및 대기오염물질 관리 매뉴얼 보유 여부와 관리 수준을 체크하십시오.	
			1	매뉴얼을 보유하고 있고, 측정과 분석을 통해 개선된 결과를 매뉴얼 및 사업계획에 반영하며 운영하고 있다.
			2	매뉴얼을 보유하고 있고, 측정과 분석을 통하여 개선하였으나 사업계획에 반영하지 못하고 있다.
			3	매뉴얼을 보유하고 있고 측정은 이루어지나 분석 및 개선이 이루어지지 않고 있다.
			4	매뉴얼만 보유하고 있다.
			5	보유하고 있지 않다.
		E05	(수 처리 및 폐수 관리) 귀사의 수질관리 매뉴얼 보유 여부와 관리 수준을 체크하십시오. (폐수 발생 억제 포함)	
			1	매뉴얼을 보유하고 있고, 측정과 분석을 통해 개선된 결과를 매뉴얼 및 사업계획에 반영하며 운영하고 있다.

			2	매뉴얼을 보유하고 있고, 측정과 분석을 통하여 개선하였으나 사업계획에 반영하지 못하고 있다.
			3	매뉴얼을 보유하고 있고 측정은 이루어지나 분석 및 개선이 이루어지지 않고 있다.
			4	매뉴얼만 보유하고 있다.
			5	보유하고 있지 않다.
		E06	콜 (폐기물 관리) 귀사의 폐기물 관리 매뉴얼 보유 여부와 관리 수준을 체크하십시오.	
			1	매뉴얼을 보유하고 있고, 측정과 분석을 통해 개선된 결과를 매뉴얼 및 사업계획에 반영하며 운영하고 있다.
			2	매뉴얼을 보유하고 있고, 측정과 분석을 통하여 개선하였으나 사업계획에 반영하지 못하고 있다.
			3	매뉴얼을 보유하고 있고 측정은 이루어지나 분석 및 개선이 이루어지지 않고 있다.
			4	매뉴얼만 보유하고 있다.
			5	보유하고 있지 않다.

분류	항목	내용		
환경경영 성과	E07	(에너지 사용량 추이) 최근 3개년의 에너지 사용량 추이를 기재하여 주십시오.		
		(원단위 에너지 사용량 (kwh/백만 원)		
		2022	Kwh(전력 사용량) /	백만 원(매출액)
		2021	Kwh(전력 사용량) /	백만 원(매출액)
		2020	Kwh(전력 사용량) /	백만 원(매출액)
	E08	(재생에너지 사용량 추이) 사업장 내 재생에너지 사용 여부와 사용량을 기재하여 주십시오.		
		1	있다 (종류 : / 최근 결산 기준 사용량 : TOE)	
		2	없다	
	E09	(용수 사용량 추이) 최근 3개년의 용수 사용량 추이를 기재하여 주십시오.		
		2022	TON	
		2021	TON	
		2020	TON	
환경경영 정책	E10	(폐기물 재활용 촉진) 폐기물을 재활용하여 사용하고 있거나 사용할 계획이 있습니까?		
		1	있다. 최근 결산 기준 사용량: ( ) kg	
		2	없다	

			(정책(목표) 수립) 귀사의 경영방침 및 사업계획서에 반영된 사회적 책임 경영 정책(목표) 분야를 체크하십시오.	
사회(S) (13개 항목)	사회적 책임 정책	S01	1	근로자 인권
			2	사회공헌
			3	공급망(소비자 포함)
			4	정보보안
			5	산업재해 예방(안전, 보건 포함)
			6	해당 없음
	이해관계자 : 지역사회	S02	(지역사회 공헌 프로그램 실행) 지역사회 공헌 프로그램을 운영하고 있으며, 개선사항을 반영하여 관리하고 있습니까?	
			1	지역사회 공헌 프로그램을 운영하고 있고, 개선사항을 반영하여 관리하고 있다.
			2	지역사회 공헌 프로그램을 기획 중에 있다.
			3	지역사회 공헌 프로그램이 없다.
		S08	(지역사회공헌 참여 시간) 귀사는 지역사회 공헌에 얼마나 참여하고 있습니까?	
			(지역사회 공헌 시간)	
			2022	( ) 시간
			2021	( ) 시간
			2020	( ) 시간
			(정기적인 사회공헌 활동 내용)	
	이해관계자 : 공급망	S03	(공정거래 이행) 공정한 계약 절차 매뉴얼을 보유 및 준수하고 있으며, 개선사항을 반영하여 관리하고 있습니까?	
			1	계약 절차 매뉴얼을 보유하고 있고, 위반 사항 등 개선사항을 반영하여 관리하고 있다.
			2	계약 절차 매뉴얼을 보유하고 있으나, 표준계약서만 적용하고 있다.
			3	계약 절차 매뉴얼을 보유하고 있으나, 공정한 계약 절차 미준수 건이 발생하기도 한다.
			4	계약 절차 매뉴얼을 보유하고 있지 않다.
		S09	(공정 계약 위반 건수) 최근 3년간 공정 계약 위반 건수를 기재하여 주십시오.	
			최근 3년간 공정 계약 위반 제재 : ( )건	* 언론 매체를 통한 확인

이해관계자 : 근로자	S04		**(취업규칙 적용)** 사내 취업규칙을 갖추고 있으며, 내부 이해관계자의 동의를 거쳐 개선사항을 반영하여 관리하고 있습니까?
		1	취업규칙을 갖추고 있으며, 위반 및 미흡 등 개선사항을 반영하여 관리하고 있다.
		2	취업규칙을 갖추고 있으나, 개선 및 관리는 이루어지지 않고 있다.
		3	취업규칙을 갖추고 있으나, 신고는 이루어지지 않고 있다.
		4	취업규칙이 문서화되어 있지 않다.
	S05		**(근로계약 준수)** 근로계약서는 작성 및 관리되고 있으며, 내부 이해관계자와의 상생협력을 위해 개선사항을 반영하여 관리하고 있습니까?
		1	근로계약서는 적법하게 작성 및 관리되고 있으며, 근로조건 개선사항을 반영하고 있다.
		2	근로계약서는 적법하게 작성 및 관리되고 있으나 개선 활동은 이루어지고 있지 않다.
		3	근로계약서는 적법하게 작성 및 관리되고 있으나 관리되고 있지 않다.
		4	근로계약서가 문서화되어 있지 않다.
	S06		**(초과 근로 관리)** 초과 근무 기준을 갖추고 있으며, 내부 이해관계자의 충분한 동의 절차를 거쳐 개선사항을 반영하여 관리하고 있습니까?
		1	연장근무 및 휴일근무 동의 절차 등 기준을 갖추고 있으며, 개선사항을 반영하여 관리하고 있다.
		2	연장근무 및 휴일근무 동의 절차 등 기준을 갖추고 있으나 개선사항을 반영하지 못하고 있다.
		3	연장근무 및 휴일근무 동의절차서가 문서화되어 있지 않다.
	S07		**(산업재해 예방)** 산업재해 발생 예방 활동 및 안전관리 대상 분야별 정기 점검이 이루어지고 있습니까? (화재 예방을 위한 소화설비 설치 포함)
		1	정기 점검이 이루어지고 있으며, 점검 및 결과에 따른 개선사항을 반영 및 관리하고 있다.
		2	정기 및 분야별로 점검을 실시하고 있으나 개선사항을 반영하지 못하고 있다.
		3	정기 점검은 이루어지고 있으나 분야별 점검은 실시하고 있지 않다.
		4	점검을 실시하지 못하고 있다.

S10	**(고용창출 인원)** 최근 3년간 정규직(무기계약직) 채용 인원을 기재하여 주십시오.	
	〈정규직(무기계약직) 채용 수〉	
	2022 일반 정규직 ( ) 명	무기계약직 ( ) 명
	2021 일반 정규직 ( ) 명	무기계약직 ( ) 명
	2020 일반 정규직 ( ) 명	무기계약직 ( ) 명

		S11	(평균 근속연수) 최근 3년간 평균 근속연수(합계)를 기재하여 주십시오.	
			〈평균 근속연수(합계)〉	
			2022	( ) 년
			2021	( ) 년
			2020	( ) 년
		S12	(복리후생 비용) 최근 3년간 직원 1인당 복리후생비를 기재하여 주십시오.	
			2022	( ) 천 원
			2021	( ) 천 원
			2020	( ) 천 원
		S13	(산업재해 건수) 최근 3년간 산업재해 건수를 기재하여 주십시오.	
			〈산업재해 건수〉	
			2022	( ) 년
			2021	( ) 년
			2020	( ) 년
지배구조 (G) (6개 항목)	지속가능 정책	G01	(윤리경영 정책(목표) 수립) 귀사의 경영방침 및 사업계획서에 윤리경영 정책(목표)이 반영되어 있습니까?	
			1	있다
			2	없다
	지속가능 관리	G02	(비윤리적 이슈 관리) 비윤리적 이슈 관리 기준이 마련되어 있으며, 내부 이해관계자와의 공유를 통해 개선 사항을 반영하여 관리하고 있습니까?	
			1	관리 기준이 마련되어 있으며, 발생 사실과 처리 결과 및 개선 활동을 공개하고 있다.
			2	관리 기준이 마련되어 있으나 발생 사실과 처리 결과 및 개선 활동을 공개하지는 않는다.
			3	관리 기준이 없고 발생 사실은 공개하나, 처리 결과 및 개선 활동을 공개하지는 않는다.
			4	관리 기준이 없고 관련사항도 공개하지 않는다.
		G03	(법규 준수) 환경 · 사회적 책임 · 지배구조 관련 법규 준수 관리시스템(ESG 분야 관리 시트 등)을 갖추고 있습니까?	
			1	있다
			2	없다

지속가능 정책	G04		(정보공개) 기업의 비재무 성과를 공개하고 있습니까?
		1	있다
		2	없다
	G05		(인적자원) ESG 경영을 위한 교육 및 연수 활동을 내부 직원을 대상으로 추진하고 있습니까?
		1	있다
		2	없다
	G06		(지속가능을 위한 인증 보유) 귀사가 지속가능을 실행하기 위해 보유한 인증을 체크하십시오.
		1	지속가능경영: ISO 5001(에너지), ISO 20121(이벤트), ISO/TS 14067(탄소발자국), ISO 37001(반부패)
		2	환경보존: ISO 14001(환경), ISO 14004(환경 사용 지침), ISO 4040(전 과정 평가), ISO 14064(온실가스 점검)
		3	사회적 책임: OHSAS 18001(안전보건), SA 8000(윤리사회책임), ISO 26000(사회적 책임), ISO 22301(사회연속경영), ISO 39001(도로안전)
		4	생산 현장: ISO 9001(품질), ISO 16949(자동차), ISO 20000(서비스), ISO 27001(정보보호), ISO 28001(물류보안)
		5	기타 인증: ( )
		6	해당 없음

(2) 산업별 특화 진단항목

ESG의 3개 영역에서 13개의 진단항목으로 구성되어 있다. 중소벤처기업부와 중소벤처기업진흥공단에서 발표한 ESG 자가진단 시스템 2.0의 공통 진단항목에서 질문문항과 평가기준을 요약하여 정리하였다.

■ 산업별 특화 진단문항: [13개]−진단항목

영역			질문문항
환경(E) (4개 문항)	NE01		(지속가능 패키지(포장)) 귀사는 지속가능 패키지(포장)에 대한 관리 계획을 수립하고 있습니까?
		1	관리 계획을 수립하고, 측정과 분석을 통해 개선된 결과를 사업 계획에 반영하여 운영하고 있다.
		2	관리 계획을 수립하고 측정된 결과를 분석하여 개선하고 있으나, 사업 계획에 반영하지 못하고 있다.

		3	관리 계획을 수립하고 있으나 분석 및 개선은 이루어지지 않고 있다.
		4	관리 계획을 수립하고 있지 않다.
	NE02		(대기오염물질 관리) 귀사의 대기오염물질 관리 매뉴얼 보유 여부와 관리 수준을 체크하십시오.
		1	매뉴얼을 보유하고 있고, 측정과 분석을 통해 개선된 결과를 매뉴얼에 반영하여 관리하고 있다.
		2	매뉴얼을 보유하고 있고 측정된 결과를 분석하여 개선하고 있으나, 매뉴얼에 반영하지 못하고 있다.
		3	매뉴얼을 보유하고 있고 측정은 이루어지나, 분석 및 개선은 이루어지지 않고 있다.
		4	매뉴얼만 보유하고 있다.
		5	보유하고 있지 않다.
	NE03		(유해물질 관리) 귀사의 유해물질 관리 매뉴얼 보유 여부와 관리 수준을 체크하십시오.
		1	매뉴얼을 보유하고 있고, 측정과 분석을 통해 개선된 결과를 매뉴얼 및 사업계획에 반영하여 운영하고 있다.
		2	매뉴얼을 보유하고 있고 측정된 결과를 분석하여 개선하고 있으나, 사업계획에 반영하지 못하고 있다.
		3	매뉴얼을 보유하고 있고 측정은 이루어지나, 분석 및 개선은 이루어지지 않고 있다.
		4	매뉴얼만 보유하고 있다.
		5	보유하고 있지 않다.
	NE04		(원부자재 소비량 관리) 귀사는 원부자재 소비량 관리와 절감(재생 소재 사용 등)을 위한 활동을 하고 있습니까?
		1	매뉴얼을 보유하고 있고, 측정과 분석을 통해 개선된 결과를 매뉴얼 및 사업계획에 반영하여 운영하고 있다.
		2	매뉴얼을 보유하고 있고 측정된 결과를 분석하여 개선하고 있으나 사업계획서에 반영하지 못하고 있다.
		3	매뉴얼을 보유하고 있고 측정은 이루어지나 분석 및 개선은 이루어지지 않고 있다.
		4	매뉴얼만 보유하고 있다.
		5	보유하고 있지 않다.
사회(S) (7개 항목)	NS01		(강제·아동노동 금지) 귀사의 노동관행 내에 강제노동, 아동노동을 금지하고 있습니까?
		1	강제노동·아동노동 금지를 경영방침에 명확하게 표기하고, 체크리스트를 보유하고 있다.
		2	강제노동·아동노동 금지를 경영방침에 명확하게 표기하고 있으나, 체크리스트를 보유하고 있지 않다.
		3	강제노동·아동노동 금지에 대한 경영방침과 체크리스트를 보유하고 있지 않다.

			(차별금지 및 모니터링) 귀사는 고용, 승진, 업무 수행에 있어 성별, 장애 유무, 출신 국가 등 요건에 의한 차별 없이 동등한 기회를 제공하고 있습니까?
	NS02	1	차별금지를 방지하는 명확한 기준을 제시하고, 모니터링을 통해 인식 개선을 위한 노력을 하고 있다.
		2	차별금지를 방지하는 명확한 기준을 제시하고 모니터링은 하고 있으나, 인식 개선을 위한 노력을 하고 있지 않다.
		3	차별금지를 방지하는 명확한 기준이 없고 모니터링도 하고 있지 않지만, 인식 개선을 위한 노력은 하고 있다.
		4	차별금지 방지 및 인식 개선에 대해 아무런 노력을 하고 있지 않다.
			(작업장 안전 관리) 귀사는 사업장 및 작업장 내에 물리적 환경의 안전을 위한 정책을 수립하고 조치를 취하고 있습니까?
	NS03	1	사업장 및 작업장에 안전 매뉴얼이 있고, 안전장비 등에 대한 관리와 정기 점검이 이루어지고 있다.
		2	사업장 및 작업장에 안전 매뉴얼이 있고 안전장비 등에 대한 관리는 하고 있으나, 정기 점검은 하지 않고 있다.
		3	사업장 및 작업장에 안전 매뉴얼은 없으나, 안전장비 등에 대한 정기 점검은 이루어지고 있다.
		4	사업장 및 작업장에 안전 매뉴얼이 없고, 안전장비 등에 대한 정기 점검도 이루어지지 않고 있다.
			(협력회사 커뮤니케이션) 귀사는 협력회사와의 소통 채널이 개설되어 있으며, 정기적으로 운영하고 있습니까?
	NS04	1	협력회사와의 소통 채널이 개설되어 있으며, 정기적으로 운영하고 있다.
		2	협력회사와의 소통 채널이 개설되어 있으나, 정기적으로 운영하고 있지 않다.
		3	협력회사와의 소통 채널이 개설되어 있지 않다.
			(제품 품질 및 안전 관리) 귀사는 제품·서비스 품질과 안전 기준을 준수하며 소비자의 의견을 수렴하고 개선 사항을 반영하여 관리하고 있습니까?
	NS05	1	제품 품질 및 안전 매뉴얼을 보유하고 있고, 매뉴얼대로 반영되어 관리되고 있다.
		2	제품 품질 및 안전 매뉴얼을 보유하고 있고 매뉴얼대로 반영되고 있으나, 관리되지는 못하고 있다.
		3	제품 품질 및 안전 매뉴얼은 없으나, (부서 단위) 제품 품질 및 안전 기준을 지켜서 운영하고 있다.
		4	제품 품질 및 안전 매뉴얼이 없고, 관리가 잘 안 되고 있다.
			(정보보호) 귀사는 개인정보보호를 위한 관리 체계와 정보보안 조치가 마련되어 있습니까?
	NS06	1	정보보안 정책과 처리 기준을 규정하고 있으며, 철저하게 관리하고 있다.
		2	정보보안 정책과 처리 기준은 있으나, 관리는 이루어지지 않고 있다.
		3	정보보안 정책과 처리 기준은 없으나, 정보보안 각서 작성 등 관리가 이루어지고 있다.
		4	정보보안 정책 및 처리 기준도 없고, 관리도 이루어지지 않고 있다.

	NS07		(노사 상생문화 조성) 귀사는 노동자의 3대 권리(단결권, 단체교섭권, 단체 행동권)를 보장하고 있으며, 권리 행사에 있어 노동자의 의사를 반영하여 운영하고 있습니까?
		1	노동자의 3대 권리를 보장하고 노사 상생문화와 관련한 매뉴얼을 보유하고 있으며, 매뉴얼을 반영하여 운영하고 있다.
		2	노동자의 3대 권리를 보장하고 노사 상생문화와 관련한 매뉴얼을 보유하고 있지만, 매뉴얼대로 운영되지 못하고 있다.
		3	노사 상생문화와 관련한 매뉴얼을 보유하고 있지 않으나, 노사 상생문화를 증진시키는 프로그램이 운영되고 있다.
		4	노사 상생문화와 관련한 매뉴얼을 보유하고 있지 않으며, 노사 상생문화를 증진시키는 프로그램도 운영되고 있지 않다.
지배구조 (G) (2개 항목)	NG01		(리스크관리시스템 구축) 귀사의 리스크를 모니터링하고, 관련 리스크를 관리하는 조직과 절차가 마련되어 있습니까?
		1	리스크 관리에 관한 내부통제시스템을 구축하고 전담 조직을 운영하고 있다.
		2	리스크 관리에 관한 내부통제시스템을 구축하고 있으나 전담 조직은 운영하고 있지 않다.
		3	리스크 관리에 관한 내부통제시스템 및 전담 조직을 갖추고 있지 않다.
	NG02		(이해관계자 소통) 귀사는 주요 이해관계자를 정의하고, 소통 채널을 통해 주요 이슈 공유 및 의견 수렴 절차를 마련하고 있습니까?
		1	주요 이해관계자를 정의하고, 이해관계자와의 원활한 의사소통을 위한 소통 채널을 운영하고 있다.
		2	주요 이해관계자를 정의하고 있으나, 이해관계자와의 의사소통을 위한 소통 채널이 원활하게 운영되고 있지 않다.
		3	주요 이해관계자에 대한 불확정, 이해관계자와의 의사소통을 위한 소통 채널을 갖추고 있지 않다.

(3) 대기업 협력사 및 수출기업 특화 진단항목

대기업 협력사는 ESG 3개 영역에서 27개의 진단항목으로 구성되어 있고, 수출기업은 ESG의 3개 영역에서 13개의 진단항목으로 구성되어 있다. 중소벤처기업부와 중소벤처기업진흥공단에서 발표한 ESG 자가진단 시스템 2.0의 공통 진단항목에서 질문문항과 평가기준을 요약하여 정리하였다.

영역			질문 문항
환경(E) (9개 항목)	CE01		(환경 인허가 및 보고) 귀사의 환경 인허가 취득 여부와 관리 수준을 체크하십시오.
		1	환경 인허가 및 등록 사항을 취득 · 유지 · 관리하며, 관련 이력에 대해 보고 및 문서화하고 있다.
		2	환경 인허가 및 등록 사항을 취득 · 유지 · 관리하고 있으나, 관련 이력에 대해 보고 및 문서화하지 않고 있다.
		3	환경 관련 인허가에 대해 취득만 하고, 유지 및 관리는 하고 있지 않다.
		4	환경 관련 인허가를 취득하고 있지 않다.
	CE02		(우수 관리) 귀사의 우수(雨水) 관리 시스템 보유 여부 및 관리 수준을 체크하십시오.
		1	우수 유출 방지 및 회수 시스템을 보유하고, 정기적으로 우수 관리 적합성을 검토하기 위한 내부 평가를 진행하고 있다.
		2	우수 유출 방지 및 회수 시스템은 보유하고 있으나, 정기적으로 내부 평가는 진행하지 않고 있다.
		3	우수 유출 방지 시스템 및 내부 평가 프로세스를 보유하고 있지 않다.
	CE03		(화학물질 관리) 귀사의 화학물질 관리 매뉴얼 보유 여부와 관리 수준을 체크하십시오.
		1	화학물질 관리 매뉴얼을 보유하고 있고, 측정과 분석을 통해 개선된 결과를 매뉴얼 및 사업계획에 반영하여 운영하고 있다.
		2	화학물질 관리 매뉴얼을 보유하고 있고 측정된 결과를 분석하여 개선하고 있으나, 사업계획서에 반영하지 못하고 있다.
		3	화학물질 관리 매뉴얼을 보유하고 있고 측정은 이루어지나, 분석 및 개선은 이루어지지 않고 있다.
		4	화학물질 관리 매뉴얼을 보유하고 있지 않다.
	CE04		(환경 영향 평가) 귀사의 환경 영향 평가 실시 여부 및 관리 수준을 체크하십시오 .
		1	환경 영향 평가를 진행하고 있고, 환경 영향 저감 및 개선 프로세스를 수립하고 있다.
		2	환경 영향 평가를 진행하고 있으나, 환경 영향 저감 및 개선 프로세스를 수립하고 있지 않다.
		3	환경 영향 평가를 실시하지 않고 있다.
	CE05		(환경성과 관리) 귀사는 환경성과를 측정하기 위한 정책을 마련하고 관리 또는 개선하고 있습니까?
		1	환경성과 측정을 위한 정책을 수립하고 지속적으로 관리 및 개선하고 있다.
		2	환경성과 측정을 위한 정책은 있으나, 관리 또는 개선은 이루어지지 않고 있다.
		3	환경성과 측정을 위한 정책도 없고, 관리 또는 개선도 이루어지지 않고 있다.

	CE06		(친환경 설계) 귀사는 제품 설계 시 수송, 사용, 폐기 단계 등 제품의 전 과정에서 환경성 개선을 위한 노력을 하고 있습니까?
		1	친환경 설계를 위한 프로세스를 보유하고 있다.
		2	친환경 설계를 위한 프로세스를 마련할 계획이 있다.
		3	친환경 설계를 위한 프로세스가 없으며, 향후 마련할 계획도 없다.
	CE07		(친환경 원재료 조달) 귀사의 사업 추진 과정과 원재료 조달 과정에서 발생되는 환경 영향을 고려하고 있습니까?
		1	원재료 조달 과정에서 환경 영향을 저감하고 안전·안정적으로 조달하고 있으며, 사업 추진 시에 환경에 대한 영향을 인식하고 최소화하고 있다.
		2	원재료 조달 과정에서 환경 영향을 저감하고 안전·안정적으로 조달하고 있으나, 사업 추진 시에 환경에 대한 영향 인식은 미흡하다.
		3	원재료 조달 과정에서 환경 영향을 저감하고 있지 못하지만, 사업 추진 시에 환경에 대한 영향을 인식하고 축소하려는 노력을 이행하고 있다.
		4	원재료 조달 과정과 사업 추진 시에 환경에 대한 영향을 인지하지 못하며, 이에 대해 노력을 하지 않고 있다.
	CE08		(생물 다양성 보호) 귀사는 자연환경보전 활동 프로그램을 운영하고 있습니까?
		1	자연환경보전 프로그램을 운영하고 있다.
		2	자연환경보전 프로그램을 기획 중에 있다.
		3	자연환경보전 프로그램이 없다.
	CE09		[기술투자(환경 경쟁력 확보)] 귀사의 환경 경쟁력 확보를 위한 매뉴얼 보유여부와 관리 수준을 체크하십시오.
		1	조직 내부에 환경기술개발과 관련한 사업계획이 반영되어 있고, 이를 반영하여 환경 관련 기술투자가 진행되고 있다.
		2	조직 내부에 환경기술개발과 관련한 사업계획은 반영되어 있으나, 실제 환경 관련 기술투자는 진행하지 않고 있다
		3	조직 내부에 환경기술개발과 관련한 사업계획이 반영되어 있지 않으나, 환경 관련 기술투자가 진행되고 있다.
		4	조직 내부에 환경기술개발과 관련한 사업계획이 없으며, 환경 관련 기술투자도 진행되지 않고 있다.
사회(S) (21개 항목)	CS01		(대출 등 지원금의 상환 제한) 귀사의 사내 대출 등 지원금 정책 보유 여부와 관리 수준을 체크하십시오.
		1	근로자에 대한 지원금 정책과 절차를 보유하고 있고, 상환액이 월 급여의 10% 및 법규 제한 이자율을 초과하지 않는다.
		2	근로자에 대한 지원금 정책만 보유하고 있고, 별도로 관리하지 않는다.
		3	근로자에 대한 지원금 정책과 절차를 보유하고 있지 않다.

	CS02		(결사의 자유 보장) 귀사는 결사의 자유를 보장하기 위한 관련 정책을 마련하고 있습니까?
		1	결사의 자유 준수를 규정한 규칙을 문서화하고 급여, 승진, 징계 등의 기록상에 노조 근로자에 대한 차별이 없다.
		2	결사의 자유 준수를 규정한 규칙을 문서화하고 있으나, 급여, 승진, 징계 등의 기록상에 노조 근로자에 대한 차별 기록이 있다.
		3	결사의 자유 준수를 규정하고 있지 않으나, 노조 근로자에 대한 차별은 없다.
		4	결사의 자유 준수를 규정하고 있지 않으며, 노조 근로자에 대한 차별 기록이 있다.
	CS03		(육체노동 관리) 귀사의 신체적 부담 업무 위험성 평가 여부 및 관리 수준을 체크하십시오.
		1	신체적 부담 업무에 대한 위험성 평가를 실시 및 개선하고, 관련 기록을 문서화하여 보관하고 있다.
		2	신체적 부담 업무에 대한 위험성 평가를 실시하고 있으나, 관련 기록을 문서화하여 보관하고 있지 않다.
		3	신체적 부담 업무에 대한 위험성 평가를 실시하지 않으나, 관련 기록은 문서화하여 보관하고 있다.
		4	신체적 부담 업무에 대한 위험성 평가를 실시하고 있지 않으며, 관련 내용을 문서화하여 보관하지도 않고 있다.
	CS04		(채용 수수료 부담 금지) 귀사는 최근 3년 내에 채용 절차상 발생한 비용을 근로자가 부담한 사실이 있습니까?
		1	있다
		2	없다
	CS05		(책임광물 관리) 귀사는 불법적·비윤리적 방법을 통해 조달 또는 구매한 광물 사용 금지에 관한 정책을 보유하고 있습니까?
		1	있다
		2	없다
	CS06		(설비기계 안전관리) 귀사는 생산에 필요한 설비기계를 사용하는 데 있어 안전성 여부를 평가하고 관련 조치를 취하고 있습니까?
		1	설비기계에 대한 안전 프로그램이 있으며, 정기 점검 및 유지 관리 등이 이루어지고 있다.
		2	설비기계에 대한 안전 프로그램이 있고 정기 점검은 하고 있으나, 유지 관리는 하지 않고 있다.
		3	설비기계에 대한 안전 프로그램은 없으나, 정기 점검 및 유지 관리 등 일련의 절차는 이루어지고 있다.
		4	설비기계에 대한 안전 프로그램이 없고, 정기 점검 및 유지 관리도 이루어지지 않고 있다.

		[품질 관리(공급망 차원)] 귀사의 공급망 내 제품 품질 관리 수준을 체크하십시오.	
CS07	1	사업계획서, 지속가능경영보고서 등에서 품질 방침을 명시하고 있고, 제품 품질 검토 및 개선 프로세스를 수립하고 운영하고 있다.	
	2	사업계획서, 지속가능경영보고서 등에서 품질 방침을 명시하고 있으나 제품 품질 검토 및 개선 프로세스를 수립하지는 않는다.	
	3	품질 방침, 품질 검토 및 개선 프로세스를 보유하고 있지 않다.	
CS08		(동반성장) 귀사의 동반성장 문화 관리 수준을 체크하십시오.	
	1	동반성장 활동에 참여하고 있으며, 1~2차 협력사 간의 공정거래협약 체결 등 상생 협력 문화 확산에 노력하고 있다	
	2	동반성장 활동에 참여하고 있으나, 동반 성장 문화 확산 활동은 하지 않고 있다.	
	3	동반성장 활동에 참여한 실적이 없다.	
CS09		(책임 있는 원부자재 구매) 귀사는 공급망 안정과 협력회사 상생을 위한 원부자재 조달 프로세스를 구축하고 있습니까?	
	1	책임 있는 원부자재 조달에 대한 회사 방침이 있으며, 구매 절차를 정기적으로 점검하여 문서화하고 있다.	
	2	책임 있는 원부자재 조달에 대한 회사 방침이 있으나 구매 절차를 정기적으로 점검하여 문서화하고 있지는 않다.	
	3	책임 있는 원부자재 조달에 대한 회사 방침이 없으며, 구매 절차를 정기적으로 점검하여 문서화하고 있지도 않다.	
CS10		(비상상황 대응 체계 구축) 귀사의 비상상황 대응 매뉴얼 구축 수준을 체크하십시오.	
	1	비상상황에 대응할 수 있는 설비와 매뉴얼이 있고, 이를 점검 및 훈련하고 있다.	
	2	비상상황에 대응할 수 있는 설비와 매뉴얼은 있지만, 이를 점검 및 훈련하지 않는다.	
	3	비상상황에 대응할 수 있는 설비와 매뉴얼을 보유하고 있지 않다.	
CS11		(제품 안전관리) 귀사는 사용자의 안전을 고려한 내부 정책 또는 제품 안전관리 프로세스를 보유하여 운영하고 있습니까?	
	1	사용자의 안전을 고려한 제품 디자인을 실시하고, 안전 시험에 통과한 제품을 공급하고 있다.	
	2	사용자의 안전을 고려한 제품 디자인을 실시하지 않으나, 안전 시험에 통과한 제품을 공급하고 있다.	
	3	사용자의 안전을 고려한 제품 디자인만 실시하고 있다.	
	4	사용자의 안전을 고려한 제품 디자인을 실시하지 않고, 안전 시험에 통과한 제품도 공급하지 않고 있다.	

CS12		(사회공헌 정책) 귀사는 전사적 사회공헌 정책 및 전략을 수립하고, 프로그램을 개발하여 체계적으로 수행하고 있습니까?	
	1	전사적 사회공헌 정책 및 전략을 보유하고 있으며, 업무의 특성을 활용하여 지속적인 사회공헌 프로그램을 개발하고 운영하고 있다.	
	2	전사적 사회공헌 정책 및 전략을 보유하고 있으나, 일회성 프로그램만 운영되고 있다.	
	3	전사적 사회공헌 정책 및 전략을 보유하고 있으나, 업무에 적절히 적용되고 있지 않다.	
	4	전사적 사회공헌 정책 및 전략을 보유하고 있지 않으나, 업무 전반에 사회공헌에 관한 노력을 반영하고 있다.	
	5	전사적 사회공헌 정책 및 전략을 보유하고 있지 않다.	
CS13		(인재 확보와 육성) 귀사는 사업계획서, 지속가능경영보고서 등을 통해 인적자원 관리 방침을 명시하고, 역량 개발을 위한 체계를 구축하고 있습니까?	
	1	인적자원 관리 방침을 명시하고 역량 개발을 위한 체계를 구축하고 있다.	
	2	인적자원 관리 방침을 명시하고 있으나, 역량 개발을 위한 체계를 구축하고 있지 않다.	
	3	인적자원 관리 방침 및 역량 개발을 위한 체계를 구축하고 있지 않다.	
CS14		(정보 보안) 귀사의 정보 보안 운영 체계 및 관리 수준을 체크하십시오.	
	1	정보 보안 관련 회사 방침을 수립하고, 정보 보안 관리 프로그램을 정기적으로 수행하고 있다.	
	2	정보 보안 관련 회사 방침을 수립하고 있으나, 정보 보안 관리 프로그램을 정기적으로 수행하고 있지 않다.	
	3	정보 보안 관련 회사 방침은 수립하고 있지 않으나, 개별 사항에 대한 정보 보안 관리 프로그램은 수행하고 있다.	
	4	정보 보안 관련 회사 방침을 수립하고 있지 않으며, 정보 보안 관리 프로그램도 정기적으로 수행하고 있지 않다.	
CS15		(국제 거래 질서 준수) 귀사의 국제 무역 거래 법규 준수 현황을 체크하십시오.	
	1	국제무역거래를 규율하는 모든 관련 법률 및 규정을 준수하고, 관련 법규에 부합하는 제재 대상 국가, 단체, 개인 및 상품에 대한 정책을 보유하고 있다.	
	2	국제무역거래를 규율하는 모든 관련 법률 및 규정을 준수하지만, 관련 법규에 부합하는 제재 대상 국가, 단체, 개인 및 상품에 대한 정책이 미흡하다.	
	3	국제무역거래를 규율하는 관련 법률 및 규정을 준수하지 못했지만, 관련 법규에 부합하는 제재 대상 국가, 단체, 개인 및 상품에 대한 정책을 보유하고 있다.	
	4	국제무역거래를 규율하는 법률 및 규정을 준수하지 못했고, 관련 법규에 부합하는 제재 대상 국가, 단체, 개인 및 상품에 대한 정책이 없다.	

		[다양성(기회 균등) 및 포용성] 귀사는 다양성 관리를 위한 정책 및 프로그램(교육, 전사 워크숍 등)을 보유하고 있습니까?	
	CS16	1	다양성 관리를 위한 정책이 내부 규정에 명문화되어 있고, 관련 프로그램을 기획 및 운영하고 있다.
		2	다양성 관리를 위한 정책이 내부 규정에 명문화되어 있으나, 관련 프로그램을 기획 및 운영하고 있지 않다.
		3	다양성 관리를 위한 정책이 내부적으로 명문화되어 있지는 않지만, 관련 프로그램을 의도적으로 기획 및 운영하고 있다.
		4	다양성 관리를 위한 정책이 없고, 관련 프로그램도 기획 및 운영하고 있지 않다.
		(아동노동 금지) 귀사가 미성년 근로자 고용과 관련하여 이행하고 있는 것을 체크하십시오.	
	CS17	1	미성년 근로자 보호를 위한 회사 정책을 명확하게 표기하고, 지속적인 모니터링을 하고 있다.
		2	미성년 근로자 보호를 위한 회사 정책을 명확하게 표기하고 있으나, 모니터링은 하고 있지 않다.
		3	미성년 근로자 보호를 위한 회사 정책이 없고, 모니터링도 하고 있지 않다.
		(강제노동 금지) 귀사는 강제노동 금지에 대한 조항을 보유하고 모니터링을 하고 있습니까?	
	CS18	1	강제노동 금지 조항이 내부 규정에 명문화되어 있으며, 모니터링하고 있다.
		2	강제노동 금지 조항이 내부 규정에 명문화는 되어 있으나, 모니터링은 하지 않는다.
		3	강제노동 금지 조항이 내부 규정에 명문화되어 있지는 않지만, 모니터링은 하고 있다.
		4	강제노동 금지 조항이 명문화되어 있지 않다.
		(근로자 소통 및 참여) 귀사는 근로자의 고충을 수렴하고 처리할 수 있는 채널을 마련하여 관리하고 있습니까?	
	CS19	1	근로자의 고충을 수렴하는 채널이 마련되어 있으며, 적극적으로 처리하고 있다.
		2	근로자의 고충을 수렴하는 채널은 있으나, 제대로 관리하고 있지 않다.
		3	근로자의 고충을 수렴하는 채널은 없으나, 개별적으로 고충을 파악하여 관리하고 있다.
		4	근로자의 고충을 수렴하는 채널이 없고, 고충에 대한 파악도 이루어지지 않고 있다.

	CS20		(지역사회 참여) 귀사는 사업 활동으로 영향을 주고 받는 지역단체 등과 소통 채널이 개설되어 있고, 공동의 환경사회 문제 해결을 위한 협력 활동을 진행하고 있습니까?
		1	지역사회 참여 방침을 수립하고, 지역단체 등과 소통 채널이 있으며, 지역사회 문제해결을 위한 협력 활동을 진행하고 있다.
		2	지역사회 참여 방침을 수립하고, 지역단체 등과 소통 채널이 있으나, 지역사회 문제해결을 위한 협력 활동을 진행하고 있지 않다.
		3	지역사회 참여 방침과 지역단체 등과의 소통 채널은 없으나, 지역사회 문제해결을 위한 협력 활동에 참여하고 있다.
		4	지역사회 공헌 방침 및 지역단체 등과 소통 채널이 없고, 지역사회 문제해결을 위한 협력 활동도 참여하고 있지 않다.
	CS21		(제품수명주기 관리) 귀사는 제품수명주기 관리 프로그램을 운영하고 있습니까?
		1	제품수명주기 관리 프로그램을 운영하고 있다.
		2	제품수명주기 관리 프로그램을 기획 중에 있다.
		3	제품수명주기 관리 프로그램이 없다.
지배구조 (G) (11개 문항)	CG01		(경영진의 의무와 책임) 귀사의 경영시스템 운영 및 관리 수준을 체크하십시오.
		1	경영시스템 운영 책임자를 보유하고 있고, 경영 검토 및 개선 프로세스를 수립하여 운영하고 있다.
		2	경영시스템 운영 책임자를 보유하고 있고, 경영 검토 및 개선 프로세스를 수립하고 있으나, 적절히 운영되고 있지 않다.
		3	경영시스템 운영 책임자만 보유하고 있다.
		4	경영시스템 운영 책임자 및 프로세스를 보유하고 있지 않다.
	CG02		(신원 보호와 보복 금지) 귀사의 신원 보호와 보복 금지 프로그램 보유 여부 및 관리 수준을 체크하십시오.
		1	신고 채널 및 고발자 보호 프로그램을 운영하고 관련 절차를 공지하고 있다.
		2	신고 채널 및 고발자 보호 프로그램을 운영하고 있으나, 관련 절차를 공지하고 있지 않다.
		3	신고 채널 및 고발자 보호 프로그램을 운영하지 않고 있다.
	CG03		(위험 평가 및 관리) 귀사의 사업 운영과 관련하여 준법, 환경, 보건, 안전, 노동 관행 및 윤리 관련 위험성을 확인하는 절차가 마련되어 있습니까?
		1	사업 운영 관련 위험성을 확인하는 절차를 마련하여 문서화하고 있으며, 철저하게 관리하고 있다.
		2	사업 운영 관련 위험성을 확인하는 절차를 마련하여 문서화하고 있으나, 관리는 이루어지지 않고 있다.
		3	사업 운영 관련 위험성을 확인하는 절차는 없으나, 각 개별 위험성 관리는 이루어지고 있다.
		4	사업 운영 관련 위험성을 확인하는 절차가 없고, 위험성 관리도 이루어지고 있지 않다.

CG04		(합리적 징계 절차 및 공개) 귀사는 합리적인 징계 절차를 명확히 규정하고 이를 이행하며, 근로자에게 공지하고 있는지 체크하십시오.	
	1	비윤리적 행위 또는 법규 위반에 대한 보고 내용을 조사하고 징계 행위를 취하는 절차 및 프로그램이 세부적인 사항까지 문서상에 포함하고 있으며 적극적인 수준으로 운영되고 있다.	
	2	비윤리적 행위 또는 법규 위반에 대한 보고 내용을 조사하고 징계 행위를 취하는 절차 및 프로그램이 문서상에 존재하나, 적법한 수준으로만 운영되고 있다.	
	3	비윤리적 행위 또는 법규 위반에 대한 보고 내용을 조사하고 징계 행위를 취하는 절차 및 프로그램이 문서상에 존재하나, 적절히 운영되고 있지 않다.	
	4	비윤리적 행위 또는 법규 위반에 대한 보고 내용을 조사하고 징계 행위를 취하는 절차 및 프로그램이 문서상에 존재하지 않으나, 관련 노력을 업무에 적절히 반영하고 있다.	
	5	비윤리적 행위 또는 법규 위반에 대한 보고 내용을 조사하고 징계 행위를 취하는 절차 및 프로그램이 존재하지 않는다.	
CG05		(자금 세탁 방지) 귀사가 자금 세탁 방지를 위해 이행하는 관리 수준 및 현황을 체크하십시오.	
	1	자금 세탁 방지 관련 법률과 규정을 준수하고, 전담 관리 조직이 있다.	
	2	자금 세탁 방지 관련 법률과 규정을 준수하나, 전담 관리 조직은 기획 중에 있다.	
	3	자금 세탁 방지 관련 법률과 규정을 준수하나, 전담 관리 조직이 없다.	
	4	자금 세탁 방지 관련 법률과 규정을 준수하지 않으며, 전담 관리 조직도 없다.	
CG06		(지속가능 정보공시) 귀사는 지속가능경영과 관련된 정보(기후변화 대응, 지속가능성 중대 이슈 등)를 공시하고 있습니까?	
	1	지속가능경영 관련 정보를 공시하는 매뉴얼을 보유하고 있고, 매뉴얼을 준수하여 공시하고 있다.	
	2	지속가능경영 관련 정보를 공시하는 매뉴얼은 없으나, 정보공시를 기획하고 있다.	
	3	지속가능경영 관련 정보공시 계획이 없다.	
CG07		(지적재산 침해 금지) 귀사는 타기업이나 타인의 지적재산권 침해 방지를 위한 정책과 프로그램을 마련하고, 이를 실천하고 있습니까?	
	1	지적재산 침해 금지 정책과 시스템이 갖춰져 있으며, 적극적인 모니터링을 하고 있다.	
	2	지적재산 침해 금지 정책과 시스템이 갖춰져 있으나, 모니터링은 하지 않는다.	
	3	지적재산 침해 금지 정책과 시스템이 갖춰져 있지 않으나, 적절한 모니터링은 하고 있다.	
	4	지적재산 침해 금지 정책과 시스템이 갖춰져 있지 않고, 모니터링도 하고 있지 않다.	

	CG08		[다양성(기회 균등) 금지] 귀사에는 다양한 인재 활용을 위한 제도가 정비되어 있으며, 개선 사항을 반영하여 관리하고 있습니까?
		1	다양한 인재 활용을 위한 제도가 정비 및 관리되고 있으며, 개선 사항을 반영하고 있다.
		2	다양한 인재 활용을 위한 제도는 정비 및 관리되고 있으나, 개선 활동은 이루어지지 않고 있다.
		3	다양한 인재 활용을 위한 제도는 정비되어 있으나, 관리되고 있지는 않다.
		4	다양한 인재 활용을 위한 제도가 정비되어 있지 않다.
	CG09		(사업 청렴성) 귀사는 사업 활동에 있어서 사업 청렴성을 위한 정책을 수립하고 실행하고 있습니까?
		1	사업 청렴성에 관한 기준을 수립하여 문서화하고, 업무 전반에 적용하여 적극적인 수준으로 관리하고 있다.
		2	사업 청렴성에 관한 기준을 수립하여 문서화하고 있으나, 업무에 적절히 적용되고 있지 않다.
		3	사업 청렴성에 관한 기준이 수립되어 있지 않으나, 업무 전반에 윤리, 준법 준수 노력을 반영하고 있다.
		4	사업 청렴성에 관한 기준이 없고, 업무에 적절히 적용되고 있지도 않다.
	CG10		(부당이익 금지) 귀사는 부패 근절을 실천하기 위한 기준이 있고, 개선 사항을 반영하여 관리하고 있습니까?
		1	관리 및 집행 절차가 마련되어 있으며, 발생 사실과 처리 결과 및 개선 활동을 공개하고 있다.
		2	관리 및 집행 절차가 마련되어 있으나, 발생 사실과 처리 결과 및 개선 활동을 공개하지는 않는다.
		3	관리 및 집행 절차는 없으나, 발생 사실에 대해서는 공개한다.
		4	관리 및 집행 절차가 없고, 관련 사항도 공개하지 않는다.
	CG11		(내부 의사소통) 귀사의 회사 정책, 목표, 성과에 대한 명확한 정보를 임직원과 공유하기 위한 보고 및 소통 절차가 수립되어 있습니까?
		1	회사 정책, 목표, 성과에 대한 정보를 제공하고 소통 채널이 개설되어 있으며, 연례적으로 실시하고 있다.
		2	회사 정책, 목표, 성과에 대한 정보를 제공하고 소통 채널이 개설되어 있으나, 연례적으로 실시하지는 않고 있다.
		3	회사 정책, 목표, 성과에 대한 정보를 제공하고 있으나, 소통 채널을 개설하여 연례적으로 실시하지는 않고 있다.
		4	회사 정책, 목표, 성과에 대한 정보를 제공하는 절차와 소통 채널이 없다.

5) 산업별 ESG 중요 영역

중소기업중앙회에서 발간한 ESG 사례집 부록에 수록된 산업별 ESG 중요 영역은 한국표준산업분류(KSIC) 21개 대분류를 기준으로 SASB의 '중요성 지도(Materiality map)'에 의거, 산업군별 지속가능성 이슈의 우선순위를 정해 표로 제공하였다.

◎ 중요도 '고' ○ 중요도 '중' • 중요도 '저'

산업분류	환경(E)						사회적 자본(S)							인적자본(S)			비즈니스 모델 및 혁신(S)			리더십 및 지배구조(G)					
	GHG 배출	대기질	에너지 관리	용수 및 폐수 관리	폐기물/유해물질 관리	생태계 영향	인권 및 공동체	고객 정보 보호	데이터 보안	접근성 및 경제성	제품 품질 및 안전	고객 안전	제품 관련(제품 라벨링)	노동 관행	직원 건강 및 안전	직원 참여/다양성 및 포용성	제품 설계/라이프 사이클 관리	비즈니스 모델/스 모델의 탄력성	공급망 관리	기후 변화의 물리적 영향	기업 윤리	경쟁적 행동	법률 및 규제 환경 관리	중요 사고 위험 관리	체계적 리스크 관리
농업·임업 및 어업	○	•	◎	◎	○	◎	○	•	○	•	◎	◎	◎	○	◎	•	•	◎	○	◎	•	○	•	•	•
광업 (경영)	◎	◎	○	◎	○	◎	○	•	○	•	•	•	•	○	◎	•	•	○	○	•	•	○	•	◎	•

3. ESG 평가

1) ESG 평가 기관

(1) 해외 대표 ESG 평가 기관

우리가 알고 있는 ESG 평가 기관이란 일반적으로 평가 결과를 내놓는 기관을 말한다. 공통 평가 항목과 산업별 항목으로 구분하여 0~100점으로 구분하여 평가하는 다우존스 지속가능경영지수(Dow Jones Sustainability Indices: DJSI), 환경 관련 세 가지 영역(기후변화, 산림, 물)에 대해 질의하여 A~D- 및 F로 평가하는 탄소정보공개 프로젝트(Carbon Disclosure Project: CDP), 그리고 ESG 관련 35개 이슈로 구분하여 AAA~CCC로 평가하는 모건스탠리캐피털인터내셔널(Morgan Stanley Capital International: MSCI)이 대표적인 ESG 글로벌 평가 기관이다. 실제로 많은 기업이 관심을 가지고 참여하고 있는 ESG 평가 기관들이다.

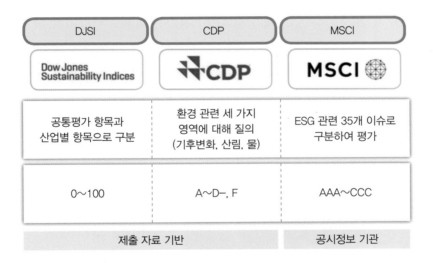

ESG 평가의 가장 대표적인 고객은 투자사, 금융기관, 기업, 신용평가사 등이다. 이들 기관들은 특정 ESG 평가 기관의 최종 평가 점수에만 의지하여 자신의 투자위험을 걸고 싶어 하지 않는다. 투자위험이 얼마나 있는지 판단할 수 있는 구체적인 근거들이 필요하다. 따라서 E(환경), S(사회), G(지배구조) 분야의 주요 항목별로 위험과 기회를 찾을 수 있는 다양한 기업 전략과 관리 방안, 그리고 데이터를 원한다.

대표적인 글로벌 공급망 평가 기관에는 에코바디스(EcoVadis)가 있다. 에코바디스는 총 네 가지 영역(환경, 노동 및 인권, 윤리, 지속가능한 조달), 21개의 기준으로 평가를 진행하며, 에코바디스의 지속가능성 평가는 증빙자료를 근거로 기업의 중요한 지속가능성 영향을 온라인으로 평가한다. 평가 진행 단계는 등록, 설문지, 전문가 분석, 결과 등의 4단계로 이루어져 있다. 에코바디스 온라인 평가는 설문을 하나하나씩 답변하면서 요구하는 각종 증빙자료(정책, 인증서, 감사보고서, 지속가능경영보고서 등)를 업로드하는 방식으로 진행되며, 영역별 가중치를 적용하여 점수를 부여한다. 직접 방문하는 오프라인 평가가 아니며, 모든 것이 온라인으로 이루어진다.

에코바디스는 21가지 지표에서 CSR 활동 및 전략의 질을 반영하여 0~100까지의 글로벌 점수를 부여하며, 점수는 4등급으로 분류되고, 2023년 1월 1일부터 발표된 각 등급의 점수 측도는 플래티넘은 우수(78~100점), 골드는 상급(70~77점), 실버는 중급(59~69점), 브론즈는 하급(50~58점)으로 한다.

에코바디스의 평가 설문의 범위와 요구하는 증빙자료의 수준은 설문에 답변하는 기업의 규모에 따라 다르며, 기업의 규모는 XS(25명 이하), S(26~99명), M(100~999명), L(1000명 이상)으로 크게 세 가지로 나누고, 평가 시에는 지불하는 비용도 달라지며, 규모가 클수록 비용도 증가한다.

에코바디스는 바이어와 공급 및 서비스 파트너가 지속가능경영 측면의 이슈를 함께 해결하기 위한 툴로서 구매자와 공급 협력사 모두에게 효율적인 시스템을 제공한다.

에코바디스 평가 사례로 2022년 12월에 존슨콘트롤즈가 글로벌 ESG 평가 기관 에코바디스(EcoVadis)로부터 가장 높은 플래티넘 등급을 받으며 10만 개가 넘는 전 세계 기업 중 상위 1%를 차지했다고 발표하였다.

존슨콘트롤즈는 환경에 미치는 영향을 보다 개선하기 위해 지속적으로 개선 조치를 취하고, 파리 기후 협정에서 제시한 목표보다 10년이나 빠른 2040년까지 Scope 1, 2 탄소중립을 달성하기 위해 노력하

출처: 존슨콘트롤즈 홈페이지(https://www.johnsoncontrols.com)

고 있는 기업으로, 지속가능한 공급업체 협회를 통해서 공급망을 관리하고 있으며, 선정된 모든 공급업체는 에코바디스로부터 최소 브론즈 등급을 받아야 한다.

존슨콘트롤즈는 ESG 및 지속가능성에 대하여 다양한 기관으로부터 인정받아 왔다. 코퍼레이트 나이츠는 글로벌 지속가능경영 100대 기업에서 업계 1위를 차지하였으며, 마이크로소프트는 2022 글로벌 지속가능성 체인지메이커, 포춘 세상을 바꾸는 혁신기업 등에 이름을 올렸다.

에코바디스는 전 세계에 있는 10만 개 이상의 기업들을 평가하며, 비즈니스 지속가능성 지수는 유엔 글로벌 컴팩트의 10대 원칙, 국제노동기구(ILO) 협약, 글로벌 보고 이니셔티브(GRI) 표준 및 ISO 26000 표준 등과 같은 국제 지속가능성 기준을 기반으로 한다.

(2) 국내 대표 ESG 평가 기관

최근 ESG 열풍과 함께 국내에도 여러 개의 평가 기관이 생겼고, 기존의 평가 기관들도 점점 발전하고 있다. 국내를 대표하는 ESG 평가 기관으로는 한국ESG기준원(구 한국기업지배구조원/KCGS), 서스틴베스트, 한국ESG연구소, 지속가능발전소 정도가 꼽힌다. 대표적인 한국ESG기준원과 서스틴베스트에 대해서 설명하고자 한다.

① 한국ESG기준원

한국ESG기준원은 2002년 6월에 설립된 높은 투명성과 전문성을 갖춘 국내 ESG 평가 기관이다. 2003년 2월부터 기업지배구조 모범규준 1차 개정을 시작으로 기업지배구조 평가를 실시해 왔으며, 2011년부터 본격적으로 사회책임과 환경경영을 포함한 ESG 평가로 범위를 넓혔다.

한국ESG기준원은 상장회사가 현재 지속가능경영 수준을 올바르게 점검하고 개선에 활용할 수 있도록 독자적인 평가 모형을 개발하였다. 이 평가 모형은 OECD 기업지배구조 원칙, ISO 26000 등의 국제 기준에 부합할 뿐만 아니라 국내 법제 및 경영환경을 충실히 반영하고 있으며, 평가 모형의 지속적인 개정 작업을 통해 평가 체계를 지속적으로 발전시켜 나가고 있다. 평가문항은 대분류 총 24개, 핵심 평가항목 323개로 구성되며, 상세 평가 문항은 평가 대상 기업만 확인이 가능하다.

◆ ESG 평가 영역별 한국ESG기준원의 모범 규준 ◆

평가 영역	평가 모형 모델	KCGS 모범 규준	법 · 제도 · 규범
환경 (E)	※ 경영프로세스 모델 • 국내외 주요 환경 이슈 및 업종에 따른 환경경영 체계, 위험관리 및 환경성과 고려 • 표준산업분류 기반의 비즈니스 모델과 연계한 21개 자체의 산업분류체계 적용	리더십과 거버넌스 위험관리 운영 및 성과 이해관계자 소통	• 「저탄소 녹색성장 기본법」 • 「화학물질의 등록 및 평가 등에 관한 법률」 • ISO 14001 및 환경표지·환경인증제도 • 기후 관련 재무정보공개(TCFD) 등
사회 (S)	※ 사회책임경영 이슈 중심 모델 • 기업에 주요한 리스크 및 기회 영향을 미치는 사회책임경영 이슈 고려 • 산업분류기준인 WICS 중분류로 분리하여 산업별로 이해관계자에게 중대한 사회책임경영 이슈 고려	리더십과 거버넌스 비재무 위험관리 운영 및 성과 이해관계자 소통	• 「독점규제 및 공정거래에 관한 법률」 • 사회적 책임 세계 표준(ISO 26000) • 국제노동기구 핵심 협약 • UN 국제인권선언 및 OECD 인권 실사지침 등
지배구조 (G)	※ 통제기능 모델 • 지배구조가 작동하기 위한 주요 장치별 분류 • 일반 상장사 및 금융회사 특화 지배구조 요건 고려 • 자산 규모 및 이사회 내 주요 위원회 설치 여부, 세부 금융업권 특성 고려	이사회 리더십 주주권 보호 감사 주주 및 이해관계자 소통	• 「상법」 및 「금융회사의 지배구조에 관한 법률」 • OECD 기업지배구조 원칙 • 영국 FRC 및 일본 JPX 기업지배구조 코드 • ICGN 글로벌 지배구조 원칙 • 바젤은행감독위원회 은행 지배구조 원칙 등

◆ ESG 평가 항목 구성 ◆

*최종 등급은 기본 평가 점수 백분율에서 심화 평가 점수 백분율을 차감한 값을 기준으로 산정

유형 분류		환경(E)	사회(S)	지배구조(G)	금융사 지배구조(FG)
기본 평가	기업 분류	표준산업분류 기반** 철강/비철 비금속광물제품 …	WICS 기준별 분류*** 에너지 소재 …	기업 유형 자산 규모 지배주주 유무 감사위원회 유무	상장 여부별 분류 상장 금융사 비상장 금융사*****
기본 평가	문항 구성	리더십과 거버넌스 위험관리 운영 및 성과 이해관계자 소통 4대 대분류	리더십과 거버넌스 노동관행 직장 내 안전보건 인권 공정운영 관행 지속가능한 소비 정보보호 및 개인정보보호 지역사회 참여 및 개발 이해관계자 소통 9대 대분류	이사회 리더십 주주권 보호 감사 이해관계자 소통 (일반) 4대 대분류 (금융사) 7대 대분류	이사회 주주권 보호 최고경영자 보수 위험관리 감사 기구 및 내부 통제 이해관계자 소통
심화 평가	분석 방법	• 기업 활동에서 발생한 부정적 이슈를 확인하기 위해 공시자료, 뉴스, 미디어 등 다양한 출처의 정보를 상시 수집 • 기업가치의 훼손 우려가 높은 ESG 이슈를 법 위반 여부, 중대성, 규모, 기간 등을 종합적으로 고려하여 감점 수준을 결정			

** WICS 표준산업분류 기반 21개 자체 산업분류 기준 적용
*** WICS(Wise Industry Classification Standard) 28개 중분류 기준 적용
**** 이사회 내 위원회 설치 여부에 따른 이사회 규모를 추가 고려하여 분류 세분화
***** 「금융회사의 지배구조에 관한 법률」이 전부 적용되는 기업

출처: 한국ESG기준원 홈페이지(http://www.cgs.or.kr).

한국ESG기준원의 ESG 평가 절차는 평가 준비, 평가 수행, 등급 부여, 결과 분석 및 등급 조정으로 총 4단계로 진행된다. 먼저, 기초데이터 수집 단계에서는 기업 공시 자료, 뉴스 등 미디어 자료와 지방자치단체 공시 자료를 활용하여 기초데이터를 수집한다. 정식으로 평가가 시작되면 기본평가와 심화평가를 진행하고, 웹 기반 평가시스템을 통해 양방향 피드백을 실시한다. 이 평가 결과를 바탕으로 등급 부여, 조정, 공표 및 우수 기업 선정이 이루어진다. 마지막 단계인 결과 분석 및 등급 조정에서는 관련 보고서가 발간되며, ESG 쟁점이 발생한 기업들을 대상으로 등급 조정이 진행된다.

◆ 한국 ESG기준원의 ESG 평가 절차 ◆

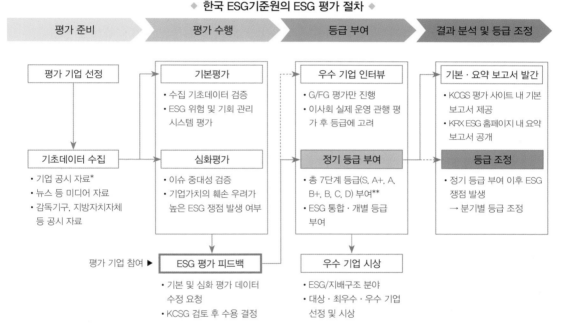

*사업보고서, 공식 홈페이지, 지속가능성 관련 보고서 등
**대내외 전문가로 구성된 ESG 등급위원회에서 등급 부여
출처: 한국ESG기준원 홈페이지(http://www.cgs.or.kr).

② 서스틴베스트

2006년에 설립된 서스틴베스트는 국내 최대 규모의 SRI펀드 자문서비스 제공사로서 국내 기업의 ESG 리스크 관리 수준을 포괄적이고 종합적으로 평가하여 지속가능성(sustainability) 관점에서 우수한 기업을 선별할 수 있도록 도움을 주고 있다. 2007년에 자체 개발한 ESG 평가 모형인 ESGValueTM는 개발 후 현재까지 끊임없이 변하고 발전하는 국내외 주요 ESG 담론을 반영하고 있다.

서스틴베스트의 ESG 평가 절차를 살펴보면 한국ESG기준원과 마찬가지로, 우선 데이터 수집 및 검증 과정을 거친다. 그 다음 자체 개발한 ESGValueTM 평가 모델을 기반으로 최종 점수와 등급을 산출한다.

서스틴베스트는 ESG 평가와 관련된 부분을 상장기업 ESG 분석보고서를 통해 공개한다. 이 보고서에는 전 세계의 책임투자 현황, 서스틴베스트의 평가방법론, 기업 대상 평가 결과, ESG 관련 최근 이슈가 되고 있는 문제 등 다양한 정보가 기재되어 있다.

B2B 기업의 경우에는 소비자 대응 및 권리 보호 수준에 대한 평가의 중요성이 떨어진다. 또 중소기업은 CSR 전담 조직을 설치하거나 지속가능경영보고서를 발간하는 것은 부담으로 작용할 수 있다. 이렇게 각 기업별 특징을 참고하여 평가지표별 가중치가 조정된다.

서스틴베스트의 ESG 평가 모형은 이해관계자 관점에서 설계되었고, 투자자를 포함한 각 이해관계자 관점에서 어떠한 외부효과를 발생시키는지, 그것이 장기적으로 기업가치에 어떠한 영향을 미치는지 분석하여 기업이 ESG 리스크 관리 성과를 평가하고 있다.

서스틴베스트의 ESG 평가 절차는 평가 모델 업데이트, 데이터 수집, 검증, 최종 점수/등급 산출로 단계별로 평가가 진행된다. 먼저, 평가 모델 업데이트는 ESG 정보공시 트렌드, 관련 법·규제의 변화, ESG 평가방법론 발전 등을 반영하여 평가 모형 개선에 대한 연구와 업데이트 작업을 매년 초에 진행한다. 데이터 수집은 1,000개 이상의 국내 기업에 대한 ESG 관련 정보를 다양한 출처에서 수집하고, 수집된 데이터에 대해 3단계의 리뷰를 수행하여 데이터의 품질을 관리한다. 검증은 매년 9월 평가 대상 기업에게 데이터 검증 기회를 제공하며, 데이터의 완전성을 이루고자 하며, 공시되지 않은 기업 제공 데이터는 내부 평가 기준에 따라 반영 여부와 그 비중을 결정한다. 마지막으로, 최종 점수/등급 산출은 수집된 데이터를 평가하여 국내 기업의 ESG 리스크 관리 수준을 비교 가능한 형태로 정량화하며, 상반기 평가 결과는 6월, 하반기 평가 결과는 11월에 공개한다.

출처: 서스틴베스트 홈페이지(http://sustinvest.com).

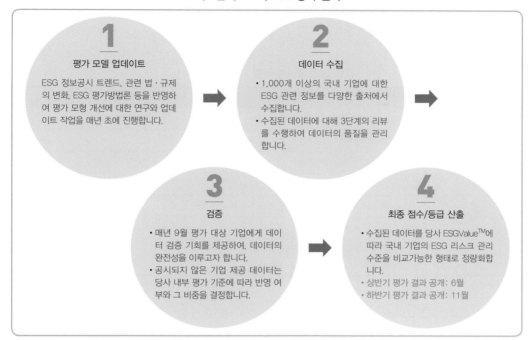

◆ 서스틴베스트의 ESG 평가 절차 ◆

1
평가 모델 업데이트

ESG 정보공시 트렌드, 관련 법·규제의 변화, ESG 평가방법론 등을 반영하여 평가 모형 개선에 대한 연구와 업데이트 작업을 매년 초에 진행합니다.

2
데이터 수집

• 1,000개 이상의 국내 기업에 대한 ESG 관련 정보를 다양한 출처에서 수집합니다.
• 수집된 데이터에 대해 3단계의 리뷰를 수행하여 데이터의 품질을 관리합니다.

3
검증

• 매년 9월 평가 대상 기업에게 데이터 검증 기회를 제공하여, 데이터의 완전성을 이루고자 합니다.
• 공시되지 않은 기업 제공 데이터는 당사 내부 평가 기준에 따라 반영 여부와 그 비중을 결정합니다.

4
최종 점수/등급 산출

• 수집된 데이터를 당사 ESGValue™에 따라 국내 기업의 ESG 리스크 관리 수준을 비교가능한 형태로 정량화합니다.
• 상반기 평가 결과 공개: 6월
• 하반기 평가 결과 공개: 11월

출처: 서스틴베스트 홈페이지(https://www.sustinvest.com).

서스틴베스트의 ESG 평가 카테고리는, 환경(E)은 혁신활동, 생산공정, 공급망 관리, 고객관리로, 사회(S)는 인적자원 관리, 공급망 관리, 고객관리, 사회공헌 및 지역사회로, 지배구조(G)는 주주의 권리, 이사회 보수, 정보의 투명성, 관계사 위험, 이사회의 구성과 활동, 지속가능경영 인프라로 분류한다.

◆ 서스틴베스트의 ESG 평가 카테고리 ◆

환경(E)	사회(S)	지배구조(S)
• 혁신활동 • 생산공정 • 공급망 관리 • 고객관리	• 인적자원 관리 • 공급망 관리 • 고객관리 • 사회공헌 및 지역사회	• 주주의 권리 • 이사의 보수 • 정보의 투명성 • 관계사 위험 • 이사회의 구성과 활동 • 지속가능경영 인프라

출처: 서스틴베스트 홈페이지(https://www.sustinvest.com).

서스틴베스트의 2022년 하반기 652건의 ESG 평가 진행 결과에 대한 ESG 등급과 등급별 기업의 비중을 정리한 표는 다음과 같다.

◆ ESG 등급과 등급별 기업의 비중 ◆

등급	등급 의미	2022년 하반기 비중(%)
AA	ESG 평가 최우수 종목	7.5
A	ESG 평가 우수 종목	18.5
BB	ESG 성과가 다소 우수한 종목	29.7
B	ESG 성과가 보통인 종목	20.5
C	ESG 성과 미흡 종목 / 채권단 자율협약이 진행 중인 종목	17.8
D	ESG 성과 부진으로 투자 배제 고려 종목	4.9
E	ESG 성과가 부진하거나 심각한 ESG 문제 발생으로 인해 투자 배제가 고려되는 종목	1.2

서스틴베스트는 2022년 하반기 상장사 ESG 성과를 평가한 결과, 신한지주, KB금융, SK텔레콤, SK스퀘어 등 4개사가 AA등급을 받았다고 밝혔다.

2) 글로벌 대 국내 ESG 대표 평가 기관 비교

대표적인 글로벌 ESG 평가 기관인 MSCI(Morgan Stanley Capital International)와 국내 한국ESG기준원(구 한국기업지배구조원/KCGS)에 대해서 간략하게 비교하여 정리하였다.

구분		MSCI(글로벌 1위 평가 기관)	한국ESG기준원(KCGS)
정의		ESG에 대한 별도의 공식적인 정의는 없음 ESG 투자, 지속가능투자, 사회책임투자 등의 용어 사용 및 정의	홈페이지에 별도의 공식적인 정의 없음
평가 기업 수		8,500개 글로벌 기업	908개(유가 760, 코스닥 148)
평가 항목	E	기후변화, 천연자원, 오염 및 폐기물, 환경적 기회 등	환경전략/조직/경영/성과, 이해관계자 대응 등
	S	인적자본, 제조물 책임, 사회적 기업, 이해관계자 반응 등	근로자, 협력사/경쟁사, 소비자, 지역사회 등
	G	기업지배구조, 기업행동 등	주주권리보호, 이사회, 감사기구, 공시
평가 방식		37개 핵심 이슈에 대한 리스크, 기회, 매트릭스 분석. 평가 반영	기본평가, 심화평가를 통해 부정적 이슈(사건/사고) 강점

평가 등급	7단계(AAA, AA, A, BBB, BB, B, CCC)	7단계(S, A+, A, B+, B, C, D)(ESG 등급 위원회 결정)
데이터 수집	지속가능보고서, CSR 보고서, 공시/공개 데이터, 정부, 학계 자료 등 활용	공시(사업보고서/지속가능보고서/웹사이트) 보도, 감독기구, 지자체 등 발표 자료(설문 병행)
평가 피드백	없음(일방적)	있음
활용	투자판단 자료로 활용 자산운용사, SSGA 등은 기업 ESG 등급 등의 정보를 제공받음	KRX EFT 지수 종목 구성 활용. 기관 투자자에 제공 (국민연금 책임투자에 활용)

제**3**장

ESG 경영
어떻게 해야 할까
: 중소기업을 위한
ESG 실행 방법

E. 환경경영은 어떻게 해야 할까

S. 사회책임경영은 어떻게 해야 할까

G. 윤리경영은 어떻게 해야 할까

많은 중소·중견기업이 ESG에 관심을 가지고 있으나 어떻게 처음 실행을 해야 할 것인지에 어려움이 있다. ESG의 실행을 간단히 설명하면, 지금까지 기업에서 해 왔던 에너지 절약, 폐기물 관리, 노동환경, 법규 준수 등의 활동에 대해서 명확한 지표를 설정하고, 절차를 수립하고, 수립된 절차를 이행하여, 이들 지표를 지속적으로 관리하는 것이다.

GRI, SASB 등에서 제시되는 많은 지표 중에서 중소·중견기업에서 바로 실행하기에는 어려운 지표들이 많이 있다. 이 장에서는 중소·중견기업에서 실제 실행할 수 있는 중요 지표들에 대해서 설명하였다.

E. 환경경영은 어떻게 해야 할까

E01. 환경목표 수립 및 계획

1. 개념

환경경영을 효율적으로 수행하기 위해서는 기업에 요구되는 환경 책임의 수준을 파악하고 이에 걸맞은 환경목표를 수립해야 한다. '환경목표 수립 및 계획'이란 기업의 환경경영 이념 및 방향성을 구체화하기 위해서 CEO가 공식적으로 환경목표를 수립 및 계획하고 선언하는 것을 말한다.

2. 절차

환경목표 수립 및 계획은 ① 환경경영 실천 의지 확립, ② 대내외 환경 분석, ③ 환경목표 및 계획 수립, ④ 공개의 절차에 따라 진행한다.

Step 1	Step 2	Step 3	Step 4
환경경영 실천 의지 확립	대내외 환경 분석	환경목표 및 계획 수립	공개

3. 솔루션

1) CEO의 환경경영 의지 확립

중소벤처기업의 경우 환경경영을 위해서 별도의 환경 전담 조직을 설치하거나 전문 인력의 배치가 어려우므로 CEO의 의지가 매우 중요하다. CEO는 환경경영에 대한 실천 의지를 직원들에게 공표하고 환경경영 문화를 이끌어 가야 한다.

예시 환경경영 기업 문화 조성

- 기업 내 환경 캠페인 개최
- 환경활동 우수 직원 표창(인센티브 적용)
- 고효율 전자기기 구매 및 사용
- 일회용품 사용 자제 및 분리 배출 실천 문화 확산

---

2) 대내외 환경 분석

기업은 경영활동을 하면서 환경에 다양한 영향을 미치므로 그 과정에서 발생할 수 있는 환경오염원을 파악해야 하고, 환경 관련 주요 이슈 및 글로벌 이니셔티브를 참고하여 기업에 요구되는 환경 책임 수준을 파악해야 한다.

참고 환경오염원 파악성

- 대기: 먼지, 황산화물 등
- 수질: 화학적 산소 요구량, 부유물질 등
- 폐기물: 종이, 음식물쓰레기, 고철, 폐합성수지 등

참고 환경 관련 주요 이슈 및 글로벌 이니셔티브

- 탄소중립: 우리가 배출하는 탄소량과 흡수 제거하는 탄소량을 일치시킴으로써 2050년까지 실질적인 탄소 배출량을 '0'으로 만드는 것
- CDP: 기후 변화, 물, 생물다양성 관련 기업 정보공개 요청
- TCFD: 기후 관련 재무보고 공시를 권고하는 글로벌 가이드라인

---

3) 환경목표 및 계획 수립

기업에 요구되는 환경 책임 수준을 파악하고 이를 달성하기 위한 포괄적·장기적 환경목표 및 계획을 수립한다.

> **참고** **환경목표의 내용 및 요건**
>
> • 기업의 환경경영 이념 및 활동 방향 제시
> • 기업의 상황과 목적에 맞는 경영활동을 수행하면서 환경영향에 대한 지속적인 개선 노력을 포함
> • 환경오염 예방을 포함한 지속가능한 자원 사용, 기후 변화 완화 및 적응, 생물다양성, 생태계 보전 등
> 에 대한 환경경영 의지 포함

> **예시** **환경목표의 구체적 예시**
>
> • "친환경 상품으로 다음 세대를 위해 건강하고 깨끗한 지구를 만들자."
> • "우리 회사는 온실가스 감축 등을 통해 환경을 지키고, 에너지 사용을 합리화하는 방안을 지속적으로
> 찾아 나가고 있습니다."
> • "전사적인 친환경경영을 통해 임직원의 환경의식을 제고하고, 지속가능발전을 위한 환경영향 저감
> 활동을 실천하고 있습니다."

4) 공개

환경목표를 문서화하여 대내외에 공개한다. 환경목표를 외부에 공개함으로써 우리 기업이 환경경영에 대한 중요성을 인지하고 있다는 긍정적인 평가를 받을 수 있기 때문이다.

> **예시** **환경목표 공개 방법**
>
> • 기업 홈페이지
> • CSR 보고서
> • 관련 사이트: 환경정보공개시스템(www.env-info.kr)

4. 환경목표 수립 및 계획의 평가

경영방침 및 사업계획서에 장단기 환경경영 목표가 수립되어 있는지를 확인하고, 이의 공개 여부도 같이 확인한다.

5. 기업 사례

사례 1 환경에 대한 직원 인식 제고

- 에너지 절약 경영방침을 수립하고, 제조원가 변동비 중 50%를 차지하는 에너지 비용에 대한 중요성 인식
- 매년 에너지 비용 10% 절약 운동을 전개하여 어떠한 외부의 환경 변화에도 살아남을 수 있는 기업 경쟁력을 확보하기 위해 에너지 절감 활동을 통해 임직원 모두 동참 의식을 갖도록 노력
- 전력 사용이 많은 하절기와 스팀 사용이 많은 동절기에 전 사원을 대상으로 에너지 절약 제도를 실시하여 에너지 절감 마인드 고취 및 위기의식을 확산시키고 우수 제안을 발굴하여 현장에 적용

사례 2 지속적 투자 유치

- 플랫폼 노동자를 위한 초소형 화물 전기차를 만들고, 스타트업으로 전기차 대체를 통한 환경가치 기여 비전 수립
- 회사의 대표는 내연기관 차량의 문제점을 극복하고 환경오염을 해결하기 위해 사용자의 욕구를 충족시킬 수 있는 차량 개발 노력
- 환경적 가치에 대한 기여와 사회적 약자의 경제활동 활성화를 통해 지속적으로 투자 유치 성공

사례 3 지속적 투자 유치

- 소규모 가족 농장과 협력을 통해 판매 제품 생산
- 농장의 무분별한 확장보다는 유사한 농장철학을 고수하는 소농장과 협력 형태로 사업 모델 확장

E02. 분야별 목표 수립 여부

1. 개념

CEO에 의해 수립된 환경목표를 달성하기 위하여 환경 분야별로 단기, 중장기 세부 목표를 수립하여야 한다. 이는 한정된 자원을 가지고 환경경영을 효율적으로 수행해야 하는 중소벤처기업의 입장에서 주요 분야별로 단기 및 중장기의 실천(또는 측정) 가능한 세부 목표를 수립해야 한다.

2. 절차

분야별 목표 수립 여부는 ① 중요 사안 파악, ② 세부 목표 설정, ③ 실행 계획 수립 및 공유, ④ 목표 달성률 점검의 순으로 진행한다.

3. 솔루션

1) 중요 사안 파악

기업의 업종이나 특수성에 따라 환경 분야별 중요 사안이 다를 수 있으므로 기업별로 환경 관련 중요도나 실행 가능성이 높은 사안을 먼저 확인한다.

> **참고** 중요 사안 파악
>
> • 환경과 관련한 기업 내부의 중요 사안과 해결 가능한 사안 파악
> • 해결 가능한 문제 중 우선순위 설정

2) 세부 목표 설정

전사적 차원의 환경목표를 달성하기 위해 분야별로 구체적인 기간별(단기, 중장기)의 측정 가능한 세부 목표를 설정해야 한다.

> **참고** **분야별 세부 목표**
>
> ✓ **단기 계획**
> - 온실가스: 올해 안에 운송수단, 전자기기를 교체하여 온실가스 배출량을 20% 감축
> - 에너지 사용: 12월 이전에 생산물의 톤당 사용되는 에너지 소비량을 30% 절감
>
> ✓ **중장기 계획**
> - 용수: 향후 3년간 용수 사용량을 현재의 40% 수준으로 감축
> - 폐기물: 향후 5년 내 폐기물 재활용 설비를 사업장에 도입
> - 기타: 5년 이내 ISO 14001 인증 획득

3) 실행 계획 수립 및 공유

세부 목표의 달성을 위해 구체적인 실행 계획을 수립하고 모든 직원의 적극적인 참여를 장려해야 한다.

> **예시** **환경목표 공개 방법**
>
> - 분야별 담당자 지정
> - 실행에 필요한 시간 및 비용 확인
> - 실행 계획을 모든 직원과 공유하고 직원들의 참여 장려

4) 목표 달성률 점검 및 외부 공개

환경문제를 해결하기 위한 기업의 의지와 노력을 홈페이지 등을 통해서 외부에 공개해야 한다.

> **참고** **목표 달성률 점검**
>
> - 설정한 분야별 세부 목표, 실행 계획, 달성 여부를 기록하여 보관 및 공개
> - 목표 달성률이 낮은 경우에 실행 계획의 부족한 부분에 대한 검토 및 수정

4. 분야별 세부 목표 수립 여부 평가

기업의 경영방침 및 사업계획서에 반영된 환경경영 목표 분야를 확인한다. 이들 세부 지표는 온실가스 배출, 에너지 사용, 용수, 폐기물 등이 있으며, 이들 지표의 측정 가능한 세부 목표치가 수립되어 있는지를 확인한다.

> **예시** 환경목표에 따른 세부 목표 예시
>
> ✓ **환경목표**
> - 연내 ISO 14001 인증 획득
> - 향후 5년간 원자재 사용률을 현 수준의 40% 감축
> - 향후 2년간 폐수 방출량을 40% 감소
>
> ✓ **세부 목표**
> - 8월 이전에 2회의 내부 환경감사 실시
> - 운송부의 연내 연료 사용량을 40% 감소
> - 생산부의 12월 이전 전기에너지 소비를 30% 절감
> - 포장라인의 폐기물을 60% 감소
> - 환경운영위원회의 6월 이전에 모든 부서에 대한 내부 감사 실시

5. 기업 사례

우수 사례

사례 1   매출 증대
- 신선식품과 음료 등을 제조, 판매하는 기업으로, 환경경영을 위한 환경 정책 및 방침 보유
- 환경 영향을 최소화하기 위한 부문별 추진 전략과 목표를 보유하고, 추진 활동을 지속가능경영보고서를 통해 공시
- 표준화된 환경관리시스템을 구축하여 운영하고 있으며, 경영활동 과정에서 발생하는 대기오염물질, 유해화학물질, 폐기물의 배출 경로, 배출량 등을 주기적으로 모니터링
- 젊은 세대에게 환경을 생각하는 기업 이미지로 각인 후 매출 증대

사례 2   중장기 목표 달성을 위한 구체적인 세부 목표 수립
- 2030년까지의 달성 목표인 중장기 환경목표를 설정하고, 정량 성과를 포함한 세부 목표 수립 및 공개
  예) 플라스틱 포장재의 재활용, 재사용, 퇴비화 제고 노력
    [세부 목표]
      – 플라스틱 포장재 30%에 재활용 소재의 플라스틱 사용
      – 리필 제품 및 서비스 확장

E03. 친환경 혁신 실행

1. 개념

환경친화적 제품 및 기술 개발을 통해 자원을 효율적으로 사용하여 오염물질의 배출을 최소화할 필요가 있다. 이와 같은 친환경 혁신은 제품을 개발, 생산, 포장, 운송, 판매, 소비하는 전 과정에서 환경오염을 줄이는 것이라고 할 수 있다.

2. 절차

친환경 혁신 실행은 ① 친환경 혁신 유형 파악, ② 투자 분야 및 영역 선정, ③ 친환경 혁신 실행 및 공개의 순서로 진행한다.

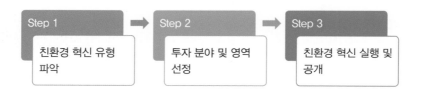

3. 솔루션

1) 친환경 혁신 유형 파악

친환경 혁신을 하기에 앞서 친환경 혁신의 유형을 파악하고 정의해야 한다.

예시 **친환경 혁신 유형**

- 친환경 제품 개발 활동: 친환경 제품 개발을 위한 목표 수립 및 연구개발
- 친환경 특허: 친환경 연구개발 활동을 통해 친환경 관련 특허 획득
- 친환경 제품 인증: 친환경 제품 개발 활동을 통해 친환경 제품 인증 획득
- 제품의 환경성 개선: 친환경 제품 개발 활동을 통해 제품의 기능은 동일하되 친환경적인 요소를 추가하여 제품의 환경 성능 개선

---

2) 투자 분야 및 영역 선정

기업의 특성과 상황을 고려하여 친환경 혁신을 위한 투자 분야 및 영역을 선정하고, 선정한 투자 분야와 영역에 대한 소요 시간, 투자 비용, 효과를 구체적으로 파악해야 한다.

참고 **친환경 혁신을 위한 투자 분야 및 영역 선정**

- 분야: 온실가스, 에너지, 자원, 폐기물
- 영역: 개발, 구매, 제조, 물류, 사용, 수리, 회수, 재사용, 재활용

---

3) 친환경 혁신 실행 및 공개

기업의 특성을 고려한 친환경 혁신 활동을 개발하고 이를 적용 및 실행하여야 한다. 기업이 설정한 친환경 혁신 계획을 수립하고, 수립된 계획에 따라 실행한 내용을 외부에 공개한다. 만약 친환경 제품 인증을 획득한 경우, 이 인증은 친환경 혁신 실행의 공신력을 높이기 때문에 필수적으로 공개하는 것이 좋다.

참고 **친환경 제품 인증**

- 환경마크 인증(한국환경산업기술원): 에너지 및 자원의 투입과 온실가스 및 오염물질의 발생을 최소화한 제품에 부여
- 우수 재활용 제품 인증(국가기술표준원): 제품 전체 과정에서 종합적 품질관리 시스템뿐만 아니라 품질 및 성능, 환경성이 우수한 재활용 제품에 대하여 GR 인증을 부여
- 환경성적표지 인증(한국환경산업기술원): 제품과 서비스의 환경성 제고를 위해 제품 및 서비스의 원료 채취, 생산, 유통, 사용, 폐기 등의 전체 과정에 대한 환경영향을 계량적으로 표시하는 제도

예시 **친환경 혁신 예시(사례: 재생 원료를 이용한 친환경 전자제품 Tray 개발)**

- 폐기 단계에서 환경 개선: 폐기 단계에서 해체의 용이성 향상, 재활용·재사용 가능성 증가(사례: 부품에 재활용 기술 적용/리퍼제품)
- 포장 단계에서 환경성 개선: 포장 단계에서 포장 재질 및 포장 방법 변경

4. 친환경 혁신 실행의 평가

경영방침 및 사업계획서상에 친환경 제품 개발 또는 환경친화적 공정 개선 계획이 포함되어 있고, 이를 실천하고 있는지를 확인한다.

5. 기업 사례

우수 사례

사례 1   투자 유치

- 최소한의 에너지를 사용하고 물을 사용하지 않는 방사 방식의 냉각 시스템을 개발하여 냉각에 소비되는 에너지 절약
- 평균적으로 10~40%의 냉각 효과를 극대화할 수 있고, 향후 에어컨 시스템을 완전히 대체하게 될 경우 80~90%의 에너지 절감 예상
- 타사와 차별화된 기술을 개발하여 단순히 환경적으로 에너지 효율성을 극대화하는 것을 넘어서 전 세계의 에너지 사용 비용을 큰 폭으로 절감해 줄 수 있다는 점에서 매우 높은 성장 가능성 기대

사례 2   신사업 기회 창출

- 커피 추출 후 버려지는 커피박(커피 찌꺼기)의 화학적 업사이클 기술 개발
- 커피박의 탄소 나노입자와 폴리페놀 성분에 주목하여 친환경 혁신 기술을 접목한 새로운 입자 물질 개발 및 신사업 창출
- 리사이클을 위한 기술바이오 이미징, 약물전달시스템, 촉매 등 다양한 연구에 접목하여 활용 가능

사례 3   자체적 이니셔티브 수립

- 원료 추출 단계부터 제품의 수명이 다할 때까지 제품의 환경영향 저감을 목표로 자발적인 녹색 행동(Act for Green)이라는 자체적 이니셔티브 수립
- 활동 내용
  - 전력 소비: 전동 제품이 대기전력 소비는 0.5W 미만으로 감소
  - 자원: 일부 오래된 전자 부품 기술은 사용 금지
  - 내구성: 내부 기준에 따라 낙하와 충격을 견딜 수 있도록 제품 제작
  - 화학물질: 유럽 RoHS 규정 및 REACH 규정 준수
  - 포장: 폴리스티렌 및 PVC 웨지 제거, 최소 50% 재활용 판지 사용

E04. 온실가스 배출 관리

1. 개념

온실가스는 기후 변화의 주요 원인 중 하나이며, 최근 글로벌 대기업들은 공급업체의 온실가스 배출량까지 관리하고 있다. 따라서 기업의 활동으로 발생하는 온실가스를 감축하기 위한 관리 및 개선 활동이 이루어져야 한다.

2. 절차

온실가스 배출의 관리는 ① 현재의 배출량을 측정하고, ② 관리 매뉴얼을 개발하여, ③ 관리 매뉴얼에 따라 감축 활동을 이행하며, ④ 온실가스 배출량을 지속적으로 모니터링하고 그 결과를 외부에 공개하는 절차로 진행한다.

Step 1 배출량 측정 → Step 2 관리 매뉴얼 개발 → Step 3 감축 활동 이행 → Step 4 모니터링 및 외부 공개

3. 솔루션

1) 배출량 측정

온실가스의 종류와 배출 유형을 구분하여 각각의 배출원과 배출량을 측정한다. 배출량은 월간, 분기, 연간 등 기준을 정하고 측정한 배출량을 기록하고 관리한다.

> **참고** 배출가스의 유형
>
> • 종류: 이산화탄소, 메탄, 아산화질소, 수소불화탄소, 과불화탄소, 육불화황 등
> • 배출 유형: 직접 배출(Scope 1), 간접 배출(Scope 2), 기타 간접 배출(Scope 3)

2) 관리 매뉴얼 개발

온실가스 관리 매뉴얼을 개발하여 관리 매뉴얼에 따라 배출량을 지속적으로 관리한다. 관리 매뉴얼은 정부 등 외부 기관의 평가 기준이 되는 자료이므로 신중하게 만들어야 한다.

> **예시** 친환경 혁신 예시(사례: 재생 원료를 이용한 친환경 전자제품 Tray 개발)
>
> • 폐기 단계에서 환경 개선: 폐기 단계에서 해체의 용이성 향상, 재활용·재사용 가능성 증가(사례: 부품에 재활용 기술 적용/리퍼제품)
> • 포장 단계에서 환경성 개선: 포장 단계에서 포장 재질 및 포장 방법 변경

3) 감축 활동 이행

온실가스로 인한 기후변화 영향을 최소화하기 위해 기업의 상황을 고려하여 수행할 수 있는 감축 활동을 이행하여야 한다.

> **예시** 감축 활동 예시
>
> • 회사 공용 차량을 전기차 혹은 수소차로 교체
> • 직간접 온실가스 저감 실천: 에너지 사용량 저감, 공정혁신, 신재생 에너지로 대체 등
> • 기업 내 녹색제품 구매 활성화: '우수 재활용 제품' 등 환경오염 저감을 통해 복원에 사용되는 사회적 비용 최소화

4) 모니터링 및 외부 공개

온실가스 배출 현황, 관리 및 성과를 정의된 주기에 따라 기록하여 관리하고, 배출량 정보를 외부에 공개하여 환경보호를 위한 기업의 노력과 성과를 외부에 보여 주어야 한다.

> **참고** 감축 활동 모니터링
>
> • 온실가스 배출량, 감축 목표량, 실제 감축량을 주기적으로 측정하고 기록하고 보관
> • 관리 매뉴얼, 온실가스 배출량, 감축 목표량, 실제 감축량 공개
> • 감축 목표량과 실제 감축량의 차이가 큰 경우에 감축 계획 검토 및 수정

4. 온실가스 배출량 관리의 평가

온실가스 및 대기오염물질 관리 매뉴얼 보유 여부와 관리 수준을 확인한다. 기업은 온실가스 배출관리 매뉴얼을 보유하고 있고, 지속적으로는 측정을 수행하고 있으며, 측정된 데이터의 분석을 통해 개선 활동에 관한 결과를 매뉴얼과 사업계획서에 반영하여 지속적인 개선이 이루어지고 있는지를 확인한다.

5. 기업 사례

우수 사례

사례 1　브랜드 홍보
- 글로벌 탄소중립을 위하여 소상공인과 가계의 참여를 유도하는 메타버스 플랫폼 개발 목표
- 카페에서 텀블러를 사용하고 인증하면 가상현실 포인트 지급

사례 2　'탄소배출권 거래제 우수 업체'로 선정
- 수소 활용을 통한 온실가스 감축으로 바람직한 기후행동을 실천
- 화학공정 중 발생하는 부생수소(공정에서 남은 수소)를 활용한 온실가스 감축 성공
- 부생수소를 활용해 공장의 온실가스 규모를 연간 2만 6,000톤 감축

사례 3　Scope 3까지 관리
- 지속가능경영보고서를 통한 직간접 온실가스 배출 현황(Scope 1, 2, 3)의 투명한 공개
- 2040년 탄소중립 달성 목표 및 이행 방안 수립
- 글로벌 이니셔티브 가입(NZBA, PCAF, SBTi) 및 지지
- 기후변화 이행 위험관리
- 출장 거리에 따른 온실가스 배출량 측정 및 관리

E05. 용수 처리 및 폐수 관리

1. 개념

수자원은 인류의 생존을 위한 필수 자원이며, 특히 식수로 쓰이는 담수는 지구상 물 총량의 2.7%에 불과하다. 따라서 폐수 처리와 같은 물관리가 필요하다. 수자원의 효율적인 활용을 위해 용수 사용을 줄이거나 폐수처리시설을 통해 폐수 발생을 줄이는 등의 활동을 의미한다.

2. 절차

용수 처리 및 폐수 관리는 ① 사업장의 용수 사용량 및 폐수 배출량을 측정하고, ② 물관리를 위한 매뉴얼을 개발하며, ③ 매뉴얼에 따른 감축 활동을 이행하며, ④ 지속적인 모니터링과 그 결과를 외부에 공개하는 활동을 하게 된다.

Step 1	Step 2	Step 3	Step 4
용수 사용량 및 폐수 배출량 측정	관리 매뉴얼 개발	감축 활동 이행	모니터링 및 외부 공개

3. 솔루션

1) 용수 사용량 및 폐수 배출량 측정

사업장 내에서 사용하는 용수의 사용 용도, 사용량, 재사용량, 폐수 배출량을 측정하고, 월간, 분기간, 연간 등 정해진 기준에 따라 사용량 및 배출량을 기록하고 관리한다.

참고 용수 재사용량
• 용수 재사용량: 수자원에 대한 효율성 척도

2) 관리 매뉴얼 개발

회사에 적합한 용수 및 폐수 관리 매뉴얼을 개발하고, 개발된 매뉴얼에 따라 사용량 및 배출량을 지속적으로 관리한다. 이들 자료는 정부 등 외부 기관의 평가 기준이 되기 때문에 신중하게 제작되어야 한다.

예시 매뉴얼 구성 항목

- 용수 사용 및 폐수 배출 감축 목표 설정
- 관리 전략 및 방안 수립
- 담당 조직 혹은 담당자 지정

---

3) 감축 활동 이행

용수 사용 및 폐수 발생 감축을 위해 기업의 상황을 고려하여 가능한 활동을 실행해야 한다.

예시 용수 감축 활동

- 용수 절수 및 재활용 설비 혹은 기기 설치
- 폐수 발생 억제 설비 마련
- 직원들에게 수질오염 예방 교육과 용수 및 폐수 관리에 대한 교육을 진행
- 중수도설비 등 수자원 재활용 시스템 구축

---

4) 모니터링 및 외부 공개

용수 사용 및 폐수 배출 현황, 관리 및 성과를 주기적으로 기록하여 관리하며, 외부에 공개하여 환경보호를 위한 기업의 노력과 성과를 보여 주어야 한다.

참고 용수 감축 활동 모니터링

- 용수 사용량, 폐수 배출량, 감축 목표량, 실제 감축량을 주기적으로 측정하고 기록하여 보관
- 관리 매뉴얼, 용수 사용량, 폐수 배출량, 감축 목표량, 실제 감축량 공개
- 감축 목표량과 실제 감축량의 차이가 큰 경우에는 감축 계획 검토 및 수정

4. 용수 처리 및 폐수 관리의 평가

용수 및 폐수 관리 매뉴얼의 보유 여부를 확인하고 매뉴얼에 따른 관리 수준을 확인한다. 기업은 용수 및 폐수 관리 매뉴얼을 보유하고 있고, 지속적으로는 측정을 수행하고 있으며, 측정된 데이터의 분석을 통해 개선 활동에 관한 결과를 매뉴얼과 사업계획서에 반영하여 지속적인 개선이 이루어지고 있는지 확인한다.

5. 기업 사례

우수 사례

사례 1   정부 자금 지원
- 데이터 분석을 통한 스마트 수질 정화 솔루션
- 부유식 수질 정화장치, 무선 원격 조종 녹조제거선, 침전물 부양형 물순환 장치, AI, 로봇, 빅데이터를 활용한 담수 시설 수질 정화 솔루션
- 환경부 자금지원 혜택

사례 2   순환 활용 물처리 시스템 도입
- 철강 소재를 냉각하는 공정에서 사용되는 공업용수를 98% 이상 순환 활용하는 물처리 시스템 도입
- 열에 의해 증발하는 2%만 새로 공급하면 되는 방식으로, 몇 번 사용해서 수질이 나빠진 폐수는 배수종말처리장으로 보내져서 정화 처리된 뒤에 다시 원료 야적장의 먼지 발생을 막기 위해 재활용
- 일부 배출수는 정화된 뒤에 근처 유휴지에 있는 논에 뿌려서 벼 발육을 촉진하는 비료로 사용

사례 3   물 재사용 설비 구축
- 냉각수 등 사용 후에 버려지는 물을 정수해 보일러나 화장실 등에 재사용하는 설비 구축
- 전년 용수 사용량 대비 20% 절감이라는 목표를 가지고 물 절약 캠페인을 실시하며, 설비 시스템 개선, 물 사용 프로세스 개선, 물 절약 생활 실천 교육 및 홍보 부문으로 나누어 유기적 진행

위반 사례

사례 4   일시적 조업 중단
- 최근 기준치를 넘어선 수질오염물질을 배출해 폐수 무단 배출 혐의로 10일간 일시적 조업 중단
- 수질오염 논란이 끊이지 않는 기업으로 수질오염을 방지하기 위한 시설 투자로 430억 투입
- '공정 사용수 무방류 설비'와 '수질오염 제로' 달성을 목표로 노력하여 지역 주민들의 신뢰를 받을 수 있도록 노력할 계획

E06. 폐기물 관리

1. 개념

경영활동 중 발생하는 폐기물의 처리 시 발생할 수 있는 다량의 유해물질을 막기 위해서는 자원의 사용을 원천적으로 줄이거나 폐기물 발생을 최대한 억제해야 한다. 이는 제품 및 서비스를 생산, 운송, 판매하는 전 과정에서 자원의 사용을 원천적으로 줄이거나 재활용, 재사용이 가능하도록 개선하여 폐기물의 배출을 최소화하고 이를 적법하게 처리하는 것을 의미한다.

2. 절차

폐기물 관리는 ① 사업장의 폐기물 배출량을 측정하고, ② 폐기물 관리 매뉴얼을 개발하여, ③ 폐기물 감축 활동을 이행하며, ④ 폐기물 배출량을 모니터링하고 외부에 공개하는 활동을 수행한다.

Step 1	Step 2	Step 3	Step 4
배출량 측정	관리 매뉴얼 개발	감축 활동 이행	모니터링 및 외부 공개

3. 솔루션

1) 배출량 측정

사업장 내의 폐기물 배출원을 파악하고, 폐기물 배출량을 측정한다. 측정한 폐기물 배출량은 기록하고 관리한다.

참고 배출량 관리
• 폐기물 각각에 대한 적법한 처리 절차의 확인 및 준수

2) 관리 매뉴얼 개발

폐기물 및 재활용 관리 매뉴얼을 개발하여 배출량을 지속적으로 기록하고 관리한다. 이들 자료는 정부 등 외부 기관의 평가 기준이 되는 자료이므로 신중하게 제작해야 한다.

예시 매뉴얼 구성 항목
• 폐기물 감축 및 재활용 목표량 설정 • 관리 전략 및 방안 수립 • 담당 조직 혹은 담당자 지정

3) 감축 활동 이행

제품 생산, 폐기물 배출, 운반, 최종 처분 과정에서 기업의 상황을 고려하여 폐기물 배출량의 감축을 위하여 가능한 활동을 실행하여야 한다.

예시 배출량 감축 활동
• 재활용을 위한 분리 배출 실천 • 제품 제조 및 배송 과정에서의 과대 포장 방지 • 자원의 순환성을 고려한 제품 구매 • 종이 없는 회의 활성화

4) 모니터링 및 외부 공개

폐기물 배출 현황, 관리 및 성과를 주기적으로 기록하여 관리하고, 이들 자료를 외부에 공개하여 환경보호를 위한 기업의 노력과 성과를 보여 주어야 한다.

참고 배출량 감소 모니터링
• 폐기물 배출량, 감축 목표량, 실제 감축량을 주기적으로 측정하고 기록하여 보관 • 관리 매뉴얼, 배출량, 감축 목표량, 실제 감축량 공개 • 감축 목표량과 실제 감축량의 차이가 큰 경우에는 감축 계획 검토 및 수정

4. 폐기물 관리의 평가

폐기물 관리 매뉴얼의 보유 여부를 확인하고 매뉴얼에 따른 관리 수준을 확인한다. 기업은 폐수 관리 매뉴얼을 보유하고 있고, 지속적으로 측정을 수행하고 있으며, 측정된 데이터의 분석을 통해 개선 활동에 관한 결과를 매뉴얼과 사업계획서에 반영하여 지속적인 개선이 이루어지고 있는지를 확인한다.

5. 기업 사례

우수 사례

사례 1   아기유니콘 200 육성 사업 선정
- 마감 할인을 필요로 하는 고객을 연결해 버려지는 음식을 줄이고, 판매자에게 추가 수익을 만들어 주는 서비스를 제공하는 벤처기업
- 자체적으로 개발한 플랫폼을 통해 연간 13조 원의 음식 폐기물을 줄여 합리적인 소비를 실현하고 환경에 기여
- 35,000개 이상의 매장과 제휴를 맺고 마감 임박 상품 판매
- 중소벤처기업부에서 주관하는 '아기유니콘 200 육성 사업' 선정

사례 2   기획재정부 혁신기업상 수상
- 인공지능, 빅데이터를 적용하여 스스로 순환자원을 판단하고 자동으로 선별 처리할 수 있는 지능형 로봇 개발
- 재활용 문화 전시와 업사이클링 체험 프로그램 등 환경 콘텐츠 운영
- 혁신기업상 등 수상

사례 3   투자 유치
- 폐어망을 재활용한 고순도 리사이클 나일론 개발
- 해양폐기물, 특히 폐어망 순환자원을 위해 자원화 플랜트 가동, 고순도 PCR 원료 추출 및 공급
- 임팩트스퀘어 3백만 원 투자 유치

사례 4   수상 및 해외 기업 이목 집중
- 식품 제조 공정에서 발생하는 부산물을 업사이클하여 건강하고 착한 식품을 만들어 식음료 산업의 선순환 구조 구축 목표 수립
- 업사이클링 방식 첨단 기술을 통해 맥주 부산물로 대체 밀가루를 개발
- 아시아 최대 규모의 푸드 테크 스타트업 콘퍼런스에서 수상하고 세계적인 스타트업 경진대회인 EWC 한국 지역 예선에서도 우승을 차지하여 해외 기업의 많은 이목 집중

사례 5   높은 고객 만족도 달성
- 화장품 업계의 플라스틱 포장재 문제 해결에 앞장서고자 'Recycle, Reduce, Reuse, Reverse'를 내용으로 하는 4R 전략 수립
- 불필요한 플라스틱 소비 절감과 순환 경제 구축에 기여를 위하여 샴푸와 바디워시 제품의 내용물만을 소분 판매하는 방식의 리필 스테이션을 일부 매장에서 운영
- 새로운 경험과 친환경 가치, 수준 높은 서비스로 고객 만족도 향상

E07. 에너지 사용량 추이

1. 개념

에너지의 과도한 사용은 기후변화에 영향을 미치게 된다. 따라서 에너지 효율 향상, 고효율 설비 도입, 건물 단열 강화, 연비 개선 등을 통한 에너지 사용량 관리는 환경 피해를 줄이고 기후변화 방지에 기여하게 된다. 기업 내에서 사용하는 에너지를 파악하여 합리적이고 효과적인 에너지 사용량의 관리가 필요하다.

2. 절차

에너지 사용량 추이의 관리는 ① 에너지 사용량을 측정하고, ② 에너지 관리 매뉴얼을 개발하고, ③ 에너지 감축 활동을 이행하며, ④ 에너지 사용량을 지속적으로 모니터링하고 그 결과를 외부에 공개하여야 한다.

3. 솔루션

1) 사용량 측정

불필요한 에너지 사용을 방지하고 재생에너지 활용 가능성을 확인하기 위해 기업 안에서 에너지가 많이 쓰이는 곳을 파악해야 한다.

> **참고** 에너지 사용량 측정
>
> • 기업 내 에너지 사용 용도와 사용량 측정
> • 화석에너지(석유, 석탄, 천연가스)와 재생에너지(태양열, 지열, 풍력)로 구분하여 측정
> • 월간, 분기간, 연간 등 기준 설정을 통한 주기적 측정

2) 관리 매뉴얼 개발

에너지 사용에 대한 관리 매뉴얼을 개발하여 사용량을 체계적이고 지속적으로 관리하여야 한다. 이들 자료는 정부 등 외부 기관의 평가 기준이 되는 자료이므로 신중하게 제작해야 한다.

> **예시** **매뉴얼 구성 항목**
>
> • 화석에너지 감축, 재생에너지 사용 목표량 설정
> • 관리 전략 및 방안 수립
> • 담당 조직 혹은 담당자 지정

3) 감축 활동 이행

에너지 사용량 감축을 위해 기업의 상황을 고려하여 가능한 활동을 실행해야 한다.

> **예시** **에너지 감축 활동**
>
> • 고효율 전자기기 사용
> • 전자기기 미사용 시 전력 차단
> • 냉난방 온도 적정 수준으로 유지
> • 친환경 에너지 설비 설치

4) 모니터링 및 외부 공개

에너지 사용 현황, 관리 및 성과를 주기적으로 기록하여 보관하고 외부에 공개하여 환경보호를 위한 기업의 노력과 성과를 보여 주어야 한다.

> **참고** **에너지 감축 활동 모니터링**
>
> • 에너지 사용량, 감축 목표량, 실제 감축량의 주기적인 측정 및 기록 보관
> • 관리 매뉴얼, 사용량, 감축 목표량, 실제 감축량 공개
> • 감축 목표량과 실제 감축량의 차이가 큰 경우에는 감축 계획 검토 및 수정

4. 에너지 사용량 추이의 평가

최근 3개년 간의 에너지 사용량 추이가 관리되고 있고, 그 추이가 감소하고 있는지를 확인하고 평가한다.

5. 기업 사례

우수 사례

사례 1   협업우수팀 수상
- AI, 빅데이터, 클라우드를 활용한 재생에너지의 발전량 예측 기반, 가상발전소(VPP) 소프트웨어 개발
- 전국 8만여 개 재생에너지 발전소의 발전량 예측을 수행하는 '대한민국 가상발전소'와 현재와 미래의 기상정보와 발전소를 지도 위에 표시하는 지도 제작

사례 2   에너지 사용량 절감 효과 15% 달성
- 에너지 기업으로 전방위적인 혁신을 통해 절감효과 목표치(7%)의 2배가 넘는 15% 달성
- 에어컨 가동부터 습도 조절 설비, 냉수 공급 장치 등 대형 설비의 에너지 사용 현황을 분석해 상시 가동하던 설비들은 필수적인 상황에서만 사용하도록 운영했고, 가동 효율을 개선할 수 있는 장비는 업그레이드를 통해 에너지 사용량 감축
- 제조 공정상 에너지 사용량을 절감한 성과를 인정받아 '에너지 효율 목표제 우수 산업장' 인증 획득

사례 3   에너지 낭비 개선
- 사무실 위주의 공간 배치로 장시간 점등하는 경우가 많고, 휴무일, 공휴일에도 상시 근로자가 있어 에너지 낭비 심각
- 회로 구분이 미흡해 소수 인원이 근무할 때에도 전체 점등할 경우가 많아 개선 필요
- 건물 전체를 LED 조명 등으로 교체하고, 창측, 부서별 회로를 구분하여 주간 및 부서별 야근, 휴일 근무 시 해당 근무자 주변의 조명등만 사용할 수 있도록 회로 구분

S01. 정책(목표) 수립

1. 개념

기업의 경영활동 중에 발생할 수 있는 인권침해, 산업재해, 공급망 위험 등의 부정적 영향을 사전에 방지하고 문제 발생 시 적절한 조치를 취하기 위해 사회적 책임 정책 수립이 필요하다. 기업은 근로자 인권 보호, 사회공헌, 공급망(소비자) 관리, 정보보안, 산업재해 예방 등과 관련된 책임경영 정책 또는 목표를 수립하고 지켜야 한다.

2. 절차

사회책임경영을 위한 정책(목표) 수립은 ① 비전 수립, ② 대내외 환경 분석, ③ 세부 목표 수립, ④ 정보공개 순으로 진행되어야 한다.

Step 1	Step 2	Step 3	Step 4
비전 수립	대내외 환경 분석	세부 목표 수립	정보공개

3. 솔루션

1) 비전 수립

사회적 책임 활동을 원활히 수행하기 위해서는 CEO가 사회적 책임에 대한 중요성을 인식하고 확고한 실천 의지를 보여 주어야 한다. 그러기 위해서 CEO는 기업의 비전에 부합하는 사회적 책임 활동 비전을 수립해야 한다.

비전 수립 예시

- 기업 비전: "혁신과 상생으로 미래 에너지 가치를 만들어 가는 기업"
- 사회적 책임 활동 비전: "사랑과 나눔으로 함께하는 세상을 열어 가는 기업"

2) 대내외 환경 분석

경영활동 중 사회적 책임으로 인한 위험 요소를 제거하기 위해 대내외적인 환경 분석을 실시하여야 한다. 이는 경영활동 과정에서 발생할 수 있는 사회적 책임 위험요소와 기회요소를 식별하기 위해서이다.

분석 이슈

- 기업 내부와 관련된 이슈: 인권, 근로 관행, 지역사회 공헌, 공급망, 산업재해 예방 등
- 사회적 책임과 관련된 규제 및 가이드라인 검토: OECD 다국적기업 가이드라인, UN 아동권리협약, ILO 노동자기본권 선언, ILO 핵심 협약 등

3) 세부 목표 수립

기업의 여건에 맞추어 지역사회 공헌 프로그램, 공급망 근로자를 위한 사회적 책임 등과 같은 사회적 책임 활동을 하기 위한 세부 목표를 수립하여야 한다.

세부 목표 예시

- 근로자 인권: 인권경영시스템 구축과 지속적인 인권교육
- 사회공헌: 지역 봉사활동 등을 통한 사회공헌
- 공급망: 공급망 실사 대응을 위한 전략 수립
- 정보보안: 개인정보보호 정책 마련
- 산업재해 예방: 산업재해 예방을 위한 ISO 45001 인증

4) 정보공개

사회적 책임 활동을 위한 목표를 수립한 후에는 이를 공개하여 이해관계자들에게 적극적으로 알리고 소통해야 한다. 이해관계자들과의 소통을 위하여 수립한 사회적 책임 목표를 문서화하여 기업 내외부에 공개하여야 한다.

- 기업 홈페이지 예시
- CRS 보고서

4. 사회책임경영 목표 수립의 평가

기업의 경영방침과 사업계획서에 반영된 사회책임경영 정책 혹은 목표 분야를 확인한다. 계획된 목표 분야에는 근로자 인권, 사회공헌, 공급망(소비자 포함), 정보보안, 산업재해 예방(안전, 보건 포함)이 포함되는 것이 좋다.

5. 기업 사례

우수 사례

사례 1 　2배 이상의 매출 성장
- 일자리를 통해 빈곤을 퇴치하고자 하는 소셜벤처
- 전체 임직원의 30%를 일자리 취약계층으로 채용
- 설립 이후 지속적 성장 및 200억 규모의 신규 투자 유치

사례 2 　올해의 장애인 일터 수상
- 게임업계 최초의 자회사형 장애인 표준 사업장
- 장애인과 비장애인이 서로 잘 어우러지는 화합의 문화 추구
- 장애인 직원들이 편히 근무할 수 있도록 사무실 조성(핸드레일, 자동문, 넓은 통로, 모든 스위치가 허리 아래 높이 유지 등)
- '장애 인식 개선 테스크포스(TF)' 구성 후 전 직원을 대상으로 교육 실시
- 차별 없는 직장 문화 안착

사례 3 　2배 이상의 매출 성장
- 발달장애인 직원을 고용해 천연 고체 비누를 생산하는 회사로, 비누를 만들기 위해 발달장애인을 고용하는 것이 아니라 발달장애인을 고용하기 위해 비누 제작
- 사회적 책임 목표: 따뜻한 연대(모두의 다양성을 존중하며 함께 공존)
- 매년 2배 이상의 매출 성장

사례 4 　지속적인 투자 유치
- 사회적 책임 목표 미션: 이동 약자의 문제를 기술로 해결
- 딸의 친구로부터 수동 휠체어로 이동할 경우에 발생하는 어려움에 관해 설명을 듣고 회사를 설립, 휠체어 파워 어시스트 제품 개발 착수
- 투자 유치 및 고용 인원 3명에서 24명으로 상승

S02. 지역사회 공헌 프로그램 실행

1. 개념

기업은 지역사회의 일원으로서 공헌하는 것뿐만 아니라 지역사회와 원만한 관계를 유지하여야 한다. 지원 사회와의 원만한 관계는 기업 활동으로 발생하는 대기오염, 소음공해 등과 같은 불가피한 사건·사고로 발생하는 민원 신고 등의 위험을 최소화할 수 있다. 따라서 기업은 지역사회와의 상호작용을 통해 기업이 지역사회의 복지와 발전에 기여하는 활동을 하여야 한다.

2. 절차

지역사회 공헌 프로그램의 실행은 ① 관련 예산 및 인력을 확보하고, ② 사회공헌 프로그램을 개발하여, ③ 실행하고, ④ 그 결과를 모니터링하고 공개하여야 한다.

Step 1	Step 2	Step 3	Step 4
예산 및 인력 확보	프로그램 개발	프로그램 실행	모니터링 및 공개

3. 솔루션

1) 예산 및 인력 확보

예산과 인력이 상대적으로 부족한 중소·중견기업이 지역사회 공헌 프로그램을 시행하기 위해서는 예산과 인력을 먼저 확보하여야 한다.

> **참고** **예산 및 인력 확보 방안**
>
> • 사회공헌 프로그램 실행을 위한 다양한 정부 혜택 확인
> • 사회공헌을 수행할 자원봉사자 모집

2) 프로그램 개발

지역사회와의 상호 발전을 위하여 지역사회가 필요로 하는 것이 무엇인지를 먼저 파악하여야 한다. 기업은 예산과 인력을 감안하여 지역사회가 필요로 하는 것에 대하여 금전적 활동 또는 자원봉사 활동 프로그램을 개발하여야 한다.

예시	지역사회 이슈

- 코로나19 위기에 따른 지역 소상공인의 어려움
- 농어촌 고령화로 인한 일손 부족
- 독거노인 등을 위한 보건 및 사회복지 서비스 미흡 등

3) 프로그램 실행

금전적 공헌 활동은 장학금, 기부금, 도시락 봉사 등 최소의 금액으로 최대의 효과를 낼수 있도록 실행하며, 자원봉사 활동 등 인적 공헌 활동은 자원봉사자가 가진 능력과 재능을 최대한 발휘할 수 있도록 실행하는 것이 좋다.

참고	실행 유인 방안 및 감독

- 지역사회 프로그램 참여 직원에 대한 인센티브 부여 등을 통한 동기 부여
- 예산 투입의 경우에는 적절한 사용에 대한 감독

4) 모니터링 및 공개

지역사회 공헌 프로그램이 효과적으로 수행되었는지 모니터링하여 다음 프로그램이 더욱 잘 진행될 수 있도록 한다.

참고	모니터링 항목

- 사회공헌 비용 점검(매출액 대비 사회공헌 비용 산출 등)
- 임직원 참여율(연도별 참여율, 프로그램별 참여율 등)
- 프로그램의 효과성(프로그램의 만족도 조사 실시 등)

4. 지역사회 공헌 프로그램의 평가

기업이 지역사회 공헌 참여 프로그램을 운영하고 있으며, 그 결과를 모니터링하여 미흡한 부분에 대하여 지속적인 개선 활동이 이루어지고 있는지를 확인한다.

5. 기업 사례

우수 사례

사례 1 투자 유치
- 청각장애인을 위해 말하는 대로 받아 적는 인공지능(AI) 기반 실시간 문자 통역 서비스 개발 운영
- 누적 구매 시간 1만 시간, 병원, 대학 등 약 200개 기관 활용
- 서울, 경기, 부산 등의 교육청을 통해 온라인 개학 대비 실시간 자막 서비스 제공
- 약 5억 원 투자 유치

사례 2 대한민국 인터넷 대상 국무총리상 수상
- 아이돌봄 서비스 매칭 플랫폼(부모 회원 7만 명, 교사 회원 2.5만 명)
- 누적 투자액 80억, 대한민국 인터넷 대상 국무총리상 수상
- 코로나19로 인해 포털사이트 검색을 통해 유입 170% 증가, 2020년 1월 대비 2월 돌봄 신청 수 250% 급증

사례 3 월드서밋어워드 아시아 최초 우승
- 시각장애인을 위한 점자형 스마트워치, 촉각 디스플레이 개발
- 13개 언어로 자동 점자 변환 서비스
- KOICA와 함께 케냐와 인도에서 점자 보조기기 보급 사업 진행
- 2020년 월드서밋어워드(UN의 SDG를 우수하게 이행한 기업에게 부여하는 상)에서 아시아 최초 우승
- 미국의 시각장애인들을 위한 학습교구 공급

사례 4 매출 증가
- 소비를 통한 기부 문화 정착을 위해 설립된 기업으로 취약계층에게 생필품 제공
- 1+1 생리대 평생 기부 캠페인 진행
- 제품은 발암류와 유해물질 시험 57종 통과

사례 5 사회공헌 지정 업체 선정
- 지역이 어르신에 대한 공경 및 지원 사업
- 대한노인회 경기연합회의 어르신 우대 사회공헌 지정 업체 선정
- 지역 체육문화 활동 지정: 베이직 리그 K3 파주시민 축구단 공식 후원
- 지역 내 고등학생 장학금 지원

사례 6 다양한 유형의 지역사회 공헌 프로그램 운영
- 소외된 이웃들이 더욱 행복하고 풍요로운 삶을 영위할 수 있도록 행복 나눔, 소망 나눔, 문화 나눔, 사랑 나눔, 맑은 나눔 등 5대 나눔 운동 전개
- 임직원이 직접 참여해 무주택 서민들에게 행복한 집을 지어 주는 행복 나눔 활동 진행
- 지역 현장에 지역사회의 소외된 이웃들을 위해 봉사활동을 수행하는 봉사대원 운영
- 사내 동호회가 결연 복지시설을 자발적으로 찾아 성금 및 지원품을 전하고 청소와 문화 활동 시작

S03. 공정거래 이행

1. 개념

공정거래의 이행은 공정한 방법으로 거래하는 행위로, 자유로운 시장경쟁을 저해하거나 정당하지 못한 방법 등을 사용하여 거래하지 않는 행위를 의미한다. 지속성장을 위하여 거래 업체와의 공정거래가 강조되고 있다. 「하도급거래 공정화에 관한 법률」과 「공정거래에 관한 법률」 위반 기업에 대한 평가 기준이 강화되고 있으며, 하도급과의 공정거래 협약 이행을 평가할 때 하도급 업체의 기술 지원 및 보호가 강조되고 있다.

2. 절차

공정거래의 이행을 위해서는 ① 위반사항 및 이슈를 식별하고, ② 공정거래 이행을 위한 규범을 수립하고 관련 교육을 실시하여야 한다. 이를 위해서 ③ 절차 및 표준계약서를 문서화하고, ④ 공정거래의 준수 사항을 모니터링하여야 한다.

Step 1	Step 2	Step 3	Step 4
위반사항 및 이슈 식별	규범 수립 및 교육 실시	절차 및 표준계약서 문서화	공정거래 준수 모니터링

3. 솔루션

1) 위반사항 및 이슈 식별

기업의 공정거래를 저해할 위험이 있는 항목과 이슈를 식별하여야 한다.

> **예시** **시장지배적 지위 남용 행위**
>
> • 거래 거절, 차별적 취급, 경쟁사 업체 배제, 부당한 고객 유인, 거래 강제, 거래상 지위 남용, 구속조건부 거래, 사업 활동 방해, 부당한 자금, 자산, 인력의 지원 등

부당공동행위(담합)

- 가격의 결정, 유지, 변경, 거래 조건 및 대금 지급 조건 설정, 거래 제한, 시장 분할, 설비 제한, 상품의 종류 및 규제 제한, 영업의 주요 부문 공동 관리, 입찰 담합, 기타 다른 사업자의 영업 활동 방해 등의 9개 유형으로 구분

2) 규범 수립 및 교육 실시

내부 직원들의 공정거래에 대한 인식을 개선하기 위해 윤리 규범 및 목표를 수립하여야 한다. 또한 공정거래 관련 규정 및 우수 사례로 교육자료를 제작하여 내부 직원들에게 교육하여야 한다.

교육 지원 자료

- 중소벤처24(www.smes.go.kr)–공정거래 교육 지원
- 공정거래위원회(www.ftc.go.kr)–교육 홍보 자료

3) 절차 및 표준계약서 문서화

공정거래가 이루어질 수 있도록 공정거래 절차 및 표준계약서를 문서화하여야 한다. 표준계약서에는 사업과 관련된 공정거래 준수 사항을 내포하여야 한다.

공정거래위원회 표준계약서(공정거래위원회 홈페이지 참조)

- 표준약관 양식
- 표준유통거래계약서
- 표준하도급계약서
- 표준대리점계약서
- 표준가맹계약서

4) 공정거래 준수 모니터링

기업은 공정거래 위반사항을 모니터링하여 그 결과를 전 직원에게 공유하고 개선사항을 반영해야 한다.

모니터링 항목

- 공정거래 위반 유형, 건수, 개선 조치

- 기업들이 공정거래 관련 법규를 자율적으로 준수하고자 운영하는 내부 준법 시스템으로, 임직원들에게 경쟁법 준수를 위한 명확한 행동 기준을 제시함으로써 법 위반 행위를 사전에 예방함과 동시에 위반 여부를 조기에 발견하여 대응하는 프로그램
- 공정거래 관련 법규: 경쟁 촉진 및 공정거래 질서 유지를 위하여 제정된 법률로 주로 공정거래위원회가 집행하며, 「독점규제 및 공정거래에 관한 법률」 「하도급거래 공정화에 관한 법률」 「표시 · 광고의 공정화에 관한 법률」 「약관의 규제에 관한 법률」 등 크게 12개의 법률이 존재

4. 공정거래 이행의 평가

기업이 공정한 계약 절차 매뉴얼을 보유하고 있고, 준수하고 있는지를 확인한다. 또한 지속적으로 개선사항을 도출하고 이를 반영하고 있는지를 확인한다.

5. 기업 사례

우수 사례

사례 1 매출 상승 및 수상
- 공정거래 및 동반성장을 위한 전담 부서 운영
- 공정거래 4대 실천사항을 사규로 반영하여 협력업체와 투명하고 공정한 거래 추구
- 고객사 및 협력사와의 거래에 있어 비즈니스 가이드라인을 제공하여 윤리경영 제보 접수

사례 2 공정거래 이행 최우수 등급 획득
- 공정거래 자율준수 프로그램(CP) 도입
- 상생경영위원회와 불공정 하도급거래위원회 신고센터 운영
- 협력사 공정거래 교육 실시
- 공정거래위원회 주관 공정거래협약 이행평가에서 3년 연속 최우수 등급 획득
- 공정거래 및 동반성장을 통해 회사 성장

위반 사례

사례 3 과징금 부과
- 5개 사업자들은 조립식 대형 콘크리트 하수관 구매를 위한 3건의 입찰에서 낙찰 예정사 및 들러리 사업자를 합의하는 담합 행위 실행
- 5개 사업자에 대해 시정명령과 함께 과징금 총 5,900만 원을 부과
- 담합 행위는 대기업들의 전유물이 아니라, 중소기업들의 조달청 입찰 등에서도 광범위하게 발생

S04. 취업규칙 적용

1. 개념

「근로기준법」제96조에서는 상시 10인 이상의 근로자를 사용하는 사용자는 취업규칙을 반드시 작성하여 지방노동관서의 장에게 신고하도록 규정하고 있다. 사용자가 근로계약관계에 적용되는 근로조건이나 복무규율 등에 관련된 사항을 일방적으로 작성하여 자신의 근로자들에게 공통적으로 적용하는 것의 문제를 제시한 것이다.

2. 절차

기업에 취업규칙을 적용하기 위해서는 ① 취업규칙을 이해하고, ② 취업규칙을 작성하여 이를 준수하고 신고하며, ③ 취업규칙의 개선과 관리가 진행되어야 한다.

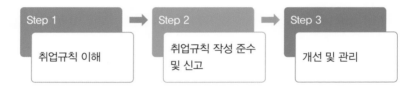

3. 솔루션

1) 취업규칙 이해

고용노동부(www.moel.go.kr)에서 제공하는 표준 취업규칙을 확인하여 취업규칙에 대한 이해를 높여야 하며, 취업규칙 작성 및 신고 대상 기업에 해당하는지를 확인해야 한다.

> **참고** 취업규칙 작성 및 신고 의무 대상
> - 반드시 취업규칙에서 기재하여야 하는 필요적 기재사항과 그 밖에 사용자가 임의로 기재할 수 있는 임의적 기재사항으로 구분한다.
> - 상시 10명 이상의 근로자를 사용하는 사용자는 취업규칙을 작성하여 고용노동부장관에게 신고해야 한다.

2) 취업규칙 작성 준수 및 신고

「근로기준법」에 위배되지 않는 범위 내에서 기업의 규모나 특성에 맞게 취업규칙을 작성하여야 한다. 취업규칙은 근로자가 자유롭게 열람할 수 있는 장소에 항상 게시하고 모든 근로자에게 알려야 한다.

참고 **취업규칙 작성 시 주의사항**

- 복무규율과 임금 등 근로조건에 관한 내용을 포함해야 한다.
- 가장 최근에 개정된 노동관계법령을 반영해야 하며, 그 이후의 법령 재정 및 개정에 대해서는 기업에서 확인하여 그 기준에 맞게 취업규칙에 반영해야 한다.
- 취업규칙은 「근로기준법」 등 관계 법령에 따른 최저 기준을 반영해야 하며, 기업의 상황에 따라 근로자에게 그 이상을 보장해야 한다.

---

3) 개선 및 관리

취업규칙 중 미흡한 부분 및 법령 위반에 대한 개선사항을 확인하고, 이를 반영하여 관리하여야 한다. 만약 취업규칙 변경이 발생하는 경우에는 근로자의 의견을 반영하여야 한다.

참고 **취업규칙의 변경 시 주의사항**

- ✓ 취업규칙은 회사에 의해 일방적으로 작성될 수 있으나, 근로자에게 불리한 내용으로 변경할 경우에는 근로자의 동의가 필요하다.
- 회사에서 근로자의 과반수로 조직된 노동조합이 있는 경우: 노동조합의 동의
- 근로자의 과반수로 조직된 노동조합이 없는 경우: 근로자 과반수의 동의

---

4. 취업규칙 적용의 평가

사내 취업규칙을 갖추고 있는지를 확인하며, 내부 이해관계자의 동의를 거쳐 개선사항을 반영하고 관리하고 있는지를 확인한다.

5. 기업 사례

사례 1   기업 이미지 실추
- 업체 대표는 119명의 근로자 중 60명의 동의를 받아 취업규칙을 변경
- 연간 상여금을 400% → 0%로 삭감
- 취업규칙 변경에 동의하지 않은 2명의 근로자는 근로계약에서 정한 조건에 따라 상여금을 지급하라며 회사를 상대로 소송 제기
- 회사는 근로자 각각에게 미지급 상여금을 지급
- 근로자에게 불리하게 변경된 취업규칙보다는 기존의 유리한 근로계약이 우선 적용

사례 2   기업 이미지 실추
- 회사는 직원들의 의견을 수렴 후 임금을 차례로 50%까지 삭감이라는 2차 임금피크제 등의 내용을 담은 취업규칙 개정
- 해당 취업규칙 변경은 직원들에게 불이익을 주는 것으로 무효
- 동의를 받는 과정에서 임금피크제의 적용 대상이 아닌 직원들까지 동의 대상에 포함
- 해당 임금피크제 도입은 연령을 이유로 근로자를 차별할 수 없도록 한 「고용자 연령차별금지 및 고령자 고용촉진에 관한 법률」 위반 판결

S05. 근로계약 준수

1. 개념

근로계약서는 임금, 근로시간 등 핵심 근로조건을 명확히 정하는 것으로, 근로자와 사업주 모두의 권리보호를 위해 반드시 필요하다. 근로계약서는 근로자와 사업주 모두의 권리보호를 위해 반드시 필요한 계약이며, 임금, 근로시간 등 사업주와 근로자 사이의 핵심 근로조건을 명확히 정의하여야 한다.

2. 절차

근로계약 준수는 ① 근로계약을 이해하고, ② 사업주와 근로자는 근로계약서를 작성하고 준수하며, ③ 부족한 부분에 대해서 개선하고 관리되는지를 확인한다.

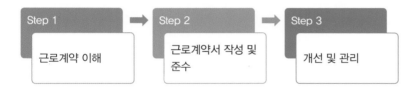

Step 1	Step 2	Step 3
근로계약 이해	근로계약서 작성 및 준수	개선 및 관리

3. 솔루션

1) 근로계약 이해

근로계약과 관련된「근로기준법」등 노동관계법령을 수시로 확인하고, 고용노동부에서 제공하는 표준 근로계약서를 확인하고 사용하여야 한다.

> **참고** **근로계약의 효과**
> • 근로계약의 내용이 취업규칙에 미치지 못하면 취업규칙이 우선 적용되지만, 근로계약의 내용이 취업규칙보다 유리하면 근로계약의 내용이 적용된다.

2) 근로계약서 작성 및 준수

기업과 근로자는 「근로기준법」에 위배되지 않게 근로계약서를 작성해야 한다. 근로계약서에는 근무 장소, 업무 내용, 임금 구성 항목(급여, 상여금, 수당 등), 임금 계산 방법, 임금 지급 방법, 근로시간, 업무의 시작과 종료·휴식 시간, 휴일 및 연차 유급 휴가 등의 필수항목이 반드시 포함되어야 한다.

> **참고** **보관 및 교부의 의미**
>
> - 근로계약서는 근로자가 업무를 시작하기 전에 미리 작성하여 사업주와 근로자가 한 부씩 나누어 보관한다.
> - 근로계약서, 임금결정 서류, 고용·해고·퇴직 서류, 그 외에 중요 서류는 근로자가 퇴사하여도 3년간 보관해야 한다.

3) 개선 및 관리

근로계약 위반사항이 발생하는 경우에 이를 즉시 시정하여 근로계약서를 새로 작성해야 하며, 근로계약서에 위반사항이 없는지 정기적으로 근로계약 내용을 점검해야 한다.

> **참고** **근로계약 변경 시 주의사항**
>
> - 일반 근로조건이 변경된 경우에는 해당 내용을 반영하여 근로계약서를 새로 교부해야 한다.
> - 근로조건에 불리한 변경이 있는 경우, 해당 근로자의 근로계약서를 필히 변경해야 변경된 근로계약이 효력이 있다.

4. 근로계약 준수의 평가

근로계약서가 작성되고 관리되는지 확인하며, 내부 이해관계자와의 상생협력을 위해 개선사항이 지속적으로 반영되는지를 확인한다.

5. 기업 사례

사례 1   기업 이미지 실추
- 회사는 노사문화 우수기업으로 선정되었으나, 그 후 2개월 사이에 「근로기준법」 등 노동관계법 위반사항이 7건 확인
- 위반사항 중 하나는 노동자 2명에 대해 근로조건 서명 명시, 교부 불이행

사례 2   기업 이미지 실추
- 회사는 노사문화 우수기업으로 선정되었으나, 그 후 「근로기준법」 위반사항 발견
- 위반사항의 내용은 노동자 88명의 근로계약서에 임금 구성 항목의 명시 불이행

S06. 초과근로 관리

1. 개념

「근로기준법」상의 기준근로시간을 초과하여 근무하는 것을 의미하며, 초과근무로의 유형으로는 연장근로, 야간근로, 휴일근로 등이 있다. 초과근로의 관리는 장시간 근로 관행을 개선함으로써 근로자에게 일과 생활의 균형을 제공하여 업무의 효율성 및 생산성을 향상시키기 위함이다.

2. 절차

초과근로 관리는 ① 초과근로를 이해하고, ② 초과근로 절차 및 동의서를 준비하여, ③ 이를 관리하고 유연한 근로환경을 조성하여야 한다.

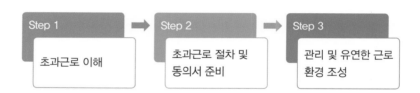

Step 1	Step 2	Step 3
초과근로 이해	초과근로 절차 및 동의서 준비	관리 및 유연한 근로환경 조성

3. 솔루션

1) 초과근로 이해

초과근로를 관리하기 위해서는 「근로기준법」상 근로시간과 초과근로 관련 법령에 대해 숙지하여야 한다.

> **참고** 초과근로 관련 「근로기준법」(「근로기준법」 제50조, 제53조)
>
> • 1주 간의 초과근무는 당사자 간에 합의가 있더라도 12시간을 초과할 수 없다.
> • 1주 간의 근로시간은 휴게시간을 제외하고 40시간을 초과할 수 없다.
> • 1일의 근로시간은 휴게시간을 제외하고 8시간을 초과할 수 없다.

2) 초과근로 절차 및 동의서 준비

초과근로는 사업자와 근로자 간의 합의가 필요하며, 사업자는 근로자에게 적법한 절차에 따라 초과근로 동의를 받아야 한다. 초과근로의 동의는 관련 법령에 근거하여 초과근로 동의서를 마련하고, 초과근무가 필요한 직원들에게 동의서를 받아야 한다.

3) 관리 및 유연한 근로환경 조성

장시간 근로 관행을 개선하여 주 52시간제, 초과근로 수당 기준에 위배되지 않도록 주의하여 관리해야 하며, 기업의 여건에 맞는 다양한 근로제도를 운영하여 유연한 근로환경 조성을 위해 노력해야 한다.

참고 **유연근무제**

- 탄력적 근로시간제: 일이 많은 주의 근로시간을 늘리는 대신 다른 주의 근로시간을 줄여 평균 근로시간을 주 40시간으로 맞추는 근무 제도
- 선택적 근로시간제: 일정 시간의 단위로 업무의 시간 및 종료 시간, 1일 근로시간을 근로자가 자율적으로 결정할 수 있도록 하되, 평균 근로시간(주 40시간)을 맞추는 근무 제도

---

4. 초과근로 관리의 평가

기업은 초과근무 기준을 갖추고 있으며, 내부 이해관계자의 충분한 동의 절차를 거쳐 개선 사항을 반영하여 관리되는지를 확인한다. 구체적으로는 연장근무 및 휴일근무 동의 절차 등 기준을 갖추고 있으며, 개선사항을 반영하여 관리되는지를 확인한다.

5. 기업 사례

우수 사례

사례 1   매출 상승
- 스마트 워크: 스마트 오피스 활용 캠페인, 화상회의 문화 구축 등을 통한 업무 생산성 제고
- 1-1-1 회의 캠페인: 1일 전 회의 자료 공유, 1시간 이내 회의, 1일 이내 결과 공유로 효율적인 회의 문화 조성
- 근무 혁신 직전 대비 초과근로 시간 0.4% 감소 및 매출 상승

사례 2 업무 효율 향상

- 근태관리 시스템을 개발하여 업무망 첫 화면에 개인별 업무 잔여 시간을 표시하고, 초과근무 상위자들을 실시간으로 파악하여 업무를 분담하였으며, 야간 및 휴일 근무는 원천적으로 금지하고 사전 신청을 통하여 예외적으로만 승인
- 전 직원을 대상으로 선택적 근로시간제를 도입 및 활용하고, 모든 결재를 전자 결제로 하고, 업무보고도 이메일로 하는 것을 원칙으로 하였으며, 집중근무제(14~16시) 캠페인을 펼쳐 업무효율 향상

사례 3 직원의 삶의 질 향상 및 업무 효율 향상

- 초과근로 사전승인제를 운영하고, 월 2회(첫째, 셋째 금요일) Family Day를 운영하여 1시간 단축근무 이행
- 업무의 효율을 높여 초과근로 시간을 줄이기 위하여 집중 근무시간을 운영(일 2시간, 10~11시, 2~3시)하고, 1-1-2 회의라고 하여 1일 전에 안건을 공유하고, 회의는 1시간 이내로, 2일 내에 회의 결과를 전파하는 방식으로 효율적 운영

S07. 산업재해 예방

1. 개념

2022년 「중대재해 처벌 등에 관한 법률」의 시행으로 인한 형사처벌, 법인 벌금, 행정제재, 징벌적 손해배상 등 4중 처벌에 대한 피해를 예방하기 위해서는 선제적으로 산업재해를 예방해야 한다. 근로자가 업무와 관련된 건설물, 설비, 원재료, 가스, 증기, 분진 등에 의하거나 작업 또는 그 밖의 업무로 인하여 부상 또는 사망하거나 질병에 걸리는 산업재해를 예방하기 위한 안전조치를 하여야 한다.

2. 절차

산업재해 예방 활동은 ① 산업재해 요인을 파악하고, ② 정부 지원 정책을 확인한다. ③ 직원들에게는 안전보건교육을 실시하며, ④ 산업재해를 예방하고 관리하여야 한다.

Step 1	Step 2	Step 3	Step 4
산업재해 요인 파악	정부 지원 정책 확인	안전보건교육 실시	산업재해 예방 및 관리

3. 솔루션

1) 산업재해 요인 파악

최근 「중대재해 처벌 등에 관한 법률」이 제정되면서 산업재해 예방이 더욱 중요해짐에 따라 정기적으로 작업장을 점검해야 하며, 사고 발생 후에는 수시로 작업장을 방문하여 정확한 사고 원인을 파악하려고 노력해야 한다.

「중대재해 처벌 등에 관한 법률」 제1조

- 이 법은 사업 또는 사업장, 공중이용시설 및 공중교통수단을 운영하거나 인체에 해로운 원료나 제조물을 취급하면서 안전·보건 조치의무를 위반하여 인명 피해를 발생하게 한 사업주, 경영책임자, 공무원 및 법인의 처벌 등을 규정함으로써 중대재해를 예방하고 시민과 종사자의 생명과 신체를 보호함을 목적으로 한다.

2) 정부 지원 정책 확인

정부에서는 중소벤처기업을 위한 다양한 사업장 안전관리 지원 정책을 운영 중이므로 중소벤처기업 지원 정책을 찾아보고 활용할 수 있다.

참고 중소벤처기업 정부 지원 정책

- 안전보건공단 안전투자혁신사업(anto.kosha.or.kr): 안전관리 역량 강화가 필요한 50인 미만 사업장의 사업주 대상
- 산재예방시설 융자지원(www.kosha.or.kr): 산재예방 시설을 확충하고 싶은 사업장의 사업주(300인 미만 사업장 우선 지원) 대상
- 산업단지 유해위험요인 시설개선(클린 사업장 조성, clean.kosha.or.kr): 50인 미만 사업장 및 공사 금액 50억 미만의 건설현장 대상

3) 안전보건교육 실시

전 직원의 안전보건에 대한 인식 제고를 위하여 정기 혹은 수시로 교육을 실시한다.

예시 교육 프로그램

- 산업안전 및 사고 예방에 관한 사항
- 산업안전보건법령 및 일반 관리에 관한 사항
- 산업보건 및 직업병 예방에 관한 사항
- 직무 스트레스 예방 및 관리에 관한 사항
- 건강 증진 및 질병 예방에 관한 사항
- 산업재해보상보험 제도에 관한 사항
- 유해·위험 작업환경 관리에 관한 사항

4) 산업재해 예방 및 관리

기업은 근로자가 건강하고 안전하게 일할 수 있는 근무환경을 조성하려고 노력해야 하며, 산업재해 관리를 위한 구체적인 목표를 설정하고 목표 달성 과정을 감독하여야 한다.

> **참고 | 구체적인 관리 방안**
>
> - 산업안전 관련 시스템 구축 및 안전보건경영시스템(ISO 45001) 인증
> - 유해물질 및 위험 설비 노출로 인한 사고 예방을 위해 주기적인 작업환경 점검 실시
> - 산업재해 발생 시 정확한 원인 파악을 위해 사업장 내의 모든 활동을 즉시 중지

4. 산업재해 예방의 평가

산업재해 예방 활동 및 안전관리 대상 분야별로 정기점검이 이루어지고 있으며, 내부 이해관계자와 충분한 의견을 수렴하여 개선사항을 반영하여 관리하고 있는지를 확인한다. 이를 위해서 산업재해에 대하여 정기점검이 이루어지고 있으며, 점검 및 결과에 따른 개선 활동이 이루어지는지를 확인한다.

5. 기업 사례

우수 사례

사례 1   직원들의 안전보건 의식 고취
- 회사는 대기업 협력사로 제강 조업 지원과 제품 관리 작업 등을 담당
- 회사 그룹웨어를 통해 작업 현장에서 겪게 되는 위험 상황을 공유하고, 이에 대한 경험, 노하우 등을 댓글로 올려서 직원들이 함께 문제 해결 방안 모색
- 전 직원의 95%가 'Safety School'이라는 안전한 교육과정을 이수하는 등 지속적인 안전교육 실시
- 크레인 후방에 카메라 설치, 고성능 확성기 설치, 보건 전담 간호사 채용 등 직원 중심의 안전보건 관리 활동 진행

위반 사례

사례 2   납품업체 선정 탈락
- 미국 글로벌 유통사는 납품하기 위한 조건으로 소규모 가구업체인 납품업체에게 CSR 평가 결과 요청
- 납품업체는 CSR 평가에 대응하기 위하여 수백만 원의 심사 비용을 내고 CSR 평가를 받았으나, 외국인근로자 숙소의 안전 심사 문제를 통과하지 못해 납품 무산

G01. 윤리경영 정책(목표) 수립

1. 개념

윤리경영 정책(목표) 수립 및 이행은 기업의 이미지 및 신뢰도에 긍정적인 영향을 미치며 기업의 주가 또는 매출액 향상에 직접적인 원인이 될 수 있다. 따라서 기업은 경영 및 사업 활동에 있어 '기업의 윤리적 책임'을 최우선의 가치로 생각하며, 투명하고 공정하면서 합리적인 업무 수행을 위한 정책을 수립하여야 한다.

2. 절차

윤리경영 정책(목표) 수립은 ① 윤리경영 의지를 발표하고, ② 대내외 환경을 분석한 후, ③ 윤리경영 방침 및 정책을 수립하며, ④ 그 결과를 모니터링하고 공개한다.

Step 1	Step 2	Step 3	Step 4
윤리경영 의지 발표	대내외 환경 분석	윤리경영 방침 및 정책 수립	공개 및 모니터링

3. 솔루션

1) 윤리경영 의지 발표

CEO는 윤리경영에 대한 강력한 의지를 밝히고 모든 의사결정 과정에서 윤리적인 요소를 고려해야 한다. CEO는 깨끗한 기업 문화가 정착될 수 있도록 반부패, 인권, 윤리, 경영 투명성 등의 교육을 실시한다.

예시 깨끗한 기업 문화 조성 방안

• 전 직원의 반부패 문화 확산
• 사내 교육 및 캠페인 실시

2) 대내외 환경 분석

기업은 국내외 윤리경영 관련 제도 및 주요 이슈를 파악하고, 기업에서 발생한 혹은 발생할 가능성이 있는 윤리경영 이슈를 조사하여야 한다.

참고 국내외 윤리경영 기준
• 「부정청탁 및 금품 등 수수의 금지에 관한 법」 • 국내외 기업윤리 강령 및 행동 지침 • 임직원 행동 강령 • 윤리현장 및 실천 서약

3) 윤리경영 방침 및 정책 수립

자사의 업종 및 특성에 맞는 윤리경영 방침 및 세부 정책을 수립하고, 기업은 CEO 및 전 직원이 윤리경영의 의미, 필요성을 인지할 수 있도록 윤리서약서를 작성한다.

예시 세부 목표
• 윤리경영 문화 확산을 위한 전 직원을 대상으로 윤리교육 실시 • 기업 내 부정청탁, 뇌물 수수 등 신고 제도 운영 • 법인카드 부당 사용 근절

4) 공개 및 모니터링

윤리경영 방침 및 정책을 문서화하고, 제정된 윤리경영 방침에 따라 윤리경영을 실천하고, 정기적으로 목표 달성을 점검한다. 그 결과를 기업 내외부에 공개한다.

예시 공개 방법
• 기업 홈페이지 • CSR 보고서 • 언론사 홍보

4. 윤리경영 정책(목표) 수립의 평가

경영방침 및 사업계획서에 윤리경영 정책(목표)이 반영되어 있는지를 확인한다.

5. 기업 사례

사례 1   기업 이미지 제고
- 회사는 블로체인 및 핀테크 전문 기업
- 2024년까지 ESG 경영에 1,000억 원 투자 목표
- 책임경영과 투명한 지배구조를 실천하고자 ESG 경영위원회 신설
- 건강한 투자 문화 조성과 투자자 보호를 위한 '투자자 보호 센터' 설립 예정

사례 2   윤리경영 최우수 기관으로 선정
- 회사는 윤리 준법이라는 가치 아래서 깨끗하고 공정한 방법으로 윤리 준법 경영 추진 계획을 수립
- 윤리 준법 경영 추진을 위해 관련 제도와 인프라 구축, 윤리 준법 경영 전담 조직 운영, 체계적인 교육과 홍보 등 효과적이고 내실 있는 실천 활동을 지속적으로 전개
- 특히 공정거래, 반부패 청렴 등 윤리 준법 경영 대응 체계를 확정하고, ESG 경영전략의 연계성 강화
- 윤리경영 최우수 기관으로 선정되어 국민인권위원회 위원장 표창 수상

사례 3   안전에 대한 인식 제고
- 회사는 안전사고 Zero 사업장 유지를 목표로 주기적인(1회/분기) 안전교육 실시는 물론이고, 작업현장을 불시에 방문하여 안전 평가를 하는 안전점검 암행제도를 운영하여 사원들의 안전사고 발생 방지 및 이에 대한 지속적인 의식 고취
- 평가와 보상으로 이어져서 우수팀에 대한 포상 및 이달의 우수 사원을 선발하여 포상

사례 4   기업 이미지 제고
- 지속가능경영 조직인 동반성장 팀을 신설하여 하도급 거래 협력사를 대상으로 공정거래 관리 업무, 지속가능경영 업무를 전담
- 홈페이지를 통해 사회공헌, 환경경영, 윤리경영 등 CSR 정보를 공개하고, 매년 지속가능경영보고서 발행
- 홈페이지에 기업윤리 사항 공지
- 주주 의결권 행사의 편의성을 높이고 코로나19 감염, 전파 예방을 위해 비대면 의결권 행사가 가능한 전자투표 제도 도입

G02. 비윤리적 이슈 관리

1. 개념

비윤리적 이슈를 지속적으로 관리하고 개선함으로써 전 직원에게 윤리적 행동을 장려할 수 있으며 기업 내부에 바람직한 기업 문화가 정착될 수 있다. 따라서 기업의 경영활동중에 발생할 수 있는 부패, 뇌물 수수, 부정청탁 등 비윤리적 이슈 관리 기준을 마련하고, 이슈 발생 시 사후 조치를 통해 개선하고 그 결과를 공개하여야 한다.

2. 절차

비윤리적 이슈의 관리를 위해서는 ① 이슈 현황을 파악하고, ② 비윤리적 이슈의 관리를위한 기준을 마련하고, ③ 사후 조치 및 개선 활동을 수행하여야 한다. 또한 ④ 그 내용을모니터링하고 공개하여야 한다.

3. 솔루션

1) 이슈 현황 파악
기업에 발생한 혹은 발생할 가능성이 있는 비윤리적 이슈를 파악한다.

예시 비윤리적 이슈 유형
• 부패, 횡령, 갑질, 뇌물 수수, 사기 및 도용, 채용 비리, 자금세탁, 부정청탁

2) 비윤리적 이슈 관리 기준 마련

비윤리적 이슈 관리 기준을 마련하여 관리 감독하여야 한다. 이를 위해서 예방적 차원에서 전 임직원을 대상으로 윤리교육을 실시한다.

> **예시** **비윤리적 이슈 관리 기준**
>
> - 내부 통제에 대한 강력한 의지를 가지고 내부 통제 체계 확립
> - 내부 신고제도를 운영하여 접수된 사안을 해결하고 내부 신고자 보호
> - 예방 중심의 윤리경영 실천 프로그램 기획
> - ISO 37001(반부패 경영시스템) 인증 획득

3) 사후 조치 및 개선 활동

비윤리적 관련 이슈가 발생하면 사후 조치 및 개선 활동을 수행해야 한다.

> **예시** **사후 조치 및 개선 활동**
>
> - 이슈 발생 시 해당 직원에게 적정 수준의 징계 처분
> - 정확한 인과관계를 분석하고, 이슈 발생 원인을 제거하여 재발 방지
> - 발생 이슈 관련 교육을 강화하여 윤리의식 제고
> - 기업의 부패 취약 분야를 중점적으로 개선하여 반부패, 청렴 문화 조성

4) 공개 및 모니터링

비윤리적 이슈 발생 사실을 투명하게 공개해야 한다. 상시 모니터링을 통하여 이슈 발생을 사전에 차단한다.

4. 비윤리적 이슈 관리의 평가

비윤리적 이슈 관리 기준이 마련되어 있으며, 내부 이해관계자 공유를 통해 개선사항을 반영하여 관리하고 있는지를 확인한다. 세부적으로는 비윤리적 이슈 관리 기준이 마련되어 있어야 한다. 만약 비윤리적 이슈가 발행하였다면, 그 사실과 처리 결과 및 개선 활동을 공개하고 있는지를 확인한다.

5. 기업 사례

사례 1   협력업체 선정 유지
- 윤리경영 체계 구축 및 윤리규정 제·개정, 제보 채널 운영
- 윤리교육 및 윤리경영 준수 자가점검 실시
- 임직원이 점검표를 작성하고 관련 규정에 대한 이해 제고 및 개선점 모색
- 협력업체 선정 유지

사례 2   직원들의 윤리의식 고취
- 기획전략처 소속의 기획조정실에서 윤리경영을 주관하고 있으며, 감사실을 비롯한 기타 대내외 협력체 조직들과의 협업을 통해 윤리경영 실천
- 청렴코디 제도를 운영하여 부서별로 1인 이상을 청렴코디로 선정하고, 업무 추진 시 자체 내부 통제를 강화하고 있으며, 청렴시책의 선도적 참여와 윤리경영 문화 확산 등의 임무 부여
- 우수 청렴코디에게는 승진 시 가점을 부여하고 해외 연수 기회 제공 등의 인센티브로 동기 부여

G03. 법규 준수

1. 개념

환경(E), 사회(S), 지배구조(G)와 관련한 법규 준수를 위한 관리시스템을 구축하여야 한다. 만약 ESG 관련 법규 준수 관리에 소홀하여 위반사항이 발생할 경우에는 처벌 및 제재, 생산성 하락 등 경영상의 직접적인 손해가 발생할 수 있으며, 기업의 이미지 및 명성에 대한 부정적인 영향으로 간접적인 피해까지 야기될 수 있기 때문이다.

2. 절차

법규 준수를 위하여 ① ESG 관련 법규를 파악하고, ② 법규 준수 관리시스템을 구축하며, ③ 그 결과의 외부 공개 및 지속적인 모니터링을 실시해야 한다.

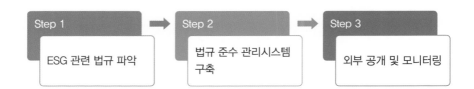

Step 1 : ESG 관련 법규 파악 → Step 2 : 법규 준수 관리시스템 구축 → Step 3 : 외부 공개 및 모니터링

3. 솔루션

1) ESG 관련 법규 파악

법규 위반을 예방하기 위해 ESG 영역별 관련 기준 및 신설 법규를 파악한다.

참고 **ESG 영역별 관련 법규**

✓ 환경(E)
- 「저탄소 녹색성장 기본법」 제42조
- 「환경친화적 산업구조로의 전환촉진에 관한 법률」
- (제품 및 기술 개발 관련) 「환경기술 및 환경산업 지원법」

- ✓ 사회(S)
  - 「고용정책 기본법」
  - 「노동조합 및 노동관계조정법」
  - 「산업안전보건법」 제14조 및 제15조
- ✓ 지배구조(G)
  - 「대·중소기업 상생협력 촉진에 관한 법률」 제25조
  - 「부정청탁 및 금품 등 수수의 금지에 관한 법률」 제5조, 제8조

2) 법규 준수 관리시스템 구축

최근 대기업뿐만 아니라 중소기업도 준수해야 할 ESG 관련 법규가 지속적으로 증가하고 있다. 중소기업은 법규 준수 관리시스템 구축을 통해 법규 정보 파악에서부터 법규 준수 및 재발 방지까지 체계적으로 관리하여야 한다.

참고 **법규 준수 관리시스템**

- ✓ 사전 예방
  - 기존 법규 및 정책 파악
  - 법규 제·개정 동향 파악
  - 임직원 교육
  - 사례 중심의 가이드라인 제공
- ✓ 법규 준수
  - 내부 관리 기준 및 책임사항 규정
  - 자율 법규 준수 장려
  - 정기·비정기 모니터링 수행
- ✓ 사후 관리
  - 위반사항 발생 시 근본 원인 파악
  - 개선 활동 등 재발 방지 노력

---

3) 외부 공개 및 모니터링

취약한 ESG 관련 법규를 철저하게 관리 감독하여 위반하지 않도록 주의한다. 만약 법규 위반 및 제재 사항이 발생할 경우에는 그 건수와 접수 내용, 기업의 개선 노력 등을 정리하여 외부에 투명하게 공개하고 재발 방지에 힘써야 한다.

참고 법규 위반 및 제재 관련 사항 의무공시 대상

- 사업보고서 제출 대상 법인은 그 밖에 투자자 보호를 위하여 필요한 사항에 법령상 의무를 위반하여 형사처벌이나 행정상의 조치를 받은 사실을 보고해야 한다.

4. 법규 준수의 평가

환경, 사회적 책임, 지배구조 관련 법규 준수를 위한 관리시스템(E·S·G 분야 관련 시트 등)을 갖추고 있는지 확인한다.

5. 기업 사례

우수 사례

사례 1 에코바디스(EcoVadis) 평가 2년 연속 골드 등급
- 준법 통제 기준을 제정하여 해당 기준에 따라 회사의 주요 준법 훼손 위험을 관리하고 연 1회 이상의 준법 감사를 수행하여 이사회에 보고
- 반기별 1회 이상의 준수교육을 실시하여 공정거래 및 법적 위험관리 전개
- 협력업체에 대한 자율점검시스템 구축
- 회사 전체 부서가 주기적으로 법령 위반 여부 자율 점검
- 업무 추진 과정에서 유의해야 할 법령 준수에 대한 준법 지원인의 지속적 관리

G04. 정보공개

1. 개념

2025년부터 자산 2조 원 이상의 코스피 상장사, 2030년부터는 전체 코스피 상장사가 지속가능경영보고서를 공시해야 한다. 기업을 둘러싼 다양한 이해관계자에게 지속가능경영에 대한 기업의 주요 활동 및 성과에 대한 정보를 공개하여 경영투명성을 확인받아야 한다.

2. 절차

정보공개는 ① 정보공개 항목을 파악하고, ② 정보공개 항목을 선정하여, ③ 공개 방안을 선정하며, ④ 공개 및 모니터링을 실시한다.

Step 1		Step 2		Step 3		Step 4
정보공개 항목 파악	➡	정보공개 항목 선정	➡	공개 방안 선정	➡	공개 및 모니터링

3. 솔루션

1) 정보공개 항목 파악

기업은 이해관계자의 의사결정에 중대한 영향을 미치는 지속가능경영 정보에 대해 적극적으로 공개해야 한다. 기업은 정보공개를 통해 이해관계자와 소통함으로써 정보 불균형을 해소하고 새로운 시장 기회를 선점할 수 있다.

> **참고** **지속가능경영 정보공개 표준**
>
> ✓ GRI(Global Reporting Initiative)
> - 전 세계에서 가장 널리 채택된 지속가능성 보고 표준인 글로벌 보고 이니셔티브
>
> ✓ SASB(Sustainability Accounting Standards Board)
> - 투자자들에게 비교할 수 있는 비재무 정보 및 산업별 중요 ESG 이슈에 대한 기업의 성과 정보를 제공하는 지속가능성 회계기준위원회

✓TCFD(Task Force on Climate-Related Financial Disclosures)
- 기후변화와 관련한 기업의 재무 정보공개 프레임워크를 제시하는 기후 관련 재무 정보공개 테스크포스

2) 정보공개 항목 선정

기업의 주요 지속가능경영 활동 및 성과를 파악하여 정리하고, 주요 정보공개 이니셔티브와 자사의 ESG 분야 성과 지표 등을 고려하여 자사만의 공개 기준 및 공개 항목을 선정한다.

예시 지속가능경영 성과지표

- **환경(E)**: 친환경적인 제품 개발
- **사회(S)**: 산업재해 발생 건수 제로 달성
- **지배구조(G)**: 지속가능경영 관련 인증 획득(예: ISO 37001 반부패 인증 등)

---

3) 공개 방안 선정

기업은 정보공개 담당 책임자를 지정하고, 정보공개 담당자는 공개가 필요한 정보가 발생 시 즉시 공개하여야 한다. 이를 위하여 기업은 정보공개 담당자에게 기업의 주요 의사결정 내용에 대해 신속하고 정확하게 파악할 수 있는 권한을 부여한다. 기업은 정보공개 방안 및 기관을 결정한다.

참고 정보공개 방법

- 기업설명회, 홈페이지, 사업보고서, 언론사, 지속가능경영보고서 등 자율공시

---

4) 공개 및 모니터링

기업은 지속가능경영과 관련하여 공개할 사항을 결정할 수 있으며, 정보 이용자의 관심 사항과 기대 수준을 고려하여 필요한 정보를 제공해야 한다.

공개정보의 요건 [출처: 한국 K-ESG 기준원(구 한국지배구조원) 모범규준]

✓ **명확성**: 지속가능경영 정보는 이해관계자가 쉽게 이해할 수 있도록 명료하고 구체적이어야 한다.
✓ **일관성**: 지속가능경영 정보의 보고 대상과 범위, 보고 기간, 보고 빈도에 대한 일관성을 유 지 해 야 하며, 동일한 기준에 따라 데이터를 공개해야 한다.
✓ **신뢰성**: 기업이 작성한 지속가능경영 정보가 적절한 기준과 절차에 따라 작성되었는지 제3자에 의해 객관적, 독립적으로 검증할 수 있어야 한다.

정보공개 유형 및 장단점

홍보 방법	장점	단점
게시판	• 저비용	• 내부 홍보에 국한
회합, 구전	• 고도의 상호작용 • 청중에 개별화된 정보 제공 • 직접적 대화	• 도달 범위가 한정 • 개별화를 위한 시간 소요
전시회, 컨퍼런스	• 청중에 개별화된 정보 제공 • 기업의 차별화, 고객 확보나 투자 유치에 효과적 • 직접적 대화	• 홍보 부스 확보와 자료 준비, 출장 등에 고비용 소요
뉴스레터, 이메일	• 배포 대상의 특정화 가능 • 다른 관련 정보를 포함 • 보고서 발간에 비해 저렴	• 일방향 소통 채널 • CSR 이행의 우선순위가 낮은 것으로 평가될 우려 • 무시 또는 오해를 초래할 우려
보도자료	• 저비용 • 전달 범위가 광범	• 흥미 있는 기삿거리를 제공해야 할 필요성 • 인맥이나 영향력, 접촉 필요
보고서 발간	• 전문가 이미지 • 안전한 홍보 가능 • 객관적 접근 가능성과 투명성	• 인쇄와 디자인 등 고비용 소요 • 추가적인 홍보 비용
웹사이트	• 인쇄 비용 불필요 • 모든 이에게 무료로 제공 가능 • 종이 절약	• 플린트물이 인쇄 보고서에 비하여 미관 열악 • 웹에 대한 접근 필요

4. 정보공개의 평가

기업의 비재무 성과(지속성장경영보고서)를 공개하고 있는지를 확인한다.

5. 기업 사례

사례 1   장기 계약 체결 및 매출 증가

• 회사는 선박 엔진 부품 제조업체로, 최근 ESG 데이터 관리 체계를 구축하고 자율적인 지속가능경영보고서 발간
• 그 결과, 회사는 글로벌 선박 엔진 제조 기업의 평가 기준을 웃돌아 장기 계약을 체결하여 매출 증가

사례 2   협력사 적격 업체 등록

• 다국적 기업으로부터 ESG 평가 대응 요청 지속 발생
• RBA 평가 기준에 따른 ESG 정보공시 체계 구축
• RBA 진단 기준에 따라 인권 정책, 환경방침 도입 등 과제 추진
• 협력사 ESG 진단 및 실사 기준 통과

사례 3   납품업체 선정 및 매출 증가

• 고객, 주주, 임직원, 협력업체, 지역사회 등 각 이해관계자의 중요도와 영향력에 따라 CSR 커뮤니케이션 채널 운영
• 이해관계자들의 다양한 요구사항을 수렴하여 기업 운영에 적극 반영
• 글로벌 대형 화장품 제조사 원재료 납품업체로 선정
• ESG 관리 추진 이후 매출 65% 증가

G05. 인적자원

1. 개념

최근 ESG에 대한 실천 요구가 중소·중견기업까지 확대되고 있는 상황에서 직원들은 ESG 교육 및 연수를 통해 ESG에 대한 이해도를 높이고 실질적인 대응 방안을 마련하여야 한다. 이는 ESG 경영을 수행하기 위하여 내부 직원을 대상으로 ESG 교육 및 연수 활동을 추진함으로써 ESG에 대한 인식 제고에 도움이 될 것이다.

2. 절차

내부 직원을 대상으로 ① ESG 교육 및 연수 계획을 수립하고, ② ESG 교육 체계 및 프로그램을 자체 개발하고, ③ ESG 관련 외부 연수 활동도 지원하여야 한다.

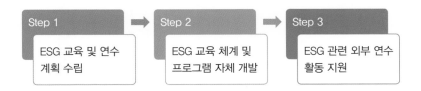

3. 솔루션

1) ESG 교육 및 연수 계획 수립

규모가 작은 중소·중견기업은 ESG 경영 수행을 위하여 전 직원에게 ESG 교육 및 연수의 기회를 제공하여 ESG 전문 역량을 강화해야 한다. 기업은 ESG 교육 및 연수 활동을 실행하기에 앞서 교육의 목적 및 목표, 세부 교육내용, 운영 방법 등에 대한 계획을 수립해야 한다.

- ESG 교육 및 연수 활동의 목적과 목표를 명확하게 설정한다.
- ESG 교육 및 연수 활동에 포함될 세부적인 내용을 선정한다.
- ESG 교육 및 연수 활동의 구체적인 기간과 비용 계획을 수립한다.
- ESG 교육 및 연수 활동의 효과적인 운영 방법을 선택한다.
- ESG 교육 및 연수 활동의 효과 분석 및 개선 사항을 도출한다.

2) ESG 교육 체계 및 프로그램 자체 개발

중소·중견기업은 체계적인 ESG 교육을 위하여 자체적인 ESG 교육 체계 및 프로그램을 개발하기 위하여 예산을 확보하여야 한다. 자체적인 ESG 교육 프로그램을 개발할 경우, 자사에 ESG 이행 수준과 요구 수준에 맞는 맞춤형 교육 프로그램을 제작하여 활용할 수 있다.

- ESG에 대한 기본 개념 및 최근 동향
- 주요 ESG 규제 및 이니셔티브
- ESG 분야별 구체적 가이드라인
- 실천 사례 소개 및 실무 적용 방안
- ESG 관련 정보공개 방안

3) ESG 관련 외부 연수 활동 지원

자체적으로 교육 및 연구를 진행하기 어려운 중소·중견기업은 외부의 프로그램을 활용하여 직원들에게 ESG 관련 교육 및 연수 활동을 제공할 수 있다.

- 플랫폼을 활용한 온라인 교육
- ESG 사내 전문가 양성 과정
- ESG 컨설팅을 통한 맞춤형 교육

4. 인적자원의 평가

ESG 경영을 위한 교육 및 연수 활동을 내부 직원을 대상으로 추진하고 있는지를 확인한다.

5. 기업 사례

우수 사례

사례 1 직원들의 ESG에 대한 인식 제고
- 회사는 ESG 경영 이념을 전 직원과 공유하기 위해 ESG 정기교육 실시
- 교육은 ESG 경영의 중요성과 함께 인권경영, 환경경영, 공급망 관리 등 모든 임직원이 반드시 알아야 할 주제들로 회사의 대응 방향을 소개하는 방식으로 진행
- 해당 교육을 전 직원이 필수로 수료해야 하며, 사내 학습 시스템을 통해 100% 온라인 진행

사례 2 공급 계약 체결
- 회사는 통신장비 제조업체로 대기업의 사업 수주, 공급 계약 체결을 위해 ESG 경영 추진
- 윤리규범 제정 및 임직원 ESG 교육 프로그램 도입
- 협력사 ESG 진단 및 실사 기준 통과

G06. 지속가능경영을 위한 인증 보유

1. 개념

기업이 환경, 사회, 윤리 및 안전보건 문제와 관련하여 조직 또는 제품 및 서비스의 지속가능 성과를 입증하기 위해 자발적으로 제3의 독립 기관에서 받은 인증을 획득할 수 있다. 만약 지속가능경영 인증을 보유할 경우에는 지자체별로 인증 비용을 지원해 주고 조달청 우수제품 선정 시 가산점, 금융기관 기술 평가 및 신용보증기금 신용 평가 시 가산점 등의 혜택을 받을 수 있다.

2. 절차

지속가능경영을 위한 인증 보유를 확인하기 위해서는 ① 인증제도를 파악하고, ② 인증제도를 선정하며, ③ 인증제도를 취득 및 관리하여야 한다.

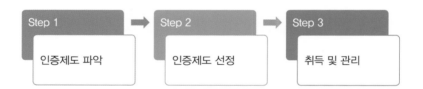

3. 솔루션

1) 인증제도 파악
지속가능경영과 관련된 인증제도를 파악한다.

참고 인증의 종류

✓ **지속가능경영**: ISO 5001(에너지), ISO 201210(이벤트), ISO/TS 14067(탄소발자국), ISO37001(반부패)

✓ **환경보존**: ISO 14001(환경), ISO 14004(환경 사용 지침), ISO 14040(전 과정 평가), ISO 14064 (온실가스 검증)

> ✓ **사회적 책임**: OHSAS 18001(안전보건), SA8000(사회적 책임 인증), ISO 26000(사회적 책임), ISO 22301(사업연속성경영), ISO 39001(도로교통안전)
> ✓ **생산 현장**: ISO9001(품질), ISO 16949(자동차), ISO 20000(IT서비스), ISO 22000(식품안전), ISO 27001(정보보호), ISO 28001(물류보안)

2) 인증제도 선정

기업은 자신의 업종과 관련한 인증제도를 선정한다. 인증을 선정할 때, 기업의 기회 혹은 리스크를 참고하여 인증제도를 선정한다.

> **예시** **제조업 예시**
>
> ✓ **위험성**: ISO 14001(환경경영시스템)
> • 환경 관련 부정 이슈를 사전 예방 및 최소화하기 위하여 환경경영 인증 취득
> ✓ **기획**: ISO 9001(품질경영시스템)
> • 제품 및 서비스를 차별화하기 위하여 품질인증 취득

3) 취득 및 관리

선정한 인증제도에 대한 인증 취득 절차와 요구사항을 확인한다. 인증은 3년 주기로 갱신해야 하며, 갱신을 위해서는 최초 인증 심사 절차에 준하는 인증 심사가 진행됨을 명심해야 한다.

4. 지속가능경영을 위한 인증 보유의 평가

기업이 지속가능경영을 실행하기 위해 보유한 인증을 확인한다.

5. 기업 사례

사례 1   제품 수출
- 화장품 제조사로 전 생산 과정에 걸친 품질보증 인증(ISO 9001), 환경경영 체계(ISO 14001) 획득
- 세계적인 비건 인증 기관인 프랑스 이브(Expertise Vegane Europe: EVE)로부터 화장품 생산 설비에 대한 비건 인증 획득
- 미국 아마존 온라인 쇼핑몰 런칭, 불가리아 입점

사례 2   제품 홍보
- 제3의 친환경 인증 기관과 협력하여 자체적인 지속가능성 인증을 위한 웹사이트를 런칭하고, 지속가능성 인증 제품만 판매
- 아마존의 동참 요구에도 불구하고 자사의 친환경 제품 라인을 홍보하기 위해 독자적인 판매 라인 구축
- 포장재 중량 감축 등 다양한 기후변화 대응 활동 추진

제**4**장

일반 산업의
ESG 경영
실행 지침

1. ESG 대응 실천 방법

기업들은 외부 전문가 또는 기업 내부의 ESG 전담 조직을 통해서 기업의 ESG 경영에 대한 진단과 평가를 체계적으로 실시하고, 그 결과물인 진단보고서를 토대로 현재 기업에서 구축되어 운영 중인 경영시스템의 업무 프로세스에서 보완 및 추가가 필요한 항목을 발췌한 후 정리하여 기존 업무 프로세스의 개정 작업과 신규 업무 프로세스 추가 제정 작업을 병행하여 실행하면 된다. 그 실행 실적과 근거를 가지고 지속가능경영보고서를 작성하면 된다.

> **ESG 경영에 대응하기 위한 기업들의 실질적인 실천 방안**
>
> 경영은 조직의 목적이나 목표를 달성할 수 있도록 방향을 제시해 주는 활동의 형태나 과정이다. 경영(management)은 품질학자 데이밍이 확립한 PDCA 관리사이클에 준하며, Plan(계획)–Do(실행)–Check(검토)–Action(개선)을 나선형으로 지속적 개선 활동을 진행하는 관리와 경영시스템이다.
>
> ESG 경영에 대응하기 위해서는 환경(Environment), 사회(Social), 지배구조(Governance)의 속성별 해당 ISO 경영시스템을 구축하여 통합 및 관리하고 기업별로 맞춤형 매뉴얼과 절차서 및 지침서를 체계적으로 수립해서 실행 및 관리함으로써 궁극적으로 지속가능한 발전과 성장이 가능하다. 이는 기업의 규모와 상관없이 공공기관, 대기업, 중견기업, 중소기업, 스타트업에 이르기까지 모두 적용할 수 있다. 바로 ESG 경영을 달성하기 위한 기업들의 구체적인 실천 방법이다.

1) PDCA 관리사이클

ISO 경영시스템의 기본 요구사항들은 PDCA 관리사이클에 준하여 구성되어 있다. ESG 경영에 대응하기 위해서 기업들은 조직과 조직상황을 충분히 이해하고, 리스크와 기회를 다루는 조치 등을 포함하여 PDCA 관리사이클에 준하여 ESG 관련 ISO 인증별 경영시스템의 요구사항들을 속성별로 충분히 반영하여 절차서를 통합한 후에 제·개정해야 한다. 그리고 ESG의 개별 핵심성과지표(KPI)를 체계적으로 수립하여 지속적인 개선 활동을 통해서 관리하고 운영하면 된다.

ISO 경영시스템의 기본 요구사항에 대한 PDCA 관리사이클

- **P**lan(계획): 4항(조직상황), 5항(리더십), 6항(기획), 7항(지원)
- **D**o(실행): 8항(운용)
- **C**heck(검토): 9항(성과평가)
- **A**ction(개선): 10항(개선)

◆ PDCA 관리사이클에서 ISO 경영시스템 요구사항 ◆

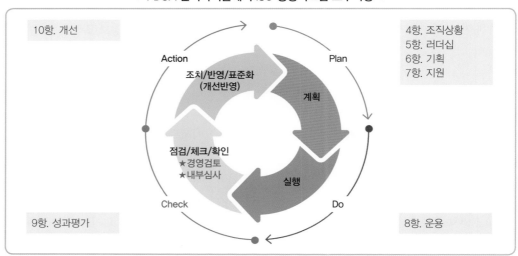

2) ISO 인증규격별─ESG 평가지표

다음은 환경(Environment), 사회(Social), 지배구조(Governance)와 관련되는 대표적인 ISO 경영시스템을 소개하며, 한국표준협회에서 발간한 ESG 경영·평가 대응을 위한 ISO·IEC 국제표준 100선 가이드를 참고하여 ISO 인증규격에 해당되는 ESG 평가지표를 정리하여 제시하였다.

구분	관련 ISO 인증규격
환경(Environment)	ISO 14001(환경)
	ISO 50001(에너지)
사회(Social)	ISO 9001(품질)
	ISO 45001(안전보건)
	ISO 27001(정보보호)

지배구조(Governance)	ISO 37001(부패방지)
	ISO 37301(준법)
환경(E)/사회(S)/지배구조(G)	ISO 26000(사회적 책임)

(1) 환경(Environment)

환경과 관련된 ISO 인증규격에 해당되는 ESG 평가지표는 다음과 같다.

ISO 14001(환경경영시스템)	
KS I ISO 14001	
조직이 환경경영의 효과적인 수행과 환경성과의 향상을 위해 사용하는 환경경영시스템에 대한 요구사항을 규정	
환경경영-리더십 전략 및 목표 등	
평가 기관	관련 평가 요소

한국ESG기준원	환경리더십과 거버넌스
	* 환경경영 리더십
	   – 환경경영에 대한 최고 경영진의 리더십 발휘
	* 환경경영 전략 목표
	   – 경영 전략 및 방침과 통합된 환경경영 전략 수립
	* 환경경영 거버넌스
	   – 전사적 환경경영 체계와 의사결정 체계 수립 등

ISO 50001(에너지경영시스템)	
KS A ISO 50001	
조직이 에너지경영시스템을 수립, 구현, 유지 및 개선하기 위한 요구사항을 규정	
환경경영-에너지 효율, 에너지 절감 등	
평가 기관	관련 평가 요소

한국ESG기준원	환경리더십과 거버넌스
	* 환경경영 리더십
	   – 경영활동에서 에너지를 절약하고 효율적으로 이용
	환경 운영 및 성과
	* 친환경 사업장
	   – 환경경영 리더십 에너지 효율성 증진과 화석에너지 절감 활동
	   – 신재생 에너지 기술 개발 및 이용 확대

MSCI	환경적 기회 * 청정기술, 그린빌딩, 신재생에너지 기회

(2) 사회(Social)

사회와 관련된 ISO 인증규격에 해당되는 ESG 평가지표는 다음과 같다.

ISO 45001(안전보건경영시스템)	
KS Q ISO 45001	
사업장에서 발생할 수 있는 각종 위험을 사전에 예측 및 예방하여 조직의 안전보건을 체계적으로 관리하기 위한 요구사항을 규정	
안전보건–거버넌스 구축, 관리 체계 구성 등	
평가 기관	관련 평가 요소
한국ESG기준원	사회 운용 및 성과 * 노동 관행 　– 안전보건 거버넌스 구축 　– 산업 안전보건 정책 수립 　– 안전보건 전담 관리 체계 구성 　– 안전보건 위험 분석 　– 위험관리 대책 마련 　– 건강 장해 치료 및 상담 지원 　– 사업장 및 협력업체의 근로자 대상 안전보건 목표의 성과지표 수립 등

ISO/IEC 27001(정보보호경영시스템)	
KS X ISO/IEC 27001	
조직이 정보보호경영시스템을 구축 및 유지하고 지속해서 개선하기 위한 요구사항을 규정	
정보보호–정보보안, 개인정보보호 등	
평가 기관	관련 평가 요소
한국ESG기준원	사회 운영 및 성과 * 정보보호 　– 정보보안 거버넌스 구축 　– 정보보안 정책 및 관리 체계 수립 　– 합법적이고 공정한 개인정보 수집 및 활용 　– 개인정보보호 활동 공개 　– 공개 및 정보 주체 권리 보장
MSCI	제품 책임 * 개인정보보호와 데이터 보안

(3) 지배구조(Governance)

지배구조와 관련된 ISO 인증규격에 해당되는 ESG 평가지표는 다음과 같다.

ISO 37001(부패방지경영시스템)	
KS A ISO 37001	
조직이 부패방지경영시스템 수립, 실행, 유지 및 개선을 달성하기 위한 요구사항을 규정하고 관련 지침을 제공	
윤리경영–뇌물과 부패, 기업윤리 등	
평가 기관	**관련 평가 요소**
한국ESG기준원	감사 * 내부감사 　– 모든 형태의 부패를 근절하기 위해 윤리규정을 제정하고 준수
MSCI	기업 행동 * 기업윤리 * 세금 투명성
Moody's	준법 및 보고 * 뇌물과 부패

ISO 37301(준법경영시스템)	
효과적인 규정 준수를 위한 준법경영시스템을 구축, 개발, 구현, 평가, 유지 관리 및 개선하기 위한 요구사항을 명시하고 지침을 제공	
윤리경영–준법 경영, 준법 및 보고 등	
평가 기관	**관련 평가 요소**
한국ESG기준원	이사회 리더십 * 이사회의 역할과 책임 　– 경영 의사결정 및 경영 감독 　– 경영 전략 수립 　– 경영 전략 검토 등 * 감사 　– 내부 감사: 준법 경영 및 투명 경영 촉진 등
Moody's	준법 및 보고 * 규정 위반 * 증권 소송과 수사 * 뇌물 및 부패 등

(4) 환경(Environment), 사회(Social), 지배구조(Governance)

환경, 사회, 지배구조와 관련된 ISO 인증규격에 해당되는 ESG 평가지표는 다음과 같다. ISO 26000 인증은 표준은 아니며, 인증 목적에는 부적합하나 조직의 사업적 책임 이해에 대한 국제적 기준으로 활용이 가능하다.

ISO 26000(사회적책임경영시스템)	
KS A ISO 26000	
조직이 지속가능한 발전에 기여할 수 있도록 사회적 책임의 기본 원칙, 사회적 책임의 인식 및 이해관계자의 참여, 핵심 주제 및 문제, 사회적으로 책임 있는 행동을 조직에 통합하는 방법에 대한 지침을 명시	
사회적 책임 경영−리더십과 거버넌스 등	
평가 기관	관련 평가 요소

한국ESG기준원	사회 리더십과 거너넌스
	* 리더십
	  − 사회적 책임 경영 실현을 위한 거버넌스 구축 등
	사회 운영 및 성과
	* 인권, 노동 관행, 공정 운영 관행, 지속가능한 소비, 지역사회 참여 및 개발
	환경 리더십과 거버넌스
	* 환경경영 거버넌스(환경경영 관련)
	  − 전사적 환경경영 체계와 의사결정 체계 수립 등
	이사회 리더십(조직구조 관련)
	* 이사회의 역할과 책임
	  − 경영 의사결정
	  − 지속가능성장 추구 등

2. ESG 관련 ISO 경영시스템

ESG 경영에 대응하기 위해서 국내 중견·중소기업과 스타트업에서는 무엇보다도 ESG 사내 전문가 양성과 더불어 실질적인 ESG 경영을 위한 실행 지침서가 무엇보다 필요한 시점이다.

ESG 경영을 하기 위해서는 ESG와 관련된 ISO 인증규격별 주요 핵심 사항들을 현재 운영 중인 경영시스템에 PDCA 관리사이클에 준하여 ESG의 요소를 융합시키는 기술이 필요하며, 이를 준비하기 위한 교육과정에 참여하고 학습 과정을 통한 기술 향상은 ESG 경영 실행 지침으로서 산업계에서 효과적으로 사용되고 파급될 것이다.

국내의 중견·중소기업과 스타트업에서 ESG 경영을 하기 위해서 숙련된 ESG 경력자와 신입 전문가들을 채용하기란 매우 힘든 상황이다. 이에 국내의 구직란을 해소하고 취업 전선에 있는 취준생과 장년생들에게 ESG는 사회가 필요로 하는 인재상의 모습으로 새롭게 나타나는 좋은 기회로 찾아올 것이다.

대학교 및 교육기관에서 ESG 경영과 관련된 ISO 인증 심사원 양성 과정과 ESG 심사원 양성 과정을 통해서 배출된 전문가들이 국내 기업들이 봉착된 현실적으로 필요한 당면 과제를 선결하는 데 도움을 주는 첨병 역할을 할 것이다. 그리고 기업에서 경영시스템을 담당하는 부서나 담당자들은 이 책을 통해서 ESG 경영에 대응하는 그 역할을 충분히 수행할 수 있는 해결책을 찾았을 것이다.

ISO 인증규격의 기본 출발점은 ISO 9001:2015 품질경영시스템이다. 먼저, ISO 9001:2015 기본 구조를 이해하면 ESG 경영과 관련된 ISO 인증 확장성을 통해서 ISO 14001(환경경영시스템), ISO 50001(에너지경영시스템), ISO 45001(안전보건경영시스템), ISO 27001(정보보호경영시스템), ISO 37001(부패방지경영시스템), ISO 37301(준법경영시스템), ISO 26000(사회적책임경영시스템) 등을 현재 기업이 운영 중인 경영시스템에 융합이라는 과정을 거쳐 부분 통합 또는 전체 통합을 통해서 ESG 경영에 대응하는 실질적이고 구체적인 실천 방법이 될 것이다. ESG 경영만을 위한 단독 매뉴얼과 절차서를 추가로 제정하여 운영 및 관리하는 것은 현실적으로 중견·중소기업과 스타트업에서는 또 다른 이중 업무를 발생시켜서 기업 내부의 손실(loss)를 발생시키는 주요 원인이 될 것이다. 환경(E), 사회(S), 지배구조(G)에서 관리해야 되는 성과지표를 기업의 경영시스템 내 PDCA 관리사이클에 준한 요구사항에 반영하여 통합 및 운영해야 할 것이다.

1) 품질경영시스템

국제산업표준으로서 품질경영시스템의 도입은 기업이 전체적으로 ESG 경영성과를 개선하고, 지속가능한 발전 계획을 위한 견실한 기반을 제공하는 데 실질적 도움이 될 수 있는 가장 기초적인 전략적 의사결정이다.

이 표준을 기반으로 한 품질경영시스템의 실행이 기업에 미치는 잠재적 이점들을 정리하면 다음과 같다.

- 고객의 요구사항, 그리고 적용되는 법적 및 규제적 요구사항에 적합한 제품 및 서비스를 일관되게 제공할 수 있다.
- 고객의 만족을 증진하기 위한 기회를 촉진한다.
- 기업의 상황 및 목표와 연관된 리스크와 기회를 다룬다.
- 규정된 품질경영시스템 요구사항에 적합함을 실증할 수 있다.

품질경영시스템 요구사항은 제품 및 서비스에 대한 요구사항과 상호 보완적이다. 품질경영시스템은 계획(Plan)−실행(Do)−검토(Check)−개선(Action) 관리사이클과 리스크 기반 사고가 포함된 프로세스 접근법을 활용한다.

프로세스 접근법을 통하여 기업은 프로세스들과 그 상호작용을 계획할 수 있다. PDCA 관리사이클을 통하여 기업은 프로세스에 충분한 자원이 제공되어 관리되는 것과 개선 기회가 파악되어 조치되는 것을 보장할 수 있다.

리스크 기반 사고를 통하여 기업은 프로세스와 품질경영시스템이 계획된 결과로부터 벗어나게 하는 요인을 정할 수 있고, 부정적인 영향을 최소화하는 재발 방지 및 예방 관리를 시행할 수 있으며, 기회가 있으면 기회를 최대한 활용할 수 있다.

품질경영시스템의 요구사항을 일관되게 충족시키고, 미래의 니즈와 기대를 다루는 일은 점점 더 역동적이고 ESG 경영과 같은 복잡한 환경에서 기업에게는 도전이 될 것이다. 이 목표를 달성하기 위하여 기업은 시정과 지속적인 개선에 추가하여 획기적인 변화, 혁신 및 조직 개편과 같이 다양한 형태의 개선을 채택하는 것이 필요하다는 것을 알게 될 것이다.

상호 관련된 프로세스를 하나의 시스템으로 이해하고 관리하는 것은 기업이 의도한 결과를 달성하는 데 있어서 조직의 효과성과 효율성에 기여한다. 이 프로세스 접근법을 통하여 기업은 시스템의 프로세스 간 상호 관련성과 상호 의존성을 관리할 수 있으므로 기업의 전반적인 성과가 증진될 수 있다.

PDCA 관리사이클은 다음과 같이 간략하게 정의할 수 있다.

구분	정의
계획(Plan)	시스템과 프로세스의 목표 수립, 그리고 고객의 요구사항과 기업의 방침에 따른 결과를 인도하기 위하여, 그리고 리스크와 기회를 식별하고 다루기 위하여 필요한 자원의 수립
실행(Do)	계획된 것의 실행

검토(Check)	방침, 목표, 요구사항 및 계획된 활동에 대비하여 프로세스와 그 결과로 나타나는 제품 및 서비스에 대한 모니터링과 측정, 그리고 그 결과의 보고
개선(Action)	필요에 따라 성과를 개선하기 위한 활동

리스크 기반 사고(risk-based thinking)는 효과적인 품질경영시스템을 달성하기 위하여 필수적인 사항이다. 리스크 기반 사고의 개념은 잠재적 부적합을 제거하기 위한 예방 조치의 수행, 발생하는 모든 부적합의 분석, 그리고 부적합의 영향에 적절한 재발 방지 조치를 모두 포함한다. 표준의 요구사항에 적합하도록 기업은 리스크와 기회를 다루기 위한 조치를 계획하고 실행할 필요가 있다. 리스크와 기회 모두를 다루는 것은 품질경영시스템의 효과성 증진, 개선된 결과 달성 및 부정적 영향 예방을 위한 기반을 확립하는 것이다. 기회는 의도한 결과를 달성하기에 유리한 상황의 결과로 나타날 수 있는데, 예를 들면 기업이 고객을 유치하고, 새로운 신제품 및 서비스를 개발하며, 낭비를 감소시키거나 생산성을 개선하도록 하는 상황의 집합이다. 기회를 다루기 위한 조치에는 연관된 리스크의 고려도 포함될 수 있다. 리스크는 불확실성의 영향이며, 그러한 모든 불확실성은 긍정적 또는 부정적 영향을 가져올 수 있다. 리스크로부터 발생되는 긍정적인 변경은 기회를 제공할 수 있으나, 리스크의 모든 긍정적인 영향이 기회로 되는 것은 아니다.

품질경영시스템 표준을 통하여 기업은 PDCA 관리사이클과 리스크 기반 사고에 연계된 프로세스 접근법을 사용할 수 있고, 기업의 경영시스템을 기타 경영시스템 표준의 요구사항과 정렬하거나 확장을 통하여 통합할 수 있다.

ESG 경영에 대응하기 위해서 ESG 요소들을 기업의 경영시스템에 반영할 수 있는 구체적인 기준이며 그 실행 지침이 되는 것이다.

ISO 인증 경영시스템 표준들은 ISO 9001 품질경영시스템을 시작으로 2015년 개정판부터 경영시스템 기본 구조(High Level Structure: HLS)와 리스크 중심으로 PDCA 관리사이클을 준하여 표준별 요구사항들을 반영해서 개정한 표준안을 발표하였다.

ESG 경영과 관련된 ISO 인증 경영시스템의 요구사항들을 PDCA 관리사이클에 준해서 도식화함으로써 ISO 경영시스템이 표준화된 것을 한눈에 확인할 수 있으며, 그 시작점은 ISO 9001 품질경영시스템의 기본 구조이다.

ESG 경영과 관련된 ISO 인증 경영시스템의 요구사항에 ISO 9001 품질경영시스템의 요구사항과 상이한 부분만을 색깔로 구분 표시를 하여 구독자들에게 ISO 9001 품질경영시

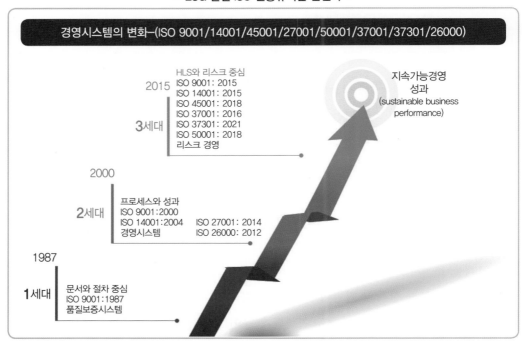

경영시스템의 변화—(ISO 9001/14001/45001/27001/50001/37001/37301/26000)

HLS와 리스크 중심
ISO 9001: 2015
2015   ISO 14001: 2015
            ISO 45001: 2018
            ISO 37001: 2016
3세대   ISO 37301: 2021
            ISO 50001: 2018
            리스크 경영

지속가능경영
성과
(sustainable business
performance)

2000

프로세스와 성과
2세대   ISO 9001:2000
            ISO 14001:2004   ISO 27001: 2014
            경영시스템   ISO 26000: 2012

1987

문서와 절차 중심
1세대   ISO 9001:1987
            품질보증시스템

스템에서 어떤 항목의 요구사항만 추가하여 ESG 경영을 기업에 맞는 맞춤형 매뉴얼과 절차서를 제정하거나 개정을 통해서 기업들이 알차게 준비하면 될 수 있는지를 쉽게 파악할 수 있게 하였다.

물론 ESG 국제표준화 기관들에서 제정한 지속가능경영보고서 가이드라인과 국내 K-ESG 가이드라인을 참조하고, 특히 중견·중소기업들은 해당 모기업에서 중요하게 실행하는 핵심성과지표(KPI)와 관련된 내용을 반영한 맞춤형 매뉴얼과 절차서를 제정한 후에 지속적인 개선 활동을 통해서 현실에 부합되게 개정 작업을 진행하면 궁극적으로는 ESG 경영에 대응할 수 있는 체계적인 경영시스템을 기업별로 구축할 수 있다.

2) ISO 경영시스템의 PDCA 구조 도식화

(1) ISO 9001(품질경영시스템)

PDCA 관리사이클에서 해당 ISO 9001:2015 요건은 어디에 해당할까요?

10.1 일반사항
  10.2 부적합 및 시정조치
  10.3 지속적 개선

4항. 조직상황
  4.1 조직과 조직상황의 이해
  4.2 이해관계자의 니즈와 기대 이해
  4.3 품질경영시스템 적용범위 결정
  4.4 품질경영시스템과 그 프로세스
5항. 리더십
  5.1 리더십과 의지표명
  5.2 방침
  5.3 조직의 역할, 책임 및 권한
6항. 기획
  6.1 리스크와 기회를 다루는 조치
  6.2 품질목표와 품질목표 달성 기획
  6.3 변경의 기획
7항. 지원
  7.1 지원
  7.2 역량/적격성
  7.3 인식
  7.4 의사소통
  7.5 문서화된 정보

ACTION
조치/반영/표준화
(개선반영)

PLAN
계획

9항. 성과평가
  9.1 모니터링, 측정, 분석 및 평가
  9.2 내부심사
  9.3 경영검토/경영평가

점검/체크/확인
★경영검토
★내부심사

CHECK

실행

DO

8항. 운용
  8.1 운용 기획 및 관리
  8.2 제품 및 서비스 요구사항
  8.3 제품 및 서비스의 설계 및 개발
  8.4 외부에서 제공되는 프로세스,
      제품 및 서비스의 관리
  8.5 생산 및 서비스 제공
  8.6 제품 및 서비스의 불출/출시
  8.7 부적합 출력/산출물의 관리

ISO 9001:2015 요구사항

■ ISO 9001 품질경영시스템 요구사항

조항번호		품질경영시스템 요구사항	PDCA 관리사이클
1		적용범위	일반사항
2		인용표준	
3		용어와 정의	
4		조직상황	
	4.1	조직과 조직상황의 이해	
	4.2	이해관계자의 니즈와 기대 이해	
	4.3	품질경영시스템 적용범위 결정	
	4.4	품질경영시스템과 그 프로세스	Plan(계획)
5		리더십	
	5.1	리더십과 의지표명	
	5.2	방침	
	5.3	조직의 역할, 책임 및 권한	
6		기획	
	6.1	리스크와 기회를 다루는 조치	
	6.2	품질목표와 품질목표 달성 기획	
	6.3	변경의 기획	

경영시스템-관리사이클

ACTION
(10항)
조치/반영/표준화
(개선반영)

PLAN
(4항/5항/6항/7항)
계획

점검/체크/확인
★경영검토
★내부심사

CHECK
(9항)

실행

DO
(8항)

7		지원	
	7.1	지원	
	7.2	역량/적격성	
	7.3	인식	
	7.4	의사소통	
	7.5	문서화된 정보	
8		운용	
	8.1	운용 기획 및 관리	
	8.2	제품 및 서비스 요구사항	
	8.3	제품 및 서비스의 설계 및 개발	
	8.4	외부에서 제공되는 프로세스, 제품 및 서비스의 관리	Do(실행)
	8.5	생산 및 서비스 제공	
	8.6	제품 및 서비스의 불출/출시	
	8.7	부적합 출력/산출물의 관리	
9		성과평가	
	9.1	모니터링, 측정, 분석 및 평가	
	9.2	내부심사	Check(점검)
	9.3	경영검토/경영평가	
10		개선	
	10.1	일반사항	
	10.2	부적합 및 시정조치	Action(개선)
	10.3	지속적 개선	

(2) ISO 14001(환경경영시스템)

E	ISO 14001 KS규격

PDCA 관리사이클에서 해당 ISO 14001:2015 요건은 어디에 해당할까요?

10항. 개선
  10.1 일반사항
  10.2 부적합 및 시정조치
  10.3 지속적 개선

9항. 성과평가
  9.1 모니터링, 측정, 분석 및 평가
  9.2 내부심사
  9.3 경영검토

ACTION
조치/반영/표준화
(개선반영)

점검/체크/확인
★경영검토
★내부심사

CHECK

PLAN
계획

실행

DO

4항. 조직상황
  4.1 조직과 조직상황의 이해
  4.2 이해관계자의 니즈와 기대 이해
  4.3 환경경영시스템 적용범위 결정
  4.4 환경경영시스템
5항. 리더십
  5.1 리더십과 의지표명
  5.2 환경방침
  5.3 조직의 역할, 책임 및 권한
6항. 기획
  6.1 리스크와 기회를 다루는 조치
  6.2 환경목표와 이를 달성하기 위한 기획
7항. 지원
  7.1 지원
  7.2 역량
  7.3 인식
  7.4 의사소통
  7.5 문서화된 정보

8항. 운용
  8.1 운용 기획 및 관리
  8.2 비상사태 대비 및 대응

ISO 9001 & ISO 14001:2015 요구사항 비교표

조항번호		품질경영시스템 요구사항	조항번호		환경경영시스템 요구사항
■ ISO 9001 품질경영시스템 요구사항			**■ ISO 14001 환경경영시스템 요구사항**		
1		적용범위	1		적용범위
2		인용표준	2		인용표준
3		용어와 정의	3		용어와 정의
4		조직상황	4		조직상황
	4.1	조직과 조직상황의 이해		4.1	조직과 조직상황의 이해
	4.2	이해관계자의 니즈와 기대 이해		4.2	이해관계자의 니즈와 기대 이해
	4.3	품질경영시스템 적용범위 결정		4.3	환경경영시스템 적용범위 결정
	4.4	품질경영시스템과 그 프로세스		4.4	환경경영시스템
5		리더십	5		리더십
	5.1	리더십과 의지표명		5.1	리더십과 의지표명
	5.2	방침		5.2	환경방침
	5.3	조직의 역할, 책임 및 권한		5.3	조직의 역할, 책임 및 권한
6		기획	6		기획
	6.1	리스크와 기회를 다루는 조치		6.1	리스크와 기회를 다루는 조치
	6.2	품질목표와 품질목표 달성 기획		6.2	환경목표와 이를 달성하기 위한 기획
	6.3	변경의 기획			
7		지원	7		지원
	7.1	지원		7.1	지원
	7.2	역량/적격성		7.2	역량
	7.3	인식		7.3	인식
	7.4	의사소통		7.4	의사소통
	7.5	문서화된 정보		7.5	문서화된 정보
8		운용	8		운용
	8.1	운용 기획 및 관리		8.1	운용 기획 및 관리
	8.2	제품 및 서비스 요구사항		8.2	비상사태 대비 및 대응
	8.3	제품 및 서비스의 설계 및 개발			
	8.4	외부에서 제공되는 프로세스, 제품 및 서비스의 관리			
	8.5	생산 및 서비스 제공			
	8.6	제품 및 서비스의 불출/출시			
	8.7	부적합 출력/산출물의 관리			
9		성과평가	9		성과평가
	9.1	모니터링, 측정, 분석 및 평가		9.1	모니터링, 측정, 분석 및 평가
	9.2	내부심사		9.2	내부심사
	9.3	경영검토/경영평가		9.3	경영검토
10		개선	10		개선
	10.1	일반사항		10.1	일반사항
	10.2	부적합 및 시정조치		10.2	부적합 및 시정조치
	10.3	지속적 개선		10.3	지속적 개선

(3) ISO 45001(안전보건경영시스템)

PDCA 관리사이클에서 해당 ISO 45001:2018 요건은 어디에 해당할까요?

10항. 개선
  10.1 일반사항
  10.2 사건, 부적합 및 시정조치
  10.3 지속적 개선

9항. 성과평가
  9.1 모니터링, 측정, 분석 및 평가
  9.2 내부심사
  9.3 경영검토

ACTION
조치/반영/표준화
(개선반영)

PLAN
계획

점검/체크/확인
★경영검토
★내부심사

실행

CHECK

DO

4항. 조직상황
  4.1 조직과 조직상황의 이해
  4.2 근로자 및 기타 이해관계자의
      니즈와 기대 이해
  4.3 안전보건경영시스템 적용범위 결정
  4.4 안전보건경영시스템
5항. 리더십
  5.1 리더십과 의지표명
  5.2 안전보건 방침
  5.3 조직의 역할, 책임 및 권한
  5.4 근로자 협의 및 참여
6항. 기획
  6.1 리스크와 기회를 다루는 조치
  6.2 안전보건 목표와 목표 달성 기획
7항. 지원
  7.1 지원
  7.2 역량/적격성
  7.3 인식
  7.4 의사소통
  7.5 문서화된 정보

8항. 운용
  8.1 운용 기획 및 관리
  8.2 비상시 대비 및 대응

ISO 9001 & ISO 45001:2018 요구사항 비교표

ISO 9001 품질경영시스템 요구사항			ISO 45001 안전보건경영시스템 요구사항		
■ ISO 9001 품질경영시스템 요구사항			■ ISO 45001 안전보건경영시스템 요구사항		
조항번호		품질경영시스템 요구사항	조항번호		안전보건경영시스템 요구사항
1		적용범위	1		적용범위
2		인용표준	2		인용표준
3		용어와 정의	3		용어와 정의
4		조직상황	4		조직상황
	4.1	조직과 조직상황의 이해		4.1	조직과 조직상황의 이해
	4.2	이해관계자의 니즈와 기대 이해		4.2	근로자 및 기타 이해관계자의 니즈와 기대 이해
	4.3	품질경영시스템 적용범위 결정		4.3	안전보건경영시스템 적용범위 결정
	4.4	품질경영시스템과 그 프로세스		4.4	안전보건경영시스템
5		리더십	5		리더십
	5.1	리더십과 의지표명		5.1	리더십과 의지표명
	5.2	방침		5.2	안전보건 방침
	5.3	조직의 역할, 책임 및 권한		5.3	조직의 역할, 책임 및 권한
				5.4	근로자 협의 및 참여
6		기획	6		기획
	6.1	리스크와 기회를 다루는 조치		6.1	리스크와 기회를 다루는 조치
	6.2	품질목표와 품질목표 달성 기획		6.2	안전보건 목표와 목표 달성 기획
	6.3	변경의 기획			
7		지원	7		지원
	7.1	지원		7.1	지원
	7.2	역량/적격성		7.2	역량/적격성

	7.3	인식		7.3	인식
	7.4	의사소통		7.4	의사소통
	7.5	문서화된 정보		7.5	문서화된 정보
8		운용	8		운용
	8.1	운용 기획 및 관리		8.1	운용 기획 및 관리
	8.2	제품 및 서비스 요구사항		8.2	비상사태 대비 및 대응
	8.3	제품 및 서비스의 설계 및 개발			
	8.4	외부에서 제공되는 프로세스, 제품 및 서비스의 관리			
	8.5	생산 및 서비스 제공			
	8.6	제품 및 서비스의 불출/출시			
	8.7	부적합 출력/산출물의 관리			
9		성과평가	9		성과평가
	9.1	모니터링, 측정, 분석 및 평가		9.1	모니터링, 측정, 분석 및 평가
	9.2	내부심사		9.2	내부심사
	9.3	경영검토/경영평가		9.3	경영검토
10		개선	10		개선
	10.1	일반사항		10.1	일반사항
	10.2	부적합 및 시정조치		10.2	사건, 부적합 및 시정조치
	10.3	지속적 개선		10.3	지속적 개선

(4) ISO 27001(정보보호경영시스템)

PDCA 관리사이클에서 해당 ISO 27001:2014 요건은 어디에 해당할까요?

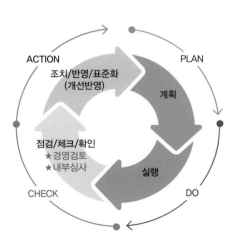

10항. 개선
10.1 일반사항
10.2 부적합 및 시정조치
10.3 지속적 개선

9항. 성과평가
9.1 모니터링, 측정, 분석 및 평가
9.2 내부심사
9.3 경영진 검토

4항. 조직상황
4.1 조직과 상황에 대한 이해
4.2 이해관계자의 요구와 기대에 대한 이해
4.3 정보보호경영시스템의 범위 결정
4.4 정보보호경영시스템
5항. 리더십
5.1 리더십과 의지
5.2 정책
5.3 조직의 역할, 책임, 권한
6항. 기획
6.1 위험과 기회에 따른 조치
6.2 정보보호 목표 및 달성 계획
7항. 지원
7.1 지원
7.2 적격성
7.3 인식
7.4 의사소통
7.5 문서 정보

8항. 운용
8.1 운용 계획 및 통제
8.2 정보보호 위험평가
8.3 정보보호 위험처리

ACTION
조치/반영/표준화
(개선반영)

PLAN
계획

CHECK
점검/체크/확인
★경영검토
★내부심사

DO
실행

ISO 9001 & ISO 27001:2014 요구사항 비교표

ISO 9001 품질경영시스템 요구사항		ISO 27001 정보보호경영시스템 요구사항	
조항번호	품질경영시스템 요구사항	조항번호	정보보호경영시스템 요구사항
1	적용범위	1	적용범위
2	인용표준	2	인용표준
3	용어와 정의	3	용어와 정의
4	조직상황	4	조직상황
4.1	조직과 조직상황의 이해	4.1	조직과 상황에 대한 이해
4.2	이해관계자의 니즈와 기대 이해	4.2	이해당사자의 요구와 기대에 대한 이해
4.3	품질경영시스템 적용범위 결정	4.3	정보호호경영시스템의 범위 결정
4.4	품질경영시스템과 그 프로세스	4.4	정보보호경영시스템
5	리더십	5	리더십
5.1	리더십과 의지표명	5.1	리더십과 의지
5.2	방침	5.2	정책
5.3	조직의 역할, 책임 및 권한	5.3	조직의 역할, 책임, 권한
6	기획	6	기획
6.1	리스크와 기회를 다루는 조치	6.1	위험과 기회에 따른 조치
6.2	품질목표와 품질목표 달성 기획	6.2	정보보호 목표 및 달성 계획
6.3	변경의 기획		
7	지원	7	지원
7.1	지원	7.1	지원
7.2	역량/적격성	7.2	적격성
7.3	인식	7.3	인식
7.4	의사소통	7.4	의사소통
7.5	문서화된 정보	7.5	문서 정보
8	운용	8	운용
8.1	운용 기획 및 관리	8.1	운용 계획 및 통제
8.2	제품 및 서비스 요구사항	8.2	정보보호 위험평가
8.3	제품 및 서비스의 설계 및 개발	8.3	정보보호 위험처리
8.4	외부에서 제공되는 프로세스, 제품 및 서비스의 관리		
8.5	생산 및 서비스 제공		
8.6	제품 및 서비스의 불출/출시		
8.7	부적합 출력/산출물의 관리		
9	성과평가	9	성과평가
9.1	모니터링, 측정, 분석 및 평가	9.1	모니터링, 측정, 분석 및 평가
9.2	내부심사	9.2	내부감사
9.3	경영검토/경영평가	9.3	경영진 검토
10	개선	10	개선
10.1	일반사항	10.1	일반사항
10.2	부적합 및 시정조치	10.2	부적합 및 시정조치
10.3	지속적 개선	10.3	지속적 개선

(5) ISO 50001(에너지경영시스템)

PDCA 관리사이클에서 해당 ISO 50001 :2018 요건은 어디에 해당할까요?

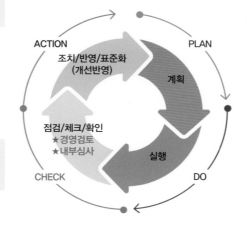

10항. 개선
  10.1 부적합 및 시정조치
  10.2 지속적 개선

4항. 조직의 조직상황
  4.1 조직 및 그의 조직상황 이해
  4.2 이해관계자의 요구와 기대 이해
  4.3 에너지경영시스템의 적용범위 결정
  4.4 에너지경영시스템
5항. 리더십
  5.1 리더십과 의지표명
  5.2 에너지 방침
  5.3 조직의 역할, 책임 및 권한
6항 기획
  6.1 리스크와 기회를 해결하기 위한 조치
  6.2 목표, 에너지 세부목표 및 이를 달성
       하기 위한 계획
  6.3 에너지 검토
  6.4 에너지성과지표
  6.5 에너지베이스라인
  6.6 에너지 데이터 수집 계획
7항. 지원
  7.1 지원
  7.2 적격성
  7.3 인식
  7.4 의사소통
  7.5 문서화된 정보

9항. 성과평가
  9.1 에너지성과와 EnMS의 모니터링,
       측정, 분석 및 평가
  9.2 내부심사
  9.3 경영검토

8항. 운용
  8.1 운용 기획 및 관리
  8.2 설계
  8.3 구매

ACTION
조치/반영/표준화
(개선반영)

PLAN
계획

점검/체크/확인
★경영검토
★내부심사

실행

CHECK

DO

ISO 9001 & ISO 50001 :2018 요구사항 비교표

■ ISO 9001 품질경영시스템 요구사항		■ ISO 50001 에너지경영시스템 요구사항	
조항번호	품질경영시스템 요구사항	조항번호	에너지경영시스템 요구사항
1	적용범위	1	적용범위
2	인용표준	2	인용표준
3	용어와 정의	3	용어와 정의
4	조직상황	4	조직의 조직상황
4.1	조직과 조직상황의 이해	4.1	조직 및 그의 조직상황 이해
4.2	이해관계자의 니즈와 기대 이해	4.2	이해관계자의 요구와 기대의 이해
4.3	품질경영시스템 적용범위 결정	4.3	에너지경영시스템의 적용범위 결정
4.4	품질경영시스템과 그 프로세스	4.4	에너지경영시스템
5	리더십	5	리더십
5.1	리더십과 의지표명	5.1	리더십과 의지표명
5.2	방침	5.2	에너지 방침
5.3	조직의 역할, 책임 및 권한	5.3	조직의 역할, 책임 및 권한
6	기획	6	계획
6.1	리스크와 기회를 다루는 조치	6.1	리스크와 기회를 해결하기 위한 조치
6.2	품질목표와 품질목표 달성 기획	6.2	목표, 에너지 세부목표 및 이를 달성하기 위한 계획
6.3	변경의 기획	6.3	에너지 검토
		6.4	에너지성과지표
		6.5	에너지베이스라인
		6.6	에너지 데이터 수립 계획
7	지원	7	지원
7.1	지원	7.1	지원

	7.2	역량/적격성		7.2	적격성
	7.3	인식		7.3	인식
	7.4	의사소통		7.4	의사소통
	7.5	문서화된 정보		7.5	문서화된 정보
8		운용	8		운용
	8.1	운용 기획 및 관리		8.1	운용 기획 및 관리
	8.2	제품 및 서비스 요구사항		8.2	설계
	8.3	제품 및 서비스의 설계 및 개발		8.3	구매
	8.4	외부에서 제공되는 프로세스, 제품 및 서비스의 관리			
	8.5	생산 및 서비스 제공			
	8.6	제품 및 서비스의 불출/출시			
	8.7	부적합 출력/산출물의 관리			
9		성과평가	9		성과평가
	9.1	모니터링, 측정, 분석 및 평가		9.1	에너지성과와 EnMS의 모니터링, 측정, 분석 및 평가
	9.2	내부심사		9.2	내부심사
	9.3	경영검토/경영평가		9.3	경영검토
10		개선	10		개선
	10.1	일반사항		10.1	부적합 및 시정조치
	10.2	부적합 및 시정조치		10.2	지속적 개선
	10.3	지속적 개선			

(6) ISO 37001(부패방지경영시스템)

G	ISO 37001 KS규격

PDCA 관리사이클에서 해당 ISO 37001:2016 요건은 어디에 해당할까요?

10항. 개선
  10.1 부적합 및 시정조치
  10.2 지속적 개선

9항. 성과평가
  9.1 모니터링, 측정, 분석 및 평가
  9.2 내부심사
  9.3 경영검토
  9.4 부패방지 책임자 검토

ACTION
조치/반영/표준화
(개선반영)

점검/체크/확인
★경영검토
★내부심사

CHECK

PLAN
계획

실행

DO

4항. 조직상황
  4.1 조직과 조직상황의 이해
  4.2 이해관계자의 니즈와 기대 이해
  4.3 부패방지경영시스템의 적용범위 결정
  4.4 부패방지경영시스템
  4.5 부패리스크 평가
5항. 리더십
  5.1 리더십과 의지표명
  5.2 부패방지 방침
  5.3 조직의 역할, 책임 및 권한
6항. 기획
  6.1 리스크와 기회를 다루는 조치
  6.2 부패방지를 위한 목표와 목표 달성 기획
7항. 지원
  7.1 지원
  7.2 역량/적격성
  7.3 인식과 교육훈련
  7.4 의사소통
  7.5 문서화된 정보

8항. 운용
  8.1 운용 기획 및 관리
  8.2 실사(due diligence)
  8.3 재무적 관리
  8.4 비재무적 관리
  8.5 통제받는 조직과 비즈니스 관련자의 부패방지 관리 실행
  8.6 부패방지에 대한 의지표명
  8.7 선물, 접대, 기부 및 유사한 편익
  8.8 부패방지 관리의 불충분에 대한 관리
  8.9 문제/우려사항 제기
  8.10 부패의 조사 및 조치

ISO 9001 & ISO 37001：2016 요구사항 비교표				
■ ISO 9001 품질경영시스템 요구사항			■ ISO 37001 부패방지경영시스템 요구사항	
조항번호	품질경영시스템 요구사항	조항번호	부패방지경영시스템 요구사항	
1	적용범위	1	적용범위	
2	인용표준	2	인용표준	
3	용어와 정의	3	용어와 정의	
4	조직상황	4	조직상황	
	4.1	조직과 조직상황의 이해	4.1	조직과 조직상황의 이해
	4.2	이해관계자의 니즈와 기대 이해	4.2	이해관계자의 니즈와 기대 이해
	4.3	품질경영시스템 적용범위 결정	4.3	부패방지경영시스템의 적용범위 결정
	4.4	품질경영시스템과 그 프로세스	4.4	부패방지경영시스템
			4.5	부패리스크 평가
5	리더십	5	리더십	
	5.1	리더십과 의지표명	5.1	리더십과 의지표명
	5.2	방침	5.2	부패방지 방침
	5.3	조직의 역할, 책임 및 권한	5.3	조직의 역할, 책임 및 권한
6	기획	6	기획	
	6.1	리스크와 기회를 다루는 조치	6.1	리스크와 기회를 다루는 조치
	6.2	품질목표와 품질목표 달성 기획	6.2	부패방지를 위한 목표와 목표 달성 기획
	6.3	변경의 기획		
7	지원	7	지원	
	7.1	지원	7.1	자원
	7.2	역량/적격성	7.2	역량/적격성
	7.3	인식	7.3	인식과 교육훈련
	7.4	의사소통	7.4	의사소통
	7.5	문서화된 정보	7.5	문서화된 정보
8	운용	8	운용	
	8.1	운용 기획 및 관리	8.1	운용 기획 및 관리
	8.2	제품 및 서비스 요구사항	8.2	실사(due diligence)
	8.3	제품 및 서비스의 설계 및 개발	8.3	재무적 관리
	8.4	외부에서 제공되는 프로세스, 제품 및 서비스의 관리	8.4	비재무적 관리
	8.5	생산 및 서비스 제공	8.5	통제받는 조직과 비즈니스 관련자의 부패방지 관리 실행
	8.6	제품 및 서비스의 불출/출시	8.6	부패방지에 대한 의지표명
	8.7	부적합 출력/산출물의 관리	8.7	선물, 접대, 기부 및 유사한 편익
			8.8	부패방지 관리의 불충분에 대한 관리
			8.9	문제/우려사항 제기
			8.10	부패의 조사 및 조치
9	성과평가	9	성과평가	
	9.1	모니터링, 측정, 분석 및 평가	9.1	모니터링, 측정, 분석 및 평가
	9.2	내부심사	9.2	내부심사
	9.3	경영검토/경영평가	9.3	경영검토
			9.4	부패방지 책임자 검토
10	개선	10	개선	
	10.1	일반사항	10.1	부적합 및 시정조치
	10.2	부적합 및 시정조치	10.2	지속적 개선
	10.3	지속적 개선		

(7) ISO 37301(준법경영시스템)

PDCA 관리사이클에서 해당 ISO 37301:2021 요건은 어디에 해당 할까요?

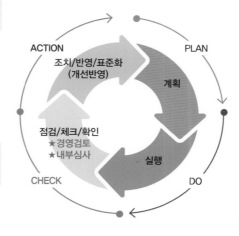

10항. 개선
  10.1 지속적 개선
  10.2 부적합 및 시정조치

4항. 조직상황
  4.1 조직과 조직상황의 이해
  4.2 이해관계자의 요구와 기대 이해
  4.3 규범준수경영시스템의 적용범위 결정
  4.4 규범준수경영시스템
  4.5 규범준수 의무사항
  4.6 규범준수 리스크 평가
5항. 리더십
  5.1 리더십과 의지표명
  5.2 규범준수 방침
  5.3 역할, 책임 및 권한
6항. 기획
  6.1 리스크와 기회를 다루는 조치
  6.2 규범준수 목표와 목표 달성 기획
  6.3 변경 기획
7항. 지원
  7.1 지원
  7.2 적격성
  7.3 인식
  7.4 문서화된 정보

9항. 성과평가
  9.1 모니터링, 측정, 분석 및 평가
  9.2 내부심사
  9.3 경영검토

8항. 운용
  8.1 운용 기획 및 관리
  8.2 관리와 절차의 수립
  8.3 우려사항 제기
  8.4 조사 프로세스

ISO 9001 & ISO 37301:2021 요구사항 비교표

■ ISO 9001 품질경영시스템 요구사항		■ ISO 37301 준법경영시스템 요구사항	
조항번호	품질경영시스템 요구사항	조항번호	준법경영시스템 요구사항
1	적용범위	1	적용범위
2	인용표준	2	인용표준
3	용어와 정의	3	용어와 정의
4	조직상황	4	조직상황
4.1	조직과 조직상황의 이해	4.1	조직과 조직상황의 이해
4.2	이해관계자의 니즈와 기대 이해	4.2	이해관계자의 요구와 기대 이해
4.3	품질경영시스템 적용범위 결정	4.3	규범준수경영시스템의 적용범위 결정
4.4	품질경영시스템과 그 프로세스	4.4	규범준수경영시스템
		4.5	규범준수 의무사항
		4.6	규범준수 리스크 평가
5	리더십	5	리더십
5.1	리더십과 의지표명	5.1	리더십과 의지표명
5.2	방침	5.2	규범준수 방침
5.3	조직의 역할, 책임 및 권한	5.3	역할, 책임 및 권한
6	기획	6	기획
6.1	리스크와 기회를 다루는 조치	6.1	리스크와 기회를 다루는 조치
6.2	품질목표와 품질목표 달성 기획	6.2	규범준수 목표와 목표 달성 기획
6.3	변경의 기획	6.3	변경 기획
7	지원	7	지원
7.1	지원	7.1	지원
7.2	역량/적격성	7.2	적격성
7.3	인식	7.3	인식

	7.4	의사소통		7.4	문서화된 정보
	7.5	문서화된 정보			
8		운용	8		운용
	8.1	운용 기획 및 관리		8.1	운용 기획 및 관리
	8.2	제품 및 서비스 요구사항		8.2	관리와 절차의 수립
	8.3	제품 및 서비스의 설계 및 개발		8.3	우려사항 제기
	8.4	외부에서 제공되는 프로세스, 제품 및 서비스의 관리		8.4	조사 프로세스
	8.5	생산 및 서비스 제공			
	8.6	제품 및 서비스의 불출/출시			
	8.7	부적합 출력/산출물의 관리			
9		성과평가	9		성과평가
	9.1	모니터링, 측정, 분석 및 평가		9.1	모니터링, 측정, 분석 및 평가
	9.2	내부심사		9.2	내부심사
	9.3	경영검토/경영평가		9.3	경영검토
10		개선	10		개선
	10.1	일반사항		10.1	지속적 개선
	10.2	부적합 및 시정조치		10.2	부적합 및 시정조치
	10.3	지속적 개선			

(8) ISO 26000(사회적책임경영시스템)

| E | S | G | ISO 26000 KS규격 |

PDCA 관리사이클에서 해당 ISO 26000:2012 요건은 어디에 해당할까요?

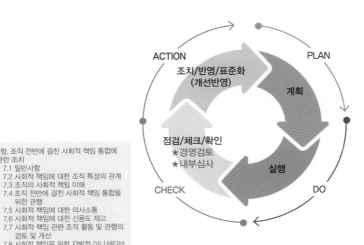

3항. 사회적 책임에 대한 이해
  3.1 조직의 사회적 책임: 역사적 배경
  3.2 사회적 책임의 최근 동향
  3.3 사회적 책임의 특성
  3.4 국가 및 사회적 책임

4항. 사회적 책임의 원칙
  4.1 일반사항
  4.2 설명책임
  4.3 투명성
  4.4 윤리적 행동
  4.5 이해관계자 이해관계 존중
  4.6 법치 존중
  4.7 국제행동규범 존중
  4.8 인권존중

5항. 사회적 책임의 인식 및 이해관계자의 참여
  5.1 일반사항
  5.2 사회적 책임의 인식
  5.3 이해관계자의 식별 및 참여

6항. 사회적 책임의 핵심 주제에 대한 지침
  6.1 일반사항
  6.2 조직 거버넌스
  6.3 인권
  6.4 노동관행
  6.5 환경
  6.6 공정 운영관행
  6.7 소비자 이슈
  6.8 지역사회 참여 및 발전

7항. 조직 전반에 걸친 사회적 책임 통합에 관한 조치
  7.1 일반사항
  7.2 사회적 책임에 대한 조직 특성의 관계
  7.3 조직의 사회적 책임 이해
  7.4 조직 전반에 걸친 사회적 책임 통합을 위한 관행
  7.5 사회적 책임에 대한 의사소통
  7.6 사회적 책임에 대한 신용도 제고
  7.7 사회적 책임 관련 조직 활동 및 관행의 검토 및 개선
  7.8 사회적 책임을 위한 자발적 이니셔티브

3. ESG 경영을 위한 실행 지침(사례: 일반 제조업)

1) 회사표준 절차서 작성

　ESG 경영에 대응하기 위해 관련 ISO 인증 경영시스템의 요구사항을 반영한 기업의 절차서를 통합하여 제·개정한 구체적인 실행 방법을 간략하게 제공하고자 한다. 저자가 중견·중소기업의 컨설팅을 통해 기업에 맞게 현실화시켜서 제정한 회사표준 문서 목록표를 사례로 ESG 경영에 대응하는 업무 절차서를 통합하는 작업 방법에 관한 기술을 다음과 같이 소개한다. 저자가 심사한 일반 제조 기업에서 실제 운영되고 있는 ISO 9001 품질경영시스템의 회사표준 문서 목록표를 PDCA 관리사이클에 준해 나열하고 도식화한 경영시스템을 통해서 한눈에 쉽게 파악할 수 있게 이해를 돕고자 한다.

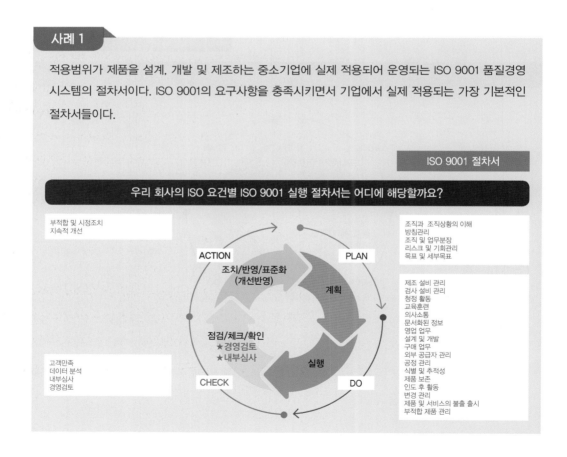

사례 1

적용범위가 제품을 설계, 개발 및 제조하는 중소기업에 실제 적용되어 운영되는 ISO 9001 품질경영시스템의 절차서이다. ISO 9001의 요구사항을 충족시키면서 기업에서 실제 적용되는 가장 기본적인 절차서들이다.

사례 2

적용범위가 제품을 설계, 개발 및 제조하는 중소기업에 실제 적용되어 운영되는 ISO 9001 품질경영시스템의 절차서에서 ISO 14001 환경경영시스템의 요구사항을 반영하여 기업에 필요한 6개의 실행절차서를 추가 제정한 ISO 9001+14001 통합경영시스템 절차서이다. ISO 9001의 요구사항을 충족시킨 절차서에 ISO 14001의 요구사항을 충족시켜 기업에서 실제 적용된 가장 기본적인 통합경영시스템 절차서의 사례이다.

ISO 14001 절차서

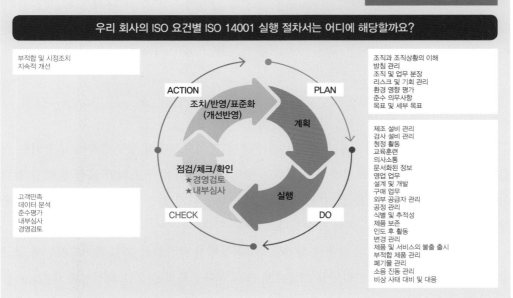

우리 회사의 ISO 요건별 ISO 14001 실행 절차서는 어디에 해당할까요?

부적합 및 시정조치
지속적 개선

ACTION
조치/반영/표준화
(개선반영)

PLAN
계획

점검/체크/확인
★경영검토
★내부심사

실행

고객만족
데이터 분석
준수평가
내부심사
경영검토

CHECK

DO

조직과 조직상황의 이해
방침 관리
조직 및 업무 분장
리스크 및 기회 관리
환경 영향 평가
준수 의무사항
목표 및 세부 목표

제조 설비 관리
검사 설비 관리
청정 활동
교육훈련
의사소통
문서화된 정보
영업 업무
설계 및 개발
구매 업무
외부 공급자 관리
공정 관리
식별 및 추적성
제품 보존
인도 후 활동
변경 관리
제품 및 서비스의 불출 출시
부적합 제품 관리
폐기물 관리
소음 진동 관리
비상 사태 대비 및 대응

사례 3

적용범위가 제품을 설계, 개발 및 제조하는 중소기업에 실제 적용되어 운영되는 ISO 9001 품질경영시스템의 절차서에서 ISO 45001 안전보건경영시스템의 요구사항을 반영하여 기업에 필요한 실행 절차서를 추가 제정한 절차서이다. ISO 9001의 요구사항을 충족시킨 절차서에 ISO 45001의 요구사항을 반영시키고 「산업안전보건법」 관련 문서는 하위 지침서로 구성하여 기업에서 실제 적용된 가장 기본적인 안전보건경영시스템 절차서의 사례이다.

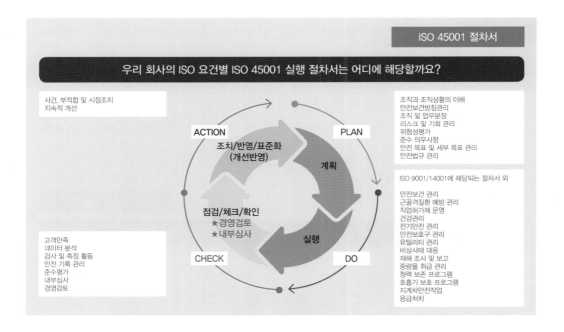

ISO 45001 절차서

우리 회사의 ISO 요건별 ISO 45001 실행 절차서는 어디에 해당할까요?

사건, 부적합 및 시정조치
지속적 개선

ACTION
조치/반영/표준화
(개선반영)

계획

PLAN

조직과 조직상황의 이해
안전보건방침관리
조직 및 업무분장
리스크 및 기회 관리
위험성평가
준수 의무사항
안전 목표 및 세부 목표 관리
안전법규 관리

점검/체크/확인
★경영검토
★내부심사

실행

ISO 9001/14001에 해당되는 절차서 외

안전보건 관리
근골격질환 예방 관리
직업허가제 운영
건강관리
전기안전 관리
안전보호구 관리
유틸리티 관리
비상사태 대응
재해 조사 및 보고
중량물 취급 관리
청력 보존 프로그램
호흡기 보호 프로그램
지게차안전작업
응급처치

CHECK

DO

고객만족
데이터 분석
검사 및 측정 활동
안전 기록 관리
준수평가
내부심사
경영검토

[사례 1], [사례 2], [사례 3]을 통해서 ISO 인증별 경영시스템의 요구사항에 부합되는 기업의 실질적인 절차서를 작성하여 제정하는 방법을 간략하게 구조적인 표를 통해서 쉽게 이해하는 데 도움이 되었을 것이다. ESG 경영을 대응하기 위한 ESG 통합 경영시스템을 작성하여 제정하는 방법도 이와 유사하다고 볼 수 있다.

국내의 중견·중소기업의 경우에 산업통상자원부에서 발간한 K-ESG 가이드라인과 공급망 실사 대응 K-ESG 가이드라인을 기준으로 ESG 진단항목의 중요한 핵심성과지표(KIP)를 PDCA 관리사이클에 준해서 ISO 9001 품질경영시스템을 바탕으로 하나씩 추가하고, 속성에 맞게 통합시키는 작업을 다음과 같이 간략하게 가이드라인으로 제시하고자 한다.

• Plan(계획)에 해당되는 ISO 9001 요구사항의 4항, 5항, 6항, 7항과 관련된 실행 절차서에는 정보공시 부분인 ESG 정보공시, ESG 주기, ESG 범위, ESG 정보공시 검증 관련 실행 업무를 조직상황 관련 절차서에 포함하여 포괄적으로 통합시켜서 제·개정 실행 작업을 하거나, 정보공시 절차서를 추가 제정하여 운영하는 것을 제시한다.

또한 환경 부분인 환경경영 추진 계획과 사회 부분인 노동, 다양성 및 양성평등, 산업안전, 지역사회, 지배구조 부분인 이사회 구성, 이사회 활동, 주주관리, 윤리경영과 기획 관련 리스크와 기회를 다루는 조치와 목표는 관련 절차서에 포함하여 통합시키거나 인사조직 관리 절차서, 정관 관리 절차서 등으로 필요한 절차서를 개별로 추가 제정하여 운용하는 것을 제시한다.

- Do(실행)에 해당되는 ISO 9001 요구사항의 8항과 관련된 실행 절차서에는 환경(E), 사회(S), 지배구조(G) 범주의 진단항목에 대해 목표를 수립하고 기간별로 추이를 분석하여 개선 조치 및 목표 관리를 할 수 있도록 실행 절차서에 구체적으로 업무 프로세스를 구축하는 것이 필요하다. 예를 들면, 환경 부분인 원부자재, 온실가스, 에너지, 용수, 폐기물, 오염물질 항목은 관련 절차서에 포함하여 포괄적으로 통합시키거나 원부자재 관리 절차서, 온실가스 관리 절차서, 에너지 관리 절차서, 용수 관리 절차서, 폐기물 관리 절차서, 오염물질 관리 절차서 등으로 개별로 추가 제정하여 운용하는 것을 제시한다.

- Check(점검)에 해당되는 ISO 9001 요구사항의 9항과 관련된 실행 절차서에는 ESG 경영을 위해 실행 지침으로 제·개정된 절차서에 준해서 실제 실행하고 있는지를 주기적으로 점검하고 체크하는 내용을 포함하여 업무 프로세스를 구축해야 한다. 예를 들면, 환경, 안전보건, 정보보안, 부패 방지 관련 법규준수 의무사항을 업무 프로세스에 부합되게 준수하는 업무 프로세스를 포함해야 한다. 내부심사와 경영검토 절차서에는 내부 감사와 ESG 관련 핵심성과지표(KPI) 목표 관리를 전체적으로 모니터링하고 실적 관리하는 내용을 추가하여 개정 작업을 하는 것을 제시한다. 또한 사업계획서에는 목표 관리 실적을 토대로 차기 계획을 수립하여 궁극적으로 ESG 경영이 목표로 하는 지속적 성장과 개선을 할 수 있도록 해야만 한다.

- Action(개선)에 해당되는 ISO 9001 요구사항의 10항과 관련된 실행 절차서에는 내부심사와 경영검토를 통해서 확인된 문제점들에 대한 개선조치 사항을 기록 및 관리하고 실질적으로 핵심성과지표(KPI)를 달성하는 방향으로 지속성을 보장하는 내용이 포함되어야 한다.

ESG 경영은 기업의 지속가능경영을 하기 위한 현 시대의 성장통으로 피할 수 없는 생존의 문제이므로 기업들은 통합 경영시스템을 지속적으로 보완하는 작업을 부단히 노력해야 한다.

Plan(계획), Do(실행), Check(검토), Action(개선)에 해당되는 ESG 경영에 대응하는 절차서를 제정·개정 작업 시 산업통상자원부에서 발간한 K-ESG 가이드라인과 공급망 실사 대응 K-ESG 가이드라인에 제시된 진단항목별 성과 점검 내용을 꼼꼼히 읽고 재해석하여 기업에 맞게 해당 업무 절차서에 반영하고, 그 결과물로 측정 가능한 성과지표를 산출할 수 있는 기술을 습득하도록 지속적으로 학습하고 노력해야 한다.

K-ESG 가이드라인에서 대기업용으로 제시한 기존의 진단항목을 기준으로 기업의 경영시스템상의 회사표준 절차서를 제·개정할 때 검토해서 반영해야 할 진단문항의 범주 내용을 PDCA 관리사이클에 준한 회사표준서 제정·개정 부문과의 관계성 정도를 간략하게 매트릭스도(matrix diagram)로 제시하여 실행지침서를 작성하는 데 도움을 주고자 제공하며, 해당 기업의 경영시스템 수준과 처한 산업환경 등에 따라 상이할 수 있음을 먼저 밝혀 둔다.

K-ESG 기준의 대기업 진단문항(61개)의 범주(27개)를 PDCA 관리사이클에 준한 회사표준서 제정·개정 부문과의 관계성 정도를 간략하게 정리한 매트릭스도를 참고용으로 다음과 같이 제시한다.

K-ESG 가이드라인					
대기업 진단문항(61개) 관련 매트릭스도(matrix diagram)					
영역	범주	PDCA 관리사이클에 준한 회사표준서 제·개정 관련성			
		Plan	Do	Check	Action
정보공시 (P)	정보공시 형식(3)	●	○	○	○
	정보공시 내용(1)	●	○	○	○
	정보공시 검증(1)	●	○	●	○
환경 (E)	환경경영목표(2)	●	○	◉	○
	원자재(2)	○	●	◉	○
	온실가스(3)	○	●	◉	○
	에너지(2)	○	●	◉	○
	용수(2)	○	●	◉	○
	폐기물(2)	○	●	◉	○
	오염물질(2)	○	●	◉	○
	환경 법/규제 위반(1)	●	○	●	○
	환경 라벨링(1)	○	●	◉	○
사회 (S)	목표(1)	●	●	◉	○
	노동(6)	●	●	◉	○
	다양성 및 양성평등(3)	●	●	◉	○
	산업안전(2)	●	●	◉	○
	인권(2)	●	●	◉	○
	동반성장(3)	●	●	◉	○
	지역사회(2)	●	●	◉	○

영역	범주	Plan	Do	Check	Action
	정보보호(2)	●	●	◉	○
	사회 법/규제 위반(1)	●	○	●	○
지배구조 (G)	이사회 구성(5)	●	◉	◉	○
	이사회 활동(4)	●	◉	◉	○
	주주권리(4)	●	◉	◉	○
	윤리경영(1)	●	◉	◉	○
	감사기구(2)	●	○	◉	○
	지배구조 법/규제 위반(1)	●	○	●	○

[관련성 정도] ●: 강, ◉: 중, ○: 약

K-ESG 가이드라인의 중견·중소기업 진단문항(27개)의 범주(17개)를 PDCA 관리사이클에 준한 회사표준서 제정·개정 부문과의 관계성 정도를 간략하게 정리한 매트릭스도를 참고용으로 다음과 같이 제시한다.

K-ESG 가이드라인					
중견·중소기업 진단문항(27개) 관련 매트릭스도(matrix diagram)					
영역	범주	PDCA 관리사이클에 준한 회사표준서 제·개정 관련성			
		Plan	Do	Check	Action
정보공시 (P)	정보공시 형식(3)	●	○	○	○
	정보공시 검증(1)	●	○	●	○
환경 (E)	환경경영목표(1)	●	○	◉	○
	원자재(1)	○	●	◉	○
	온실가스(2)	○	●	◉	○
	에너지(1)	○	●	◉	○
	용수(1)	○	●	◉	○
	폐기물(1)	○	●	◉	○
	오염물질(2)	○	●	◉	○
사회 (S)	노동(2)	●	●	◉	○
	다양성 및 양성평등(3)	●	●	◉	○
	산업안전(2)	●	●	◉	○
	지역사회(2)	●	●	◉	○
지배구조 (G)	이사회 구성(1)	●	◉	◉	○
	이사회 활동(2)	●	◉	◉	○
	주주권리(1)	●	◉	◉	○
	윤리경영(1)	●	◉	◉	○

[관련성 정도] ●: 강, ◉: 중, ○: 약

다음은 필자가 제품을 설계, 개발 및 제조하는 중소기업의 사례를 들어 K-ESG 가이드라인의 일부 진단항목만 비교하면서 ESG 경영시스템을 구축한다는 전제로 임의로 작성해 본 절차서의 샘플 유형이다.

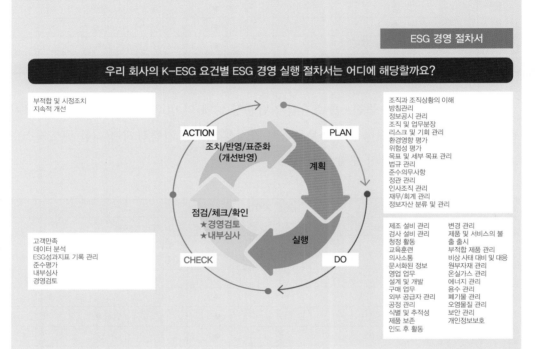

기업별 맞춤형 ESG 경영시스템을 구축하여 운영할 수 있도록 ESG와 관련된 ISO 규격별 요구사항을 사전에 기업에서는 철저하게 분석하는 것이 무엇보다 필요하다. 기업별로 맞춤형 ESG 경영시스템을 구축하고 핵심성과지표(KPI)로 설정된 ESG 성과지표들은 요구사항 9항의 준수평가와 내부심사를 통해서 철저하게 이행 여부를 검토 및 모니터링하고 그 결과는 경영검토에 반영되어야 한다. 별도의 ESG 단독 절차서만을 운영하여 관리하는 것은 경영의 목적과 취지에도 맞지 않으며, 지속적으로 운영될 수 없음을 인식하고 기업의 내부 경영시스템에 통합 운영할 수 있도록 부단한 노력을 해야 한다.

제5장

헬스케어(의료)
산업의
ESG 경영

1. 헬스케어(의료) 산업의 ESG 경영

최근 기업들 사이에서 ESG는 경영의 필수 요인으로 자리를 잡아 가고 있다. S&P는 각 산업별 ESG 관련 위험의 정도를 확인하기 위하여 경제활동을 34개의 산업군으로 분리하여 환경적(E), 사회적(S) 관점에서 ESG 위험요인을 분석하였다. 이 분석에서 탄광, 유전 등의 산업 분야에서 ESG와 관련된 위험이 가장 높게 나타났다. 이 분석에 따르면, 헬스케어(의료) 산업은 34개 산업군 중 26위로 타 산업에 비해 ESG 관련 환경적·사회적 위험도는 낮은 것으로 나타났다. 헬스케어(의료) 산업은 병원(또는 의료기관)을 중심으로 한 지역 커뮤니티에 기반을 두고 있어 타 산업보다 그 위험도가 낮게 나타난 것으로 판단된다.

헬스케어 산업은 병원으로 대표되는 의료기관, 의약품으로 대표되는 제약·바이오 산업뿐 아니라, 병원에서 이용하는 의료기기와 관련된 의료기기 산업이 복잡하게 얽혀 있다. 의료기관의 경우에는 환자들의 신뢰성을 높이기 위하여 ESG 경영활동을 하고, 기업의 경우에는 투자의 매력도를 높이기 위해서 ESG 경영활동과 공급망 사슬에서 이해관계자들의 요구에 맞추기 위한 ESG 경영활동을 하고 있다. 헬스케어 산업의 경우에는 서비스를 소비하는 커뮤니티, 환자, 기증자 등에게 신뢰성을 구축하여야 하므로 ESG 경영이 더욱 중요하다. 그러나 미국의 위시한 전 세계 헬스케어 기업들의 ESG 경영활동 내역 공개는 대부분 시행 초기 단계에 있으며, ESG를 받아들이는 속도도 다른 산업에 비해 다소 느린 편이다.

그러나 코로나19 이후, 소비자, 커뮤니티, 정부기관, 투자자 등으로부터 기대와 압력이 높아지고 있어 헬스케어 산업의 기업들은 서둘러 ESG 경영활동과 정보공개를 위한 실질적인 시스템을 채택하려는 노력을 하고 있다.

이 장에서는 헬스케어 산업을 이루고 있는 병원 등의 의료기관, 헬스케어 기업의 ESG 관련 내용과 미국에서의 ESG 동향에 관해서 설명하고자 한다.

◆ 헬스케어(의료) 산업의 ESG ◆

출처: 프렌즈 오브 더 얼스 홈페이지(https://www.foe.org.hk).

◆ 헬스케어 산업의 ESG 동향 ◆

표준	이니셔티브	정책	트렌드
• 바이오의약 투자 ESG 소통 가이던스 2.0: SASB 기반 제약, 바이오 산업 대상 ESG 가이드라인	• PSCI: 글로벌 헬스케어 공급망의 지속가능성 추구 • SMI: 영국 왕실 주도 기후변화 대응 이니셔티브-의료시스템 TF 운영 중	• '식의약 규제 혁신 100대 과제' 발표 • 의료 마이데이터 시범 개통	• RE100, EV100 등 친환경 이니셔티브 통합 • 의료 접근성 문제 개선

◆ 각 산업별 ESG 위험 분석 ◆

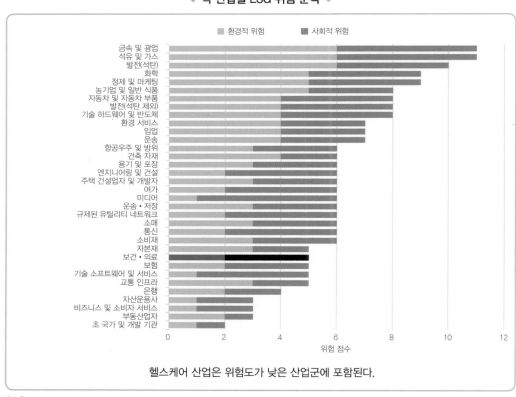

헬스케어 산업은 위험도가 낮은 산업군에 포함된다.

출처: S&P Global Ratings.

2. 의료기관의 ESG 경영

병원으로 대표되는 의료기관에 대한 ESG 개념은 명확하게 정의되어 있지 않다. 그러나 단순히 '치료를 잘하는 병원'에서 벗어나 '사회적 가치'를 실현하는 병원'으로 한 단계 높은 지향점을 추구하는 것으로 볼 수 있다. 즉, 의료기관의 ESG의 시작은 '의료기관으로서' 사회적으로 기여할 수 있는 일을 찾아 그 일을 할 수 있는 방법을 고민해 나가며, 그 과정에서 주변 환경을 고려하고 의사결정을 투명성을 더하는 것이다.

의료기관의 관계자들에게 ESG 경영은 이미 실천하고 있는 경영활동을 조금 더 세밀하고 체계적으로 추진하는 과정으로 인식하고 있다. 의료기관들은, 첫째, 환경(E)적 측면에서 의료폐기물 줄이기, 식당의 잔반 줄이기, 개인 컵 사용과 장례식장에서의 일회용품 감

출처: 메디칼옵저버 홈페이지(http://www.monews.co.kr).

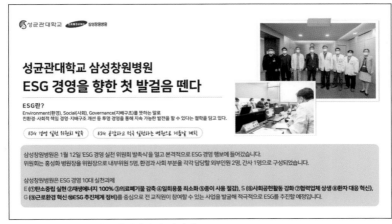

출처: 성균관대학교 삼성창원병원 홈페이지(https://smc.skku.edu).

축 등을 시행하고 있으며, 태양광 발전 등을 이용한 에너지 절약 등을 실천하고 있다. 또한 의료 자료 등의 디지털화를 통하여 병원 내의 종이를 없애기 위한 노력 등을 하고 있다. 둘째, 사회(S)적 측면에서 지역의 취약계층을 위한 의료봉사 등을 진행하여 지역사회에 기여하고, 환자의 만족도를 제고하는 효과를 보고 있다. 또한 내원이 어려운 환자들을 위한 비대면 진료와 의료기관과의 협력 및 상생 방안을 모색하는 등의 사회적 활동을 수행하고 있다. 셋째, 지배구조(G)적 측면에서 의료법인은 외부 감사를 통한 병원 경영윤리의 실천을 통한 투명 경영을 하기 위한 노력을 하고 있으며, 의사결정에서의 임직원의 참여를 확대하여 투명한 의사결정과 공정한 의사결정 제도를 도입하고 있다. 또한 병원의 의사결정 내용의 정보공개를 확대하는 등 투명한 경영을 하기 위한 노력을 하고 있다.

앞에서 제시된 내용과 같이 ESG에서 강조하는 원칙과 항목은 어떤 면에서 새로운 것이 아니며, 의료기관에서 수행하던 것에서 좀 더 조직적, 의식적으로 관리하는 것이라고 볼 수 있다. ESG 도입 전후의 가장 큰 차이점은 하나의 커다랗게 연결된 생태계 속에서 의료기관과 관계를 맺고 있는 것들에 대해 접근하는 관점이 변화하고 있다는 것이다. 기존의 독립적 생존과 발전에서 상생과 시너지를 모색하는 접근 방식으로 변화하고 있다고 할 수 있다.

출처: 의협신문 홈페이지(https://www.doctorsnews.co.kr).

ESG 경영활동을 추진하는 병원은 서울대 치과병원, 강북삼성병원, 서울아산병원, 고려대의료원, 세종병원그룹, 에스포항병원 등이 있으며, 삼성창원병원, 연세세브란스병원 등도 ESG 경영을 선언하는 등 ESG를 실천하는 병원들이 점차 증가하고 있다.

서울아산병원은 2021년 5월에 지역사회 및 의료계 상생과 공동 발전 방안을 모색하기 위한 ESG 위원회를 발족했다. 서울아산병원은 생명 존중 정신과 사회의 가장 어려운 이웃을 돕는다는 아산재단의 설립 이념을 실천하면서도 ESG 경영을 활성화하여 진료, 교육, 연구, 상생의 4차 병원 역할을 수행하겠다는 방침을 수립하고, ESG 위원회를 통해 친환경 경영, 사회적 책임, 투명 경영을 지속적으로 실시하고 있다.

출처: 아산병원 홈페이지(https://www.amc.seoul.kr).

사례 2

강북삼성병원은 시대의 트렌드와 사회적 요구에 부합하는 병원이 되고, 사회에 공헌해 사랑받는 병원이 되겠다는 방향을 갖고 ESG 경영활동을 실천하기 위하여 ESG 위원회를 발족하였다. 강북삼성병원은 ① 탄소중립 실현, ② 재생에너지 100%, ③ 의료 폐기물 감축, ④ 일회용품 최소화, ⑤ 동물실험 관리 강화, ⑥ 사회공헌 활동 강화, ⑦ 협력업체 상생, ⑧ 환자 대응 혁신, ⑨ 근로환경 혁신, ⑩ ESG 추진 체계 정비 등의 ESG 경영 10대 실천 과제를 설정하고, 전 직원이 참여할 수 있는 20개 세부 과제를 수립하여 추진하고 있다.

🏠 홈 > 뉴스 > 기관·단체

ESG 경영 시동 건 강북삼성병원…'ESG위원회' 발족

청년의사 👤 김은영 기자 | ⏱ 입력 2021.12.09 06:00 | ✏ 수정 2021.12.09 06:56 | 💬 댓글 0

ESG 경영 10대 실천과제 중심 20개 세부과제 추진

강북삼성병원이 지난 7일 ESG위원회를 발족하고 본격적으로 ESG 경영 대열에 합류했다.

위원회는 신현철 원장을 위원장으로 내부위원 4명과 환경 부분과 사회 부분을 각각 담당할 외부위원 2명으로 구성됐다. ESG위원회는 정기적으로 회의를 진행해 추진현황과 성과를 확인할 계획이다.

ESG 경영 10대 실천과제는 ▲탄소중립 실현 ▲재생에너지 100% ▲의료폐기물 감축 ▲일회용품 최소화 ▲동물실험 관리강화 ▲사회공헌활동 강화 ▲협력업체 상생 ▲환자 대응 혁신 ▲근로환경 혁신 ▲ESG 추진체계 정비 등이다. 이를 중심으로 전 직원이 참여할 수

출처: 청년의사 홈페이지(http://www.docdocdoc.co.kr).

고려대의료원은 2021년 10월에 사회공헌사업본부를 출범하여 사회적 가치 실현과 일반 기업과 다른 의료기관만의 차별화된 ESG 경영 수행 전략을 수립 및 추진하고 있다. 고려대의료원은 ESG 경영 수준을 진단하고, 개선을 통한 의료기관의 지속가능경영을 추진하기 위해 국내 의료기관 최초로 'ESG 지속가능경영보고서'를 발간하였다. 고려대의료원의 ESG 지속가능경영보고서에는 국제적으로 통용되는 GRI 표준과 SASB 표준이 적용되어 있다. 또한 국내외 ESG 지표를 분석하여 국내 의료기관 최초로 자체 개발한 '고려대학의료원 ESG 관리지표'를 제시하였다. 이 보고서에는 ① 기후위기에 노사 공동 대응 선언, ② '잔반 Zero' 캠페인을 통한 작지만 확실한 친환경 실천, ③ 의료 폐기물의 적극적 관리 및 멸균분쇄시설 구축을 주요 ESG 활동 내용으로 잡고 있다.

고려대의료원 산하 3개 병원(안암·구로·안산병원)은 병원마다 특화된 ESG 활동을 추진하고 있다. 안암병원은 ESG 경영 중 'S(Social)'에 초점을 맞춰 장기 프로젝트를 시행하고 있다. 장애인 인식 개선 프로젝트인 '어울림 아카데미'를 진행 중이다. 안암병원에는 37명의 장애인이 병원 내 다양한 분야에서 근무하고 있다. 또 지역사회로부터 받은 기부를 지역사회로 환원하는 활동을 전개하고 있다. 또한 거버넌스에서 진료과 내 내규를 만들 때 교수들과 스텝들만의 의견 수렴이 아닌 모든 과정을 공개해 전공의들과 함께 의견을 나눠 전공의들의 의견을 반영하고 있다. 안산병원은 1인 1 쓰레기봉지 운동을 통해 임직원을 대상으로 병원 주변을 산책하면서 쓰레기를 줍고, 쓰레기 봉지를 병원에 제출하면 무료로 커피를 제공하고 있다.

출처: 고려대학교 의료원 홈페이지(http://www.kumc.or.kr).

대한병원협회 의료기관 ESG 연수교육에서 ESG 경영의 우수 사례로 발표된 에스포항병원의 사례를 통하여 의료기관의 ESG 경영 사례를 엿볼 수 있다. 다음의 내용은 대한병원학회지와 에스포항병원의 홈페이지(https://pssh.kr)를 참고하여 정리하였다.

🏠 홈 › 단신 › 병의원

에스포항병원, 대한병협 ESG 연수교육서 경영 사례 발표

👤 박재영 기자 | ⏱ 입력 2022.10.07 05:36 | 🗨 댓글 0

[의학신문·일간보사=박재영 기자] 에스포항병원(대표병원장 김문철)은 최근 서울 코엑스 컨퍼런스룸에서 열린 대한병원협회 의료기관 ESG 연수교육에서 '의료기관에 적용하고 실천할 수 있는 ESG 경영 실제 사례'를 발표했다.

대한병원협회 회원병원 임직원을 대상으로 지속가능한 경영을 위한 의료기관과 ESG, ESG의 전략적 접근방법, 그리고 에스포항병원을 비롯해 강북삼성병원, 고려대학교의료원이 실제 의료기관의 ESG 경영 사례를 소개했다.

출처: 의학신문 홈페이지(http://www.bosa.co.kr).

• 환경(E)

환경보호에 관심을 두고, 일상 속 작은 행동에서부터 환경보호를 실천하기 위해 노력하고 있다.

—동의서 전자서명: 전자동의서 시스템을 구축하여 동의서 인쇄 종이를 절감하고 있다. 검사, 시술, 수술 전에 환자가 동의서 확인과 전자서명을 날인하면 모바일 네트워크를 통해 원내 서버에 안전하게 보관되어 자료의 신뢰성 및 서비스 향상뿐만 아니라 신속한 업무 처리가 가능하게 되었다.

—일회용품 사용 줄이기: 일회용 비닐 쓰레기의 발생량 감소를 위해 비온 날에 우산에 씌우는 비닐 커버를 없애고 빗물 제거기를 도입하였다. 또한 의료진과 부서장 중심으로 일회용품 사용을 지양하고 개인 텀블러를 지참하여 일회용품 사용량을 줄이기 위해 노력하고 있다. 향후에는 전 직원을 대상으로 다회용품 사용을 독려하는 캠페인을 실시할 예정이다.

-주 1회, 수다날(수요일은 다 먹는 날) 운영: 매주 수요일에는 '수다날'을 운영하고 있다. 식량 자원 절약 및 음식물 쓰레기 폐기 시 발생하는 이산화탄소를 줄임으로써 환경보호에 기여하고, 전 직원이 음식물 쓰레기 줄이기에 관심을 가지고 동참하도록 하고 있다. '수다날'은 직원들이 일상 속 작은 행동에서부터 환경보호를 실천할 기회이다. 앞으로도 캠페인과 이벤트를 통해 음식물 쓰레기를 지속적으로 줄여 나갈 예정이다.

-아나바다 나눔장터 개최: 병원은 직장보육시설인 어린이집에서 병원 직원을 대상으로 매년 나눔장터를 개최하고 있다. 직원들의 자발적 기부와 재활용품의 나누기를 통해 환경을 보호하고 발생한 수익금은 지역사회에 기부함으로써 지역사회 발전에도 이바지하고 있다.

• 사회(S)

환동해권 지역 주민들의 건강을 지키고, 나아가 행복한 지역사회를 만들겠다는 설립 취지를 가지고 있다. 취지에 맞게 꾸준한 나눔과 봉사를 통해 사회 구성원의 역할과 책임을 다하며 ESG 경영을 실천하기 위해 노력하고 있다.

-치매 친화적 도시 조성을 위한 검진 및 강의 실시: 병원은 치매 친화적 지역사회 네트워크 구축에 앞장서 왔다. 포항시 남구, 북구 보건소 치매 안심센터에 신경과 전문의가 주 3회 협력 의사로 파견되어 지역 주민들을 대상으로 치매 조기 검진사업을 실시하고 있다. 또한 정기적인 강의로 치매 인식 개선을 위해 노력하고 있다.

-국가 재난 사태 시 지원: 병원은 국가 재난 사태 때마다 지역사회에 힘을 보태 왔다. 2017년 11월 포항 지진 발생으로 피해를 겪고 있는 시민들을 위해 의료봉사 실시, 2018년 태풍 피해를 본 영덕군에 성금 및 구호품 기탁, 2022년 산불 피해를 입은 울진군에 성금 기탁을 하였다. 또한 코로나19 선별진료소에 의료진 파견 및 임시 선별진료소 운영 등 코로나19 극복을 지역 주민과 함께하였다.

-지역 주민들을 위한 의료지원 봉사 및 건강 교육: 지역사회의 체육행사 의료지원, 시민건강 강좌 등 꾸준한 지역 사회공헌 활동을 하고 있다. 또한 청소년들을 위한 청소년 직업 체험 프로그램을 진행하여 직업에 대한 이해와 올바른 진로 인식과 미래 설계에 도움을 주고 있다.

-해외 신경외과 의사 연수: 국내 최초로 '해외 신경외과 의사 교육병원'으로 지정되어 해외 의료진에게 뇌, 척수, 인터벤션 시술 등 선진 수술법을 전수하고 있다. 지난 2021년 캄보디아 의료진이 1년간 연수를 받았으며, 현재 새로운 캄보디아 의료진이 연수 중에 있다. 본원에서 배운 선진 의술을 고국으로 돌아가 지역 주민들에게 의료나눔을 실천하기를 기대하며 지식을 나누고 있다.

-해외 단기 의료선교 실시: 병원은 해외에서 나눔의 가치를 실천하고 있다. 매년 추석 연휴 기간 동안 휴일을 반납하고 해외의 의료기반이 취약한 필리핀, 캄보디아, 미얀마 지역으로 의료선교 활동을 실시하고 있다. 직원들은 선교 활동을 통해 이해와 나눔을 마음에 되새기며 병원의 핵심 가치인 '고객 감동'과 '선교'를 실천하기 위해 부단히 노력하고 있다.

- **지배구조(G)**

직원의 의견을 수렴하며, 전 직원과의 투명한 정보 공유를 통해 ESG 경영을 실천한다.

–**직원이 직접 참여하는 경영방침 선정**: 매년 말, 직원들의 의견을 취합한 후에 전 직원 투표를 통해 공정하게 다음 해의 경영방침을 결정하고 있다. 전 직원이 직접 정당한 경쟁에 참여하여 지속적인 성장을 끌어낼 수 있는 조직 문화 환경을 조성하는 것이 미래 성장의 동력이 될 수 있다고 믿고 매년 실시하고 있다.

–**전 직원과의 투명한 정보 공유**: 병원은 단계별 회의를 통해 결정된 사안을 전 직원과 투명하게 공유할 수 있는 시스템을 구축하고 있다. 매달 운영위원회를 개최하여 병원 전반의 경영에 대한 검증 및 논의 후, 센터장 회의에서는 전체 의료진의 의견을 수렴하며, 마지막으로 부서장 중심의 확대 간부 회의를 열어 전 직원에게 병원 운영에 대한 정보 전달 및 건의 사항을 수렴하고 있다.

–**사내 제안 제도 운영**: 2015년부터 직원의 제안을 통해 업무 혁신과 서비스 개선을 위한 사내 제안 제도를 운영하고 있다. 제안 문화 정착을 위해 누구나 시간과 장소에 구애받지 않고 사내 전산망에 제안 등록 및 조회할 수 있는 시스템을 구축하여 현재까지 288건의 제안이 접수되었다. 또한 원내 서비스 디자인 경진대회를 개최하여 고객 관점에서 서비스를 개선하기 위해 적극적으로 노력하였다.

3. 헬스케어(의료) 기업의 ESG 경영

1) 국내외 헬스케어 산업의 ESG 경영 현황

코로나19, 지구온난화, 노동인권 등의 이슈에 따라 기업의 성장과 퇴보가 일어나는 경영환경의 변화 속에서 기업의 지속가능성은 투자자, 주주를 포함한 이해관계자들에게 중요한 관심사가 되었다. 이전 수십 년 동안에 사업적으로 많은 환경적 변화가 있었으나, 현재와 같이 지속가능성에 대한 인식과 관심이 급증한 전례가 없었다. 향후 헬스케어 산업에서도 의사결정의 가장 중요한 논점은 '지속가능성'이 될 것이다. 지속가능성이라는 개념은 ESG라는 포괄적인 용어로 변화해 왔고, ESG에 관심을 보이는 기업들에게 스포트라이트가 쏠리고 있는 것이 현실이다.

지속가능한 발전을 위한 기업의 사회적 책임이 중요해지면서 세계적으로 많은 기업, 투자자, 금융기관들이 ESG 지수를 기업의 지속가능성 평가 정보로 활용하고 있다. 헬스케어 산업 또한 예외가 아니다. 코로나19 동안에 확인된 일회용 마스크와 같은 의료폐기물, 마약성진통제의 오남용에 의한 사회적 문제, 불투명한 약제 가격, 리베이트를 통한 영업 등 ESG 경영과 연계된 문제가 산적해 있는 상황이다.

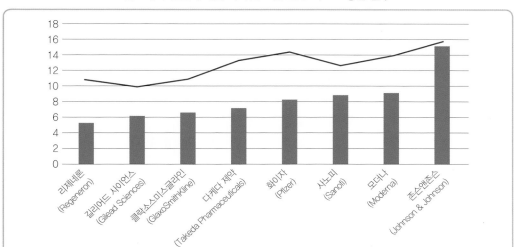

◆ 헬스케어 산업의 제품 거버넌스 및 ESG 리스크 등급 점수 ◆

출처: 서스테널리틱스 홈페이지(https://www.sustainalytics.com).

◆ 주요 ESG 성과 점수 ◆

산업 분류	평균값	중앙값	최소값	최대값	표준편차
생명공학	61.03	63.24	2.79	97.51	15.79
의약품 소매점	55.54	57.46	28.38	70.21	8.89
의료 배달	61.28	62.04	9.84	99.82	14.63
의료 판매	55.11	56.93	14.14	89.21	17.04
건강관리	65.55	66.27	40.50	95.91	9.21
의료기기	61.91	63.74	3.71	96.50	15.93
제약	64.68	65.67	2.02	97.16	15.32
의료 산업 평균	60.73	63.88	2.02	99.82	15.42

출처: Consolandi, Costanza et al.

회사	분야	시장크기 ($B)	국가	ESG 평가			
				CSRHub	Robeco SAM	MSCI	Arabesque S-Ray
애브비(AbbVie)	제약	132	미국	92	94	A	59
암젠(Amgen)	제약	143	미국	94	89	AA	56
앤섬(Anthem)	보험사/의료기관	78	미국	75	94	BB	54
아스트라제네카(AstraZeneca)	제약	131	미국	95	96	AA	58
브리스톨-마이어스 스퀴브(Bristoal-Myers Squibb)	제약	150	미국	88	76	A	62
센텐(Centene)	보험사/의료기관	27	미국	53	19	BBB	44
시그나(Cigna)	보험사/의료기관	79	미국	91	97	A	44
씨브이에스 케어마크(CVS Health)	보험사/의료기관	95	미국	91	76	BBB	43
글락소스미스크라인(ClaxoSmithKline)	제약	97	미국	97	98	A	41
에이치씨에이헬스케어(HCA Health)	보험사/의료기관	51	미국	62	44	A	44
휴머너(Humana)	보험사/의료기관	50	미국	90	78	BBB	54
존슨앤존슨(Johnson & Johnson)	제약	382	미국	97	71	BBB	61
머크(Merck)	제약	226	미국	94	57	A	61
노바티스(Novartis)	제약	238	스위스	95	94	BBB	58
노보 노디스크(Novo Nordisk)	제약	136	덴마크	97	88	AAA	62
화이자(Pfizer)	제약	216	미국	86	49	B	52
로슈(Roche)	제약	283	스위스	96	100	A	63
사노피(Sandofi)	제약	1002	프랑스	95	90	A	49
다케다 제약(Takeda Pharmaceutical)	제약	56	일본	97	86	A	47
테바(Teva)	제약	11	이스라엘	82	47	B	52
유나이디트헬스그룹(United Health Group)	보험사/의료기관	280	미국	80	100	B	55
월그린스 부츠 얼라이언스(Walgreen Boots Alliance)	보험사/의료기관	50	미국	78	55	BBB	55

헬스케어 산업의 지속 성장을 위한 모든 위험과 기회를 다루는 ESG 표준은 아직 없으나, SASB는 의료기기 산업에서 ESG 경영을 시작할 수 있는 출발점을 제공하는 유용한 프레임워크라고 할 수 있다. SASB는 ESG 경영을 준비하는 의료기기, 제약, 바이오 등의 의료 관련 기업들에게 도움을 줄 것으로 생각되며, SASB 표준 중 의료 관련 기업들이 활용할 수 있는 ESG 경영지표를 제시하였다.

(1) 환경(E)

① 제품디자인 및 수명 주기 관리

주주와 투자자는 기업의 활동이 환경, 건강 및 안전에 미치는 영향에 점점 더 많은 관심을 기울이고 있다. 의료기기는 사람의 생명을 다루기 때문에 오염, 감염 등에 대해 민감한 산업이라는 이유로 타 산업에 비해 일회용 제품의 사용과 많은 의료폐기물을 양산하고 있다.

의료기기는 환자의 생명을 다루고 있기 때문에 병균 등에 대한 오염과 재사용 등에 의한 감염의 위험으로 소모성 일회용 제품이 많이 사용되고 있다. 우리 주변에서 쉽게 볼 수 있는 일회용 주사기, 수액 세트, 거즈, 마스크 등의 일회용 제품을 사용하고 있으며, 이는 환경오염의 원인이 되고 있다. 제약의 경우에는 약물의 생산 과정에서 발생하는 화합물에 의한 환경 폐기물뿐만 아니라, 과도한 포장에 의한 환경 쓰레기를 발생시키고 있다.

의료산업에서 환경오염을 줄이기 위하여 제품의 생산공정을 최적화하여 에너지 효율을 높이거나, 제품의 포장을 간소화하여 포장지 등의 폐기물을 줄이고, 멸균 등을 위해 사용되는 독성물질의 환경오염 또는 생산자의 건강에 대한 영향을 최소화될 수 있도록 관리하여야 한다. 또한 이미 사용된 제품의 회수 프로그램 또는 재사용, 재활용 또는 기부하는 제품의 양에 대한 설명을 제시하는 것이다. 이를 위해서는 제품디자인 단계부터 제품 수명전 주기 동안의 관리가 필요하다.

◆ 의료폐기물 ◆

출처: 의료폐기물 분리 배출 지침, 식약처.

(2) 사회(S)

① 경제성 및 가격

치료를 위한 의료기관의 방문 또는 약의 처방 등의 의료 활동은 개인의 소득과 관계없이 사회 구성원이면 누구나 쉽게 접할 수 있어야 한다. 그러나 의료비의 인상은 저소득층일수록 그 영향을 크게 받는다. SASB는 의료 관련 기업들이 의료 비용의 억제를 위하여 제품의 가격 인상과 가격 정보를 고객에게 공개할 것을 권장하고 있다. 이는 저소득층의 의료 비용 상승을 억제하기 위한 정부의 정책에 동참하는 활동이라고 할 수 있으며, 동시에 공정한 가격 책정을 하고 있다는 정보를 이해관계자들에게 제시하는 것이라고 할 수 있다.

이를 위해서 연간 소비자 물가 상승률과 제품의 순가격 상승률을 비교할 수 있는 가격 정보를 고객에게 제공하는 방법을 제안하고 있다. 또한 회사가 구매 계약에서 제3자와의 가격 정보 공유를 금지하는 기밀 조항을 사용하는 빈도에 대한 설명도 요구되고 있다.

② 제품 안전

의료 현장에 사용되는 제품의 안전이 무엇보다 중요하다. 의료기기의 오작동, 고장 등은 환자에게 상해를 줄 수 있고, 이는 제품의 대규모 리콜로 이어질 수도 있다. 이와 같은 사태를 막기 위해 의료기기는 제품의 인허가 과정에서 제품의 안전에 대해서 많은 테스트와 임상시험과 같은 검증 활동을 수행하게 된다.

만약 제품에 대한 안전을 보장할 수 없다면 제조물 책임 보험의 비용 증가로 이어질 수 있다. 이는 회사의 수익률을 감소시켜 주주 가치를 감소시킬 수 있다. 따라서 회사에서 제조한 의료기기에 대한 총 리콜 수, 리콜된 제품의 수익, 리콜된 제품이 심각한 부상이나 사망을 일으키는 등 리콜과 관련된 세부 정보의 공개를 요구하고 있다. 즉, 자발적으로 시작된 리콜 그리고/또는 규제 당국의 요청에 따라 시작된 리콜에 관한 세부 정보의 공개를 요구하고 있다.

유럽연합은 CE 인증 제품의 안전성 확보를 위하여 인증받은 제품과 유사 제품의 안전사고, 리콜 상황 등을 시판 후 관리(Post Market Surveillance: PMS) 활동을 통하여 지속적으로 관리하도록 하고 있다. 제품의 안전과 관련 리콜 정보의 공개는 PMS 활동의 확장이라고 할 수 있다.

③ 공급망 관리

'공급망'이라는 용어는 소비자에게 상품을 배송하거나, 배송하지 않는 경우에 주로 영향을 미치기 때문에 최근 몇 년 동안에 ESG 경영에서 가장 먼저 떠오르는 용어이다. 헬스케어 산업에서는 제품의 제조에 필요한 원재료를 공급하는 업체의 관리를 공급망 관리라고 할 수 있다. 의료기기 기업의 품질 경영 시스템인 ISO 13485에서도 협력업체에 대해서 위험에 기반하여 관리하도록 하고 있다. 즉, 헬스케어 산업에서의 공급망 관리란 재료 및 부품을 포함하여 제조, 관리 및/또는 제품의 품질에 영향을 미치는 업체를 관리하느 것을 말한다. 의료기관의 핵심 공급망은 병원에서 사용되는 물품을 공급하는 제약, 의료기기 기업이라고 할 수 있다. 따라서 공급망에 속해 있는 제약, 의료기기 기업들은 위험을 식별하고 위험을 완화하기 위한 기업의 전략을 수립하고 실천해야 한다.

④ 추가 공개 주제

SASB에는 열거되어 있지는 않지만, 의료 관련 기업은 위험관리, 평판 및 주주가치 보호에도 영향을 미칠 수 있는 다음의 내용 공개도 고려할 필요가 있다.

다양성과 관련하여 직원의 채용 및 유지에 대한 정보공개를 추천하고 있다. 신규 직원 채용 대비 이직률, 업종 평균 대비 근속 연수, 여성 또는 장애인 등 사회적 약자의 채용률도 제시할 수 있는 좋은 지표라고 할 수 있다.

의료 관련 기업들은 재무적 감사뿐 아니라, GMP, ISO 인증 및 유지를 위해서 품질 시스템에 따라 내부 및 외부 감사를 진행하여야 한다. 이들의 감사 결과와 위반사항 등에 대하여 공개하는 것을 추천하고 있다.

의료 정보는 개인정보로 보호받고 있으며, 의료 데이터가 디지털화되면서 개인정보보호에 관한 관심과 중요성이 증가하고 있다. 따라서 프라이버시 및 관련 사이버 보안 위험도 같이 공개하는 것도 추천하고 있다.

(3) 지배구조(G)

① 윤리적 마케팅

기업들은 의료장비 및 공급품의 시장점유율 확대를 위해 경쟁하고 있다. 기업은 제품의 시장 점유율을 늘리기 위해 의료 제공자(의료인)에 대한 마케팅뿐만 아니라 치료를 받는 소비자(환자 등)에게 직접 행하는 마케팅에 의존한다. 허위 광고와 허위 마케팅은 「의료기기법」상 규제하고 있고, 위반 시 상당한 벌금 및 처벌로 이어질 수 있으나, 잠재적인 실수가 발생할 수 있는 영역이다. 만약 허위 광고 또는 허위 마케팅으로 법적 규제를 받았다면 허위 마케팅 주장 내용, 법적 규제 내용과 회사가 취한 관련 시정조치와 이 규제로 인한 법적 조치로 인한 총 금전적 손실을 관리하여야 한다. 또한 이와 같은 사건을 사전에 방지하기 위한 회사의 윤리강령, 윤리강령을 준수하기 위한 내부 시스템에 대한 설명을 요구하고 있다.

② 사업 윤리

시장에서 제품을 판매하고 사용을 장려하려는 동기를 감안하더라도 헬스케어 산업에서의 비윤리적 활동은 너무 만연하다. 「해외부패방지법(Foreign Corrupt Practices Act: FCPA)」과 같은 법에 위배되는 뇌물 수수와 부패가 적발될 경우에 막대한 벌금과 막대한 평판 실추를 초래할 수 있다. 따라서 보고 기간 동안에 뇌물 수수 또는 부패와 관련된 법적 절차의 결과로 발생한 금전적 손실 총액과 법적 절차의 성격 및 맥락, 모든 시정조치에 대한 설명, 윤리강령 준수를 보장하기 위한 메커니즘뿐만 아니라 의료 전문가와의 상호작용과 관련된 윤리강령에 대한 설명, 회사가 채택한 제2자 또는 제3자 윤리강령 공개 등을 요구하고 있다.

사례 1

한독(한독약품)은 제약업체 최초로 녹색기업으로 지정되어 환경오염 물질 저감 활동 등 친환경에 적극적으로 나서고 있다. 녹색기업(구 환경친화기업)에 지정된 한독은 대기오염물질, 온실가스, 폐수 등 환경오염물질의 배출량을 줄이기 위해서 지난 5년간 약 22억 원을 투자하였다. 생산 중에 발생하는 휘발성 유기 화합물을 완전히 소각해 대기오염을 최소화하는 축열식 소각로를 자발적으로 도입했으며 폐수 설비를 개선하였다. 이러한 노력의 결과 2020년 제품 생산량은 전년 대비 3.94% 증가했지만, 온실가스 배출량은 104t가량(-1.23%) 감소한 상황이다. 결과적으로 2021년 한국ESG기준원(구 한국기업지배구조원) 등급 평가에서 환경 B+, 사회 A, 지배구조 A를 받아 종합 등급 A 등급을 받았다. 또한 ISO 14001(환경경영시스템), KOSHA, OHASA 18001(안전보건경영체제) 및 ISO 45001(안전보건경영시스템) 인증을 획득하였다.

출처: 한독 홈페이지(https://www.handok.co.kr).

동아쏘시오홀딩스는 매년 지속성장보고서를 발행하고 있다. 동아쏘시오홀딩스는 이산화탄소 배출량을 줄이기 위해 2021년 79대, 2022년 111대의 업무용 차량을 친환경 차량으로 교체하였으며, 2023년 89대, 2024년 81대도 추가로 교체할 계획이다. 또한 전 임직원 대상의 친환경 교육도 진행 중이며, 플라스틱 제로 캠페인을 통해 사내에 친환경 문화가 정착할 수 있도록 노력하고 있다.

출처: 동아쏘시오그룹 홈페이지(https://www.donga.co.kr).

출처: 동아쏘시오그룹의 지속성장보고서 2021년 중 일부.

JW중외제약은 신규 바이오 재조합 기술에 기반한 약물 개발에서 발생하는 폐수의 재활용 시스템을 구축하는 등 폐수를 줄이기 위한 노력을 기울이고 있다.

JW그룹은 '환경과 사회를 중심으로 더 나은 미래를 선도하는 지속가능 기업'이라는 ESG 운영 전략을 수립하고, E(환경) 분야에서는 Non-PVC 소재의 수액 백 등 최신 기술 적용을 통해 환경경영을 강화하고, 글로벌 수준의 우수한 제품을 생산하는 동시에 환경보호에 기여하는 공급라인 구축을 위해 노력하고 있다. S(사회) 분야에서는 '직원' '공정경쟁' '소비자' '사회공헌' 등 네 가지 키워드를 선정하여 각 이해관계자들과 상호 협력하고 신뢰할 수 있는 환경을 만들기 위한 책임경영의 내재화를 추진하고 있다. G(지배구조) 분야에서는 리스크를 최소화하고 경영의 투명성을 강화해 R&D 투자로 선순환을 유도할 수 있는 가치투자를 추진하고 있다.

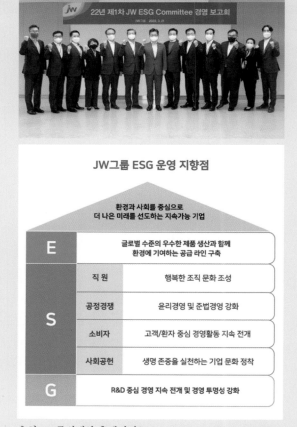

출처: JW중외제약 홈페이지(https://www.jw-phama.co.kr).

유한양행은 창업자 유일한 박사의 철학을 바탕으로 사회적 책임 실천을 위한 다양한 노력을 기울여 왔다. 소유와 경영의 분리(유한양행의 최대주주는 공익법인인 유한재단과 유한학원), 전문경영인을 통한 투명한 지배구조 유지, 오창공장 무재해 16배수 달성(22년간 산업재해 미발생), 창업 이후 무분규라는 화합의 노사관계 등이 대표적인 사례이다. 그 결과, 유한양행은 2021년 '지속가능발전소'에서 발표한 시가총액 기준 국내 100대 기업 ESG 평가에서 1위로 선정되기도 하였다.

유한양행은 오염물질 감축 및 자원의 재활용 등을 주요 환경경영 체제로 삼아 기업 활동과 환경 조화를 위해 환경경영시스템(ISO 14001)을 운영하고 있으며, 오염물질의 현저한 저감, 자원 및 에너지 절감, 제품의 환경성 개선 등 환경경영 체제 구축을 통하여 환경 개선에 크게 기여함으로써 정부로부터 2009년에 녹색기업 인증을 받았고, 환경 관련 데이터도 꾸준히 공개하고 있다. 사업장의 온실가스를 저감할 수 있는 시스템을 운영하고 있으며, 환경오염물질은 관련 법 기준의 20% 이내로 배출 농도를 관리하기 시작했다.

또한 최고경영자를 비롯한 임직원과 이해관계자가 참여해 사업장에서 발생할 수 있는 위험을 사전에 방비하는 안전보건경영시스템(ISO 45001)을 구축하여 직원의 안전보건을 보장하고, 조직의 지속가능한 성장을 도모하고 있다. 노사 협력 기반의 무재해운동과 안전보건경영시스템(ISO 450001) 인증 등 지속적인 사업장 내 안전관리 강화를 통해 제약회사 중 최초로 무재해 16배수(2021년 7월 기준, 22년간 산업재해 미발생)도 달성하였다. 더불어 지배구조의 투명성을 더욱 강화하기 위해 사외이사를 이사회의 과반수로 구성하였으며, 독립적 내부 감사기구로서의 업무 수행을 위해 감사위원회를 설치해 전원을 사외이사로 구성하였다. 사외이사 후보 추천위원회를 설치하고 대표이사와 이사회 의장을 분리하여 이사회의 독립성과 경영 투명성을 높일 수 있도록 했으며, 준법경영을 더욱 공고히 하기 위해 2018년에 도입해 운영 중이던 부패방지경영시스템(ISO 37001)에 더해 준법경영시스템(ISO 37301)을 도입해 통합된 컴플라이언스 시스템을 구축할 예정이며, 정보보안을 강화하고자 정보보호경영시스템(ISO 27001) 인증 도입도 현재 준비 중이다.

출처: 유한양행 홈페이지(https://www.yuhan.co.kr).

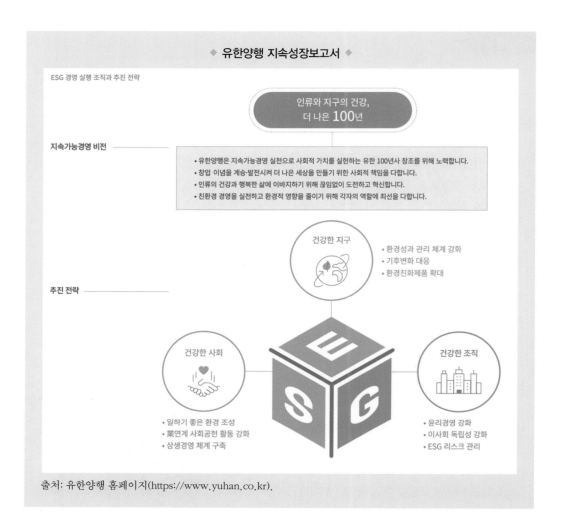

◆ 유한양행 지속성장보고서 ◆

ESG 경영 실행 조직과 추진 전략

인류와 지구의 건강,
더 나은 100년

지속가능경영 비전

• 유한양행은 지속가능경영 실천으로 사회적 가치를 실현하는 유한 100년사 창조를 위해 노력합니다.
• 창업 이념을 계승·발전시켜 더 나은 세상을 만들기 위한 사회적 책임을 다합니다.
• 인류의 건강과 행복한 삶에 이바지하기 위해 끊임없이 도전하고 혁신합니다.
• 친환경 경영을 실천하고 환경적 영향을 줄이기 위해 각자의 역할에 최선을 다합니다.

건강한 지구
• 환경성과 관리 체계 강화
• 기후변화 대응
• 환경친화제품 확대

추진 전략

건강한 사회
• 일하기 좋은 환경 조성
• 業연계 사회공헌 활동 강화
• 상생경영 체계 구축

건강한 조직
• 윤리경영 강화
• 이사회 독립성 강화
• ESG 리스크 관리

출처: 유한양행 홈페이지(https://www.yuhan.co.kr).

사례 5

의료기기의 제조 및 유통을 전문으로 해 온 DK 헬스케어는 의료기기 기업으로 ESG 경영을 위해 노력하고 있다. 헬스케어 업계(제약, 의료기기, 병원) 최초로 준법경영시스템에 관한 국제표준 인증인 ISO 37301을 획득하여 조직의 지배구조, 산업 규약 및 관련 법률을 준수하여 조직 내에 컴플라이언스 경영시스템 수립 및 유지를 위해 노력하고 있다.

더불어 DK 전 계열사는 사무실 리모델링을 통해 업무환경을 대폭 개선하였으며, 협업 공간과 자율 업무 공간을 확장하는 사무실 리모델링을 통해 임직원이 함께 소통할 수 있는 기회를 충분히 마련하고자 했다. 또한 개별 텀블러로 제공해 사내 일회용 컵을 모두 없애는 등 ESG 경영을 위해 힘쓰고 있다.

출처: 의학신문 홈페이지(https://www.bosa.co.kr).

사례 6

아이센스는 글로벌 헬스케어 회사 CVS로부터 자사의 공급업체에게 ILO, ISO 수준의 글로벌 국제표준 사항 준수를 요구받았으며, 글로벌 제약사의 거래회사에 대한 컴플라이언스 정책에 따라 윤리경영(부패방지) 및 정보보호 관리 활동을 요구받게 되었다. 또한 글로벌 CRS 심사 대응 및 CRS 사례 구축을 위하여 글로벌 표준에 맞는 안전보건, 환경을 구축하였으며, '행복한 공부방' 사업을 통하여 취약 가정 청소년 아동을 지원하였고, 당뇨 환자 및 가족을 대상으로 한 '위풍당당 캠페인'을 실시하였으며, 고용성장 지수 상위 100대 기업을 달성하였다. 이와 같은 해외 바이어의 요구사항의 대응을 위하여 CEO의 윤리경영, ESG 경영 선포, 윤리경영실 구축 및 운영, 임직원을 대상으로 한 부패방지 교육과 내부고발제도를 운영하고 있다.

이후 아이센스는 ISO 45001(안전보건경영시스템)과 ISO 14001(환경경영시스템) 인증을 획득하였다. 태스크포스(TF) 조직 구성, 안전보건경영 매뉴얼 구축을 시작으로 현장 중심의 위험성 평가를 실시했다. 분기별로 종사자의 의견을 청취하는 'SHE' 운영위원회를 개최하는 등 ISO 45001에 따른 안전보건 관리 체계 경영을 본격화하였다. 또한 ISO 14001에 따른 환경경영시스템 운영을 통해 폐기물 감축 및 자원의 재활용 등 기업 활동과 환경 조화를 지속적으로 추진하고 있다.

아이센스는 「중대재해 처벌 등에 관한 법률」에서 요구하는 구체적인 실천 과제를 전략 목표로 삼아 근로자 및 이해관계자의 요구사항을 적극 반영한 점에서 ESG 평가에서 높은 평가를 받았다고 했다.

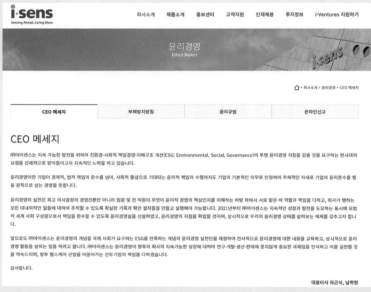

출처: 아이센스 홈페이지(https://i-sens.com).

출처: 한국경제 홈페이지(https://www.hankyung.com).

2022년 씨젠은 창사 이래 처음으로 '지속가능경영보고서'를 발간하는 등 ESG 경영을 위한 전사적인 노력을 기울이고 있다. 씨젠은 ESG 경영을 위한 대대적인 체질 개선의 일환으로 ESG 전담팀을 만드는 등의 노력을 하고 있다. 특히 이사회 내 위원회 설립 근거를 마련하며 지배구조 리스크도 해결하고 있다. 현재 씨젠 이사회에는 별도의 위원회가 없고 감사는 상근감사제도를 택하고 있다는 점에서 이를 보완하겠다는 전략을 취하고 있다. 이와 같은 정관 개정으로 씨젠은 ▲감사위원회 ▲사외이사 후보추천위원회 ▲기타 이사회가 필요하다고 인정하는 위원회 등을 구성할 수 있게 되었다.

◆ 씨젠, 지속가능경영보고서, 2022년 ◆

출처: 씨젠 홈페이지(www.seegene.co.kr).

4. 미국 헬스케어 산업의 ESG 경영

1) ESG 측정 및 보고 시스템의 초기 단계

미국의 법무법인 펜윅(Fenwick)이 2022년 2월에 발표한 자료에 따르면 시가총액 13~46억 달러 사이의 50개 헬스케어 기업의 공시 자료를 분석한 결과, ESG 관련 내역을 공개한 헬스케어 기업은 30%에 불과하였으며, 70%는 ESG 경영활동 내역 공개 자료가 없는 것으로 드러났다. 또한 공개된 자료들도 위원회 헌장(20%), 위임장 권유 신고서(18%), 지속가능보고서(10%) 등으로 그 형태도 모두 달라 아직까지는 어느 서류를 통해 어떤 내용을 보고해야 하는지에 대한 뚜렷한 합의가 이루어지지 않은 것으로 보인다.

헬스케어 기업의 경영진과 투자은행 대표의 대부분(92%)은 ESG가 앞으로 더욱 중요해질 것으로 답했는데, 이는 현재 30%의 기업만이 ESG 내역을 공개한 것과 대조적이다. 이들이 ESG가 더욱 중요해질 것이라고 기대하는 이유는 ESG 중점 기업을 투자 포트폴리오에 포함시키라는 고객의 요구가 증가하고 있기 때문(55%)으로 밝혀졌다. 또 다른 이유는 ESG 공개 내역 보고서가 더욱 표준화될 것이기 때문(53%)이었다.

조사 대상 기업 가운데 42%는 이미 ESG 이니셔티브 준비가 완료되었지만, 아직 보고하지 않은 것으로 나타났으며, 현재 관련 정보를 수집하고 추적하는 단계에 있다고 응답했다. 또한 대다수의 헬스케어 기업 경영진(76%)과 투자자(82%)는 ESG가 의무화되어야 한다는 것에 동의한다고 밝혔다. 경영진이 동의한 주요 이유는 의무화를 통해서 전년 대비 진행 상황을 측정할 수 있기 때문(78%)이며, 투자자는 가치 있는 벤치마킹 정보가 제공(67%)될 것이기 때문이다. 의무화를 반대하는 경영진과 투자자는 ESG 측정 항목이 현재까지 명확하지 않고 ESG 지표를 추적할 내부 리소스가 없기 때문이라고 피력했다. 따라서 기업들의 ESG 공개 보고가 증가하기 위해서는 ESG 지표와 보고 형식의 표준화가 시급한 것으로 분석된다.

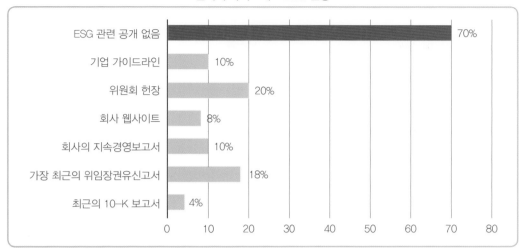

◆ 펜윅의 바이오테크 ESG 현황 ◆

- ESG 관련 공개 없음 70%
- 기업 가이드라인 10%
- 위원회 헌장 20%
- 회사 웹사이트 8%
- 회사의 지속경영보고서 10%
- 가장 최근의 위임장권유신고서 18%
- 최근의 10–K 보고서 4%

출처: 펜윅 홈페이지(https://www.fenwick.com).

(1) 헬스케어 기업들의 ESG 실천에 관한 소비자 반응

헬스케어 기업들의 ESG 행보에 대한 소비자의 인지도는 타 산업에 비해 다소 낮은 편이다. 전미광고주협회(Association of National Advertisers: ANS)에서는 8만 명 이상의 미국 소비자를 대상으로 미국의 400개 이상의 주요 브랜드의 ESG 실천 사항에 관한 설문조사를 실시하고 이를 토대로 브랜드 인지도 변동지수(swayable brand perception index)를 만들어 매달 그 지표 결과를 발표하고 있다. 2022년 7월에 발표된 조사에 따르면, 헬스케어 브랜드는 낮은 인지도 때문에 전체적인 ESG 지수가 낮은 것으로 나타났다. 환경, 사회, 지배구조 가운데 사회 분야의 점수가 가장 높았다. 이는 앞서 언급했듯이, 헬스케어 기업들의 ESG 보고서가 사회적 책임에 집중되어 있는 것을 볼 때 자연스러운 결과이다.

소비자들은 헬스케어 기업이 이익 추구뿐만 아니라 공공의 건강을 돌볼 책임이 있다고 믿으며, 이러한 책임을 보여 줄 때 긍정적인 인상을 받는다고 밝혔다. 나아가 소비자들은 ESG 지수가 높을수록 그 브랜드 제품의 구매의사 또한 높은 것으로 나타났다. 헬스케어 산업에서 주요 순위에 오른 회사들은 대부분 치료센터와 병원이 주를 이루었고, 모더나(Moderna)와 화이자(Pfizer), 존슨앤존슨(Johnson & Johnson)과 같은 코로나19 백신 관련 회사가 포함되었다.

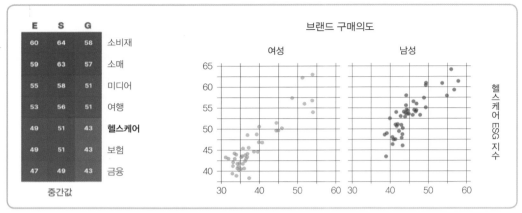

◆ 산업별 ESG 소비자지수 및 구매의도와의 관계 ◆

출처: ANA ESG Brand Perception Index Insights.

◆ 의료기기 기업들의 ESG 성과 순위(2021. 1.~2021.12.) ◆

기업	점수
지이(GE)	5
로슈(Roche)	5
쓰리엠(3M)	5
존슨앤존슨(Johnson & Johnson)	4
필립스(philips)	4
메드트로닉(Medtronic)	4
퀘스트 다이아그노스틱(Quest Diagnostics)	4
써모피셔 사이언티픽(Thermo Fisher Scientific)	4
에드워즈 라이프사이언스(Edwards Lifesciences)	4
콜로플라스트(Coloplast)	4

출처: 메디컬디바이스네트워크 홈페이지(https://www.medicaldevice-network.com)

(2) 사회 분야에 대한 경영 노력과 보고에 집중

지금까지 기업들은 ESG 공개 보고를 위해서 어떠한 항목을 조사할 것인가에 대해서는 뚜렷한 공통성 없이 각각의 현실에 맞는 다양한 항목의 자료를 수집 및 관리하고 있었다. 한 가지 공통점은 환경 및 지배구조에 대한 분야보다는 사회 분야의 측정 항목에 집중하는 경향을 보인다는 것이다. 세계적인 회계경영 자문 업체인 프라이스워터하우스쿠퍼스(PricewaterhouseCoopers: PwC)의 건강연구센터(Health Research institute: HRI)가 45개 의료 관련 기업(비영리 기업 26개 회사, 영리 기업 19개 회사)과 32개 제약 및 생명과학 회사의 ESG

관련 보고 및 뉴스 등을 분석한 내용을 보면 대부분 사회 분야에 집중되어 있고 환경이나 지배구조와 관련한 내용은 거의 없는 것으로 나타났다. 제약 및 생명과학 회사들은 의료기관에 비해 환경 분야(12%)와 지배구조(11%)에 대한 공개가 다소 높았지만, 여전히 사회분야(77%)에 대한 집중도가 가장 높은 것으로 나타났다. 데이터 분석 기업 글로벌데이터(GlobalData)에 따르면, 2021년 제약 업계 전문가 434명을 대상으로 한 설문조사에서 제약업계 전문가의 43% 이상이 해결해야 할 가장 중요한 문제는 환경문제라고 답했고, 사회문제(31%), 지배구조 문제(26%)가 그 뒤를 이었다. 이처럼 친환경 경영이 매우 중요함에도 불구하고 그에 대한 노력 및 보고가 부족한 상황이다.

의료기기 산업은 대부분은 사람의 생명을 다루고, 일회용 제품들이 많이 사용되고 있기 때문에 일회용 폐기물에 대한 환경오염에 대한 인식은 하고 있으나, 이를 줄이기 위한 명확한 방법을 찾지 못하고 환경에 대한 정보공개가 부족한 것으로 생각된다. 제약 바이오 분야의 경우, 약품을 생산할 때 사용되는 폐기물을 줄이기 위해서는 제조공정의 변화가 필요하다. 이는 대규모 투자가 필요한 부분이기 때문에 환경관리의 필요성은 알고 있으나, 실질적인 행동으로 나타나지 못한다고 생각된다.

2) ESG 표준 프레임워크

헬스케어 산업에서 사용하고 있는 대표적인 ESG 표준 프레임워크는 GRI, SASB, TCFD 등이다.

GRI는 다양한 경제적 · 환경적 · 사회적 영향을 공개적으로 보고하는 데 적합하다. SAAB는 헬스케어를 포함한 여러 산업에서 사용되고 있는 표준으로, 재무 성과와 관련이 있는 세부 단위들을 환경, 사회, 지배구조 부문에서 식별할 수 있도록 한다. TCFD는 기후 변화의 영향에 중점을 두어 환경에 대한 요소에 집중되어 있다. 프레임워크를 선택할 때 기업은 공개 보고에 가장 적합한 측정 기준을 고려해야 한다. 어떠한 요소가 그들의 사업에 가장 적합한 것인지, 그리고 규제 기관 혹은 투자 기관 등 어떤 종류의 기관이 가장 그 결과에 관심이 있는지 등을 고려해야 한다.

PwC의 HRI 조사에 따르면, 의료 관련 기업의 경우에는 아직까지 소수의 회사만이 표준 보고서를 사용하고 있었다. 제약 및 생명과학의 32개 회사 가운데 27개 회사가 표준 보고서를 사용해 ESG 보고서를 작성하고 있는 것으로 나타났다. 대부분의 헬스케어 기업들은

GRI를 가장 많이 사용하고 있으며, SASB가 그다음으로 자주 사용되고 있었다.

미국 증권거래위원회(SEC)에서 2023년까지 표준화된 ESG 공개 지침을 발표할 것이라는 기대가 있으나, SEC가 표준화된 지표를 발표하더라도 지금까지 투자한 시간과 자원을 고려하여 기업들은 GRI나 SASB와 같은 평가지표를 계속해서 사용할 것으로 예상된다.

헬스케어 산업에서 ESG 이슈는 제품안전, 약값, 의료서비스 이용, 데이터 프라이버시, 공급망 및 인적자원 관리 등 매우 다양하다. 다음에서는 현재 미국 헬스케어 기업들이 어떠한 방식으로 ESG를 실천하고 있는지 사례를 통해 소개하고자 한다.

3) 미국 헬스케어 기업들의 ESG 사례

(1) 환경(E)

바이든 정부는 2050년까지 탄소중립을 목표하는 정책을 수립하였고, 미국의 헬스케어 기업들도 이 정책을 따르고 있다. 대부분의 기업은 5~10년 내에 탄소중립을 달성하기 위한 전략을 수립하고, 기업의 탄소 배출량을 매년 보고하고 있다. 제약 생산 기업은 물 사용량과 폐기물을 줄이는 방법으로 탄소발자국 감소에 애쓰고 있다. 폐기물 관리의 한 방법으로 독성 폐기물 처리를 개선하거나 폐기물 관리 절차와 기준을 수립하는 등 다양한 노력을 보이고 있다. 유통업체는 운송과 관련해 연료 효율성과 경로 최적화에 집중하고 있다. 미국의 그린빌딩협회(United States Green Building Council: USGB)에서 개발한 평가시스템 친환경 건축물 인증제도(Leadership in Energy and Environment Design: LEED)를 사용해 친환경 경영실천을 하는 사례도 있다. 이처럼 각 기업들은 기업의 특성을 고려하여 그에 맞는 친환경 경영을 수행하고 있다.

의료기관인 프로비던스 포틀랜드 메디컬센터(Providence Portland Medical Center)에서는 수술 시 보편적으로 사용되는 데스플루락(desflurance) 마취제에서 그린하우스 가스 방출이 심각하다는 점을 고려해 세보플루락(sevoflurance)으로 교체하였다. 그 결과, 1,100톤의 이산화탄소 가스를 줄일 수 있었는데, 이는 대형 스포츠카를 120만 마일 동안 운전할 때 발생하는 이산화탄소의 양과 동일하다. 오와이오 주립대학 웩스너 메디컬센터(Ohio State University Wexner Medical Center) 또한 앞으로 데스플루락의 사용을 줄여 18만 5,000달러의 비용을 줄이는 것을 목표로 세웠다. 탄소배출 감소는 환자들의 원격진료를 통해서도 이루어졌다. 커먼스피릿 헬스(CommonSprit Health)에서는 2020년 3월부터 다음 해 4월까지 조사한 탄소배출보고서에서 환자들이 병원을 직접 방문하는 대신에 온라인을 통해 진료함으로써 약 1만 5,000톤의 그린하우스 가스 배출이 감소하였다고 밝혔다. 환자들이 자동차 가스 소비로부터 절약된 돈은 약 350만 달러에 이른다.

◆ **지역별 가장 가까운 병원까지의 평균 차량 이동 시간** ◆

병원까지의 이동 시간은 의료서비스 이용에 영향을 줄 수 있다.

출처: 퓨리서치센터 홈페이지(https://www.pewresearch.org).

제약 산업은 물 집약적인 프로세스가 포함되기 때문에 ESG 경영 혁신의 하나로 물 사용량과 폐기물을 줄이는 것을 목표로 하고 있으며, 공장의 현대화를 통하여 실현하고 있다.

2014년에 암젠(Amgen)에서는 연속 정화 시스템을 갖춘 2억 달러 규모의 바이오 제조 시설을 건설해 일반 시설에 비해 73%의 에너지 소비와 54%의 물 소비를 줄였다. 이 회사는 친환경적 제고 방법을 통해 의약품 개발에 사용하는 용매 사용량의 71%를 줄임으로써 공장의 작동 시간을 40% 절감했다. 그 결과, 2008년부터 2020년까지 총 2억 5000만 달러를 절약할 수 있었다.

한편, 옵텀Rx(OptumRx)에서는 약물 포장지로 사용되는 폴리스티렌(polystyrene)을 100% 재생 가능한 면으로 교체하여 퇴비화하거나 재사용 및 재활용을 할 수 있도록 하였다. 2019년에 200만 개 이상의 처방전 약품 포장지에 사용되었으며, 이를 통해 2,700만 갤런(gal)의 물과 400만 킬로와트시(KWh)의 에너지를 절약하였고, 300만 파운드의 탄소 배출 감소 또한 이루어 냈다.

출처: 암젠 홈페이지(https://www.amgen.co.kr).

카디널 헬스 서스테이너블 테크놀로지스(Cardinal Health's Sustainable Technologies)에서는 한 번 사용한 의료기기를 수거해 재사용할 수 있도록 하는 서비스를 제공하고 있다. 심전도 와이어, 압력 주사기 가방 및 맥박 산소 측정 센서 등의 의료장치를 수거해서 세척 및 소독한 뒤 병원에 재판매하고 있다. 2019년에 이 회사는 1,600만 개에 이르는 의료기기 재사용을 실시했고, 32만 파운드에 해당하는 일회용 쓰레기를 줄일 수 있었다.

커뮤니티 헬스 시스템즈(Community Health Systems) 또한 메디컬 리사이클링 프로그램을 통해서 590만 개에 해당하는 의료용 기기 쓰레기를 매립하지 않을 수 있었다.

(2) 사회(S)

ESG 경영의 대표적인 사례로 새로운 약물의 개발 단계에서 임상시험 참가자의 다양성을 높이기 위한 노력들을 볼 수 있다. 미국식약청(FDA)에서 실시한 2020년의 조사분석에 따르면, 흑인 인구는 임상시험의 오직 8%에 그쳐 실제 흑인 인구 비율인 13%에 미치지 못했다. 이에 FDA에서는 제약회사들에 임상실험을 실시할 때, 해당 질병이 있는 집단을 대표할 수 있도록 할 것을 요청했다. 임상시험에서의 인종의 불균형은 약품의 효능과 부작용에 대해서 소수 인종에 대한 검증이 부족하게 된다.

이에 브리스톨 마이어스 스큅 재단(Bristal Myers Squibb Foundation)은 내셔널 메디컬 펠로우쉽(National Medical Fellowships) 그룹과 파트너 계약을 맺어 여러 인종을 포함하는 250여 명의 임상시험 조사자를 모집하였으며, 이들이 임상시험 대상자의 다양성을 늘리는 데 헌신하도록 교육하였다.

로슈 제네틱(Roche's Genentech) 제약사도 오랫동안 소외되어 왔던 인구층을 임상시험의 표본으로 포함하였으며, 2020년에는 다양한 참가자를 유치하기 위해 지역사회 암센터와 연계하기도 하였다. 이 회사는 또한 테네시주 멤피스 지역에서 유방암으로 사망하는 흑인 여성 환자가 백인 여성에 비해 두 배나 된다는 사실을 인지하고, 2016년에 멤피스 유방암 컨소시엄(Memphis Breast Cancer Consortium)을 지원하는 데 도움을 제공하였다. 이 컨소시엄에는 흑인 여성의 유방암 검진을 증진시키기 위한 프로그램이 포함되어 있다.

의료 분야에서 사회적 책임의 주요 의제 중 하나는 의료기기와 약품이 적시에 필요한 환자에게 올바르게 사용될 수 있도록 하는 조치이다. 세계보건기구(World Health Organization: WHO)에 따르면, 세계적으로 20억 명의 사람들이 필수 및 기초 의약품에 접근하지 못하고 있으며 기존의 의약품에 대한 접근성 개선을 통해 매년 천만 명의 생명을 구할 수 있다고 한다. 미국에서도 코로나19 기간에 의료 공급망의 부적절함이 고스란히 드러났다.

이에 길리어드 사이언스(Gilead Sciences)에서는 모든 공급업체에 대한 공급업체 행동강령을 수립하였다. 강령은 다양성과 포용성, 비즈니스의 무결성, 강령의 지속적인 개선 및 준수를 촉진하는 데 필요한 관리시스템 등 윤리적 관행을 명시하고 있다. 이 회사는 기존 공급업체의 90%와 신규 공급업체 100%가 이 규범에 동의하도록 하는 목표를 세우고 추진 중이다.

비슷한 사례로, 짐머 바이오메트(Zimmer Biomet)에서는 공급업체를 다양화해서 오랫동안 활용도가 낮았던 지역의 소규모 비즈니스 및 혜택을 받지 못했던 업체들을 공급업체에 포함시켰다. 메드트로닉(Medtronic)에서는 다양한 공급업체의 범주를 식별하고 추적해서 인권 및 노동 기준을 포함하는 글로벌 공급업체 표준을 사용할 수 있도록 하였다.

한편, 유나이티드 헬스 그룹(United Health Group)에서는 의료센터와 원주민 및 지역사회 정신건강센터 등에서 사용하지 않은 약품들을 기부할 수 있도록 하는 법안 통과를 위해서 옵텀Rx 가정 배달 시설과 캔자스주와 협력하기로 하였다. 그로 인해 2008년 이후 지금까지 쓰레기가 될 뻔한 3,000만 달러 이상의 약품들이 기부되었다.

아센시오(Ascension)에서는 희망의 진료소(Dispensary of Hope)를 설립하여 의약품 제조업체와 유통업체가 기증한 약품 샘플을 의료서비스가 취약한 지역과 무보험 환자에게 배포될 수 있도록 하였다.

헬스케어 기업들의 사회적 책임 경영은 지역 커뮤니티를 위한 노력에서도 찾아볼 수 있다. CVS 헬스(CVS Health)에서는 플로리다주 올랜도에 870만 달러를 투자해 노숙자를 위한 주택을 지원하였으며, 카이저 퍼머넌트(Kaiser Permanente)에서는 노숙자의 근본 원인 해결에 도움을 주기 위해 커뮤니티와 협력관계를 구축 중이다. 의료보험기업 엑셀루스 블루 크로스 블루 쉴드(Excellus Blue Cross Blue Shield)에서는 감염병이 유행하는 시골 지역의 환자 치료를 돕기 위한 원격 의료교육을 제공하였다. 또한 마약성 진통제 오피오이드

출처: CVS Health 홈페이지(www.cvchealth.com).

(Opioid)의 과다 복용 의심 환자가 한 지역에 8,500여 명에 이르자 애리조나 주민의 건강에 영향을 미치는 문제를 해결하는 모빌라이즈 AZ 프로그램에 3년간 1,000만 달러를 투자하였다. 이 프로그램을 통해서 오피오이드의 잘못된 사용을 줄일 수 있었으며, 2019년 한 해 동안에 2만 8,000여 명의 환자들에게 서비스를 제공하였다. 또한 618여 개의 의약품 제공업체가 잘못된 오피오이드 사용으로 인한 약물 보조치료 인증을 받는 데 도움을 주었으며, 1만 8,500여 개의 추가 치료가 가능하게 하였다.

(3) 지배구조(G)

헬스케어 기업들은 기업의 지속가능경영보고서 및 지역사회 건강 요구 평가 등 다양한 방법으로 ESG 경영 노력을 보고해 왔지만, 이사회 구조와 형평성, 사기 및 윤리 위반 방지를 위한 정책 등 지배구조 혁신에 대해 활동하는 기업은 많지 않았다. 사기 또는 윤리 위반이 노출되면 매우 높은 금액의 벌금이 부과되고 소송에 휘말리거나 평판을 손실하는 등 장기적인 문제로 이어질 수 있기 때문에 견고한 지배구조 혁신을 마련하는 것이 중요하다. 측정 가능한 ESG 진행 상황을 추적하고 보고할 수 있는 ESG 지표로 리더 지명, 이사회의

화이자는 환경, 인권, 지배구조 등의 ESG 지표를 지속적으로 개선함으로써
어떠한 도전도 달성할 수 있다는 자신감을 가지게 되었다.

출처: 화이자 홈페이지(https://www.pfizer.co.kr).

성별 및 인종의 다양성, 임금의 평등성, 윤리 및 부패, 사기 방지 정책 등이 지배구조 분야
의 활동에 포함될 수 있다.

이사회 구성의 다양성은 헬스케어 산업의 가장 두드러진 지배구조 관련 주제 가운데 하
나로, 많은 투자자와 기타 이해관계자의 주요 관심사이기도 하다. 2018년 8월에 미국 증권
거래위원회(Securities and Exchange Commission: SEC)에서는 나스닥 상장기업의 이사회가
여성 1명과 대표성이 낮은 커뮤니티 구성원 1명을 포함해 최소 2명의 이사를 두어야 한다
는 규칙을 승인하였다. 이 규칙에 따라 기업들은 해마다 이사회의 다양성을 보여 주는 자
료를 제공해야 한다. 펜윅의 설문조사에 따르면, 대부분의 헬스케어 기업은 다양성이 매
우 중요하다고 생각하지만 실제로 다양성 관련 보고는 44%밖에 공개되지 않았다. 설문
조사에서는 실제로 한 명 이상의 여성 이사회 멤버가 있는 회사는 94%나 되었으며, 두 명
이상의 여성 이사회 멤버가 있는 회사도 70%에 해당되었다. 다양성의 종류 가운데 성별
에 대한 다양성을 보고하거나 계획하고 있는 회사가 74%로 가장 많았고, 인종의 다양성은
54%로 두 번째로 높았다.

화이자에서는 2020년에 첫 ESG 보고서를 발표하였다. 작성 초기에서부터 감사팀이 포함되어 데이터의 완전성과 정확성이 보장되었고, 데이터 수집에 익숙하지 않은 직원들의 교육도 담당하였다. 하지만 헬스케어 기업에서 ESG 담당 책임자를 지명한 회사는 많지 않다. PwC의 HRI 조사에 따르면, 45개 의료 관련 기업 가운데 비영리 기업의 62%는 ESG 책임을 맡은 직원이 없으며 영리 기업의 경우에도 53%가 ESG 책임자가 없는 것으로 나타났다. 32개 제약 및 생명공학 회사의 경우에도 대부분 회사의 임원진이 ESG 관련 프로그램을 감독하고 있지만 실제로 ESG 담당 임원을 두고 있는 회사는 매우 적은 수에 불과했다.

4) 미국 헬스케어 산업의 ESG 경영의 시사점

헬스케어 산업에서의 ESG 경영은 단순히 투자유치를 목표로 하는 것이 아니라 의료서비스가 필요한 커뮤니티와 환자들의 신뢰성 구축에도 연계되기 때문에 더욱 주의가 필요하다. 다른 산업에 비해 미국의 헬스케어 기업들의 ESG 이니셔티브 구축은 아직 초기 단계에 머물러 있다. 미국에서도 헬스케어 분야에서 직접적으로 느껴지는 ESG 경영의 변화는 없으며, 당분간 공식적인 정부의 지침이 내려오지 않는 한 큰 변화는 감지하기 어려울 것으로 보고 있다. 그러나 아직 미비하지만 미국의 헬스케어 기업들은 서비스 특성을 고려하여 업체별로 다양한 ESG 활동을 활발하게 하고 있다.

미국의 헬스케어 기업들에 대해서 ESG 경영에 대한 정부 지침은 없으나 투자자들의 요구가 강화되고 있고, 공급망의 관리보다는 기업 자체적인 노력들을 수행하고 있다. 하지만 미국의 병원의 사례처럼 환경오염을 덜 유발하는 약품을 사용하는 등 환경오염이 적은 제품을 사용하려는 경향이 뚜렷이 보이고 있다. 이는 제품의 제조, 유통, 사용 단계별로 환경오염이 적은 제품을 사용할 것이며, 이는 미국 병원(또는 국내 병원)에 납품하는 의료기기 기업에 하나의 무역장벽으로 다가올 것이다. 우리나라 헬스케어 기업들이 세계 시장 진출 가능성과 경쟁력을 높이고 있는 만큼, 국제 표준이 될 ESG 경영지표 구축에 대한 준비는 필수적이다. 또한 의료서비스, 의료기기, 제약, 유통 등 업종에 따라서 실행할 수 있는 ESG 실천 요소는 다양하며, 각 기업의 특성에 맞는 사회적 책임 활동을 개발하고 지속적인 경영에 포함될 수 있도록 하는 것이 필요할 것으로 보인다.

제**6**장
사회적 경제
관점의
ESG의 이해

1. 사회적 경제 기업에 ESG는 기회인가

기업 경영에 있어 재무적 수익 외에 환경(E), 사회(S), 지배구조(G) 등의 비재무적 요소가 중요하다는 것을 계속 강조하고 있다. 재무적인 요소의 한계를 극복하고자 ESG를 활용하려는 움직임이 이제 법제화까지 추진하는 단계에 이르렀으며 사회적 가치 추구가 '하면 좋지만, 잘 되면, 돈 벌면, 나중에'가 아니라, 필수적인 요소가 되고 있다.

또한 이미 오래전부터 사회적 가치(SV)와 경제적 가치(EV)를 모두 추구하는 사회적 경제 기업들에게는 사회적 경제의 본연의 역할을 알리고 확산시킬 수 있는 전환점이 될 수 있으며, 지금 당장은 아닐 수 있지만 코로나 엔데믹 및 다가올 미래에 대비하기 위해 지금부터 차근차근 준비함이 필요하다.

이 장에서는 사회적 경제 기업을 희망하는 예비창업자, 소셜벤처, 스타트업 담당자, 사회적 경제 기업 취업 및 ESG 업무 수행을 희망하는 신입직원을 대상으로 사회적 경제의 의미에서부터 기업가 및 기업가 정신의 정의, 회사의 비전, 가치관 수립, ESG의 실제 기업 적용 사례 등 활용적 측면에서의 내용에 대해 설명하고자 한다.

2. 기업과 기업가의 이해

1) 기업의 이해

기업에 대해서는 다양한 정의가 존재하는데 사업화에 성공하고 시장 선구적인 기업들을 보면 공통된 부분이 있다고 이야기한다.

◆ **기업의 공통된 정의** ◆

> 우리 주위의 문제에 대해 공감하고,
> 문제를 자신이 가진 역량으로 해결하려는 개인 · 단체

2) 기업가의 이해

기업가란 누구인가에 대해서도 다양한 정의가 존재한다.

◆ 기업가의 사전적 정의 ◆

기업가[企業家, Entrepreneur]
사업체를 설립, 조립, 관리하고 내포된 위험을 감수하는 개인으로, 변화를 탐구하고, 변화에 대응하며, 변화를 기회로 사용하는 사람을 의미한다.
종종 제품, 서비스, 기회실현, 또는 회사의 가치, 목적, 위계, 관리 스타일 혹은 다른 특성들에 불만족하여 혁신적인 아이디어를 내는 사람을 의미하기도 한다.
출처: 네이버 지식백과.

기업가[Entreprenuer]
영리를 목적으로 기업에 자본을 제공하고 경영하는 사람 또는 위험을 감수하면서도 비전, 추진력, 창의성 등을 이용해 기존에 없었던 새롭고 혁신적인 가치를 만들어 내는 자
출처: 두산백과.

기업인[企業人, Entrepreneur]
기존에 존재하지 않았던 가치와 일자리를 만드는 사람이다.
출처: 위키백과 .

오스트리아-헝가리 출신 조지프 슘페터(Joseph Alois Schumpeter, 1883~1950)는 '창조적 파괴'라는 용어를 사용하여 기업가를 정의한 학자로서 우리에게 잘 알려져 있다.

◆ 슘페터가 정의한 '기업가' ◆

• 중요한 단서를 발견하고,
• 혁신을 이끌어 내며(innovative combinations).
• 수동적이고 비효율적인 기존 시장의 창조적 파괴자(creative destruction)

• An entrepreneur is person
"Who breaks away from the path of routine".

출처: 매일경제 홈페이지(https://www.mk.co.kr/news/economy/7610883).

리차드 칸틸롱(Richard Cantillon, 1680~1734)은 '불확실성의 위험을 감수하는 자'로서 기업가를 정의하였다.

◆ 칸틸롱이 정의한 '기업가' ◆

• 기업가는 행동을 취하는 과정에서 불확실성을 이겨내는 자(Johnson, 2007)

• 정해진 가격으로 구입
  [미래에] 불확실한(uncertain) 가격으로
  판매할 수 있는 위험을 감수하는 사람

출처: 히스토리 아일랜드 홈페이지(https://www.historyireland.com/richard-cantillon-the-father-of-economicsWLQ).

가장 성공했고 지금도 시장을 선도하고 있는 기업 애플의 전 CEO 故 스티브 잡스는 자신의 기업가적 철학에 대해 스탠퍼드대학교 졸업식 축사에서 이야기하고 있다. 취업을 준비하는 분들과 창업 분야에 도전하는 분들에게 꼭 필요한 이야기를 전달하고 있다. 유튜브를 통해 검색되는 영상을 통해 "Stay Hungry, Stay Foolish" 의미를 여러분의 것으로 만들었으면 한다.

◆ 스티브 잡스 스탠퍼드대학교 졸업식 축사 ◆

"항상 열망하고, 항상 어리석어라
(Stay Hungry, Stay Foolish)."

출처: https://www.youtube.com/watch?v=fitGVelgKYE.

3) 기업가의 공통인자

그럼 성공한 기업가들의 공통점은 무엇이 있을까?

> • 주변 세계와 관련
> • 그들의 본 것에 대한 흥미를 가지고
> • 새로운 것을 창조(created something new⋯)

"너무 간단한 거 아니야?"라고 말할 수 있다. 우리가 생활하면서 겪을 수 있는 불편함과 문제점에서 시작하여 글로벌 탑티어 회사로 성장한 기업으로 넷플릭스, 유튜브, 메타(구 페이스북) 등이 있으며 여러분도 '아하' 하고 공감할 것으로 생각한다.

3. 일반 기업과 사회적 기업의 공통점과 차이점

일반 기업과 사회적 경제 기업의 공통점은 경제적 가치를 창출하는 데 있다. 우리가 알고 있는 수많은 일반적인 기업은 경제적 가치(수익 창출)에 초점을 맞추고 있다. 하지만 사회적 기업은 경제적 가치와 사회적 가치를 동시에 추구하기 때문에 사회적 소명을 다한다는 가치관이 내재되지 않으면 쉽지 않은 영역이라고 할 수 있으며, 이것이 두드러지는 차이점이라 할 수 있다.

가정은 나 몰라라 하면서, 타인을 돕거나 사회활동에 매진하는 아버지로 인해 풍비박산이 난 가정을 보여 주는 드라마나 영화에 대해 기성세대는 익숙한 편이다. 지금의 기준으로 이런 가장에 대한 사회적 평가는 어떨까? 투자 기관의 입장에서 이런 창업자와 기업에 대해 지원 및 투자가 이루어질까? MZ세대가 보기에는 어떻게 보일까?

사회적 기업은 수익 창출에 초점을 맞춘 기업보다 더 힘든 길을 간다. 하지만 자신의 가정, 동고동락하는 직원들뿐만 아니라 지역사회에 공헌하며 사회적 가치를 추구하는 기업들은 많이 존재하며, 국내외 사회적 기업의 성공 및 성장 사례에 대해서는 다음에 제시하도록 한다.

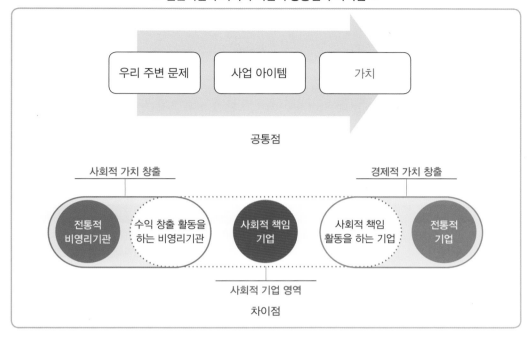

◆ 일반기업과 사회적 기업의 공통점과 차이점 ◆

우리 주변 문제   사업 아이템   가치

공통점

사회적 가치 창출   경제적 가치 창출

전통적
비영리기관   수익 창출 활동을
하는 비영리기관   사회적 책임
기업   사회적 책임
활동을 하는 기업   전통적
기업

사회적 기업 영역

차이점

4. 소셜벤처와 벤처기업의 구분

소셜벤처와 벤처기업에 대한 구분은 일반기업과 사회적 기업을 구분한 내용과 유사한 부분이 있다. 일반 벤처는 기술혁신 아이디어를 사업화하고, 소셜벤처는 사회문제 해결, 혁신적인 아이디어를 사업화한다는 차이점이 있다. 약간 애매할 수 있어 한국사회적기업진흥원에서 제공한 내용을 제시하였다.

사회문제에 대해 창의적이고 효과적인 솔루션을 갖고 있는 사회적 기업가가
지속가능한 사회적 목적 달성을 위해 설립한 기업 또는 조직(Wikipedia)

사회적 기업은 사회적 문제 또는 시장실패를 완화하거나 줄이기 위해
사회적 목적과 경제원리, 혁신성에 기반한 운영을 통해 사회적 가치를 생산해 내는 비즈니스 벤처(Virtue Ventures, 2005)

소셜벤처는 사회문제를 해결하는 데에서 사회적 기회를 찾는 것
(이를 구현해 내는 사회적 기업가의 아이디어, 도전정신, 열정을 가장 중요한 요소로 파악함)

벤처란?	소셜벤처란?
• 개인 또는 소수의 기업가가 기술 혁신 아이디어를 상업화하기 위해 설립한 신생 기업 • 높은 위험부담을 감수하지만, 성공할 경우에 높은 기대이익 예상 • 모험적 사업에 도전하는 왕성한 기업가 정신을 가진 기업가에 의해 주도	• 개인 또는 소수의 기업가가 사회문제를 해결할 혁신적인 아이디어를 상업화하기 위해 설립한 신생 기업 • 높은 위험부담을 감수하지만, 성공할 경우에 높은 사회적 가치와 이익 예상 • 사회적 목적을 지속가능하게 할 모험적 사업에 도전하는 창의적 기업가 정신을 가진 사업가에 의해 주도
전통적 기업의 대안 모델 지식정보화시대에 적합한 네트워크형 기업으로서 수평적 관계 중시, 투자 중심의 자금조달, 투명경영의 특성 보유	**전통적 사회복지와 대안 기업의 새로운 경영 모델로서의 소셜벤처** 벤처기업의 운영원리와 사회문제에 대한 이해를 바탕으로 하는 조직

벤처 정신에 사회문제의 솔루션을 담는 Social Venture!

출처: 한국사회적기업진흥원 홈페이지(https://www.socialenterprise.or.kr).

5. 사회적 경제의 이해

ESG의 세 가지 축은 환경(Environmental), 사회(Social), 지배구조(Governance)이다. 이 중 사회와 관련된 부분에 가장 많은 힘을 기울이면서 더불어 함께 사는 개념에서 오래 전부터 실천해 온 기업과 기관들이 있으며, 이를 하나의 테두리 안에 묶어 '사회적 경제(social economy)'라고 정의한다.

1) 사회적 경제의 이해

◆ 사회적 경제의 의미 ◆

 사회적 목적과 민주적 운영원리를 가진 호혜적인 경제활동 조직을 말하며,
무한경쟁과 이윤 추구보다는 이웃들의 자발적인 참여와 협동, 연대의 원리로 운영되는
새로운 경제공동체를 추구합니다.

사회적 경제(Social Economy)는 호혜와 신뢰, 소통과 연대에 기반하고 자본보다는 사람을 우위에 두는 경제 행위입니다. 공동체의 보편적인 이익 추구, 자율적인 조직경영, 민주적인 의사결정, 노동 중심의 수익배분, 사회 및 생태 환경의 지속가능성이라는 사회적 가치를 중시한다는 점에서 무한경쟁과 이윤 추구를 근간으로 하는 자유시장 경제와는 크게 구별됩니다.

우리나라에서는 2007년 「사회적기업육성법」 제정, 2010년 행정안전부의 마을기업육성사업 시행과 더불어, 2011년 「협동조합기본법」이 제정되고 이듬해인 2012년 말 「협동조합기본법」이 발효되는 등 사회적 경제의 토대를 구축하는 제도적 환경이 점차 조성되어 왔으며, 이에 힘입어 다양한 사회적 경제 주체들이 자발적 참여와 협동, 연대를 통해 살맛나는 세상, 행복한 공동체를 만들어 가기 위해 각자의 자리에서 고군분투하며 사회적 경제의 저변을 넓혀 나가고 있습니다. 우리가 익히 알고 있는 사회적 기업, 협동조합, 마을기업, 자활기업, 소셜벤처 등이 바로 사회적 경제의 주체들이며, 이들의 활동이 곧 사회적 경제 활동인 것입니다.

출처: 광명시 사회적 경제센터 홈페이지(https://gmsocial.or.kr).

2) 사회적 경제의 다양한 정의

◆ 사회적 경제의 정의 ◆

한국
구성원간 협력, 자조를 바탕으로 재화, 용역의 생산 및 판매를 통해 사회적 가치를 창출하는 인간의 모든 경제적 활동(사회적경제 활성화 방안, 2017. 10.)

국가 · 시대별로 사회적 경제에 대한 정의는 다양하나, 공통적으로

1. 구성원 참여를 바탕으로	2. 국가와 시장의 경계에서
3. 사회적 가치를 추구하는	4. 민간의 경제활동을 의미

OECD	EU	캐나다 퀘벡
국가와 시장 사이에 존재하는 조직에 내재된 것으로 사회적 요소를 동시에 추구하는 것	참여적 경영 시스템을 갖춘 협동조합, 상호공제조합, 사단, 재단 등이 사회적 목적을 추구하기 위한 경제적 활동	사회적 목적을 달성하기 위해 '6대 원칙'에 따라 운영되는 기업의 경제활동 *구성원 • 공동체의 필요 충족, 국가로부터의 자율성, 민주적 지배구조, 경제적 성과 추구, 출자액에 비례한 배당 금지, 해산 시 자연재산 타법인 양도

출처: 한국사회적기업진흥원 홈페이지(https://www.socialenterprise.or.kr).

3) 우리나라의 사회적 경제 기업의 종류

사회적 기업

사회적 가치를 우선적으로 추구하면서 영업활동을 수행하는 기업 및 조직

협동조합

공동 소유, 민주적 운영의 사업체를 통해 공통의 필요한 욕구를 충족하고자 자발적으로 결성한 조직

사회적 경제
(social economy)
사회적 목적과 민주적 운영원리를 가진 호혜적 경제활동 조직의 집합

자활기업

경제적 자활(자립), 협동으로 일자리 창출, 「국민기초생활보장법」에 따른 기업

마을기업

마을 공동체 기반, 주민의 자발적 참여, 협동으로 주민 욕구와 지역문제 해결을 구하는 기업

출처: 전남 사회적경제통합지원센터 홈페이지(http://www.jn-se.kr).

각 부처별 사회적 경제 기업의 내용은 다음과 같다.

◆ 법적 근거와 부처별 사회적 기업 구분 ◆

사회적 기업	정의: 취약계층에게 사회서비스 또는 일자리를 제공하거나 지역사회에 공헌하여 지역 주민의 삶의 질을 높이는 등 사회적 목적을 추구하면서 재화 및 서비스의 생산, 판매와 같은 영업활동을 하는 기업으로서 「사회적기업육성법」 제7조에 따라 고용노동부장관이 인증한 기업 근거법령: 「사회적기업육성법」(2007) 소관부처: 고용노동부 현황: 2022년 12월까지 제83차에 걸쳐 총 4,222개 인증, 현재 3,534개소 활동 중
협동조합	정의: 재화 또는 용역의 구매·생산·판매·제공 등을 협동으로 영위함으로써 조합원의 권익을 향상하고, 지역사회에 공헌하고자 하는 사업조직 근거법령: 「협동조합기본법」(2012) 소관부처: 기획재정부 현황: 2023년 1월 기준 23,969개 (출처: https://www.coop.go.kr/home/statistics/statistics1.do?menu_no=2035)
마을기업	정의: 지역 주민이 각종 지역 자원을 활용한 수익사업을 통해 공동의 지역문제를 해결하고, 소득 및 일자리를 창출하여 지역공동체의 이익을 효과적으로 실현하기 위해 설립·운영하는 마을 단위의 기업 근거법령: 「마을기업육성사업 시행지침」(2011) 소관부처: 행정안전부 현황: 2023년 4월 기준 2,147개 (출처: https://www.data.go.kr/data/15017326/standard.do)

자활기업	**정의**: 지역자활센터의 자활근로 사업을 통해 습득된 기술을 바탕으로 2인 이상의 수급자 또는 저소득층 주민들이 조합이나 사업자 형태로 탈빈곤을 위하여 자활사업을 운영하는 업체 **근거법령**: 「국민기초생활보장법」(2012) **소관부처**: 보건복지부 **현황**: 1,211개(한국자활복지개발원, 2023년 1월)
소셜벤처	**정의**: 혁신적인 기술과 지속가능한 사업모델로 사회문제를 해결하는 기업으로 사회적 가치와 경제적 가치를 동시에 창출하는 기업을 의미 **근거법령**: 벤처기업육성에 관한 특별조치법」(2021) **소관부처**: 중소벤처기업부 **현황**: 2,184개(중소벤처기업부, 2021년 12월)

출처: 한국사회적기업진흥원 홈페이지(https://www.socialenterprise.or.kr); 대한민국정책브리핑 홈페이지(https://www.korea.kr/news/policyNewsView.do?newsId=148899072).

4) 사회적 경제 기업의 준비 및 인정 · 지정 단계

◆ **사회적 경제 기업의 진행 단계** ◆

창업 준비 단계	창업 전 단계	창업 단계	인정 · 지정 단계
사회적 창업 입문 과정	사회적 경제 아카데미	예비 사회적 기업	사회적 기업 (고용노동부) 마을기업 (행정안전부) 자활기업 (보건복지부) 협동조합 (기획재정부) 농어촌공동체 (농어촌공사)
사회적기업의 이해(e-러닝)	사회적기업가 육성사업	예비 마을기업	
지역네트워크	예비창업자 지원 사업	소셜벤처	

　사회적 경제 기업을 준비하는 분들은 창업 준비 단계부터 인정 · 지정 단계에 이르기까지 활용할 수 있는 지역 네트워크(온 · 오프라인교육, 멘토링, 자금지원)를 한국사회적기업진흥원 홈페이지에서 확인할 수 있다.

　기초 단계에서 추구하려는 방향성과 사업화 아이템을 결정한 후 창업자에게 가장 필요한 것은 자금적인 부분이다. 이때 사회적 기업가 육성사업을 통해 자금적인 지원을 받을 수 있다. 매년 4/4 분기(또는 1/4분기)에 지원을 하기 때문에 시기를 놓치지 않고 준비하는 것이 필요하다. 여기서 추가로 제공할 수 있는 팁은 중소벤처기업부에서 진행하는 예비창업패키지 등도 활용할 수 있다는 것이다.

　정리하면, 사회적 기업가 육성사업 또는 중소벤처기업부(창업진흥원) 예비창업패키지 등을 통해 아이템의 가능성을 파악하고, 예비사회적 기업, 소셜벤처 지원을 통해 고객의 요구사항 및 추구해야 할 비전과 미션을 명확히 한 후에 준비하려는 기업 형태 기준 인정·지정을 통해 여러분이 정말 추구하고 싶은 기업을 만들어 갈 수 있다. 또한 사업화하면서 마을기업과 자활기업 인허가 절차를 통해 영역을 확장할 수도 있다.

5) 사회적 경제 기업의 유형[1]

　사회적 기업, 협동조합, 마을기업, 자활기업, 소셜벤처는 다음의 사이트에서 자세한 정보를 확인할 수 있다.

◆ 사회적 경제 기업 관련 정보 ◆

유형	소관부처	관련 기관	참고 사이트
사회적 기업	고용노동부	한국사회적기업진흥원	https://www.socialenterprise.or.kr/social/ente/concept.do?m_cd=E001
협동조합	기획재정부	COOP	https://www.coop.go.kr
마을기업	행정안전부	지방자치균형발전실	https://www.mois.go.kr/frt/sub/a06/b06/village/screen.do
자활기업	보건복지부	한국자활복지개발원	https://www.kdissw.or.kr/menu.es?mid=a10601050000
소셜벤처	중소벤처기업부	기술보증기금	https://www.kibo.or.kr

　다음은 사회적 경제 기업 중 사회적 기업과 관련된 세부 내용이다.

---

1) 한국사회적기업진흥원에서 발간한 '2021 한 손에 잡히는 사회적 기업'을 토대로 내용을 구성하였다.

일자리 제공형	취약계층에게 양질의 일자리를 제공하여 노동시장에 통합시키는 유형이다. 전체 근로자 중 취약계층 근로자 비율이 30%가 되어야 인증받을 수 있다. **Tip. 취약계층은 어떻게 정의하나요?** 취약계층은 자신에게 필요한 사회서비스를 시장가격으로 구매하는 데 어려움이 있거나 노동시장의 통상적인 조건에서 취업이 특히 곤란한 계층을 말한다. 취약계층으로는 저소득자, 고령자, 장애인, 경력단절여성, 장기실업자, 북한이탈주민, 한부모가족, 결혼이민자, 범죄구조 피해자 등이 있다.
사회서비스 제공형	취약계층에게 사회서비스를 제공하는 형태를 의미한다. 인증받기 위해서는 전체 서비스의 수혜자 중 취약계층의 비율이 30%가 되어야 한다. **Tip. 사회서비스란 무엇인가요?** 사회서비스란 개인 또는 사회 전체의 복지 증진 및 삶의 질을 높이기 위한 교육, 보건, 사회복지, 환경 및 문화 분야 등의 서비스를 의미한다. *위 사회서비스 외에 '개인 또는 사회 전체의 복지 증진 및 삶의 질 제고를 위해 사회적으로 제공되는 서비스'에 해당할 경우에 탄력적으로 인정
혼합형	취약계층에게 일자리와 사회서비스를 동시에 제공하는 유형이다. 해당 유형으로 인증받기 위해서는 전체 근로자와 전체 서비스 수혜자 중 취약계층의 비율이 각 20%가 되어야 한다.
지역사회공헌형	지역사회공헌형으로 인증받기 위해서는, 첫째, 지역의 인적·물적 자원을 활용하여 지역주민의 소득과 일자리를 늘림으로써 지역사회에 공헌하거나, 둘째, 지역의 빈곤·소외·범죄 등 사회문제를 해결하거나, 셋째, 지역의 사회적 목적을 추구하는 조직을 지원해야 한다. 이 세 가지 중 하나를 만족하면 지역사회공헌형으로 인증받을 수 있는 요건을 갖추게 된다. **Tip. 지역사회공헌형 유형이 필수적으로 고려해야 하는 것은 무엇인가요?** 지역사회공헌형은 지역의 현안이 무엇인지 정확하게 파악하는 것이 중요하다. 지역의 문제를 사회적 기업의 비즈니스로 어떻게 풀어갈 것인지 명확하게 제시할 수 있어야 하며, 또한 사업이 지역사회에 미칠 수 있는 긍정적인 영향을 제시하여야 한다.
기타(창의·혁신)형	사업의 특성상 취약계층 고용이나 사회서비스 제공 비율 등을 계량화하기 곤란한 사업 모델을 가지고 있는 경우에는 기타(창의·혁신)형으로 분류할 수 있다. 기타(창의·혁신)형의 경우 보다 다양한 사회적 기업을 폭넓게 육성하고 지원하기 위한 유형이라고 할 수 있다.

이와 같이 사회적 기업의 유형을 일자리 제공형, 사회서비스 제공형, 혼합형, 지역사회 공헌형, 기타(창의·혁신형)로 구분하고 있지만, 사회적 기업은 여러 유형이 서로 떨어진 것이 아니라 연계성을 가지고 운영되고 있다.

당근마켓 사례

Q 질문

당근마켓을 이용한 경험! 당근마켓은 어떤 기업인가?

◆ 당근마켓 커뮤니티 서비스 ◆

출처: 당근마켓 홈페이지(http://www.daangn.com).

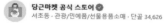

아직까지 당근 장바구니를 들고 다니는 사람을 한 번도 보지 못했다.

출처: 당근마켓 공식 스토어.

◆ 당근마켓의 주요 로컬 비즈니스 서비스 ◆

서비스명	내용
비즈프로필	• 판매 상품, 상점 위치, 영업시간, 신메뉴 등 소개 • 전국 5,925개 지역에서 28만 명의 소상공인이 이용 중
쿠폰북	• 동네 가게의 할인이나 적립 쿠폰을 모아 놓은 서비스 • 총 3만5,000여 건 쿠폰 발행, 3분의 1가량이 단골 전용 쿠폰
'내근처' 테마관	• 동네 장보기, 맛집, 카페 등 카테고리별 운영 • 일부 지역에서 동네 장보기 결제 기능 테스트 중

출처: 당근비즈니스 홈페이지(https://business.daangn.com).

◆ 당근마켓, ESG 경영 실천 사례 ◆

출처: 구글플레이 당근마켓 동네 생활커뮤니티 광고.

◆ 당근마켓, 동네생활 커뮤니티 사례 ◆

출처: 구글플레이 당근마켓 동네 생활커뮤니티 광고.

앞의 사례는 당근마켓 커뮤니티 서비스 광고인데, 이는 현실에서도 충분히 실현 가능한 부분이다. 당근마켓이 비즈니스 모델은 정말 잘 만들고 있는데, 아직 명확한 수익 모델이 나오지 않고 있다. 당근마켓에서 제공하는 당근페이, 당근머니 등의 서비스가 이미 성공한 사례인 스타벅스 사이렌오더, 충전 등과 같은 수익 창출 대안이 될 수 있는지는 두고 봐야 할 것 같다.

6. 사회적 경제 기업의 미션, 비전, 핵심 가치 도출

사회적 경제 기업을 운영하고 있거나 지원사업을 통해 자금조달을 추진하는 창업자(예비)들이 가장 어려워하는 부분 중 하나가 바로 미션, 비전, 핵심 가치를 도출하는 것이다. 실제 실천을 하고 있지만 글로 작성하여 문서로 만드는 것은 쉽지 않다고 말한다. 이 절에서는 쉽게 접근할 수 있도록 우리가 이미 알고 있는 기업들의 예시를 들어 이해도를 높이고, 자사만의 미션, 비전, 가치 도출과 작성해 볼 수 있는 실습지를 제공하여 자사만의 가치 도출을 돕고자 한다.

무엇이 보이시나요?

사업의 고도화 및 지속적 성장을 유지하려면
누구를 만족시키고 이해시켜야 할까?

우리의 아이템은 고객, 소비자, 사회적 약자의 어떤 문제와 욕구를 해결하는 아이템에 해당할까?

◆ 인간의 5가지 욕구 ◆

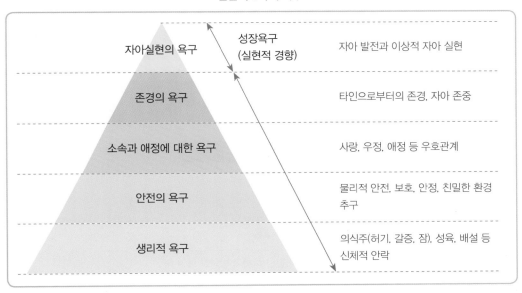

주정부, 지방자치단체, 민간지원단체에서 운영하는 사업에 선정되려면 평가자를 이해시켜야 하며, 사회적 가치 추구 및 경제적 수익 창출을 위해 이해관계자(고객, 협력회사, 임직원, 지역사회, 주주)의 숨겨진 욕구까지 파악하고 만족시킬 수 있어야 한다. 자신의 주장보다는

듣는 사람(청자)의 입장에서 이해 및 공감을 시켜야 한다. 다시 말해, 우리 회사의 미션, 비전, 핵심 가치에 관해 이야기하지만 이와 같은 것들은 결국 함께하는 타인과의 관계 속에서 정립되어야 한다는 것을 말한다. ESG의 관점에서 환경(E), 사회(S), 지배구조(G)도 역시 동일한 맥락에서 작동한다고 볼 수 있다.

1) 미션과 비전의 이해

사회적 경제 기업의 기본적인 미션은 다양한 '사회문제 해결'에 있다. 왜 이 사업을 하게 되었는지, 어떤 사회문제를 해결하며, 문제해결을 통해 추구하는 가치는 무엇인지에 대해 제시한다.

◆ 기업의 미션, 비전, 기대효과 ◆

기업의 소셜 미션

① 문제 해결을 통해 달성하고자 하는 기업의 미션 및 사업 목표

② 문제 해결을 통해 창출할 사회적 가치(사회적 임팩트)

미션(mission)
비전(vision)
사회적 기대효과(social expectation)

기업과 관련된 이해관계자들이 추구하는 가치와 어떤 사회적 책임을
요구하고 있는지에 대한 분석과 이해

미션(사명)과 비전

• 우리가 이 사업을 왜 하는지?
• 우리 조직은 궁극적으로 무엇을 하기 위해 존재하는지?
• 사회적 기대효과는 무엇인가?

기업의 미션과 비전은 회사의 방향을 보여 줌
그리고 어떤 회사로 성장할 수 있는지 가능성을 보여 주는 열쇠임

2) 기업의 미션, 비전, 핵심 가치 사례

다음은 실제 기업들의 미션과 비전, 핵심 가치에 관한 사례이다.

◆ 나이키의 미션 ◆

세계의 모든 운동선수에게 영감과 혁신을 가져다주는 것

나이키의 미션에 대한 내용이다. 그런데 자세히 보면 별표로 표시된 내용이 있다. *IF YOU HAVE A BODY, YOU ARE ATHLETE. 모든 사람에게 영감을 주겠다는 의미로 받아들일 수 있다. 미션은 불가능할 수 있는 정말 희망하는 목표가 될 수 있다. 〈미션 임파서블〉이란 영화를 떠올려 보는 것도 방법이다. 죽도록 고생해야 도달할 수 있는 다이하드와 같은 개념이라고 할 수 있다.

출처: 나이키 홈페이지(https://about.nike.com/en).

◆ 메타(구 페이스북)의 미션 ◆

페이스북은 세상을 더 개방적이고 더 연결된 곳으로 만들려는 사회적 책무를 완수하기 위해서 만들어졌다.

Facebook's mission is to give people the power to build community and bring the world closer together.

우리 회사가 성장함에 따라 우리의 미션을 달성하는 데 도움이 되도록 우리가 일하는 방식과 매일 내리는 결정을 안내하는 다섯 가지 강력한 가치를 가지게 되었다.

As our company grows we have 5 strong values that guide the way we work and the decisions we make each day to help achieve our mission.

출처: 저커버그 페이스북(https://www.facebook.com/notes/3931346285003761).

1. **과감해지라.** 빛의 속도로 변화하는 세상에서 어떠한 위험도 떠안지 않으려고 한다면 실패는 정해진 수순입니다. 이와 관련된 페이스북의 사훈이 또 하나 있습니다. "세상에서 가장 위험한 것은 어떤 위험도 떠안지 않는 것이다(The riskiest thing is to take no risk)." 페이스북은 모든 직원에게 과감한 결정을 내리도록 독려합니다.

2. **임팩트에 집중하라.** 최대의 임팩트를 일으키고 싶을 때 최고의 방법은 매 순간 여러 가지 사안 중에서 가장 중차대한 문제를 풀어내기 위해 매달리는 것입니다. 매우 평범한 이야기처럼 들리지만 대다수의 기업이 이를 제대로 이행하지 못하거나 더 심하게는 황금 같은 시간을 낭비하는 실정입니다. 우리는 페이스북의 모든 직원이 업무에서 가장 핵심적인 문제를 찾는 능력이 뛰어나기를 기대합니다.

3. **신속하게 움직이라.** 빠르게 움직이면 더 많은 것을 만들고 더 빨리 배울 수 있습니다. 우리는 너무 느리게 움직여 기회를 잃는 것보다 실수하는 것이 덜 두렵습니다. 페이스북은 우리의 문화를 만들어 가고 있으며, 우리에게는 힘이 있습니다.

4. **열린 자세를 취하라.** 더 활짝 열린 세상일수록 더 나은 세상이라는 것이 페이스북의 신조입니다. 더 많은 정보를 가질수록 사람들은 더 나은 판단을 내리고, 더 큰 영향력을 미치기 때문입니다. 우리는 페이스북의 모든 직원이 회사의 거의 모든 정보에 최대한 접근할 수 있도록 하기 위해 최선을 다합니다.

5. **사회적 가치를 구축하라.** 다시 한 번 더 강조하자면 페이스북의 존재 이유는 더 열리고 연결된 세상을 만드는 데 있습니다. 단순히 기업을 세우는 것은 우리의 사명이 아닙니다. 페이스북의 모든 직원은 하루도 빠짐없이 우리가 생산해 내는 모든 것이 세상에 실질적인 가치를 창출하도록 하는 방법에 대해 고민하고 있습니다.

출처: Life at Meta(https://www.facebook.com/media/set/?set=a.1655178611435493.1073741828.1633466236940064).

한국에도 메타(구 페이스북)와 비슷한 미션을 가진 기업이 있다.

더 나은 세상을 위한 연결은 메타(구 페이스북)와 카카오가 유사한 점이며, 사람과 사람을 연결하는데 카카오는 기술적인 요소가 들어가는 차이가 있다.

출처: 카카오 홈페이지(https://www.kakaocorp.com).

다음은 배달의 민족 서비스 비전 2.0이다.

◆ 배달의 민족의 서비스 비전 ◆

21세기 최첨단 찌라시

음식을 시키는 사람과 배달 준비를 마친 음식점을
잘 연결시켜 줄 수 있는 방법을 찾는 것

기존 배달 음식을 넘어 다양한 음식을 사용자가
원하는 시간과 장소에서 만날 수 있게 하겠다.

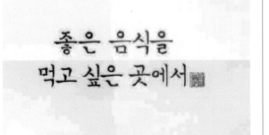

출처: 우아한 형제들 기술블로그(https://techblog.woowahan.com).

우아한 비전 3.0은 문 앞으로 배달되는 일상의 행복에 관해 이야기하고 있다.

다음은 사회적 기업의 미션, 비전, 핵심 가치의 사례이다. 미션, 비전, 핵심 가치를 모두 제시하는 기업도 있으며, 통합하여 핵심적인 내용만 보여 주는 기업도 있다. 여러분의 상황에 따라 준비하고 확장하면 된다.

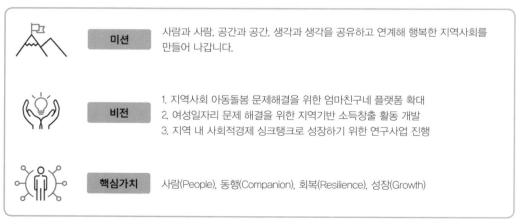

출처: 사회적 기업 '좋은터' 홈페이지(https://joeunteo.co.kr).

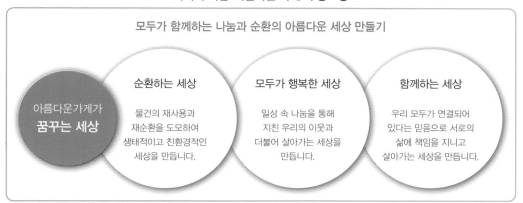

◆ 사회적 기업 '아름다운 가게'의 중요성 ◆

모두가 함께하는 나눔과 순환의 아름다운 세상 만들기

아름다운가게가 **꿈꾸는 세상**

순환하는 세상
물건의 재사용과 재순환을 도모하여 생태적이고 친환경적인 세상을 만듭니다.

모두가 행복한 세상
일상 속 나눔을 통해 지친 우리의 이웃과 더불어 살아가는 세상을 만듭니다.

함께하는 세상
우리 모두가 연결되어 있다는 믿음으로 서로의 삶에 책임을 지니고 살아가는 세상을 만듭니다.

출처: 사회적 기업 "아름다운가게" 홈페이지(http://www.beautifulstore.org).

3) 가치제안 실습 1

다음은 우리 회사가 추구하려는 가치에 대해 작성해 볼 수 있는 실습지이다. '내용'란에 여러분이 생각하는 내용을 작성해 보기 바란다. 정답은 없으며, 작성하면서 떠오르는 아이디어를 추가하며 고도화하면 된다.

가치 구분	구성 요소	사회적 가치와 경제적 가치	내용
가치제안	가치제공물	제품이나 서비스는 무엇인가? 제품이나 서비스가 추구하는 가치	
가치창출	자원과 능력	보유 자원과 역량 차별점	
	활동	가치 창출을 위한 활동 차별점	
가치전달	고객	사회적 약자에게 제공하는 혜택 구매 고객에게 전달하는 가치	
가치협력	파트너십	핵심 파트너 함께해야 할 파트너	

4) 가치제안 실습 2

동부케어

'요람에서 무덤까지'라는 지역 커뮤니티 안에서 모든 것을 실현하고자 하는 미션을 수행하는 기업 동부케어의 사례이다.

◆ 동부케어 주요 서비스 ◆

| 노인장기요양 서비스 | 가사서비스 | 산모·신생아 서비스 | 아이돌봄 서비스 | 개인 맞춤 돌봄 서비스 | 교육원 |

출처: 동부케어 홈페이지(https://www.idbc.kr).

동부케어의 사업에 대해 가치제안, 가치창출, 가치전달 기준에서 다음과 같이 작성을 해보았다.

─── 가치제안 ───	─── 가치창출 ───		─── 가치전달 ───
핵심 가치	**보유 역량**	**사업 아이템**	**차별성**
출산에서 장례까지 마을단위 종합 돌봄서비스 실현	장기요양시설 보유 (화성, 평택, 용인, 오산) 사회복지사, 간호사, 요양보호소 포함 전문인력(500명)	산모/신생아 돌봄 요양보호 주야간보호서비스 방문목욕간호 건강관리사 도담이직업직무 교육서비스	전문적 요양, 재활치료 프로그램 운영 사회복지사, 치료사, 요양보호사 직접 교육 소셜 프렌차이즈 활동

사회적 가치	이해관계자	경제적 가치
화성시 기관(여성센터, 다문화, 복지관), 비영리단체(아름다운 손길), 동부맘, 온마을엄마품, 협력 병원(3곳)		

뉴시니어 라이프

고령화 사회에 이미 진입한 대한민국 시니어들의 자립 및 동기부여를 하는 기업 뉴시니어 라이프의 사례이다.

◆ 뉴시니어 라이프 소개 ◆

출처: 뉴시니어 라이프 홈페이지(https://www.newseniorlife.co.kr).

가치제안	가치창출		가치전달
핵심 가치	**보유 역량**	**사업 아이템**	**차별성**
당당한 노후생활 50세 이상의 중고령층 이색 일자리 제공 시니어 커뮤니티와 패션쇼를 통해 자신감과 도전의식	교육시설 보유 (상남, 서초, 성북, 익산) 11명의 근로자 뉴시니어라이프 패션 교실 수료생 600벌 이상의 패션 아이템, 런웨이, 조명시설 보유	모델 교육 및 패션쇼 참가 기회 제공 궁중의상 체험관광 등 패션쇼 이벤트 제공 일자리 제공서비스	패션분야 실버산업 접목 시니어 모델 커뮤니티 단순 일자리(청소, 경비, 주차도우미, 공공근로) 자사업 탈피 긍정적인 노후생활에 기여

여러분의 사업에 대해서도 이러한 방식으로 가치제안 실습지를 작성해 볼 수 있다. 처음부터 완벽하게 작성할 수 없다. 정말! 쉽지 않다. 차근차근 미션, 비전, 사회적 가치 부분에 대해 계속 고도화하면서 작성해 보면 된다.

◆ 가치제안 실습지 ◆

— 가치제안 —	— 가치창출 —		— 가치전달 —
핵심 가치	보유 역량	사업 아이템	차별성

사회적 가치	이해관계자	경제적 가치

5) ESG 실천의 국내외 사회적 경제 기업 사례

(1) 국내 사례

① 맘씨생활건강

맘씨생활건강은 천연비누, 천연화장품 만들기, 원재료, 제작 도구 등을 쇼핑할 수 있는 부산 최대의 오프라인 매장을 보유한 기업이다. 맘씨비누라는 브랜드로 시작하여, 천연 재료에 대한 고집, 벤처 인증 등을 통한 기술 개발을 통한 수익 창출뿐만 아니라 경력 단절 여성 고용, 지역 사회 공헌까지 활발하게 사회적 가치를 추구하고 있다.

맘씨생활건강의 사회적 목적

/

미션 선언문

**시대에 맞는 교육서비스와 끊임없는 신제품 개발을 통해
건강한 일자리 기회를 제공하여 기업의 사회적 가치를 높인다**

BE BEST

◆ 맘씨생활건강 비전 ◆

Business	기업의 이윤보다 사회적 가치를 경영의 상위에 두는 기업
Everything	기업과 소비자 모두의 이익을 위해 운영되는 기업
Beautiful	품질 좋은 원료사용으로 아름다움을 만들어가는 기업
Education	맞춤식 교육으로 교육의 편차를 낮추는 기업
Service	마음을 나누는 봉사정신으로 선함의 연결고리가 되는 착한 기업
Technology	끊임없는 기술개발 연구로 미래가치를 높이는 기업

[맘씨생활건강 여성기업 확인서]

[맘씨생활건강 중소기업 확인서]

[맘씨생활건강 벤처기업 확인서]

출처: 맘씨생활건강 홈페이지(https://momsee-mall.com).

② 동구밭

　동구밭은 '발달장애인들과 함께할 수 있는 방법으로 무엇이 있을까?'로부터 시작하여 현재는 고용 및 수익창출이라는 두 마리 토끼를 모두 잡으며 사회에서 꼭 필요한 기업이 되었다.

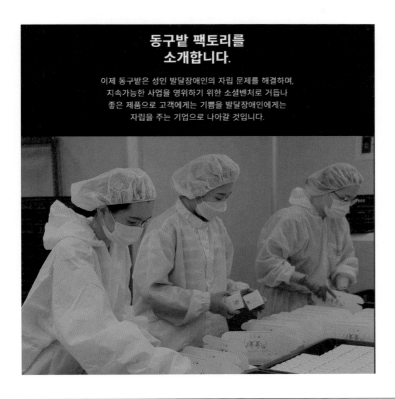

BRAND STORY

2014년 세상에 변화를 만드는 사람이 되고 싶은 대학생 4명이 모여 발달장애인과 농사를 지으며 발달장애인이 도시농부가 되 기를 바라는 마음으로 마을 어귀의 작은 텃밭이라는 뜻의 '동구밭'은 시작 되었습니다.

22개의 텃밭을 운영할만큼 많은 발달장애인과 비장애인이 참가 하면서 의미 있는 큰 변화를 볼 수 있었습니다.

"순호씨는 살다보면 우리 아이를 곧 잊겠지만 우리 아이는 순호 씨를 평생 기억할거예요. 평생동안 친구가 한 명 있는데 그 친구 를 어떻게 잊겠어요?'라고 말씀해주신 한 발달장애인 참가자 어머님의 말씀처럼 그들의 친구가 되어 발달장애인이 성장하는 모습을 볼 수 있었습니다.

하지만 동구밭은 여기서 안주하지 않았습니다. 성인 발달장애인 들의 가장 큰 문제인 자립에 관심을 갖고, 2016년 가을 텃밭에서 수확한 기쁨을 제품에 담아 '가꿈비누'라는 이름의 천연비누를 만들었습니다.

그리고 2017년 1월 비누를 직접 만들 수 있는 '동구밭 팩토리'를 오픈해 처음 강동텃밭에서 만난 친구가 동구밭의 첫 직원이 된 이후 하나 둘 사람들이 모여 지금 '동구밭 팩토리'에는 전직원 50% 이상의 발달장애 사원과 함께 근무하고 있습니다.

현재 동구밭 팩토리는 고체 화장품 및 생활용품을 월 40만개 규모로 제조가능한 공장이 되었고, 헤어/바디/페이스/베이비/리빙/반려동물/D.I.Y 제품을 생산하고 있습니다.

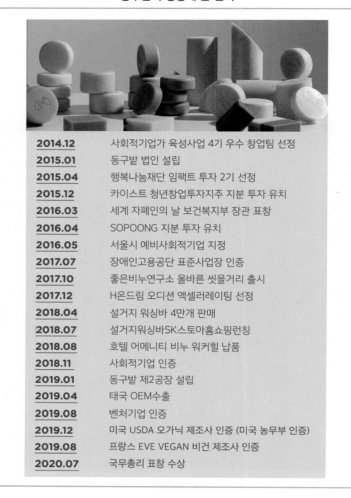

2014.12	사회적기업가 육성사업 4기 우수 창업팀 선정
2015.01	동구밭 법인 설립
2015.04	행복나눔재단 임팩트 투자 2기 선정
2015.12	카이스트 청년창업투자지주 지분 투자 유치
2016.03	세계 자폐인의 날 보건복지부 장관 표창
2016.04	SOPOONG 지분 투자 유치
2016.05	서울시 예비사회적기업 지정
2017.07	장애인고용공단 표준사업장 인증
2017.10	좋은비누연구소 올바른 씻을거리 출시
2017.12	H온드림 오디션 액셀러레이팅 선정
2018.04	설거지 워싱바 4만개 판매
2018.07	설거지워싱바SK스토아홈쇼핑런칭
2018.08	호텔 어메니티 비누 워커힐 납품
2018.11	사회적기업 인증
2019.01	동구밭 제2공장 설립
2019.04	태국 OEM수출
2019.08	벤처기업 인증
2019.12	미국 USDA 오가닉 제조사 인증 (미국 농무부 인증)
2019.08	프랑스 EVE VEGAN 비건 제조사 인증
2020.07	국무총리 표창 수상

앞에서 사회적 기업의 추진 단계에 대해 설명한 적이 있다. 동구밭이 꾸준히 가치를 추구하고 도전하며 성장해 온 연혁을 참고하여 여러분의 사업에도 참조하면 좋을 것이다.

동구밭 브랜드 소개

동구밭은 장애인과 비장애인이 함께 자연과 공존하는 일상으로 회복하기위해 천연성분의 친환경 라이프스타일 제품을 만들고 있습니다. 발달장애인이 만든 제품이라 부족할 것이라는 편견을 넘어 제품으로 인정받는 동구밭이 되겠습니다.

국내 최초 오가닉/비건 동시인증 제조사, 동구밭

동구밭은 국내 최초로 오가닉과 비건 동시 인증을 받은 제조사입니다. 미국 농무부에서 인증하는 USDA 유기농제조사 인증과 프랑스 EVE VEGAN 비건 제조사 인증을 받아 필환경 시대인 트렌드에 맞는 화장품 제조가 가능합니다.

프랑스 EVE VEGAN
이브비건 공식 인증 마크

제조과정에서 동물성 원료를 일절 배제하고 동물실험을 하지 않고 제조 설비와 시설의 청결상태 교차오염 및 혼입을 방지하는 별도 생산설비 여부 등 프랑스 본사의 엄격한 심사과정을 거쳐 이뤄지는 인증

미국 USDA
오가닉 공식 인증 마크

미국 농무부에서 유기농 인증을 받은 성분(95% 이상)을 사용한 원료의 보관 및 생산, 사후관리까지 일련의 제조 과정을 인증받은 제조사에게 주어지는 마크.

출처: 동구밭 팩토리 홈페이지(https://donggubat.co.kr).

③ 중소벤처기업 ESG 우수 사례

환경(E)

● 지구인컴퍼니 ●

• 2017년 설립 • ESG 경영을 반영한 비즈니스 모델을 인정받아 성공적인 벤처 투자 유치 • https://unlimeat.com	**친환경적인 사업 모델** • 식물성 고기를 개발, 유통 및 판매하는 푸드테크 스타트업으로 출범 • 2021년 서울 정상회의에서 식량 및 농업 분야의 식량손실과 탄소배출을 줄이는 기업으로 선정 **탄소중립에 적극적으로 동참** • "Let's Zero" 캠페인을 통해 국내산 농산물 사용으로 탄소발자국 줄이기 • 100% 친환경 포장재 사용하기 등 추진

● 소이미푸드 ●

• 2013년 설립 • 여러 사회공헌 활동과 친환경적 행보로 코로나19 상황에도 전년 대비 59%의 매출 성장 기록 • http://www.soymi.co.kr	• NH농협은행 선정 'ESG 우수 농식품 기업' • 지역사회 나눔 및 안전한 먹거리 생산을 위한 HACCP 인증 보유 • NH로부터 'NH농식품그린성장론'을 지원받아 ESG 우수 달성 정도에 따라 최대 1.5%p의 우대금리 지원 • GS 더프레시 프로젝트 참여 기업 선정 • 우수 중소벤처기업과 협업하여 생산업체의 이름을 제품 전면에 표기하는 프로젝트 발탁 • 이를 통한 안정적 매출 신장

● 동구밭 ●

• 2015년 설립 • 발달장애인의 자립을 돕기 위한 목적으로 설립된 소셜벤처 • https://donggubat.com	**사회적 목표를 브랜드 핵심 가치로 수립** • 발달장애인을 고용하여 환경과 지속가능성을 고려한 고체 화장품 및 생활용품을 생산하는 사회적 기업 • 브랜드 핵심 가치: 모두의 다양성을 존중하며 함께 공존 • 매출 증가에 따라 발달장애인 추가 고용 • 임팩트 지표로 월 매출 증가 시 발달장애인 추가 고용 • 2021년 기준 47명 중 27명의 발달장애 사원 근무

● 세영 ●

• 1994년 설립 • POSCO 협력사로 포항제철소 내 제강 조업 지원과 제품관리 작업을 담당 • https://sy2013.cafe24.com	**작업현장 위험(Near Miss3) 공유 문화** • 회사 그룹웨어를 통해 작업 현장에서 겪게 되는 위험상황(Near Miss)을 공유, 이에 대한 경험, 노하우 등을 댓글로 소통해 임직원이 함께 문제 해결 방안을 모색하는 안전보건문화 정착 • 안전학교(Safety School) 과정 실시 • 총 16시간의 안전교육을 임직원에 제공(교육 이수율: 95%) • 크레인 후방 카메라 및 고성능 확성기 설치, 전담 간호사 상주 등 현장 • 임직원 중심의 안전보건활동 실시

● 오뚜기 ●

• 1969년 설립
• '보다 좋은 품질, 보다 높은 영양, 보다 앞선 식품'을 비전으로 인류의 식생활 향상을 통해 건강과 행복을 추구하는 식품회사
• https://www.ottogi.co.kr

윤리경영 체계 수립 및 운영

• 지속가능경영 담당 조직인 동반성장팀을 신설, 하도급 협력사 대상의 공정거래 및 지속가능경영 업무 전담
• 사내교육 과정으로 전 임직원 대상의 윤리교육 프로그램 운영

지속가능경영보고서를 통한 정보공개

• 격년 지속가능경영보고서를 발간하고 홈페이지에 공시해 지속가능경영 관련 활동 및 성과를 이해관계자와 투명하게 공유

● 한국중부발전 ●

• 2001년 출범(한국전력공사에서 분사)
• 세계 최고 수준의 발전소 건설 및 운영 기술력을 바탕으로 화력발전(석탄, LNG, 중유)과 풍력, 태양광, SRF, 연료전지 발전 등 안정적인 전력 공급
• https://www.komipo.co.kr

윤리경영을 위한 부서 협업 확대

• 기획전략처 소속 기획조정실에서 윤리경영을 주관하며 감사실을 비롯한 기타 대내외 협의체 조직과의 협업을 통해 윤리경영 실천

청렴문화를 이끄는 청렴코디 임직원 선정

• '청렴코디' 제도로 부서별로 11인 이상의 청렴코디를 선정하고 업무 추진 시 자체 내부 통제 강화, 청렴시책의 선도적 참여와 윤리경영문화 확산 등의 임무 부여

(2) 해외 사례[4]

① 액티브 프로스펙츠(Active Prospects)

소개	• 영국의 사회적 기업 액티브 프로스펙츠는 학습장애, 신체적·정신적 질환, 자폐증 환자들을 대상으로 주거, 생활 및 사회서비스를 제공함. 환자들에게 맞춤화된 주택을 공동 생산하여 공급하며, 교육 및 훈련을 통해 지역사회 내 일자리를 얻을 수 있도록 지원함. 영국 100대 사회적 기업(NatWest SE100) 리스트에 선정되었으며, 2021년 영국에서 '21번째로 일하기 좋은 자선 단체상'과 영국 남동부 돌봄 분야(Great British Care Awards)에서 최고 고용주상을 수상함. 액티브 프로스펙츠의 보육 담당 이사 제이드 발란스는 '전국 학습장애와 자폐증 어워드'에서 코로나 위기 동안에 정부 대응에 앞서 지역사회를 위해 의료서비스를 기여한 공로로 '사회 돌봄 COVID 영웅(Social Care COVID Hero)상'을 수여받음
설립배경	• 1989년 지역사회 내의 학습장애 서비스를 관리하는 주택 협회로 설립되었으며, 설립 이후 25년 동안 영국 서레이 지역사회에서 환자들을 위해 주택을 직접 건설하거나 부동산 임대업을 운영함. 2005년부터 주택 및 지원 서비스를 제공하였으며, 2015년 프로 액티브 커뮤니티를 설립하여 환자, 보호자, 지역사회 주민들 중심으로 운영하다가 2020년에 공식 자선 단체로 등록함
미션, 비전	• 공동 생산 및 사회 돌봄 투자를 통해 학습장애, 자폐증, 신체적 및 정신적 문제를 앓고 있는 사람들의 욕구를 이해하고 충족시킴으로써 삶의 선택권과 통제권을 가져서 충만한 삶을 살 수 있게 도움을 주고 있음
주요 서비스	**돌봄 및 의료서비스 제공** • 스포츠, 운동 및 웰빙, 건강식품 만들기, 예술, 감각, 여행 등 일반인들이 즐길 수 있는 활동 프로그램 운영 **주거서비스** • 환자들이 자폐증, 뇌전증 등 1차 진단을 받으면 장기 요양 병원이 아닌 지역사회 근교 환자가 거주하기 편한 6인용 맞춤형 숙박 시설이나 개인 전용 아파트를 건설 및 제공하며, 거동이 불편한 사람들도 이용할 수 있도록 집을 맞춤 설계 • 매년 100명 이상이 개별 아파트 또는 공유 주택에서 거주할 수 있도록 지원하고 장기 병원에서 숙박 시설로 옮기고 난 2년 이후에도 90% 이상이 숙박 시설에서 거주하고 있음 • 24시간 대응할 수 있는 의료서비스를 지원하며, 상호작용, 긍정적인 행동 지원 등 환자들을 위한 다양한 프로그램을 운영함 **훈련 고용** • 특수 교육 필요 또는 장애(Special Educational Need or Disability: SEND)를 보유한 17~24세까지의 젊은이를 대상으로 하는 '인생 기술 프로그램(The Aspiring Prospects Life Skills Programme)' 운영. 서레이 카운티 의회에서 발행하는 교육건강관리계획(Education Health & Care Plan: EHCP)만 있으면 참여 가능함 • 청년들은 유급 일자리를 얻을 수 있는 기술과 경험을 익힐 수 있음. 주 2회 작업장 실습, 주 3회 교육에 참여하며, 교육 수료 후 4개 후보의 직장에서 교육 훈련에 참여함 • 준비가 더 필요하거나 미취업된 경우, 추가 2년 동안 프로그램에 참여 가능하며 취업 후 서레이 카운티 의회의 돌봄 담당 직원의 추천이 있으면 프로그램 신규 참여자들을 위한 멘토로 활동할 수 있음

---

4) 사회적 경제 ESG 안내서 부록 참조.

>> 액티브 프로스펙츠 관련 이미지

출처: https://www.b.co.uk/companies/active-prospects.

② 리치52(Reach 52)

소개	• 리치52는 의료서비스가 부족한 저개발 국가의 지역사회에 건강 관리 장치 및 어플을 제공하는 헬스테크 사회적 기업으로, 현장학습 모듈, 디지털 학습 채널 등 여러 방식을 혼합해 건강 예방 및 관리를 위한 교육을 4개월간 현지에서 진행하며, 교육·서비스 지원 이후에도 주민들이 앱으로 건강을 확인할 수 있는 건강검진장치와 장비를 제공하고, 양질의 1차 의료서비스를 꾸준히 지원할 수 있는 플랫폼을 구축함. 2021년 8월까지 60만 명 이상의 사용자를 자사 플랫폼으로 연결하였으며, 플랫폼 운영을 위해 5만 명 이상의 의료 종사자들을 교육함. 제약회사, 소비자 건강, 보험, 소비재 분야 20개 이상의 비즈니스 파트너와 협력하여 의료 생태계를 혁신하고 있음
설립배경	• 리치52 대표인 에드워드 부티(Edward Booty)는 런던 정경대학교를 졸업한 후, 인도에 6개월간 여행을 한 적이 있음. 인도의 한 제약회사에서 인턴십을 하면서 영국 의료서비스 관리 및 기술 컨설턴트로 일한 후, 저소득층과 중산층 국가에서 의료서비스 확대를 목표로 한 기술 사회적 기업을 설립함. 의료기술 플랫폼, 에이전트 네트워크 및 새로운 민간 파트너십을 통해 인도, 캄보디아, 필리핀, 인도네시아 등 7개 국가에서 의료서비스를 제공함
미션, 비전	• 전 세계 52%의 의료 접근성을 높이기 위해 의료 데이터 플랫폼을 구축해 저개발 주민들이 건강관리를 할 수 있도록 지원하는 것이 목표임. 2030년까지 3억 명을 대상으로 재설계 의료시스템을 공급하고자 함. 리치52의 의료 플랫폼은 데이터 기반 의료 올인원 플랫폼으로, 의료서비스가 제한된 곳이라도 쉽고 저렴한 가격으로 의료서비스를 이용할 수 있게 하며, 기업, 정부 및 사회 조직과 협력하여 확장 가능한 건강 캠페인을 운영함

주요 서비스	**의료·건강 관리 모바일 앱** • 의료기관을 지원하고 지역사회의 의료·건강 서비스를 제공하기 위한 앱을 개발하였으며, 안정적인 인터넷 접속이 어려워도 휴대폰에서 작동이 가능하도록 최적화됨 • 플랫폼 기반으로 수요—공급 연계를 통한 맞춤화된 의료서비스를 제공하여 2021 인클루시브 핀테크 스타트업에 편입됨 • 7개국에서 550건 이상의 의료서비스 신청을 받아 고객 및 프로젝트 후원자의 요구를 신속하게 연결할 수 있는 시스템을 구축하였으며, 의료진 교육, 배치 등 의료서비스를 신속하게 제공할 수 있는 글로벌 의료 재단과 협력해 서비스의 효율성을 높임 **온·오프라인 혁신 의료시스템** • 감염되기 쉬운 질병, 산모 & 아이 건강을 예방 및 관리하고, 워크숍, 코칭, 체크리스트, 동료 공유 등 다양한 학습 프로그램을 운영함. 건강 데이터를 확인하고 관리할 수 있는 앱을 설치하면 체중계, 간염 신속검사키트, 혈당계, 청진기 등 각종 의료장비와 도구 및 온라인 학습지원도 제공 • 모바일 장치가 없어도 155대의 전화기를 대여해 모든 사람이 의료 학습 및 훈련을 받을 수 있는 기회를 제공함. 8만 44여 건의 문자 알람을 통해 의료기관 및 의료진들이 응급 상황에 대처할 수 있음. 54만여 명의 지역 주민들이 인터렉티브 페이스북 챗봇을 도입하거나 원격지원을 상시 지원함. 이는 건강 및 질병 관련 인식을 증진시키고 예방하는 데 도움이 됨 • 필리핀, 캄보디아 등 뎅기열 발생률이 높은 곳에는 화이자와 협력해 뎅기열 예방 키트를 제공했을 뿐 아니라 가구 주변에 있는 강가나 물가에 물고기 구피를 9천 마리 이상 배치함. 구피는 뎅기열을 옮길 수 있는 모기 애벌레를 잡아먹어 뎅기열을 근본적으로 방지함 **당뇨병 및 고혈압 퇴치를 위한 통합 케어 모델** • 지역사회 내 의료 종사자들이 적절히 대응할 수 있고 저소득 환자들에게 코칭을 제공하는 통합 케어 솔루션임. 의료진들은 12주 동안 12개 지역사회 내에서 400여 명의 혈압 및 당뇨병 검사를 실시함. 의료 및 환자의 데이터를 기반으로 의료 검진 및 HbA1C 테스트를 거친 후, 2주에 한 번 모니터링 및 코칭 세션을 가지며, 환자들이 독립적으로 건강을 관리하고 집중 관리가 필요한 환자들을 대상으로 월 1회 정기 점검을 함
성과	**사회(S)** • 2021년 초 플랫폼 등록자가 13만 명에서 96만 명 이상으로 증가해 의료서비스 접근성 향상 • 5만 명 이상의 주민들이 의료검진을 받았으며, 5천 명 이상의 의료 종사자 대상으로 교육을 시행함 • 연간 22만 4천여 명의 주민들이 의료서비스 확대 캠페인에 참여. 주민들을 고용해 의료 키트 배포, 플랫폼 안내 등으로 일자리와 소득 기회 창출 **지배구조(G)** • 유니세프 이노베이션(Unicef Innovation)과 파트너십을 맺어 새로운 전자상거래 서비스를 시작함. 전 세계적으로 저렴한 건강 및 금융 상품에 대한 접근성을 확대하고자 함

>> 리치52 관련 이미지

출처: 리치52 홈페이지(https://reach52.com/growth-partners).

7. 사회적 경제 기업의 ESG 도입 및 진단

1) 사회적 경제 기업의 ESG 도입

중견기업과 대기업은 투자자들이 ESG 경영을 강력하게 요구하고 있다. 초기 기업(일반, 스타트업)은 아이템 개발과 시장 검증 그리고 사업화를 위해 자금이 필수적인데, 이를 조달하기 위해 투자자들의 원하는 ESG 기준을 충족시켜야 한다. 또한 대기업과 거래를 하는 중소기업, 해외 수출을 희망하는 기업들은 공급망 관점에서 발주기업의 ESG의 방향성을 맞추어야 하는 시대가 되었다.

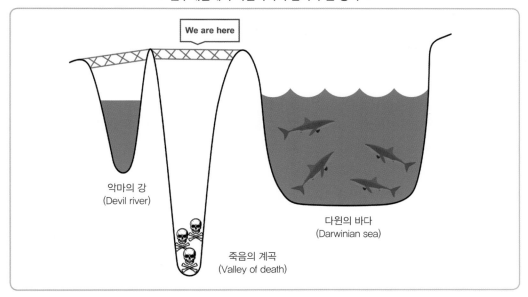

◆ 연구개발에서 사업화까지 넘어야 할 장벽 ◆

We are here

악마의 강
(Devil river)

다원의 바다
(Darwinian sea)

죽음의 계곡
(Valley of death)

출처: 엘스비어 홈페이지(https://www.sciencedirect.com/science/article/pii/S2352320416300153).

사회적 경제 기업은 해당 사항이 없는 것일까? 아니다. 사회적 경제 기업 중 인증 사회적 기업들은 투명한 지배구조 및 사회 영역에 대해 이미 공시(사회적 가치 창출 목표와 성과)하고 있다. ESG를 처음 접하는 일반 초기 기업, 스타트업과는 달리 기존 영역에 환경적인 부분을 보완하여 체크리스트를 만들고 대비하면 조금 더 효과적으로 접근할 수 있다.

2) 사회적 경제 기업의 ESG 진단

지금부터 사회적 경제 관련 ESG 진단항목이 도출되는 데 기초가 되는 참고자료 및 체크리스트에 대해 자세히 살펴보자.

사회적 경제 ESG 진단항목 개요
- (목적) 사회적 경제와 ESG 경영의 시너지 창출을 위해 사회적 경제 조직의 비즈니스 모델을 활용할 수 있는 특화된 지표 구성
- (활용) 사회적 경제 조직의 지속가능경영 리스크 관리 및 오픈 이노베이션 등 ESG 경영 생태계 내 협업 체계 구축을 위한 강점 포지셔닝 근거로 활용이 가능함

출처: 사회적 경제 ESG 안내서(한국사회적기업진흥원).

한국사회적기업진흥원에서 사회적 경제 ESG 진단 가이드 개발 시 참조한 기존의 기관들의 참고 지표는 다음과 같다.

◆ 사회적 경제 ESG 진단을 위한 주요 참고 지표 ◆

범주	지표	개요
ESG 지표	K-ESG (산업통상자원부)	• 2021년 8월 국내외 주요 13개 평가 기관 등의 3,000여 개 이상의 지표와 측정항목을 분석하여 ESG 이행과 평가 사항 마련 • 정보공시(5), 환경(17), 사회(22), 지배구조(17) 항목으로 구성
		http://www.motie.go.kr/motie/gov3.0/gov_openinfo/sajun/bbs/bbsView.do?bbs_seq_n=631&bbs_cd_n=30
	중소기업용 ESG 가이드라인 (중소벤처기업부)	• 중소기업 환경 · 사회 · 지배구조(ESG) 준비 민관 협의회를 발족해 중소기업용 ESG 가이드라인 마련 • 환경(10), 사회(7), 지배구조(3), ESG(3) 항목으로 구성
		https://bit.ly/3fVm6UX
	국민연금 ESG 가이드라인	• 투자 대상의 환경, 사회, 지배구조 등 비재무적 요소를 체계적으로 분석하기 위해 기업의 특성이 반영된 고유의 ESG 평가 체계를 마련 • 환경(3), 사회(5), 지배구조(5) 항목으로 구성
		https://bit.ly/3gXFfWK
	한국거래소 ESG 가이던스	• 기업과 투자자의 지속가능경영에 대한 인식을 제고하고, ESG 정보공개의 확대를 통해 지속가능 투자 문화의 활성화를 유도하고자 함 • 조직(3), 환경(5), 사회(4) 항목으로 구성
		https://esg.krx.co.kr/contents/04/04010000/ESG04010000.jsp#view=1
	KCGS ESG 평가지표 (한국ESG기준원)	• OECD 기업지배구조 원칙, ISO 26000 등 국제 기준에 부합할 뿐만 아니라 국내 법제 및 경영환경을 충실히 반영하여 개발된 독자적 평가 모형 • 환경(50), 사회(38), 지배구조(65) 항목으로 구성
		http://www.cgs.or.kr/business/esg_tab01.jsp
	벤처기업용 ESG 투자 지침 (중소벤처기업부)	• 유엔(UN) 책임투자원칙과 해외 선진 사례, 국내 ESG 지침을 고려하여 글로벌 기준과 국내 ESG 기준의 정합성 확보 • 환경(7), 사회(8), 지배구조(7) 항목으로 구성
		https://www.mss.go.kr/site/smba/ex/bbs/View.do?cbldx=86&bcldx=1034839&parentSeq=1034839

지속가능 발전 관련 지표	UN–SDGs (UN)	• 인류의 보편적 문제와 지구 환경문제, 경제·사회 문제를 2030년까지 17가지의 주 목표와 169개의 세부 목표로 해결하고자 이행하는 국제적 공동 목표를 설정 • 빈곤(2), 사회발전(5), 환경(7), 경제성장(2), 이행 수단(1) 주제로 구성
		http://ncsd.go.kr/unsdgs
	K–SDGs (관계부처합동)	• 국제사회의 공동의 목표 달성에 기여하고 한국 사회에 처한 여러 문제를 해결하기 위해 한국형 지속가능발전 목표 수립 • 사회, 환경, 경제 등 17개 목표로 구성
		http://ncsd.go.kr/research?content=1&post=2320
	KSI (한국표준협회)	• ISO 26000 국제 및 국내 간사 기관인 KSA(한국표준협회)와 KDI(한국개발연구원) 국제정책대학원(정권 교수)이 함께 개발 • ISO 26000 기반으로 기업의 지속가능성을 측정하는 사회적 책임 이행 준수 측정 모델 • 조직 거버넌스, 인권, 노동 관행, 환경, 공공운영 관행, 소비자 이슈, 지역사회 참여와 발전 등 7개 지표로 구성
		https://www.ksa.or.kr/ksi/4973/subview.do
사회적 성과 관련 지표	사회적가치지표(SVI) (한국사회적기업진흥원)	• 사회적 경제 기업이 사회적 목적을 가지고 조직 운영을 통해 창출하는 사회적 성과 그 영향을 보다 종합적, 객관적으로 측정하는 지표 • 사회(3), 경제(1), 혁신(1) 지표로 구성
		https://www.socialenterprise.or.kr
	서울형 사회적가치지표 (S–SVI) (서울시)	• 사회적가치지표(SVI) 성과 항목 측정의 내부 운영성과, 서울시 전략 및 지역과 연계되는 활동의 지역협력성과, 개별 기업의 고유한 사회문제를 해결하는 소셜 미션 중심의 미션실천성과 등 3개 영역으로 구성
		https://sehub.net/archives/2064142
	사회성과인센티브 (SPC) (사회적가치연구원)	• SK 산하 사회적가치연구원(CSES)가 사회적 기업을 대상으로 사회적 가치를 측정하여 현금으로 보상하기 위해 개발된 측정 방법 • 이해관계자 회계, 보수성, 준거 시장 기준 3가지 원칙을 토대로 사회적 기업의 사회성과(사회서비스 성과, 고용 성과, 사회생태계 성과, 환경 성과)에 대한 측정 산정식을 제공
		http://www.socialincentive.org
	사회적 기업 인증 요건 (한국사회적기업진흥원)	• 「사회적 기업 육성법」, 「사회적 기업 육성법 시행규칙」 및 「사회적 기업 육성법 시행령」에 의거한 사회적 기업 유형과 인증 기준 • 5개 분류(일자리 제공형, 사회서비스 제공형, 혼합형, 지역사회공헌형, 기타형)로 나뉘며 각 유형마다 기준 존재 • 조직 형태, 유급 근로자 고용, 사회적 목적의 실현, 영업활동을 통한 수입, 이윤의 사회적 목적 사용 등 7개 기준으로 구성
		https://www.socialenterprise.or.kr/social

기존 가이드의 내용을 바탕으로 사회적 경제 ESG 지표를 도출하였다. 특이한 점은 환경 (E)과 사회(S) 부분에서 활용할 수 있는 지표 10개를 도출한 부분이며, 추후에는 지배구조 (G)도 포함될 예정이다. 환경 및 사회와 관련된 10가지 항목 체계는 다음과 같다.

◆ 사회적 경제 ESG 지표 ◆

영역	진단항목	체크리스트
환경 (E)	친환경 · 혁신 제품 생산	• 친환경 · 혁신 제품을 생산 및 소비하고 있는가? • 현재 조직의 주력 사업과 미래의 사업은 소비자의 친환경제품 선호 증대에 따라 더 많은 수익을 확보할 수 있는가?
사회 (S)	사회적 약자 고용	• 사회적 약자 · 고용 취약계층을 고용하고 있는가? • 사회적 약자 · 고용 취약계층 고용 성과가 지속되고 있는가?
	산업재해 예방 및 사후 관리	• 근로자 보건 및 안전이 보장되는 근무환경을 만들고 있는가? • 공정 및 사업장 내의 위험작업을 식별하고 관리하며, 위험작업에 대한 적절한 안전 계획 및 완화 조치를 이행하고 있는가?
	다양성과 포용성	• 고용 과정에서 성별, 인종, 국적, 신체적 자유 등에 대해 차별이 없도록 관리하고 있는가? • 사회적 약자 및 직원의 포용성을 위한 제품과 서비스를 제공하고 있는가?
	내부 데이터 관리	• 고객의 데이터를 안전하게 관리하고 있는가? • 조직 내 모든 지적 재산 및 주요 영업 정보의 반출입이 적절한 보안 관리시스템하에서 행해지고 있는가?
	지역사회 일자리 창출	• 지역사회 주민을 고용하고 있는가? • 조직이 창출한 부가가치를 지역사회의 일자리 창출에 투자하고 있는가?
	지역사회 특화 서비스 제공	• 지역사회에 특화된 서비스를 제공하고 있는가? • 협력 사업을 통해 지역 주민의 역량 발굴 및 성장에 기여하고 있는가?
	지속가능한 인프라 조성	• 지속가능한 도시, 환경을 조성하여 사회문화적 자산을 확보하고 있는 가? • 안전하고 포용력 있는 인프라 조성을 통해 이해관계자들의 협력을 증진하고 있는가?
	사회적 약자 대상 서비스	• 사회적 약자 · 취약계층을 위한 제품 · 서비스를 제공하고 있는가? • 사회적 약자 · 취약계층의 개발과 자립을 지원하고 있는가?
	사회공헌 프로그램 운영	• 조직의 사업적 필요와 사회적 책임을 실천하기 위한 사회공헌 추진 방향을 수립하고 있는가? • 조직의 내부 방침에 따라 사회에 기여하는 전략적 사회공헌 프로그램을 운영하고 있는가?

다음은 환경(E), 사회(S)와 관련하여 여러분이 참고해야 할 진단항목과 체크리스트이다.

◆ 사회적 경제 ESG 진단항목 정의서 ◆

구분	영역			범주		
	환경			환경성과		
진단항목	• 친환경 · 혁신 제품 생산					
항목설명	• 자원 · 에너지 사용, 오염물질 배출, 인체 · 생태계 독성 등 제품 전 과정의 환경영향을 파악하며, 제품의 긍정적 환경영향을 확대하고 부정적 환경영향은 축소하고 있는지 확인					
항목 체크리스트	• 친환경 · 혁신 제품을 생산 및 소비하고 있는가? • 현재 조직의 주력 사업과 미래의 사업은 소비자의 친환경제품 선호 증대에 따라 더 많은 수익을 확보할 수 있는가?					
기존의 ESG 지표 해당 여부	K-ESG (산업통상 자원부)	중소기업용 ESG 가이드라인 (중소벤처 기업부)	국민연금 ESG 가이드라인	한국거래소 ESG 가이던스	KCGS ESG 평가지표 (한국ESG 기준원)	벤처기업용 ESG 투자지침 (중소벤처 기업부)
	○	○			○	○
	UN-SDGs (UN)	K-SDGs (관계부처합동)	KSI (한국표준협회)	SVI (사회적가치 지표) & S-SVI (한국사회적 기업진흥원 & 서울시)	사회성과 인센티브 SPC (사회적가치 연구원)	사회적 기업 인증 요건 (한국사회적 기업진흥원)
	○	○	○	○	○	
성과 측정 기준 예시	• [K-ESG] ISO 등 국제인증표준에 준하거나, 환경부 등 정부기관에서 시행하고 있는 친환경 인증 획득 제품이 전체 제품에서 차지하는 비율을 점검 • 친환경 인증을 획득한 제품 및 서비스 또는 친환경 인증 원부자재 등이 포함된 제품군의 매출 비율에 따라 산정					
관련 법령 및 참고자료	• 「녹색제품 구매촉진에 관한 법률」, 환경부, 2020. 7. 30. 시행 • 「환경기술 및 환경산업 지원법」, 환경부, 2021. 10. 14. 시행 • '환경표지대상제품 및 인증기준', 환경부, 2021. 8. 24. 시행 • '저탄소제품 기준', 환경부, 2020. 8. 24. 시행 • 「환경친화적 산업구조로의 전환촉진에 관한 법률」, 환경부, 2022. 4 .20. 시행 • ISO 14024, 환경 라벨과 선언(Environmental labels and declarations), 2018					

구분	영역			범주		
	사회			고용근로		
진단항목	• 사회적 약자 고용					
항목설명	• 사회적 약자(다문화가정, 북한이탈주민, 장애인 등)에 대한 고용 노력을 촉진하여 새로운 일자리를 만들어 내고 고용 성과를 지속하고 있는지 확인					
항목 체크리스트	• 사회적 약자 · 취약계층을 고용하고 있는가? • 사회적 약자 · 취약계층 고용 성과가 지속되고 있는가?					
기존의 ESG 지표 해당 여부	K-ESG (산업통상 자원부)	중소기업용 ESG 가이드라인 (중소벤처 기업부)	국민연금 ESG 가이드라인	한국거래소 ESG 가이던스	KCGS ESG 평가지표 (한국ESG 기준원)	벤처기업용 ESG 투자지침 (중소벤처 기업부)
			○	○		
	UN-SDGs (UN)	K-SDGs (관계부처합동)	KSI (한국표준협회)	SVI (사회적가치 지표) & S-SVI (한국사회적 기업진흥원 & 서울시)	사회성과 인센티브 SPC (사회적가치 연구원)	사회적 기업 인증 요건 (한국사회적 기업진흥원)
	○	○	○	○	○	○
성과 측정 기준 예시	• [사회적 기업 인증] 전체 근로자 중 취약계층의 비율(취약계층의 범위와 기준은 「사회적기업 육성법 시행령」 제2조에 따라 자신에게 필요한 사회서비스를 시장 가격으로 구매하는 데 어려움이 있거나 노동시장의 통상적인 조건에서 취업이 특히 곤란한 계층을 뜻함) • [SVI & S-SVI] 직전 연도와 비교한 고용성장률					
관련 법령 및 참고자료	• ISO 26000, 노동관행(Labor practices) • 「사회적기업 육성법」, 고용노동부, 2012. 8. 2. 시행 • 「사회적기업 육성법 시행규칙」, 고용노동부, 2019. 12. 20. 시행 • 「사회적기업 육성법 시행령」, 고용노동부, 2022. 6. 8. 시행					

구분	영역			범주		
	사회			고용근로		
진단항목	• 산업재해 예방 및 사후 관리					
항목설명	• 국내외 표준에서 제시하는 안전보건경영시스템 구성요건을 기준으로, 조직이 이를 따르거나 준용하여 사전 예방과 사고 후 조치에 대한 안전보건 추진체계를 갖추고 있는지 확인					
항목 체크리스트	• 근로자 보건 및 안전이 보장되는 근무환경을 만들고 있는가? • 공정 및 사업장 내의 위험작업을 식별하고 관리하며 위험작업에 대한 적절한 안전 계획 및 완화 조치를 이행하고 있는가?					
기존의 ESG 지표 해당 여부	K–ESG (산업통상자원부)	중소기업용 ESG 가이드라인 (중소벤처기업부)	국민연금 ESG 가이드라인	한국거래소 ESG 가이던스	KCGS ESG 평가지표 (한국ESG기준원)	벤처기업용 ESG 투자지침 (중소벤처기업부)
	○	○	○	○	○	○
	UN–SDGs (UN)	K–SDGs (관계부처합동)	KSI (한국표준협회)	SVI (사회적가치지표) & S–SVI (한국사회적기업진흥원 & 서울시)	사회성과 인센티브 SPC (사회적가치연구원)	사회적 기업 인증 요건 (한국사회적기업진흥원)
	○		○		○	
성과 측정 기준 예시	• [K–ESG] 안전보건경영시스템, 안전보건 정책, 안전보건 관리 규정에 의거하여 조직의 안전보건 관리가 체계적으로 추진되고 있는지 점검(① 경영자 리더십, ② 근로자 참여, ③ 위험요인 파악 및 제거, 대체, 통제, ④ 비상조치 계획의 수립, ⑤ 평가 및 개선 여부 등)					
관련 법령 및 참고자료	• '산업재해 예방을 위한 안전보건관리체계 가이드북', 2021. 8. 발간 • 「산업안전보건법」, 고용노동부, 2021. 11. 19. 시행 • 「산업안전보건기준에 관한 규칙」, 고용노동부, 2021. 11. 19. 시행 • '안전보건경영시스템(KOSHA–MS) 인증업무 처리규칙', 안전보건공단, 2019. 5. 2. • ISO 45001, 국제표준화기구(International Organization for Standardization), 2018 • 「중대재해 처벌 등에 관한 법률」, 법무부, 2022. 1. 27. 시행					

구분	영역			범주		
	사회			인권		
진단항목	• 다양성과 포용성					
항목설명	• 고용과 제품서비스 생산 과정에서 성별, 인종, 국적, 신체적 자유 등에 대해 차별이 없도록 관리하고, 조직이 인권정책(human rights policy)을 통해 인권 보호가 필요한 이슈에 대해 어떠한 정책적 접근을 하고 있는지 점검					
항목 체크리스트	• 고용 과정에서 성별, 인종, 국적, 신체적 자유 등에 대해 차별이 없도록 관리하고 있는가? • 사회적 약자 및 직원의 포용성을 위한 제품과 서비스를 제공하고 있는가?					
기존의 ESG 지표 해당 여부	K–ESG (산업통상 자원부)	중소기업용 ESG 가이드라인 (중소벤처 기업부)	국민연금 ESG 가이드라인	한국거래소 ESG 가이던스	KCGS ESG 평가지표 (한국ESG 기준원)	벤처기업용 ESG 투자지침 (중소벤처 기업부)
	○	○	○	○	○	○
	UN–SDGs (UN)	K–SDGs (관계부처합동)	KSI (한국표준협회)	SVI (사회적가치 지표) & S–SVI (한국사회적 기업진흥원 & 서울시)	사회성과 인센티브 SPC (사회적가치 연구원)	사회적 기업 인증 요건 (한국사회적 기업진흥원)
	○	○	○			
성과 측정 기준 예시	• [K–ESG] 조직의 인권정책 내 차별금지, 근로 조건 준수, 포용성 확보 등이 다뤄지고 있는지 측정					
관련 법령 및 참고자료	• 「노동조합 및 노동관계조정법」, 고용노동부, 2021. 7. 6. 시행 • '인권경영 가이드라인 및 체크리스트', 국가인권위원회, 2014. 1. • UN글로벌콤팩트 10대 원칙(UN Global Compact 10 Principles, UN, 2011 • OECD 다국적 기업 가이드라인, 경제협력개발기구(Organization for Economic Co–operation and Development), 2000 • 기업의 지속가능성 평가 지침(Corporate Sustainability Assessment Companion, S&P Global Inc., 2021					

구분	영역			범주		
	사회			소비자와 정보보안		
진단항목	• 내부 데이터 관리					
항목설명	• 정보자산 해킹, 네트워크 침입 등의 외부 공격 및 물리적·인적 오류로 인해 발생하는 장애에 대응할 수 있는 체계를 갖춰 조직이 보유하고 있는 정보통신망 및 기타 정보자산 등의 안정성이 확보되고 있는지 확인					
항목 체크리스트	• 고객의 데이터를 안전하게 관리하고 있는가? • 조직 내 모든 지적 재산 및 주요 영업 정보의 반출입이 적절한 보안 관리시스템 하에서 행해지고 있는가?					
기존의 ESG 지표 해당 여부	K–ESG (산업통상자원부)	중소기업용 ESG 가이드라인 (중소벤처기업부)	국민연금 ESG 가이드라인	한국거래소 ESG 가이던스	KCGS ESG 평가지표 (한국ESG기준원)	벤처기업용 ESG 투자지침 (중소벤처기업부)
	○	○	○	○	○	○
	UN–SDGs (UN)	K–SDGs (관계부처합동)	KSI (한국표준협회)	SVI (사회적가치지표) & S–SVI (한국사회적기업진흥원 & 서울시)	사회성과 인센티브 SPC (사회적가치연구원)	사회적 기업 인증 요건 (한국사회적기업진흥원)
			○			
성과 측정 기준 예시	• [K–ESG] 정보통신망 및 기타 정보자산 등을 체계적으로 관리하려는 조직의 노력 수준을 측정(정보보호 시스템 관리 규정, 정보보호 추진 계획 및 결과, 정보보호 공시 내역 조직의 지난 5개년 간 개인정보보호 관련 법·규제 위반 건수를 종합한 감점으로 총점 측정)					
관련 법령 및 참고자료	• 한국정보통신기술협회, 홈페이지 〉 자료마당 〉 정보통신용어사전 • 「정보통신망 이용촉진 및 정보보호 등에 관한 법률」, 방송통신위원회·과학기술정보통신부, 2020. 12. 10. 시행 • 「정보통신망 이용촉진 및 정보보호 등에 관한 법률 시행령」, 방송통신위원회·과학기술정보통신부, 2021. 2. 2. 시행 • 기업의 지속가능성 평가 지침(Corporate Sustainability Assessment Companion), S&P Global Inc., 2021 • 「개인정보보호법」, 개인정보보호위원회, 2020. 8. 5. 시행					

구분	영역			범주		
	사회			지역사회		
진단항목	• 지역사회 일자리 창출					
항목설명	• 조직이 신규 채용을 통해 지속적 성장에 필요한 인적자본을 축적함과 동시에 지역사회의 일자리 창출, 고용안정성 증대에 기여하고 있는지 확인					
항목 체크리스트	• 지역사회 주민을 고용하고 있는가? • 조직이 창출한 부가가치를 지역사회의 일자리 창출에 투자하고 있는가?					
기존의 ESG 지표 해당 여부	K-ESG (산업통상 자원부)	중소기업용 ESG 가이드라인 (중소벤처 기업부)	국민연금 ESG 가이드라인	한국거래소 ESG 가이던스	KCGS ESG 평가지표 (한국ESG 기준원)	벤처기업용 ESG 투자지침 (중소벤처 기업부)
	○	○				○
	UN-SDGs (UN)	K-SDGs (관계부처합동)	KSI (한국표준협회)	SVI (사회적가치 지표) & S-SVI (한국사회적 기업진흥원 & 서울시)	사회성과 인센티브 SPC (사회적가치 연구원)	사회적 기업 인증 요건 (한국사회적 기업진흥원)
	○	○	○		○	○
성과 측정 기준 예시	• [사회적 기업 인증] 지역의 인적·물적 자원 활용 유형 • 지역에 소속된 취약계층의 비율이 20% 이상이면 인증 사회적 기업 요건 충족					
관련 법령 및 참고자료	• 고용노동부, 홈페이지 〉 정책자료 〉 분야별 정책 〉 취업지원 • 핵심 지표(Core Metrics)-일자리의 절대적인 수와 일자리 참여율(Absolute number and rate of employment), 세계경제포럼(World Economic Forum), 2020 • GRI 표준-401(Employment), 국제보고기구(Global Reporting Initiative), 2016 • ISO 26000, 노동관행(Labor practices), 2010 • 「사회적기업 육성법」, 고용노동부, 2012. 8. 2. 시행 • 「사회적기업 육성법 시행규칙」, 고용노동부, 2019. 12. 20. 시행 • 「사회적기업 육성법 시행령」, 고용노동부, 2022. 6. 8. 시행					

구분	영역			범주		
	사회			지역사회		
진단항목	• 지역사회 특화 서비스 제공					
항목설명	• 지역사회의 필요를 충족시키는 서비스를 제공하여 지역 주민이 해당 지역의 사회문제를 스스로 해결할 수 있는 역량의 성장에 기여하는지 확인					
항목 체크리스트	• 지역사회에 특화된 서비스를 제공하고 있는가? • 협력 사업을 통해 지역 주민의 역량 발굴 및 성장에 기여하고 있는가?					
기존의 ESG 지표 해당 여부	K-ESG (산업통상자원부)	중소기업용 ESG 가이드라인 (중소벤처기업부)	국민연금 ESG 가이드라인	한국거래소 ESG 가이던스	KCGS ESG 평가지표 (한국ESG기준원)	벤처기업용 ESG 투자지침 (중소벤처기업부)
						○
	UN-SDGs (UN)	K-SDGs (관계부처합동)	KSI (한국표준협회)	SVI (사회적가치지표) & S-SVI (한국사회적기업진흥원 & 서울시)	사회성과 인센티브 SPC (사회적가치연구원)	사회적 기업 인증 요건 (한국사회적기업진흥원)
	○	○	○	○	○	○
성과 측정 기준 예시	• [사회적 기업 인증] 지역사회 서비스 제공형 사회적 기업 인증 요건 − 지역문제를 해결하는 사업이 기업 전체 수입 또는 지출의 40% 이상 • [SPC 사회성과 산정식] Σ[(SE의 기존 채널 대비 대상자별 단위당 추가 지불 비용 또는 부가가치액 × 총 거래량]					
관련 법령 및 참고자료	• ISO 26000, 지역사회 참여와 발전(Community involvement and development), 2010 • 「사회적기업 육성법」, 고용노동부, 2012. 8. 2. 시행 • 「사회적기업 육성법 시행규칙」, 고용노동부, 2019. 12. 20. 시행 • 「사회적기업 육성법 시행령」, 고용노동부, 2022. 6. 8. 시행					

구분	영역			범주		
	사회			지역사회		
진단항목	• 지속가능한 인프라 조성					
항목설명	• 복원력이 높은 사회기반시설을 구축하여 지속가능한 도시와 포용적인 주거지에 대한 통합적인 계획 및 관리 역량을 강화하기 위한 물리적 · 사회적 자산을 확보하는지 점검					
항목 체크리스트	• 지속가능한 도시, 환경을 조성하여 사회문화적 자산을 확보하고 있는가? • 안전하고 포용력 있는 인프라 조성을 통해 이해관계자들의 협력을 증진하고 있는가?					
기존의 ESG 지표 해당 여부	K–ESG (산업통상 자원부)	중소기업용 ESG 가이드라인 (중소벤처 기업부)	국민연금 ESG 가이드라인	한국거래소 ESG 가이던스	KCGS ESG 평가지표 (한국ESG 기준원)	벤처기업용 ESG 투자지침 (중소벤처 기업부)
					○	
	UN–SDGs (UN)	K–SDGs (관계부처합동)	KSI (한국표준협회)	SVI (사회적가치 지표) & S–SVI (한국사회적 기업진흥원 & 서울시)	사회성과 인센티브 SPC (사회적가치 연구원)	사회적 기업 인증 요건 (한국사회적 기업진흥원)
	○	○	○	○	○	
성과 측정 기준 예시	• [SPC 사회성과 산정식] Σ[SE가 창출한 사회문화적 자산의 단위당 가치 × 총 거래량] ※ 단위당 가치 추정은 다양한 표준식을 조합, 변형하여 적용					
관련 법령 및 참고자료	• ISO 26000, 지역사회 참여와 발전(Community involvement and development), 2010 • 「사회적기업 육성법」, 고용노동부, 2012. 8. 2. 시행 • 「사회적기업 육성법 시행규칙」, 고용노동부, 2019. 12. 20. 시행 • 「사회적기업 육성법 시행령」, 고용노동부, 2022. 6. 8. 시행					

구분	영역		범주		
	사회		지역사회		
진단항목	• 사회적 약자 대상 서비스				
항목설명	• 취약계층의 복지 증진 및 삶의 질을 높이기 위해 제공되는 서비스를 통해 원활한 사회 적응과 자립에 기여하는지 확인				
항목 체크리스트	• 사회적 약자·취약계층을 위한 제품·서비스를 제공하고 있는가? • 사회적 약자·취약계층의 개발과 자립을 지원하고 있는가?				
기존의 ESG 지표 해당 여부	K-ESG (산업통상 자원부)	중소기업용 ESG 가이드라인 (중소벤처 기업부)	국민연금 ESG 가이드라인	한국거래소 ESG 가이던스	KCGS ESG 평가지표 (한국ESG 기준원)	벤처기업용 ESG 투자지침 (중소벤처 기업부)
					○	
	UN-SDGs (UN)	K-SDGs (관계부처합동)	KSI (한국표준협회)	SVI (사회적가치 지표) & S-SVI (한국사회적 기업진흥원 & 서울시)	사회성과 인센티브 SPC (사회적가치 연구원)	사회적 기업 인증 요건 (한국사회적 기업진흥원)
	○	○	○		○	○
성과 측정 기준 예시	• [사회적 기업 인증] 전체 수혜자 중 취약계층 비율이 50% 이상 • [SPC 사회성과 산정식] Σ[유사서비스 대비 사회적 기업(SE) 서비스의 추가 가치 × 서비스 제공량 + (SE 제공 가격 + 추가 가치) × 취약계층 대상의 자부담 무료 서비스 제공량] − 관련 지원 또는 기부				
관련 법령 및 참고자료	• ISO 26000, 지역사회 참여와 발전(Community involvement and development), 2010 • 「사회적기업 육성법」, 고용노동부, 2012. 8. 2. 시행 • 「사회적기업 육성법 시행규칙」, 고용노동부, 2019. 12. 20. 시행 • 「사회적기업 육성법 시행령」, 고용노동부, 2022. 6. 8. 시행				

구분	영역		범주		
	사회		사회공헌		
진단항목	• 사회공헌 프로그램 운영				
항목설명	• 조직이 지역사회로부터 사업을 운영할 권리(License to Operate)를 획득함과 동시에 지역사회 일원으로서 공동의 환경·사회 문제 해결에 필요한 활동에 앞장서는 등 전략적 사회공헌을 추진하고 있는지 확인 • 자선활동을 비롯하여 후원, 사회기반시설 건설에 이르기까지 다양한 참여 방법을 기획 및 운영하고 있는 수준을 확인				
항목 체크리스트	• 조직의 사업적 필요와 사회적 책임을 실천하기 위한 사회공헌 추진 방향을 수립하고 있는가? • 조직의 내부 방침에 따라 사회에 기여하는 전략적 사회공헌 프로그램을 운영하고 있는가?				
기존의 ESG 지표 해당 여부	K-ESG (산업통상자원부)	중소기업용 ESG 가이드라인 (중소벤처기업부)	국민연금 ESG 가이드라인	한국거래소 ESG 가이던스	KCGS ESG 평가지표 (한국ESG기준원)	벤처기업용 ESG 투자지침 (중소벤처기업부)
	○	○			○	○
	UN-SDGs (UN)	K-SDGs (관계부처합동)	KSI (한국표준협회)	SVI (사회적가치지표) & S-SVI (한국사회적기업진흥원 & 서울시)	사회성과 인센티브 SPC (사회적가치연구원)	사회적 기업 인증 요건 (한국사회적기업진흥원)
			○			
성과 측정 기준 예시	• [K-ESG] 국내 및 해외 사업장의 사회공헌 전략, 사회공헌 분야·영역, 사회공헌 성과 지표 등 내부 자료를 통해 전략적이고 체계적으로 사회공헌을 추진하려는 조직의 노력 수준을 측정				
관련 법령 및 참고자료	• 「기부품의 모집 및 사용에 관한 법률」, 행정안전부, 2017. 7. 26. 시행 • 「문화예술후원 활성화에 관한 법률」, 문화체육관광부, 2021. 5. 18. 시행 • 기업의 지속가능성 평가 지침(Corporate Sustainability Assessment Companion), S&P Global Inc., 2021				

3) ESG 관점에서 사회적 경제 기업이 나아갈 길

지금까지 사회적 경제 기업에 관한 내용을 살펴보았다. 사회적 경제 기업은 이미 커뮤니티 기반의 초고령화, 지역 소멸, 청년 일자리, 환경문제에 적극적으로 개입하고 있었으며, 사회적 약자들의 편에서 그들과 생사를 함께 해 오고 있다. 사회적 경제 기업들은 사회적 가치를 정관에 명시하고 투명하게 실천하는 것을 목숨처럼 여기기 때문에 지배구조상 문제를 일으키는 경우가 매우 드물다. 하지만 경제적 가치보다 사회적 가치를 중시하고 영세한 부분이 있기 때문에 다양한 대안과 위기관리 체계가 갖추어져 있는 일반 기업보다 ESG에 대해 인식하고 실행하기에 어려움이 따를 수 있다. 따라서 사회적 기업 본연의 미션, 가치 추구 및 시대의 흐름에 맞추어 차근차근 준비해야 한다.

우리 기업은 직원이 아직 50명도 채 안 되어 법적인 제재에서 벗어난다고 생각하지 말고 「중대재해처벌법」을 숙지하여야 하며, 타 기업과의 공급망 관리 차원에서도 지속적인 성장을 하기 위해서는 자사의 목표와 관련된 비전, 가치관 수립과 더불어 ESG 관점에서 경영 체크리스트 및 지표를 만들고 적용해야 할 필요가 있다.

8. 사회적 경제 분야의 최신 트렌드 반영 키워드

1   빅벳 필란트로피(Big Bet Philanthropy)

• 빅벳(Big Bet)+필란트로피(Philanthropy) • 거액의 판돈+기부 • 사회문제를 근본적으로 해결하기 위해 비영리조직에 대규모 자금을 지원하는 자선 활동. 보통 한 기관에 2,500만 달러(약 310억 원) 이상의 자금을 투입하는 것을 기준으로 삼음. 국내에서는 아직 생소한 개념이지만, 미국에서는 지난 10여 년간 꾸준히 확산해 옴. 미국의 비영리재단 브리지스판그룹에 따르면, 2015~2020년까지 미국에서 '빅벳'으로 집계된 기부금은 400억4800만 달러(약 50조9600억 원)에 달함	[대표 사례] 1. 마이크로소프트(MS) 창업자인 빌 게이츠가 설립한 '빌앤멀린다게이츠재단'으로, 게이츠재단은 말라리아 종식, 소아마비 근절, 물 없는 화장실 개발 등 구체적인 사회변화를 목적으로 기부 진행 2. 메켄지 스콧(Mac Kenzie Scott): 스콧은 전통적 기부 방식을 거부하고 직접 팀을 꾸려 '빅벳'을 시작함. 2020년부터 약 140억 달러(약 17조7870억 원), 3년 만에 보유 자산의 약 36.8%를 기부하였으며, 기부금은 인권, 장애, 민주주의, 기후변화 등을 위해 일하는 비영리단체에 기부함 3. 브라이언임팩트: 김범수 전 카카오 이사회 의장이 설립한 공익재단 '브라이언임팩트'가 사회문제 해결 역량이 있는 비영리 혁신 조직에 빅벳 방식으로 기부를 진행함

>> 빅벳 필란트로피 관련 이미지

>> 10억 달러 이상 빅벳 기부자

기부자	기부 규모	주요 기부 단체	해결 과제
빌앤멀린다 게이츠재단	1117억300만 달러 (약 14조 8,800억 원)	GAVI얼라이언스	저소득 국가 코로나19 백신 보급
		감염병 퇴치 글로벌펀드	말라리아, 에이즈, 결핵 퇴치
		국제농업연구연합기구 (CGIAR)	기후변화에 대응하는 새로운 식량 작물 개발
매켄지 스콧	26600만 달러 (약 3조 3,100억 원)	이스터실	장애 아동 대상 성장·보육 서비스 지원
		US에너지재단	기후위기에 대처할 수 있는 미래 에너지 개발
		기브다이렉틀리	코로나19로 인한 저소득층에 현금 1,000달러 지원
블룸버그필란트로피 & 마이클 블루버그	27억3,500만 달러 (약 3조4,700억 원)	토바코컨트롤	저소득 국가 흡연율 감소
		오션X	해양 생태계 보전을 위한 수중탐사 지원
		블룸버그재단 (탄소를 넘어서 캠페인)	미국 내 석탄발전소 완전 퇴출
블루메르디앙 파트너스	11억3,800만 달러 (약 1조4,400억 원)	COVID-19 relief	취약계층 현금 지원, 저소득층 공공지원
		Youth Villages	자립준비청년 지원
		Upstream USA	피임법 지원
제프 베이조스아마존 이사회 의장	11억1,900만 달러 (약 1조4,200억 원)	Bezos Earth Fund	기후변화 대응 조직 지원
		To address homelessness	노숙인 쉼터 지원
		Feeding America	전국 푸드뱅크 지원

출처: 세상을 위해 베팅해라(https://futurechosun.com/archives/71598).

2 네이처 포지티브(Nature positive)

'네이처 포지티브'는 탄소중립(Net-zero)에 이어 환경 분야의 주요 주제로 다루어지기 시작한 개념으로, 자연의 손실을 멈추고 생물다양성이 증대되는 상태로 되돌리기 위해 지구와 사회의 회복력을 강화하려는 움직임을 의미(http://enewsdaily.co.kr/View.aspx?No=2566332)함

기후위기 담론을 넘어 생물다양성(biodiversity)에 대한 국제적 관심이 커지고 있음. 2022년 10월 세계자연기금(WWF)은 2년마다 내놓는 '지구생명보고서'를 통해 1970~2018년 사이에 전 세계 생물 개체군의 69%가 사라졌다고 발표함. 담수 어종은 같은 기간에 약 83%가 줄었음. 생물종 감소 추세를 멈추고 2030년까지 생물다양성 지표를 양수(positive number)로 되돌리는 것임

각국 정부와 재계에서도 생물다양성을 주목하고 있음. 2022년 제주에서 열린 '세계자연보전연맹(IUCN) 리더스포럼'의 주제는 '네이처 포지티브 사회와 경제'였고, 69개국 정부, 기업 관계자 500여 명이 모여 네이처 포지티브 실행 방안에 대해 논의함. 국제지속가능성기준위원회(ISSB)는 기업의 재무 보고 지표에 생물다양성을 포함하기 위해 자연관련재무정보공시태스크포스(TNFD)와 협의 중임

출처: http://www.wwfkorea.or.kr

출처: Shengyao Tang(@Donald13579)/Twitter

3 자연 관련 재무정보 공개 협의체(Task force on Nature-related Financial Disclosures: TNFD)

2021년 10월, TNFD는 기업들의 사업, 재무적 결정에 자연을 고려해야 한다는 목소리가 높아지며 UNDP, UNEP FI, WWF 등 국제기구의 주도로 설립됨. 기 발족된 TCFD(기후변화 관련 재무정보 공개 협의체)의 기후변화 리스크 관리 및 공시 기준을 따르지만, 특히 자연현상과 관련된 위험 및 기회를 주로 다루며 기업들로 하여금 이를 이해할 수 있도록 함. TNFD는 현재 전 세계 180개 이상의 국가에서 350여 개의 글로벌 기업들이 지지하고 참여하고 있음(출처: https://svhub.co.kr/reference/info/1864)

4 기후 딥테크(Climate Deep-Tech)

'기후테크'가 고도화되고 있음. 딥테크(Deep-Tech)란 특정 부문을 깊게 파고드는 독보적인 첨단 기술로, 기술 개발에 오랜 기간과 큰 비용이 들지만 상용화에 성공하면 과거 상상에 그쳤던 일을 현실로 만들 수 있음. 딥테크 개발과 투자는 기후변화 대응을 위한 탄소 감축이나 농업 · 조림 분야에서 활발히 이루어지고 있음. 국내외 대기업들이 뛰어든 탄소포집저장(CCS) 기술이 대표적임. 글로벌 시장조사기관 홀론IQ에 따르면, 2022년 기후테크 벤처캐피탈(VC)은 701억 달러(약89조 원)의 투자를 이끌어 냈으며, 현재 속도로는 2023년 말까지 1,000억 달러(약 127조 원) 이상의 투자금이 몰릴 것으로 전망됨

5 제다이(JEDI)

정의(Justice), 형평성(Equity), 다양성(Diversity), 포용성(Inclusion)의 약자로, 이제껏 우리 사회에서는 다양성 · 형평성 · 포용성을 뜻하는 'DEI'의 중요성이 강조됐지만, 여기에 '정의'를 더해 의미를 확장한 것이 JEDI임. JEDI에서의 정의란, 인종 · 계급 · 성별 등에 따른 불평등을 국내 스타트업 엔씽은 컨테이너 안에서 식물을 재배하는 스마트팜 기술을 보유하고 있음

6 디컨슈머(De-Consumer)

소비와 환경 사이에서 고민하는 소비자들이 늘고 있음. 매년 증가하는 폐기물 발생량에 대한 위기감으로 소비 행위 자체를 줄이려는 흐름임. 유엔 국제자원전문가위원회에서는 "기후변화와 생물종 멸종 등 환경문제의 중심에 '소비'가 있었고, 소비의 증가는 인구문제보다 더 심각한 문제를 일으킨다"라고 밝혔음. 최근 제임스 매키넌 브리티시컬럼비아대학교 신문방송학과 교수는 이 같은 현상을 '디컨슈머(De-consumer)'라는 개념으로 설명했음. 소비 집착에서 벗어나 간소함을 추구하고 내재적 가치에 집중하는 삶의 방식으로 기존 소비문화의 빈자리를 채우는 사람을 뜻함. 디컨슈머들은 질 좋은 물건을 더 적게 구매하는 새로운 소비문화를 만들어 가고 있음

7 유산기부(Legacy Giving)

유산기부는 사후에 남을 재산의 일부나 전부를 정해 계획적으로 기부하는 것을 의미함. 전 재산을 기부하겠다고 서약하는 경우가 있지만, 가족에게 일부 재산을 남기고 나머지를 자선단체에 기부하는 사례도 매년 늘고 있음. 유산기부 전문 연구단체 '레거시 포어사이트'에 따르면, 영국의 유산기부 규모는 1990년 기준 8억 파운드(약 1조2800억 원)에서 2020년 30억 파운드(약 4조8200억 원)로 급증했고, 2030년에는 한 해 50억 파운드(약 7조5000억 원)를 유산기부로 모금할 것으로 전망함. 이러한 흐름은 베이비붐 세대의 고령화와 자산 가격 상승 등으로 지속될 것으로 보임. 모금단체 입장에서는 향후 활용할 수 있는 자금을 약속받는 것이기 때문에 장기적인 계획을 세워 단체를 운영할 수 있다는 장점이 있음

8 스케일임팩트(Scale Impact)

비영리단체 · 소셜벤처 · 사회적 기업 등 소셜섹터 조직의 임팩트 확대에 대한 논의가 본격적으로 시작됨. 우리나라 소셜섹터도 조직의 성장이 아닌 '성숙'을 고민할 단계라는 공감대가 형성됨. 스케일임팩트는 조직의 사업 규모나 구성원 등을 늘리는 '스케일업'과 구분되는 개념으로, 사업의 고도화를 통해 조직의 임팩트 자체를 키우는 것을 의미함. 주어진 자원을 효율적으로 활용해 더 큰 변화를 만드는 게 핵심이며, 미국, 유럽 등에서는 스케일 임팩트 전략과 과정, 동인 등에 관한 연구가 이미 활발하게 진행되고 있음

9 EU 소셜 택소노미(Social Taxonomy)[5]

EU의 지속가능금융 플랫폼은 2021년 7월 12일 소셜 택소노미(social taxonomy) 초안 보고서를 발표함. EU 의회는 2020년 6월. 18일에 택소노미 규정(Taxonomy regulation)을 채택하여 주로 '환경적으로 지속가능한' 경제활동이 무엇인지 분류하는 기준을 제시함. 현재 우리나라가 추진 중인 '녹색분류체계'(K-택소노미)는 EU의 택소노미 규정을 벤치마크한 것이며, 이번에 발표된 보고서는 '사회적으로 지속가능한' 경제활동이 무엇인지 분류하는 원칙을 담고 있음

• 소셜 택소노미의 구조 •

수직적 차원 (상품 · 서비스가 적정한 삶의 기준 향상)	인간의 기본 욕구(basic needs)에 대한 접근권 개선	물, 음식, 주거, 보건, 교육 등
	기본적 경제 인프라에 대한 접근권 개선	교통, 통신과 인터넷, 청정에너지, 금융의 포용성, 폐기물 관리 등
수평적 차원 (경제활동 과정에서 이해관계자의 인권 존중 · 보호)	노동자들에게 양질의 일자리 (decent work) 보장	사회적 대화, 차별 금지 및 평등, 아동노동 금지, 강제노동 금지, 좋은 고용 조건, 보건과 안전, 숙련 및 평생교육, 사회보장, 가치사슬 내의 노동자들에 대한 영향
	소비자들의 이익 증진	상품과 서비스의 안전성과 품질, 소비자 개인정보 · 프라이버시 · 사이버 보안의 보호, 책임 있는 마케팅 관행
	포용적이고 지속가능한 지역사회 조성	평등하고 포용적인 성장, 주거와 생활 지원, 인권 옹호자의 공 간의 존중(표현 및 집회의 자유 보호)

9. 사회적 경제 관련 참고 사이트

● 한국사회적기업진흥원(https://www.socialenterprise.or.kr)

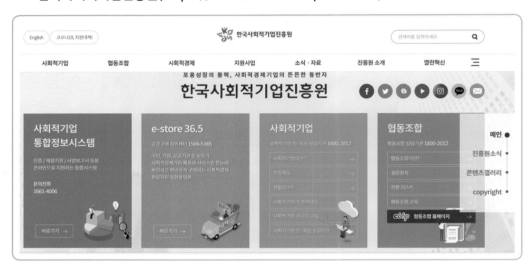

● 사회적기업통합정보시스템(http://www.seis.or.kr)

사회적 경제 일자리 창출, 전문인력지원, 사회보험료 신청 등이 이루어지는 사이트로, 북마크 1~2순위라고 생각하면 된다.

---

5) https://www.jipyong.com/kr/board/news_view.php?seq=10472&page=3&value=&type=&nownum=21

● 국내 최대 사회적 가치 ESG 플랫폼(https://socialvalueconnect.com)

● 사회적 경제 상품몰(https://www.sepp.or.kr/shopMal/main)

제**7**장
ESG
최신 동향 및
참조

1. ESG 최신 동향

1) 6개 분야 주요 기술 트렌드

2023년 세계 최대 규모의 글로벌 전시회 CES[1]에서 6개 분야의 주요 기술 트렌드를 제시하였다.

기술 혁신 기업 (Enterprise Tech innovation)	메타버스 / 웹 3.0 (Metaverse / web 3.0)	운송 / 모빌리티 (Transportation / Mobility)
보건의료 기술 (Health Technology)	지속가능성 (Sustainability)	게임 및 서비스 (Gaming and Services)

지속가능성(sustainability) 영역의 내용을 보면 ESG 부분 중 환경과 관련된 기술을 제시하였음을 알 수 있다.

◆ 지속가능성과 ESG ◆

Sustainability and ESG (지속가능성과 ESG)

Smart Grid	스마트 그리드*
Supply Chain	공급망
Ag/Food Tech	농업/식품 기술
Clean Air/Water	청정 공기/물
Alternative Energy	대체 에너지
Minimizing Packaging	포장 재활용
Recycling Technologies	재활용 기술
Reducing Use of Rare Earth Metals	희토류 금속 사용 줄이기

*스마트 그리드: 전기 및 정보통신 기술을 활용하여 전력망을 지능화, 고도화함으로써 고품질의 전력 서비스를 제공하고 에너지 이용 효율을 극대화하는 전력망

---

1) 국제소비자가전전시회(The International Consumer Electronics Show: CES)

(1) 원천으로부터의 지속가능 혁신 기업

주목할 만한 기업으로 클린 정수 로봇 기업, 풍력, 그리고 배터리 관련 기업을 소개하고 있다.

◆ 혁신기업 사례-지속 가능 기술의 원천적 혁신 ◆

정수	클린파워 기술	배터리 기술 혁신
회사: ACWA 로보틱스	제커리(Jackery)	레이덴자르사(LeydenJar)
제품: 클린 워터 패스파인더 (Clean Water Pathfinder)	에어-W(Air-W)	퓨어 실리콘 음극 (Pure Silicon Anodes)

(2) 가까운 미래의 농장

가까운 미래의 농장의 모습이라고 소개하지만 이미 스마트팜은 지속적 발전을 해 오고 있어 현재의 모습이 아닐까 싶다. 다만, 최신 기술들과 대책들이 인구 감소, 고령화로 인해 힘들어하는 농어민들에게 도움이 되는 방향으로 발전하였으면 하는 바람이 있다.

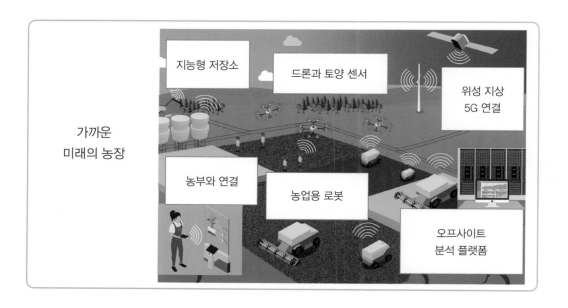

가까운
미래의 농장

지능형 저장소 · 드론과 토양 센서 · 위성 지상 5G 연결 · 농부와 연결 · 농업용 로봇 · 오프사이트 분석 플랫폼

2) CES 2023 ESG 관련 기사

3만명 모인 SK 전시관, '행동하는 탄소 감축에 공감'

김동욱 기자 입력 2023-01-09 16:47 수정 2023-01-09 16:47

지난해 대비 3배 가까이 증가
40여개 탄소감축 신기술로 관람객들에 호응

[아시아타임즈=김동욱 기자] SK그룹이 세계 최대 IT·가전 전시회 'CES 2023'에서 작년의 3배에 달하는 3만명의 관객을 모으며 성공적으로 전시를 마쳤다. SK 전시관은 '탄소감축 행동'을 주제로 40여개의 신기술 및 제품을 선보이며 관람객들의 이목을 끌었다.

미국 라스베이거스에서 5일부터 8일까지 열린 'CES 2023'의 SK그룹관에서 관람객들이 줄을 서서 입장을 기다리고 있다.(사진=SK)

SK는 지난 5일부터 8일(현지)까지 미국 라스베이거스 컨벤션 센터에서 열린 'CES 2023' 기간 중 그룹 통합전시관을 찾은 누적 관람객이 3만여명으로 잠정 집계됐다고 밝혔다. 지난해 전시관을 찾은 1만1000여명에 비해 세 배 가까이 늘었다.

2. 점부 및 서물시의 ESG 점책 동향

1) 중앙정부 ESG 협의회 구성

정부에서 2024년 초에 민관합동 컨트롤타워인 ESG 협의회를 설치하고, 협의회를 통해 그동안 정립되지 않았던 국내 ESG 공시제도 정비 방안을 마련하여 중소·중견기업의 금융지원 규모를 확대할 계획이라고 밝혔다.

2) 서울시 ESG 정책 방안[2)]

서울시는 ESG 경영 선순환 강화를 바탕으로 한 가치 창출을 위해 공공기관 및 중소·중견기업을 대상으로 설문을 시행하고 환경·사회·지배구조(ESG) 경영 확대를 위한 정책 방안에 대해 제시하였다.

◆ 서울시 ESG 정책 연구 체계 ◆

	서울시 공공기관과 공기업 ESG 경영 도입 방안 마련		ESG 경영 민간 확대를 위한 정책 방안 마련
연구 목적	• 평가지표와 가이드라인 작성 방안, 중장기 도입 방안 등		• ESG 경영 실천 기업 지원 방안(중소기업 등)
연구 내용/ 방법	• 국내외 ESG 평가지표와 가이드라인 분석 • 서울시 공기업, 투자출연기관 ESG 경영실태조사 분석 　– ESG 경영과 관련한 인식 조사, 경영 현황 조사, 정책 수요 조사 등 　– 구조화된 설문지를 바탕으로 한 현장 방문조사 또는 서면조사 • 서울시 공기업, 투자출연기관 경영평가 내 ESG 반영 방안		• ESG 경영 실천 기업 지원 방안 　– 국내외 정책 동향, 사례 분석, 중소·중견기업 ESG 경영실태 설문조사 등 • ESG 경영 확대를 위한 재원조달 방안 　– 토론토와 도쿄 등 녹색채권 사례 분석, 환경부의 녹색채권 가이드라인 분석 등 • 서울시 공공조달 지침 내 ESG 요소 반영 방안 　– 국내외 사례 분석, 기존 공공조달 계약 선정 방법 분석 등
실태 조사를 위한 질문	**설문 및 의견 청취** • 서울시 산하 공공기관 　– 27개 공공기관(6개 공기업+21개 투자출연기관) 내 경영평가 담당부서 부서장급 직원 대상 　– (설문지 구성) AHP 설문을 포함한 14개 조항 　– (설문 방법) 서울시 협조를 통한 전자공문 발송	**공공 및 민간 영역 설문 및 의견 청취** 　**공공기관** 　기관 　경영평가 내 　ESG 요소 반영　↔　**민간 기업** 　공공조달 　적격심사 시에 　ESG 요소 반영, 　ESG 지원	**설문 결과 검토 및 반영** • 경영평가 적용을 위한 자료 보유 현황 파악 • ESG 경영에 대한 기본인식 파악 　→ 도입 시 문제점 및 수용성 분석 • 각 지표별 배점 조정을 위한 가중치 분석에 기초자료로 활용 • 민간 인센티브 방안 우선순위 선정

◆ 서울시 지속가능발전 목표 및 추진 과제 ◆

목표	2030 지속가능도시 서울			
4대 전략	함께 누리는 행복한 도시	활력찬 경제정의도시	쾌적한 기후환경도시	함께 만드는 서울
17대 과제	모든 형태의 빈곤 종식을 위한 노력	에너지 기본권 보장, 신재생 에너지 비율 확대 및 에너지 효율 제고	건강하고 안전한 물순환도시 조성	시민 모두가 안심하고 살 수 있는 포용적이고 지속가능한 도시 조성 역점
	시민의 먹거리 안전과 영양 균형을 위한 도농 유통구조 개선 및 도시농업 지원	포용적이고 지속가능한 경제성장 및 양질의 일자리 확대 역점	지속가능한 소비와 생산양식의 생활화 지원	정의로운 서울을 위한 투명하고 포용적인 제도 구축
	시민 모두의 건강한 삶 보장과 웰빙 증진 역점	친환경적이고 편리한 사회기반시설 확충 및 포용적이고 지속가능한 산업화 장려	기후변화 대응 모범도시 조성 역점	지속가능발전의 글로벌 선도도시로서 해외도시와의 교류협력 강화
	모두에게 포용적이고 공평한 양질의 교육 보장 및 평생학습 기회 제공	모든 형태의 불평등 감소를 위한 노력 역점	한강 하구 생태계 보전	
	성평등한 사회환경 조성과 여성의 역량 강화		도시 내 자연생태계의 보전과 회복을 위한 생물다양성 증진	
이행 과제	26개 이행과제	18개 이행과제	30개 이행과제	23개 이행과제
세부 사업	27개 세부사업	24개 세부사업	31개 세부사업	24개 세부사업
성과 지표	27개 성과지표	25개 성과지표	32개 성과지표	25개 성과지표

---

2) 출처: 서울연구원(황인창, 김고운, 백종록, 이윤혜). 환경사회지배구조(ESG) 경영 확대를 위한 서울시 정책 방안 (2022).

(1) 서울시 중장기 경영평가지표 개선 방안

다음은 서울시 출연기관[3]에 대하여 ESG 중심으로 경영평가를 개편한다는 내용을 제시한 예시이다. 지방자치단체 및 출연기관에서도 ESG를 준비해야 하는 만큼 시사하는 바가 크다.

◆ 출연기관 경영평가지표 ESG 중심 개편 예시 ◆

ESG 분야	평가지표	지표 성격	배점 (2023년 기준)	K-ESG 유사 지표	중장기 개선 방안(예시)
공통 (총 4.5점)	1) 전략기획(비전, 경영목표, 전략 제시, 달성 노력 성과)	정성/정량	4.0		
	① 경영 방향	정성	1.0		
	② 사업 관리	정성	1.0		
	③ 조직 효율성 증진 노력 및 발전 성과	정성	2.0		
	2) 정보공개 운영 실적	정량	0.5		
환경(E) (현재)	1) 환경경영	정성/정량	(예고)		
	① 에너지 및 용수 절감량	정량	예고지표	(에너지) 에너지 사용량(E-4-1) (용수) 용수 사용량(E-5-1)	※ 에너지 사용량 및 용수 사량용 지표 분리 평가
	② 녹색 제품 우선 구매 실적	정량	예고지표	(환경라벨링) 친환경 인증 제품 및 서비스 비율(E-9-1)	
	③ 제로웨이스트 노력	정성	예고지표	(폐기물) 폐기물 배출량(E-6-1)	
지배구조(G) (총 12.2점)	1) 기관장 리더십	정성/정량	7.0		
	① 경영목표 달성을 위한 경영층의 리더십	정성	3.0	(목표) 목표 수립 및 공시(S-1-1) (환경경영목표) 환경경영목표 수립(E-1-1) (환경경영목표) 환경경영 추진 체계(E-1-2)	
	② 경영목표 달성 및 현안 해결을 위한 노력과 성과	정성	2.0		
	③ 감사, 지적 사항 이행 실적	정량	2.0		
	2) 윤리경영	정성/정량	5.2		
	① 청렴도 향상(부패방지 및 시행평가 결과 및 개선도)	정량	4.0		(개선) 윤리경영/반부패 관련 법규/행동강령 등 준수(G-윤리경영-신규)
	② 인권경영 실행 및 인권경영 실적 공개	정성/정량	0.2	(윤리경영) 윤리규범 위반사항 공시(G-4-1)	
	③ 노사 합의 노력 등	정성/정량	1.0	(노동) 결사의 자유 보장(S-2-6) (이사회 활동) 사내이사 출석률(G-2-2)(일부)	

---

3) 지방자치단체가 출자(지분율 10% 이상) 또는 출연하여 설립한 기관으로 「지방자치단체 출자·출연 기관의 운영에 관한 법률」에 따라 지정·고시된 기관

사회(S) (총 33.3점)	1) 재무예산관리	정량	8.0		
	① 출연금 관리의 적정성	정량	1.0		
	② 사업수행 효율성	정량	1.0		
	③ 일반관리비 충당률	정량	1.0		
	④ 재정·예산 관리의 적정성	정량	5.0		
	2) 시민만족도	정량	5.0		
	① 시민만족도 조사 결과	정량	3.0		(개선) 고객만족 대응 체계 운영(S-소비자-신규)
	② 전년 대비 개선도	정량	2.0		
	3) 「중대재해처벌법」을 반영한 재난안전관리	정성/정량	3.5		
	① 재난안전관리 역량의 충실성	정성	2.0/1.5	(산업안전) 안전보전 추진 체계(S-4-1)	
	② 시설물 운영 상태 및 안전관리	정량	1.0/0.5	(산업안전) 안전보전 추진 체계(S-4-1)	
	③ 대시민 프로그램 참여자 안전관리	정량	0.5/1.5	(산업안전) 산업재해율(S-4-2)	
	④ 안전사고 발생 시 경중에 따른 감점	정량	▽3.0	(산업안전) 산업재해율(S-4-2)	
	4) 인사관리	정성/정량	5.0		
	① 인사운영 원칙 및 기준의 합리성·공정성	정성	1.0		
	② 인력 개발의 효과성	정성	1.0		
	③ 성과 관리 및 보수 체계의 적정성	정성	1.0		
	④ 총인건비 인상률 준수	정량	1.0	(노동) 교육훈련비(S-2-4)	
	⑤ 경영평가성과급 지급 기준 준수	정량	1.0		
	5) 일자리 창출 및 질 개선	정성/정량	6.0		
	① 양육자 친화적 환경 조성 및 일·가정 양립을 위한 노력	정성	2.5		(개선) 여가 친화 경영(S-노동-신규)
	② 일자리 채용 비율	정량	3.5	(다양성 및 양성평등) 장애인 고용률(S-3-3)	
	6) 윤리경영	정성/정량	3.8		
	① 성평등 기반 조성	정량	2.0/▽2.0		
	② 인권경영	정성/정량	1.8/▽0.5	(인권) 인권정책 수립(S-5-1) (인권) 인권리스크 평가(S-5-2)	
	7) 사회적 책임 이행	정량	2.0		
	① 사회적 약자 기업 제품 구매 실적	정량	1.0	(지역사회) 전략적 사회공헌(S-7-1)	
	② 소통 활동 강화	정량	1.0		

3. 중소벤처기업부의 ESG 벤처투자 표준 가이드

중소벤처기업부는 벤처 및 창업 초기 기업들의 ESG 역량 제고를 위해 2022년 ESG 벤처투자 표준 가이드를 제시하고 ESG 펀드(모태펀드 100억 출자 → 167억 이상 ESG 전용 펀드 시범조성) 운용 계획을 발표하였다.[4] 표준 지침은 유엔 책임투자원칙과 선진 사례를 바탕으로 글로벌 기준에 부합하고, 중소·벤처기업과 스타트업의 특성을 고려하여 작성되었으며, 투자사의 입장에서는 운용펀드 규모, 사업군 및 중대성 요인에 따라 변용하여 사용할 수 있다는 특징이 있다.

향후 계획은 실제 실행을 통해 중소·벤처기업과 스타트업의 의견 및 국내 벤처캐피탈 업계의 의견을 반영하여 점진적으로 보완 및 확산을 유도한다는 계획이다. 초기 기업의 입장에서 사업화를 위한 마중물인 투자 유치를 준비하고 벤처투자자를 이해하는 데 중요한 참고자료가 될 수 있다.

◆ 벤처캐피탈의 ESG 벤처투자 ◆

❶ ESG 거버넌스 구축	투자 기업 발굴 및 심사	투자 의사결정	사후관리	투자회수
	+	+	+	+
	❷ 네거티브 스크리닝 ❸ ESG 실사 점검표 (체크리스트) 마련	❹ ESG 투자보고서 ❺ 투자계약서 ESG 반영	❻ 피투자기업 관여 ❼ ESG 모니터링과 보고	❽ ESG 평가

---

4) ESG 벤처투자 표준 지침 가이드 라인을 마련해 시범운용 실시- 중소벤처기업부(2022. 7. 14.)

◆ 벤처캐피탈 ESG 벤처투자 세부 프로세스 ◆

구분	단계	내용
의무 적용 사항	ESG 거버넌스	ESG 정책 수립 및 ESG 투자 심사 관련 심의기구 설치·운영
	네거티브 스크리닝	전통적인 투자 배제 대상*과 함께 화석연료 생산, 인권탄압, 열악한 노동환경과 같이 인류의 존엄한 생존과 반대되는 행위를 하는 기업 포함 * 사행산업 등 경제 질서 및 미풍양속에 현저히 어긋나는 업종(마약, 유흥주점, 사행 시설 관리 및 운영 등)에 투자
	ESG 실사	투자 검토 기업을 기업 성장 단계별, 산업별로 분류 -투자 검토 기업의 ESG 위험과 기회를 파악하기 위해 별도의 ESG 실사 체크리스트를 활용하여 실사 결과 분석 -투자 검토 기업의 성장 단계·산업별 특성을 고려하여 체크리스트 항목을 추가하거나 수정(항목별 50% 범위 내) 제안 가능
권고 사항	투자보고서	ESG 투자 심사 관련 심의기구는 투자 심사 시 'ESG 심사보고서' 내 ESG 평가 항목을 참고하여 ESG 적격 투자 대상 기업을 선별
	투자계약서	ESG 투자에 필요한 내용을 투자계약서에 반영
	피투자 기업 관여	ESG 경영 관여는 ESG KPIs 설정 및 관리, 마일스톤에 따른 인센티브 부여 등으로 이루어짐
	모니터링 및 보고	벤처투자자(GP)는 포트폴리오 기업의 ESG 성과를 모니터링하고 출자자(LP)에게 보고(GP와 합의된 범위 내에서 주기적 보고 가능)
	ESG 평가	투자 기간 동안 포트폴리오 기업의 주요 ESG 위험 및 기회를 파악하여 ESG 요소를 얼마나 향상시켰는지 측정하여 평가

벤처펀드 운용사는 '네거티브 스크리닝 체크리스트'를 활용하여 네거티브 스크리닝 평가 기준에 따라 ESG 관점에서 명백하게 부정적으로 평가되는 산업 또는 사업을 영위하는 기업을 투자 대상에서 배제한다.

◆ 기업 성장 단계별 투자 검토 기업 분류 ◆

분류 기준	Level 1	Level 2	Level 3
기업 발전 단계	• 비즈니스 모델 확립 전 • 주요 평가 대상은 창업자와 팀의 역량과 비전, 보유 기술	• 비즈니스 모델 확립 단계	• 본격적인 성장 단계 • IPO나 M&A 가능성
구분 예시	시드, 프리시리즈 A 또는 해당 라운드 총 투자 금액 20억 이하 또는 기업 가치(Pre 기준) 100억 이하	시리즈 A, B 또는 해당 라운드 총 투자 금액 20~150억 또는 기업 가치(Pre 기준) 100~750억	시리즈 C 이상 또는 해당 라운드 총 투자 금액 150억 이상 또는 기업 가치(Pre 기준) 750억 이상

네거티브 스크리닝 체크리스트		
투자 배제 항목	**해당 여부**	
	Y	N
무기, 소형 화기 및 탄약, 마약, 담배와 같은 비가치재 등의 산업을 영위하는가?		
도박, 성윤리 위반 콘텐츠와 같은 불건전한 서비스를 제공하는가?		
탄소 배출이 타 산업 대비 높거나 환경을 파괴하는 산업을 영위하는가? (예 : 석탄 발전, 오일 샌드, 셰일에너지 등)		
노동조건이 열악하거나 인권 유린 발생 가능성이 높은가?		

◆ 산업별 주요 ESG 요소 분류 ◆

산업 분류	Level 1	Level 2 & Level 3
바이오 · 의료	임상시험 참가자의 안전, 제약 · 의료서비스에 대한 접근성, 인적 자원의 개발 및 유지	제품에 대한 가격 접근성, 위조 의약품 방지, 제품안전, 윤리적 마케팅, 공급망 관리, 윤리경영
ICT 서비스 / 게임	데이터 프라이버시와 표현의 자유, 데이터 보안, 인적 자원의 다양성	하드웨어 인프라의 환경 부하, 지식 재산권 존중 및 공정 경쟁, 서비스 중단 리스크 관리
영상 · 공연 · 음반	콘텐츠와 제작 · 개발 및 관리 등의 다양성 및 포용성	보도 · 공연 · 방송 윤리, 저작권 보호
ICT 제조	제품에서의 정보 보안, 인적 자원의 다양성, 제품수명주기 관리	공급망 관리, 지속가능한 원료 구매, 온실가스 배출 관리, 에너지 사용량 관리, 용수 사용량 관리, 폐기물 배출 관리, 산업안전, 지식 재산권 존중 및 공정 경쟁
전기 · 기계 · 장비	제품수명주기 관리	제품 안전, 에너지 사용량 관리, 위험폐기물 관리, 지속가능한 원료 구매, 윤리경영
화학 · 소재	사용 단계에서 제품의 환경성 개선, 화학물질의 안전 · 환경 관리	온실가스 배출 관리, 대기오염물질 배출 관리, 에너지 사용량 관리, 위험폐기물 관리, 지역사회와의 관계, 산업안전, 법률 및 규제 관리, 환경 사고 예방 및 대응 체계
유통 · 서비스	근로자 인권 보호, 인적 자원의 다양성	에너지 사용량 관리, 고객 정보보호, 제품 · 포장 · 마케팅에서의 환경 · 사회적 지속가능성 개선

환경(Environment)

구분	기업 성장 단계			ESG 평가 세부 기준		ESG 평가 결과			
				항목	내용	Y	N	해당 없음	개선 가능성 (Y/N)
환경 (Environment)	Level1			환경 경영목표	단기·장기 사업 목표 중 환경 관련 목표가 있는가?				
				친환경 혁신	기존의 제품·서비스 대비 환경성을 개선한 제품·서비스를 제공하고 있거나 개발할 계획이 있는가?				
	Level2	Level3		환경 관리	환경 친화적인 생산 절차를 갖추고 있는가?				
					사업장의 전력 및 용수 사용량을 측정할 수 있는가?				
					전력 및 용수 사용량의 연간 증감 (과거 3년치)* * 유틸리티 사용량의 경우에 매출 증감에 연동된다는 점을 고려해야 함	( ) kW, ( ) m³			
				환경 성과	환경 친화적인 자원을 활용하고 있는가?				
					폐기물 발생 최소화를 위한 노력을 하고 있는가?				
					재생에너지 사용 혹은 용수/폐기물 재활용을 하고 있는가?				
				공급망	제품을 생산할 때 친환경 자재를 사용하고 있는가?				
				규제 위험	향후 기업의 성장에 따라 적용될 환경규제를 알고 있는가?				
					환경 위험 대응을 위한 내부 시스템이 구축되어 있는가?				
					환경성과 평가 및 감사를 실행하고 있는가?				
				온실 가스/ 기후 변화	온실가스 배출 감축을 위한 노력을 하고 있는가?				
					기후변화가 회사에 미치는 영향을 분석하는가?				
					기후변화에 대응하기 위해 어떤 전략이 있는가?				

* 공급망 관련 부분은 제품을 생산할 때 친환경 자재를 사용하고 있는가의 내용으로 제시하고 있다. 글로벌로 공급망 관련 규제가 점점 늘어나고 있다. 환경 부분에 대해 추후에 친환경 자재 외에 지표가 추가되어야 한다.

구분	기업 성장 단계			ESG 평가 세부 기준		ESG 평가 결과			
				항목	내용	Y	N	해당 없음	개선 가능성 (Y/N)
사회 (Social)	Level1	Level2	Level3	인권	근로자에 대한 인권침해가 발생하지 않도록 예방 조치를 취하고 있는가?(예: 직장 내 성희롱 등에 대한 징계 규정 마련, 권리 구제 절차 수립 등)				
				근로 조건	근로자의 근로조건은 적법한가?				
					근로자와 근로계약서를 작성하고 최저임금 이상의 임금을 지불하고 있는가?				
					근무만족도 제고, 인력 개발 등을 위한 교육 및 훈련 프로그램이 존재하는가?				
				다양성	전체 직원 중 여성과 장애인의 비율은?				
					차별받지 않을 권리가 보장되는가?				
				정보 보완	회사의 데이터가 물리적·기술적 위험으로부터 안전하게 관리되고 있는가?(예: Back up 체계 구축 및 물리적 접근 차단)				
				보건 안전	근로자의 보건 및 안전이 보장되는 근무환경인가?				
					작업장의 위험요인을 파악하고 근로자의 보건 안전을 위한 노력을 하고 있는가?(예: 화재 대피 훈련, 업무 중 휴식 장려)				
				소비자 보호	고객 정보보호를 위한 관리 체계를 갖추고 있는가?(예: 정보 보안 규정 수립, 정보 보안 담당자 확보, 정보보호 관련 인증 획득)				
					서비스·제품 디자인 시 고객의 건강과 안전을 고려하는가?(예: 서비스 사용 시간 제한, 청소년 인지 영향 고려)				
				지역 사회	사회적 책임을 실천하기 위한 내부 프로그램이 존재하는가?				
					지역사회에 기여하는 활동을 하고 있는가?(예: 기부, 봉사활동 참여, 보유 기술을 활용한 사회 활동)				
				공급망	공급망 선정 시 ESG를 고려하고 있는가?(예: 근로조건, 안전관리, 강제 노동)				
					이해관계인 등과 부당하거나 불공정한 거래가 존재하는가?				

ESG 벤처투자 실사 체크리스트

구분	기업 성장 단계		ESG 평가 세부 기준		ESG 평가 결과			
			항목	내용	Y	N	해당 없음	개선 가능성 (Y/N)
지배구조 (Governance)	Level1		창업자	창업자의 창업 배경과 비전에 환경과 사회에 대한 고려가 담겨 있는가?				
				창업자가 과거에 비윤리적인 행동으로 문제된 적이 있는가?				
	Level2		자금 관리	자금 집행과 관리 주체가 분리되어 있는가?				
			내부 감사	감사인의 독립성이 보장되어 있으며, 연 2회 이상 내부 감사를 실시하는가?				
			준법 경영/ 법률 준수	기업과 관련된 법률을 주기적으로 점검하고 이를 회사 구성원에게 알리는 프로세스가 있는가?				
				회사가 법률 위반으로 제재를 받거나 과징금을 부과받은 적이 있는가?				
		Level3	윤리 경영	윤리규범을 가지고 있고, 직원들에게 이를 알리고 있는가?				
				부패 방지를 위한 정책 또는 절차가 존재하는가?				
			이사회	이사회가 기업의 경영의사결정 기능과 경영감독 기능을 충족하고 있는가?				
				이사회는 대표로부터 독립적인가?				
				사외이사는 독립적인가?				
				이사회 개최 주기는 적정한가?				
			주주	투자자와의 사전 협의와 투자계약서 상의 사전동의 항목을 위반한 사항이 있는가?				
				주주의 권리를 충분히 보장하고 있는가?				
				주주 간담회를 연 2회 이상 주기적으로 개최하고 있는가?				
				회사의 정보를 주주에게 투명하게 공개하고 있는가?				

ESG 벤처투자 실사 체크리스트

용어		내용
환경	환경경영 목표	• 기업이 환경경영에 대한 동력을 얻기 위해서는 목표를 수립하고, 이를 달성하기 위한 실질적 자원 투입이 이루어져야 함. 따라서 환경경영 목표는 단계적이고 구체적일수록 효과적임 • 기업의 환경경영 목표가 외부에 공시될 경우, 이를 달성하기 위해 인적·물적 자원을 효율적으로 배분하여 조직적으로 관리하는 체계를 갖추기 쉬움 • 기업이 구체적인 목표 없이 당위적 선언만 할 경우, 목표 달성을 위한 자원 투입이 이루어지기 어려울 수 있음
	친환경 혁신	• 기업의 친환경 관련 혁신 수준은 환경문제에 대한 규제와 사회적 인식이 높아지는 여건 속에서 기업의 지속가능성 제고에 있어 중요한 가치 창출 활동의 기반임 • 기업이 적절한 환경 관련 혁신 활동을 수행하지 않을 경우에 고객이 이탈하고 시장 경쟁력이 저하될 수 있음
	환경관리	• 기업의 환경 부하는 대부분 생산 공정 중에 발생함. 공정 내 투입물과 배출물 관리가 적절히 이루어진다면 원가 절감을 이룰 수 있으며, 규제 리스크에 효과적으로 대응할 수 있음 • 기업의 환경 부하 관리가 적절히 이루어지지 않는다면 장기적으로 생산 비용이 상승할 수 있음
	환경성과	• 기업은 공정 내 투입물과 배출물을 재활용하고, 재생 자원을 사용하여 원가 절감을 이룰 수 있으며, 기후 변화가 가져올 수 있는 원료 수급의 불안정함에 대처하여 지속가능한 생산 관리 체계를 구축할 수 있음 • 기업이 공정 내 투입물과 배출물을 저감하는 데에는 한계가 있으며, 공정 과정에서 순환 경제에 편입되지 못한다면 지속가능한 성장을 담보하기 어려움
	공급망	• 기업은 부품 공급부터 유통에 이르는 공급망을 관리함으로써 경영의 효율화를 제고할 수 있으며, 이는 기업의 경쟁력 창출에 긍정적인 영향을 미침. 기업은 친환경 공급망 관리를 통해 공급망 내 환경 리스크에 효과적으로 대응할 수 있으며, 또한 비용 절감, 품질 개선, 기업 이미지 제고 등을 통해 기업의 경쟁력을 높일 수 있음 • 부품 공급부터 유통에 이르는 기업의 광범위한 공급망의 각 영역에서 발생가능한 환경 위험이 관리되지 않는다면 기업의 시장 대응 능력이 떨어질 수 있으며, 공급망 관리 역량은 단기간에 향상시키기 어려운 측면이 있어 그 위험이 상당 기간 지속될 수 있음
	규제 위험	• 글로벌 환경 기준이 높아지고 규제도 강해지고 있어서 체계적 대응이 필요해짐. 기업이 환경 리스크 관리 체계를 갖추고 있어도 작동을 하지 않아서 환경 사고나 법규 위반이 발생할 수 있음 • 기업의 환경 리스크의 현실화는 환경에 바람직하지 않은 영향을 미치고, 이해관계자에게 피해를 입힐 뿐만 아니라, 법적 제재로 인한 재무적 손실을 가져와 기업 가치의 장단기적 하락을 가져옴
	온실가스/ 기후변화	• 온실가스 의무 감축이 시행됨에 따라 기업의 온실가스 배출 저감 노력은 기업의 생존이 걸린 핵심 이슈로 떠오르고 있음. 기업은 온실가스 배출량을 감축함으로써 비용을 절감할 수 있고, 공정의 환경성을 개선함으로써 규제 리스크에 효과적으로 대응할 수 있음. 온실가스 배출 저감은 탄소배출권 거래제를 통해 추가 매출 확대에 기여할 수 있음 • 기후변화에 적절히 대응하지 못할 경우에 강화되는 환경 관련 법적 규제의 대상이 될 수 있으며, 장기적으로 기업 가치의 하락을 가져올 수 있음

사회	인권	• 인권경영은 사업을 영위하는 과정에서 인권침해가 발생하지 않도록 사전에 예방하고, 나아가 이해관계자들의 인권 보호를 위해 적극적으로 노력하는 경영을 말함. 인적자원은 기업의 경쟁우위 확보에 필수적인 요소로서 고부가가치 산업으로 경제 구조가 변화함에 따라 인적자원 관리의 중요성은 더욱 커지고 있음 • 지속가능경영 관점에서 인적자원 관리의 근간은 근로자의 인권 보호이며, 이러한 영역의 관리가 미흡하다면 앞으로의 시장환경 대응이 어려울 수 있음
	근로조건	• 기업은 「근로기준법」 등에서 요구하는 적정 수준의 임금, 근무시간, 해고관행 등에 대한 규범을 준수해야 함. 나아가 근로자의 근무 만족도를 향상시킬 수 있는 다양한 제도, 프로그램 등을 도입함으로써 근로자의 근로 의욕을 고취시켜서 생산성 향상에 기여할 수 있으며, 우수한 인재 유치에 있어서도 유리한 위치를 차지할 수 있다는 점에서 중요함 • 근로자의 이직은 채용비용, 훈련비용 등과 같은 직접적인 비용뿐만 아니라, 인력 채용 후 훈련 비용, 훈련 기간 중 다른 직원들의 부담 증가로 인한 생산성 저하, 입사 초기의 낮은 성과로 인한 손실, 고객 이탈 가능성, 타 직원의 이직 가능성 등을 고려한 상당한 수준의 간접비용을 수반함
	다양성	• 회사는 고용의 다양성을 확보함으로써 생산성을 높이고 다양한 의견 표출을 통해 획일적 사고의 오류에 빠지지 않고 건강한 발전과 합리적 성장을 도모할 수 있음 • 부당한 차별 행위는 근로자의 사기를 떨어뜨리게 되며, 특히 여성 인력에 대한 경력 단절은 여성뿐만 아니라 기업에도 상당한 손실이 될 수 있음
	보건안전	• 근로자의 건강과 안전은 기업의 생산성 측면에서 기업 가치 제고에 필수적인 요소임 • 특히, 제조업의 경우에 안전사고가 발생하게 되면 그로 인한 직접적인 보상 비용뿐만 아니라 사고 발생 시의 작업 정지, 사고 원인 조사로 인한 작업 정지 등 생산이 중단됨으로써 발생하게 되는 간접적 손실이 상당함. 보건안전 관리가 미흡할 경우에 규제 리스크는 물론이고 생산성 저하 및 평판 리스크에도 노출됨
	정보보안	• 회사의 정보가 훼손, 유출 등이 될 위험 및 재해 등에 대비하여 정보보안 설비 및 장치에 대한 기술적·물리적·관리적 시스템을 갖추어야 함 • 사이버 공격과 피싱 등을 통해 회사의 정보는 물론이고 회사의 고객에 대한 정보가 유출될 위험이 점점 커지고 있음. 정보보안 체계가 제대로 갖추어지지 않을 경우에 회사의 핵심 기술 유출로 인한 시장점유율 하락, 정보 유출로 인한 고객 유출, 기업 명성 하락의 가능성이 있음. 또한 정보보안의 실패로 인하여 법적 제재, 그리고 이를 해결하기 위한 인적·물적 자원 투입이 발생할 경우에 직접적 비용 상승이 있을 수 있음
	소비자 보호	• 안전하고 품질이 좋은 제품 또는 서비스의 제공은 기업의 가장 기본적인 의무라고 할 수 있으며, 소비자들이 기업에 가장 기대하는 부분임 • 소비자는 기업의 제품 또는 서비스를 구매하는 그룹으로, 기업들의 가장 중요한 이해관계자임. 그럼에도 불구하고 많은 기업이 단기적 이익 추구로 인해 소비자들과 장기적인 신뢰관계를 쌓기 위한 노력보다는 단기적인 비용 절감 차원에서 접근하는 경우가 많았음. 이러한 접근 방식을 고수하는 기업은 소비자 피해 사고에 매우 취약할 수 있으며, 이러한 사고는 기업에 심각한 피해를 주게 됨 • IT 산업이 발전하고, 다양한 산업의 IT화가 진행됨으로써 소비자의 정보 유출이 다양한 양상으로 나타날 수 있으며, 그로 인한 피해가 회사와 고객 모두에게 발생할 수 있음. 최근 수년간 통신산업과 금융산업을 중심으로 고객 정보 유출이 연쇄적으로 발생하여 이에 대한 비판이 거세어짐에 따라 규제 당국은 기존의 법규를 제정 및 개정하는 등 규제를 강화하고 있음. 또한 정보 유출 피해자들의 집단 소송도 갈수록 증가하는 추세이며, 피해 보상액과 규모에 따라 기업에 미치는 영향이 상당할 수 있다는 점에서 중대한 리스크 요인으로 관리가 필요함

	지역사회	• 지역사회에 대한 기여는 기업의 가치사슬 외부에 있는 이해관계자에 대한 고려를 말함. 일회성·기부성 사업보다는 특정한 목적과 방향성을 가지고 지역사회에 기여할 수 있는 사회공헌을 추진하는 것이 바람직함 • 지역사회에 대한 공헌이 기업의 지속가능경영의 핵심 이슈는 아닐 수 있으나, 이러한 활동이 저조하다면 기업 평판에 부정적 영향을 줄 수 있음
	공급망	• 사회적 책임의 측면에서 기업의 책임은 자사를 넘어서 협력업체들을 포괄하는 공급망으로 확대됨. 공급망의 글로벌화가 진행되면서 규범 수준이 낮고 정치적 혼란이 존재하는 개발도상국을 중심으로 인권문제 등이 대두되고 있음. 특히 분쟁광물과 같은 특정 이슈를 바탕으로 공급망에서의 사회적 책임의 중요성이 강조되고 있음 • 비록 법적인 책임은 지지 않더라도, 심각한 수준의 이미지 훼손과 매출 감소로 이어질 수 있으며 사업 활동에 부정적인 영향을 미칠 수 있음
지배 구조	창업자	• 창업자의 비전과 경영철학은 회사가 성장하는 과정에서 기업의 ESG 위험 및 기회 관리에 중대한 영향을 미칠 수 있음 • 창업자가 지속가능성을 고려한 회사 운영과 발전의 방향성을 제시할 경우에 장기적인 기업 가치에 긍정적인 영향을 미칠 수 있음 • 창업자가 단기적 수익 창출과 비용 절감에 초점을 맞출 경우에 회사가 지속가능한 성장을 하기 어려울 수 있음
	자금관리	• 자금관리자와 집행자가 분리되어 있어야 건전한 자금관리를 할 수 있음 • 자금의 관리와 집행이 분리되지 않으면 회계 오류 및 부정의 발생을 방지하기 어려울 수 있음
	내부 감사	• 내부 감사부서는 독립성을 가지고 기업에 대한 감시 기능을 수행해야 하는 조직으로서 해당 부서 자체의 독립성이 유지되어야 보다 독립성 있는 내부 통제 체제를 마련했다고 볼 수 있음 • 독립성이 훼손된 내부 감사는 그 결과의 객관성과 공정성을 보장하기 어려우며, 이는 투자자를 비롯한 외부 이해관계자에게 내부 감사의 기능이 제대로 작동하지 않는다는 신호를 주어 기업의 지속가능성에 악영향을 줄 수 있음 • 벤처기업은 통상 연 1회의 내부감사를 진행하지만, 보다 실질적인 감사가 자주 있어야 할 필요가 있음
	준법경영/ 법률준수	• 회사가 국내외 법령, 이니셔티브, 조약, 기준 등에 미흡한 사항이 있을 경우에 이는 기업의 지속가능성에 부정적 영향을 끼치게 됨 • 준법경영시스템은 기업에 지속가능성을 뿌리 내리게 하는 초석의 기능을 함 • 기업이 사업을 영위하는 과정에서 노출될 수 있는 국내외의 규제들을 파악하고 있지 못하면 법규 위반으로 발생할 수 있는 영업 리스크, 재무 리스크, 평판 리스크 관리를 하기가 어려움
	윤리경영	• 회사가 윤리 및 부패 방지 이슈에 관심을 가질수록 기업의 지속가능성을 제고할 수 있음 • 기업의 윤리문제는 기업의 이미지를 훼손하며, 법적 제재로 인한 비용 발생, 사업 정지 등으로 이어져서 기업 가치에 부정적 영향을 미칠 수 있음
	주주	• 주주는 기업의 주인으로서 경영참여권과 이익을 추구할 권리를 가짐 • 이러한 주주의 참여권리, 이익추구권리 등이 잘 보장되지 않는다면 기업은 시장에서 좋은 평가를 받기 어려울 수 있음
	이사회	• 이사회는 주주 및 주요 이해관계자의 이익을 대변하고 보호할 수 있도록 구성되어야 함 • 이사회의 구성원이 적격성, 전문성, 독립성 등의 요건을 갖추지 못한다면 경영진의 잘못된 의사결정을 견제하지 못하여 기업의 지속가능성에 악영향을 줄 수 있음

제8장

ESG
질의응답

1. ESG 관련 질의응답(Q&A)

1

Q ESG 자격 과정을 운영하는 기관으로부터 ESG 자격증을 취득하고 전문가로 활동하려는 분들이 많은데 이러한 자격 인증 과정 이수 및 자격증 취득이 도움이 되지 않는다는 의견이 많은 것 같습니다.

A 다양한 기관과 단체에서 자격증을 발행하고 있습니다. 하지만 국제표준화기구(ISO)처럼 기업의 사회적 책임(CSR) 등이 포함된 시스템적 노하우를 바탕으로 ESG를 풀어내는 기관은 많지 않습니다. 따라서 국제 공인 자격 기관 여부와 다양한 산업 분야에서 실무를 수행하고 수많은 중소·중견기업과 함께 경영시스템을 만든 노하우를 제공할 수 있는 전문가를 보유한 기관을 선택하여 자격증을 취득하시면 취업하시는 데 도움이 됩니다.

2

Q ESG 심사원 자격증이 있다고 들었습니다. 기관에 대한 정보를 알고 싶습니다.

A 한국산업기술경영연구원에서 취득이 가능한 심사원 자격증은 국제 공인 자격증이기 때문에 국내 및 해외 취업 시에도 활용할 수 있습니다.

◆ 글로벌 인증 및 심사원 양성 기관 ◆

기관명	자격 과정
IQCS 글로벌 인증기관[1] (www.iqcsplus.co.kr) ㈜한국산업기술경영연구원 (kiitm8@gmail.com)	ISO 심사원 양성과정 교육 (ISO 9001/14001/45001/27001/50001/37001/37301 외 다수) ESG 심사원 양성과정 교육

---

1) International Qualification Certification Service(IQCS)는 캐나다 Standards Council of Canada(SCC)에 등록된 인증 기관으로, 산업 분야 개인 자격 및 심사원 양성 교육기관의 지정, 심사원 등록관리 기관으로서 전 세계에서 활동하는 심사원과 기업에서 자격을 취득하고 활동하는 사람들이 자국의 산업 역군은 물론 산업발전을 위해 노력하는 인적자원들의 역량을 극대화하고자 노력하는 기관이다.

ISO와 ESG 자격증 취득 후 회사에 취업하면 어떤 부분에서 어필이 가능한 건가요?

A 일반적으로 회사에 입사하면 직무간 훈련(on the job training)을 수행합니다. 대기업과 중견기업 등 조직이 갖추어진 기업은 이미 ISO, ESG 전담 부서를 운영하고 있으며 인력을 활용하고 있습니다. 하지만 여전히 다양한 산업군에서 ESG 관련 사업 예산과 인력을 늘리려고 하고 있습니다.[2]

◆ 2022 ESG 사업 규모 증감 계획 ◆

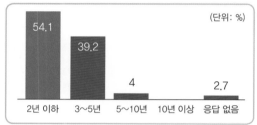

◆ ESG 전담 부서 구성원 ESG 업무 경력 ◆

[의료산업 10대 뉴스⑩] 제약 · 바이오업계에 부는 ESG 열풍

한 중견 제약사 관계자는 "일단 ESG 경영을 도입하는 데 돈이 너무 많이 든다. 컨설팅 비용도 고가인데다 무엇보다 사람이 부족하다. 단순한 인력 충원이 아니라 전문가 채용이 필요한 실정"이라며 "거래소에서 ESG 공시 의무화를 내걸었지만 중소형 제약사들이 포함되기까지는 아직 시간이 조금 남아있다. 아마 의무화 시기가 닥치고 나서야 대응에 나설 것"이라고 했다.

출처: 청년의사(http://www.docdocdoc.co.kr).

"ESG 전문가 모셔라"… 재계, 인력확보 쟁탈전 치열

ESG 열풍에 앞다퉈 관련 조직 신설… 수급 불균형 극심
전문가 턱없이 부족해… 연봉 20~30% 올려준다 제의도
수요 계속 늘듯… 기업들 인재 충원하고 유출 막으려 고심
철강이나 화학 분야 출신의 ESG 인력 몸값은 부르는 게 값이라 연봉을 20~30% 얹어주겠다며 이직을 권유하는 실정이다. 철강 · 화학산업이 주요 온실가스 배출 산업인만큼 선제적으로 ESG 경영에 대응해왔기 때문이다. 탄소배출량 감축이나 친환경 기술개발, 사업장 안전 · 보건 관리 등이 대표적이다. ESG가운데서도 환경부문에 대한 투자와 노력이 글로벌 투자유치와 수출에 가장 큰 영향을 미치고 있다는 점에서 더욱 그렇다.

출처: 뉴데일리경제(http://biz.newdaily.co.kr).

---

2) [전경련] 2월 9일(수) 조간. 300대 기업 2022 ESG 사업 키워드 보도자료.

2022년 하반기 삼성 SDS ESG 경력사원 채용 공고		
모집 직무	수행 업무	지원 자격
ESG	• ESG 기획 및 운영 　－ESG 전략 수립 및 업무 추진 　－지속가능경영보고서 발간 및 각종 ESG 콘텐츠 　　기획 • 기후변화 대응 　－탄소중립 로드맵 수립 및 관리 　－RE100, TCFD 등 글로벌 환경 협약 대응 • ESG 시장 분석 　－글로벌 트렌드 리서치 및 분석/모니터링	[필수사항] －ESG 업무 경력 5년 이상 [우대사항] －영어 능통자 －ESG 컨설팅 경력자 －ESG 관련 국제기구 근무 경험자 －온실가스/기후변화 관련 자격 보유자 　(온실가스 관리기사, SCR 등)

출처: 캐치 홈페이지(https://www.catch.co.kr/NCS/RecruitInfoDetails/259046).

　초기 스타트업과 신생 기업에서는 별도로 전담 부서를 만들기 어려워 한두 명이 여러 파트를 맡아 운영해야 할 수 있습니다. 새로 입사한 신입사원이 ISO에 대한 교육을 이미 받고 ESG 심사원의 역할을 수행할 수 있다고 하면 OJT를 진행하는 시간이 대폭 줄어들 것이며, 내부 심사원으로 활동할 수 있게 됩니다. 기업에서는 이런 인재들을 뽑으려고 노력하고 있습니다. 다양한 기관의 홈페이지 및 교육과 관련된 내용을 조사하고 어떤 교육을 통해 자격증을 취득하는 것이 취업에 도움이 되는지를 검토하면 좋겠습니다.

4

Q ESG 경영을 잘하는 기업 또는 지속가능경영보고서 사례를 참고할 수 있는 기업 추천 부탁드립니다.

A 여러분께 참고할 만한 내용으로 SK그룹의 지속가능경영보고서(https://sk-inc.com/kr/esg/sustainability.aspx)와 ESG 플랫폼(http://esg.sk-inc.com/)을 추천해 드립니다. 홈페이지에 들어가면 2012년부터 발간된 지속가능경영보고서를 확인할 수 있습니다. SK그룹이 어떤 변천사를 겪어 왔는지 보는 것도 도움이 됩니다.

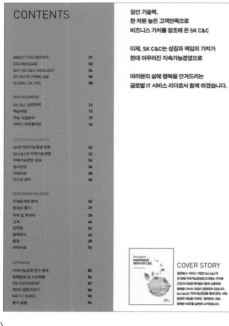

〈2012년〉

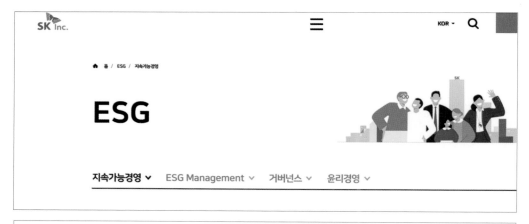

〈2020년〉

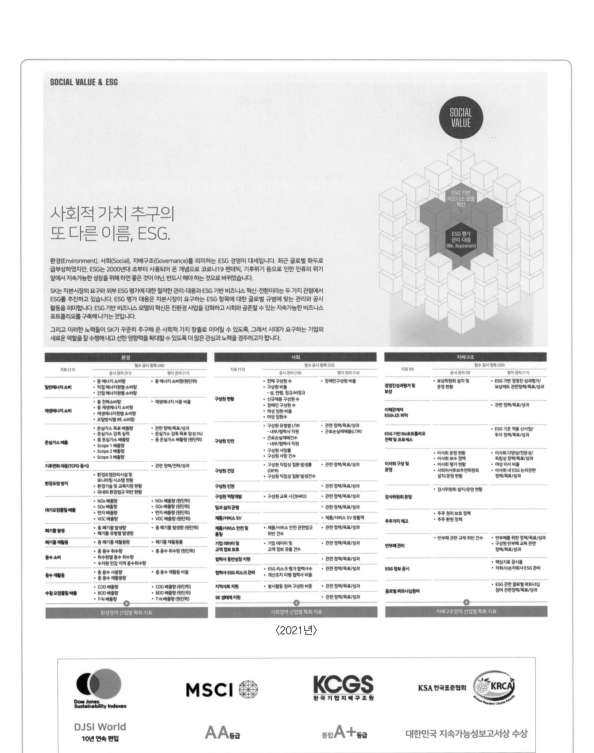

〈2021년〉

〈2022년〉

출처: SK 홈페이지(https://sk-inc.com).

◆ SK ESG 플랫폼 ◆

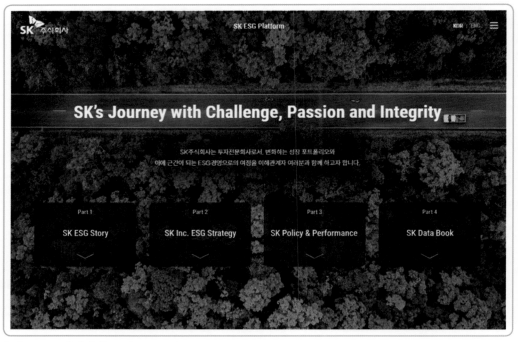

출처: SK ESG 홈페이지(esg.sk-inc.com).

5

Q 2년차 초기 스타트업에서 근무하고 있습니다. 수많은 국제 ESG 지침부터 K-ESG 가이드라인까지 수많은 ESG 관련 정보들이 있지만, 초기 기업인 관계로 제품 개발과 사업화 전략 수립을 하는데만 해도 많은 시간이 소요되고 있습니다. 좀 더 간편하게 회사의 상황에 대하여 진단하고 확인할 수 있는 방법이나 사이트를 알려 주실 수 있나요?

A 중소벤처기업진흥공단에서 자가진단 시스템 1.0을 만들어 테스트를 진행하였고, 지금은 자가진단 시스템 2.0을 운영하고 있습니다. 여기서 핵심 팁을 말씀드리겠습니다. 중소벤처기업진흥공단 온라인 사이트를 방문하여 ESG 진단을 하지 않으면 중소벤처기업진흥공단 융자를 받을 수가 없습니다. 진단 후 전문가 매칭부터 융자까지 이루어지고 있으니 꼭 들어가 활용하길 추천드립니다.

◆ ESG 자가진단 시스템 2.0 ◆

여러분께서 만약 수출을 희망하거나 해외 거래를 계획한다면 한국무역협회에서 2021년부터 서비스를 하고 있는 '수출역량 자가진단 플랫폼'도 활용할 수 있습니다. 회원가입은 필수입니다.

◆ ESG 수출 역량 자가진단 ◆

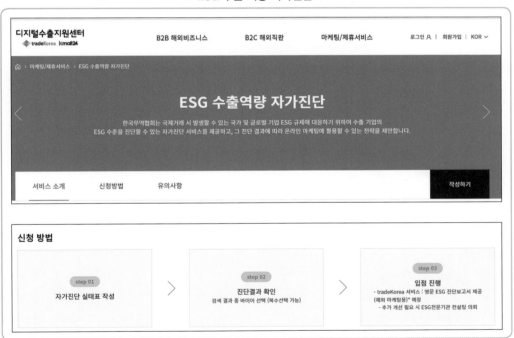

출처: 디지털수출지원센터 홈페이지(https://kr.tradekorea.com/kr/marketing/esg/info.do).

여러분께서 개인적으로 어떤 유형인지 확인을 하려면 사회적가치연구원 사이트를 방문하여서 ESGame(53,000명의 데이터를 기준 유형화) 설문을 진행해 보기 바랍니다. 저는 '너무 까칠하다'라는 평가를 받아 다소 다른 부분도 있지만 제가 추구하는 비전을 기준으로 하면 전체적으로는 유사한 방향성을 확인할 수 있었습니다.

당신의 ESG Life Type은 SSE 타입!

행동하는 공동체주의, 열정의 휴머니스트

행동하는 원칙주의, 열정의 휴머니스트는

· 개인보다 '우리의 사회'가 중요해요
· 환경문제, 글로벌 이슈보다
국내 사회문제 해결이 우선이에요

보다 정의로운 세상을 꿈꾸는 당신. 자신의 개인적인 문제보다는 사회에 만연한 불공정, 비리, 차별 등의 이슈에 집중하고 있지는 않나요? 부정부패 행위에 대한 적대감도 강하고 기본적인 정의와 원칙을 벗어난 사안을 허투루 넘기지 않죠. 정치에도 관심이 많은 편입니다.

'너무 까칠하다' 싶을 정도로 원칙과 정론을 추구하지만, 그 바탕에는 인간과 사회 공동체에 대한 이상과 애정이 깔려 있습니다. 환경문제나 글로벌 이슈와 같은 상대적으로 멀고 추상적인 사안보다 국내 인권/노동문제 같은 지금 여기, 현실적 문제에 마음이 갑니다. 그래서 정당한 권리가 침해되는 등의 뉴스들을 보면 종일 마음이 편치 않을 거예요. 나라도 당장 무엇이든 해야 하지 않을까? 조바심마저 들죠. 사회의 부조리는 그 구성원들이 힘을 모아 고쳐나가야 한다고 생각하니까요.

당신의 내면에는 세상을 바꿀 에너지와 의지가 충분히 있어요. 사회적 목소리를 내고 싶다면 망설이지 말고 시도해보세요. 작게는 SNS에 자신의 의견을 내며 사람들과 토론하고, 여론을 만들어가는 것도 의미 있을 거예요. 지역 사회의 커뮤니티에서 활약하면서 같은 지향성을 가진 `좋은 동료들도 만나겠지요. 이처럼 '우리가 사는 사회'를 위해 무언가 기여하는 과정에서 SSE유형은 큰 성취감과 삶의 가치를 느낄 수 있어요.

출처: 사회적가치연구원 홈페이지(https://esgame.svhub.co.kr).

Q Scope 1, 2, 3의 정확한 뜻이 무엇인가요?

A ESG 관점에서의 Scope 1, 2, 3은 온실가스 배출량, 탄소중립과 관련이 있습니다. 온실가스 배출원 분류는 온실가스 배출량의 성격과 범위에 따라 Scope 1(직접 배출), Scope 2(간접 배출), Scope 3(기타 간접 배출)으로 나뉘는데, 현재 정부에서는 기업의 통제 범위 안에 있는 Scope 1(직접 배출)과 Scope 2(간접 배출)를 관리하고 있습니다.

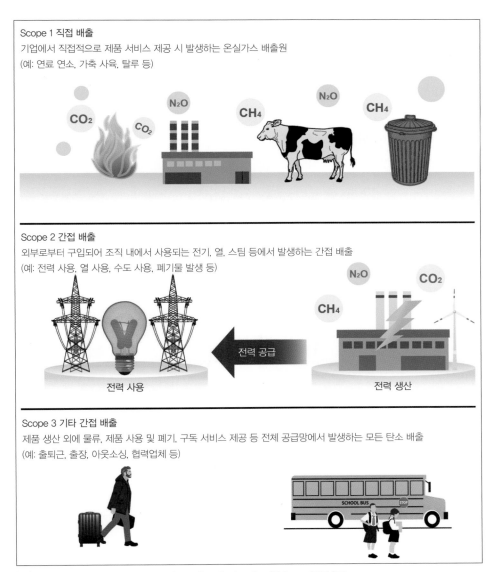

Scope 1 직접 배출
기업에서 직접적으로 제품 서비스 제공 시 발생하는 온실가스 배출원
(예: 연료 연소, 가축 사육, 탈루 등)

Scope 2 간접 배출
외부로부터 구입되어 조직 내에서 사용되는 전기, 열, 스팀 등에서 발생하는 간접 배출
(예: 전력 사용, 열 사용, 수도 사용, 폐기물 발생 등)

전력 사용　　전력 공급　　전력 생산

Scope 3 기타 간접 배출
제품 생산 외에 물류, 제품 사용 및 폐기, 구독 서비스 제공 등 전체 공급망에서 발생하는 모든 탄소 배출
(예: 출퇴근, 출장, 아웃소싱, 협력업체 등)

출처: http://www.digitalbizon.com/news/articleView.html?idxno=2330478

Q 제조 기업들은 일반적으로 ESG를 잘 실천하고 있는데, 넷플릭스, 유튜브, 메타(구 페이스북) 등 제조 기업이 아닌 이러한 기업들은 ESG를 잘 실천하고 있나요? 어떤 활동을 하는지 알고 싶습니다.

A 맞습니다. 넷플릭스, 유튜브, 메타(구 페이스북) 모두 제조 기업이 아닙니다. ESG 활동도 제대로 하지 않는 것으로 보일 수 있습니다. 이런 기업들이 어떤 활동을 하며, 어떻게 평가받고 있는지 말씀드리겠습니다.

1 넷플릭스[3)]

여러분이 잘 이용하고 있는 넷플릭스도 처음에는 DVD 대여업체로 사업을 시작했습니다. 지금은 비디오가게를 거의 찾아볼 수 없지만, 20년 전까지만 해도 비디오나 DVD를 대여하고 반납을 제때 하지 않아 연체료를 물거나 다른 사람들이 빌려 가서 반납을 하지 않아 골치가 아팠던 것에서 아이디어를 얻어 국제적 기업으로 성장한 가장 유명한 사례 중 하나입니다.

◆ **넷플릭스의 역사** ◆

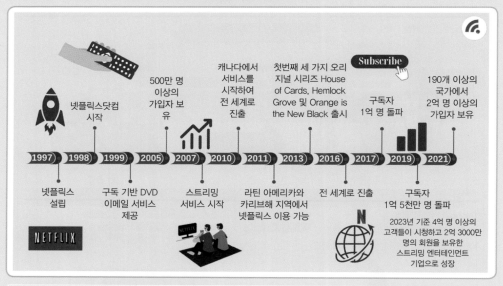

1998년 온라인 DVD 대여업체 출발 → 2007년 스트리밍 서비스 시작 → 2010년 해외 서비스 시작 → 2013년 자체 영상 콘텐츠 스트리밍 본격화 → 2016년 본격적인 세계화 시작

넷플릭스는 클라우드 서비스에 힘입어 전 세계 동시 콘텐츠를 런칭하여 거의 실시간으로 우선순위까지 매기고 있습니다. 2023년 1월 넷플릭스 전 세계 순위[4]를 보면 배우 송혜교 주연의 〈더글로리〉가 Top 10에 당당히 올라와 있는 것을 확인할 수 있습니다.

그럼 여기서 넷플릭스의 ESG 관련 활동에 관해서도 이야기해 보겠습니다.

---

3) https://www.broadbandsearch.net/blog/fascinating-facts-statistics-netflix/넷플릭스의 역사
4) 전세계 넷플릭스 및 OTT 서비스 순위 사이트(https://flixpatrol.com).

지속가능성

넷플릭스는 엔터테인먼트로 즐거운 세상을 만드는 데 집중하고 있습니다.

그러나 이는 우리가 살아갈 수 있는 세상이 전제될 때 가능합니다.

이것이 넷플릭스가 환경의 지속가능성을 중요하게 여기는 이유입니다.

기후 과학을 살펴보면 우리는 대응이 불가능한 기후변화를 예방하는 데 그 어느 때보다 중요한 시기인 결정적 10년을 현재 살고 있습니다. 이에 따라 넷플릭스는 두 가지 단기적인 기후 목표를 세웠습니다. 이 두 가지 목표는 10년 단위가 아니라 수년 단위로 측정되며, 넷플릭스는 현재 두 가지 목표 모두에 차근차근 다가가고 있습니다. 우선 2030년까지 과학 기반 목표에 따라 탄소배출을 절반으로 저감할 것입니다. 그리고 현재 넷플릭스는 매년 탄소를 흡수하는 자연환경에 투자함으로써 잔여 탄소발자국을 영점화하고 있습니다.

출처: 넷플릭스 한국 홈페이지(https://about.netflix.com/ko/sustainability).

◆ 넷플릭스의 공급망별 탄소발자국 내용-2019~2021년 온실가스 배출량 인벤토리 ◆

구분	2019 MTCO2e	2020 MTCO2e	2021 MTCO2e
Scope 1	51,487	30,883	62,815
Scope 2 (시장 기반)	565	141	0
Scope 2 (지역 기반)	26,594	28,585	42,291
Scope 3	1,192,659	1,020,541	1,466,497
통합 (시장 기반)	1,244,711	1,051,564	1,529,312
탄소배출권	(36,506)	(54,107)	(1,529,312)
생물학적 배출	2019 MTCO2e	2020 MTCO2e	2021 MTCO2e
재생 가능 연료(예: 재생 디젤, SAF)	0	0	1,007

2021년 코로나19가 소강 상태에 접어들면서 영화 및 시리즈 제작이 증가했기 때문에 2020년 이산화탄소 배출 환산량(MTCO2e)은 1.05백만 메트릭톤이었으나, 2021년에는 1.54백만 메트릭톤으로 증가하였습니다.

출처: Sustainability Accounting Standards Board (SASB) Report.

◆ 넷플릭스의 여성 고용(글로벌) ◆

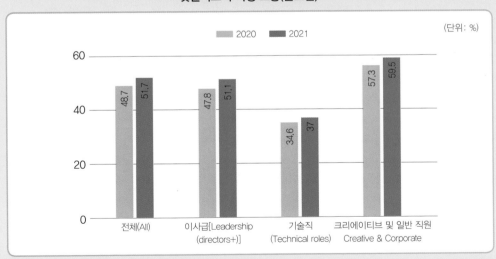

출처: 넷플릭스 한국 홈페이지(http://about.netflix.com).

◆ 넷플릭스의 미국 내 소셜 커뮤니티 활동_넷플릭스의 약속 및 파트너 ◆

Accessibility
장애인 커뮤니티

AEN
아시아 및 태평양 제도 직원 커뮤니티

Black@Netflix
흑인 직원 커뮤니티

Dream@Netflix
이민자 커뮤니티

L'Chaim
문화적 유대인 직원 커뮤니티

Mental Health
직장 내 정신건강 인식 개선

Multicultural
다문화 직원 커뮤니티

Pride@Netflix
LGBTQ+ 직원

앨버트

AMERICA IS ALL IN
아메리카이즈올인

기후 솔루션 확장을
위한 비즈니스 연합

딤팩트

GREEN POWER PARTNER
EPA 그린 파워
파트너십

그린 모션

ON TOURNE VERT
온 투르네 베르트

ONTARIO GREEN SCREEN
온타리오 그린 스크린

릴 그린

지속 가능성을 위한
항공 서비스 구매자 협회

지속가능성을 위한
프로덕션 연합

UN 레이스 투 제로

출처: KCA 해외 미디어 기업의 ESG 활동: 넷플릭스의 ESG 보고서 분석.

⇨ 콘텐츠 기업이지만 넷플릭스는 ESG 활동을 꾸준히 하고 있다는 것을 알 수 있습니다.

2 유튜브[8]

◆ 세계 최초의 유튜브 영상 19초 분량– 유튜브의 시작은 쇼츠(shorts) ◆

- 유튜브(YouTube)는 동영상 공유 플랫폼
- 2006년에 구글이 인수했으며, 전 세계 최대 규모의 동영상 공유 및 호스팅 사이트로서 이용자가 자유롭게 영상을 시청, 업로드, 공유
- 본사는 미국 캘리포니아주 샌브루노에 위치

유튜브의 설립 계기로는, 스티브 첸이 친구들과 함께 촬영한 영상을 친구들에게 공유하려고 했지만 마땅히 업로드 할 채널이 없어서 사이트를 만들었다는 이야기와 미국 슈퍼볼 경기 중에 발생한 해프닝 영상을 보고 싶었지만 찾기가 너무 힘들어서 직접 영상 공유 플랫폼을 만들었다는 이야기가 있습니다. 유튜브의 시작이 어떻게 되었든 현재 대부분의 한국 사람뿐만 아니라 전 세계 사람들이 유튜브를 사용하고 있습니다.

---

8) https://ko.wikipedia.org/wiki/유튜브

③ 메타(구 페이스북)

메타는 2019년 환경 부분에서는 100점 만점에 82점을 받았지만 사회적 책임과 지배구조 부분에서 낮은 점수를 받아 2019년 S&P ESG 지수에서 퇴출당한 바 있습니다. 2022년도에도 투명성과 리스크 관리 부분에서 일정 등급을 받지 못해 여전히 퇴출 상태입니다.[10]

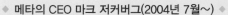

◆ 메타의 CEO 마크 저커버그(2004년 7월~) ◆

④ 알파벳

알파벳 역시 사회, 지배구조 부분에 커다란 문제가 있습니다. 2022년 알파벳은 전 세계 직원의 약 6%(12,000명)를 해고시켰습니다. 하지만 블룸버그 통신에 따르면 CEO 순다 피차이(Sundar Pichai)는 2억2600만 달러(약 3,000억 원) 이상의 급여를 받았습니다. ESG 기준으로 보면 분명한 커다란 리스크이며, 주주들이 나서서 행동을 보여 주어야 할 수 있습니다.

---

10) https://magazine.hankyung.com/business/article/202207280973b

기업	키워드			
	ESG/지속가능성	E	S	G
애플	• 공공재 • 더 나은 세상	• 2030년까지 탄소중립 • 한정된 자원 • 에너지 및 물 • 제품수명주기	• 사람들에게 권한 부여 기술 • 형평성 • 개인정보 보호 및 데이터 보안	• 원칙에 입각한 행동 • 정보에 입각한 효과적인 의사결정 • 적절한 모니터링 준수 및 성능
마이크로 소프트	• 더 나은 미래 & 행성 • 기술	• 2030년까지 탄소 네거티브 • 기후변화 • 에너지 및 물 • 문제를 해결하는 AI	• 경제적 기회 • 신뢰성 • 형평성 • 데이터 및 디지털 기술에 대한 접근 • 민주주의	• 해당 없음
아마존	• 지속가능한 사업	• 2040년까지 넷제로 • 제조업체 격려 • 과학 기반 접근법 • 운송 및 배송 • 재활용 패키지	• 가치 사슬 • 근본적인 존엄성 • 공급업체 참여 • 코로나19	• 해당 없음
알파벳	• 지속가능성 • 데이터 과학	• 2030년까지 무탄소 • 채권 및 펀딩 • 10억 명의 사람들이 행동을 취하도록 격려	• 균형감각 • 형평성 • 개인정보 보호 및 데이터 보안 • 바이러스와 편견 • 승인	• 해당 없음
메타 (구 페이스북)	• 더 지속가능한 세계 • 솔루션	• 탄소 발자국 • 기후변화 • 에너지 및 물 • 과학 기반 목표 • 데이터 센터	• 데이터 센터 관련 로컬 커뮤니티 • 공급업체 참여	• 해당 없음

출처: 이나경, 임수영. 산업 분야에서의 ESG 활용을 위한 기초적 연구: 미국 시가총액 상위 5개 기업을 중심으로. 한국생태환경건축학회 21.3 (2021): 83-88.

⇨ 미국 시가총액 상위 5개 기업의 조사 결과 ESG에 적극적인 기업은 '애플'임을 알 수 있습니다.

글로벌 ESG 및 지속가능경영 평가 기관 서스테이널리틱스(Sustainalytics)사의 기업 ESG 점수 및 리스트 등급을 확인해 본 결과 앞서 설명한 내용과 비슷한 점을 확인할 수 있습니다.

| 외국 기업 평가 |

〈애플〉　　　　　　　　　〈알파벳〉　　　　　　　　　〈메타〉

⇨ 애플이 가장 리스크가 낮게 나오고, 알파벳이 중간, 메타가 ESG 위험도가 가장 높음을 확인할 수 있습니다.

한국의 기업들에 대한 정보도 확인할 수 있습니다. 몇 개 기업만 참조할 수 있게 첨부를 해 보았습니다.

| 한국 기업 평가 |

〈삼성〉　　　　　　　　　〈LG전자〉　　　　　　　　　〈카카오〉

⇨ 2022년 10월 대한민국에 큰 파장을 일으켰던 카카오는 적극적인 대응으로 잘 방어를 한 것 같습니다.

지금까지 미국, 한국의 주요 기업에 대해 살펴보았습니다. 정확한 평가 기준은 기관마다 다른 부분이 있어 참조만 하시면 될 것 같습니다.

---

11) https://www.sustainalytics.com/esg-ratings

1) 국내 기관

기관명	내용	홈페이지	연락처	비고
한국ESG기준원	자본시장 발전을 위한 주요 기준(Code)을 제정 및 개정하고 활성화를 위한 ESG 평가, 의안분석서비스, 정책연구 등을 제공하는 공익 추구 기관	http://www.cgs.or.kr/main/main.jsp	02-3775-3339	- 한국기업지배구조원에서 사명 변경 - 상장기업의 기업 지배 구조 개선 지원
한국거래소	증권 및 파생상품 등의 공정한 가격 형성과 원활한 매매 및 효율적 시장관리를 목적으로 설립된 기관	https://sribond.krx.co.kr/contents/01/01010000/SRI01010000.jsp	1577-0088	ESG 정보공개 가이던스(2021. 1) 출간
산업통상자원부	상업, 무역, 공업, 통상 및 통상 교섭에 관한 총괄 및 조정, 외국인 투자, 중견기업, 산업기술 연구개발 정책 및 에너지, 지하자원에 관한 사무를 관장하는 대한민국의 중앙행정기관	http://www.motie.go.kr/www/main.do	1577-0900	「산업발전법」 제18조 제8항에 의거 K-ESG 지표 정립/탄소중립 시대의 지속가능 경영 지원
금융위원회	금융정책, 외국환업무 취급기관의 건전성 감독 및 금융감독에 관한 업무를 관장하는 대한민국의 중앙행정기관	https://www.fsc.go.kr/index	02-2100-2500	SASB 지속가능성 공시 기준 국문 번역본 추가 공개 (2023. 1. 9.)
탄소중립녹색성장위원회	정부의 탄소중립 사회로의 이행과 녹색 성장의 추진을 위한 주요 정책 및 계획과 그 시행에 관한 사항을 심의·의결하는 기관	https://www.2050cnc.go.kr/base/main/view		대통령 직속 위원회로 국내 탄소중립 정책의 컨트롤타워 역할 수행 -탄소중립 시나리오 발표 -정부, 각 부처, 공공기관, 민간기업의 기후변화 대응책 강구의 제기
중소벤처기업부	중소기업 정책의 기획·종합, 중소기업의 보호·육성, 창업·벤처기업의 지원, 대·중소기업 간 협력 및 소상공인에 대한 보호·지원에 관한 사무를 관장하는 대한민국의 중앙행정기관/기업환경정책과	https://www.mss.go.kr/site/smba/main.do	044-204-7665	ESG 경영을 실천하는 중소벤처기업에 대한 인센티브 제공 계획
중소벤처기업진흥공단	중소기업의 생산성 향상 및 경쟁력 제고를 목표로 다양한 지원 사업을 효율적으로 추진하기 위해 설립된 대한민국 중소벤처기업부 산하 정책금융기관	https://www.kosmes.or.kr/intro/kosme_intro.html	1357	-유관기관, 지자체 등과 협업하여 다양한 탄소중립 지원 체계 계획 -ESG 자가진단 시스템 2.0 도입, 중소기업 맞춤 솔루션 제공 -ESG 통합 플랫폼 사이트: https://kdoctor.kosmes.or.kr/ -ESG 통합 플랫폼 사이트: or.kr/esgplatform

기관	설명	URL	전화	세부 내용
중소기업중앙회	ESG 애로신고센터 운영(중소기업중앙회 ESG팀)	https://www.kbiz.or.kr/ko/index/index.do	02)2124-3158	전담팀 신설, 중소벤처 기업 역량 강화를 바탕으로 대기업, 공기업과의 상생 협력 활성화 방안 강구
LG화학	대한민국의 화학물질 제조 기업이자 의약품 분야, 정밀화학 기업	https://www.lgchem.com/main/index?lang=ko_KR	02-3777-1114	-대기업의 경영 노하우를 중소벤처기업과 공유하는 상생역량 프로젝트 참여 -펀드 조성을 통해 중소벤처기업 자금지원책 마련
SK TELECOM & KAKAO	SK텔레콤 & 카카오 공동 펀드 조성	https://www.kakaocorp.com/page/detail/9551		-공동 200억 원 규모의 ESG 펀드 조성 -T(ICT, 융복합) 산업 내 혁신 기술 및 ESG 경영환경을 갖춘 중소벤처기업을 대상으로 지속가능한 발전을 이루도록 지원
사회적가치연구원	SK 설립 비영리 연구재단	https://www.cses.re.kr/	02-6275-0410	-사회적 가치를 측정하고, 사회문제 해결 방안을 강구 -사회 성과 인센티브 수행, 사회성과 지표 개발·측정 -각종 학술·포럼 개최
한국기업데이터	기업DB신용정보플랫폼	http://www.kodata.co.kr/cj/ClINT01R0.do	1811-8883	-기업 신용평가 전문업체 -조달청, PQ 심사, 신용등급, 기업 제출용 전자신용인증
한국법제연구원	국가 입법 정책 지원에 법률 문화 향상에 기여함을 목적으로 설립된 국내 유일의 법제전문 국책연구기관	https://www.klri.re.kr/	044-861-0300	사회적 가치 창출을 위한 ESG 기초연구(I) -기업이 사회적 가치 실현을 위한 인권 실사 (due diligence) 제도 도입에 관한 연구/ESG 관련 개념의 정리와 이해
한국사회과학자료원	사회과학 분야 연구 자료의 수집과 보급	https://kossda.snu.ac.kr/	02-880-2111~2	한국인의 비대면 사회문제 2021 등의 자료 발간
한국조세재정연구원	재정 분야, 특히 조세, 공공지출, 공공기관의 운용 정책을 조사, 연구, 분석함으로써 국가의 정책 수립을 지원하고 국민경제 발전에 이바지하기 위해 설립된 국무총리 산하 경제인문사회연구회 소관 정부출연연구기관	https://www.kipf.re.kr/kor/	044-414-2114	공공기관에 ESG 도입을 위한 정책 방안 등을 제시
한국장애인고용공단	장애인 고객의 눈높이에 맞는 일자리 창출/고객의 요구에 신속히 대응하는 다양하고 세심한 취업지원 서비스 제공	https://www.kead.or.kr/	1588-1519	-ESG경영팀 031-728-7085 -동반성장, 경영공시, 국정과제 031-728-7339 -정부경영평가, ESG경영, 중장기 경영목표 031-728-7107
고용노동부	고용정책의 총괄, 고용보험, 직업능력개발훈련, 근로조건의 기준, 근로자의 복지후생, 노사관계의 조정, 산업안전보건, 산업재해보상보험과 그 밖에 고용과 노동에 관한 사무를 관장하는 대한민국의 중앙행정기관	https://www.moel.go.kr	1350	안전하고 건강한 일터, 행복한 대한민국을 만들기 위한 중대재해 감축 로드맵 발표(2022. 11. 30.)

2) 국외기관

기관명	내용	홈페이지	비고
네덜란드연기금 (All Pension Group: APG)	네덜란드에 본사를 둔 네덜란드 연금 투자 회사, 네덜란드 최대 연기금인 Stichting Pensioenfonds ABP의 직계 자회사	https://www.preqin.com/data/profile/investor/apg-all-pensions-group/2837	무기제조, 담배판매 기업(에어버스, 필립모리스) 등의 투자 배제
APG (Asia Pacific Group on Money Laundering)	자금세탁 방지를 위한 아시아·태평양 지역 국가 간 협조기구	https://apgml.org	자금세탁에 관한 아시아·태평양 그룹은 FATF 스타일의 지역 정부 간 기구로, 회원들은 자금세탁, 테러자금 조달 및 대량 살상무기 확산 자금 조달에 대한 국제 표준을 효과적으로 이행하기 위해 노력
노르웨이 은행 투자운영회 (Norges Bank)	노르웨이의 중앙은행으로서 전통적인 중앙은행의 역할, 노르웨이 연금을 관리, 노르웨이 정부의 연금은 유동성 펀드로서 세계에서 가장 시장이 큰 투자처	https://www.norges-bank.no	환경파괴 기업(뉴에너지, 콜인디아)의 투자 배제
뱅가드 그룹 (Vanguard Group)	세계 3대 자산운용사, 뱅가드 그룹은 미국의 전문투자자문사	https://investor.vanguard.com/corporate-portal	차이나 모바일, 유니폼, 텔레콤 주식 매각(중국 군수 관련 투자 금지 목적)
무디스 (Moody's)	글로벌 신용평가사	https://www.moodys.com	-ESG 기반 전체 기업 33% 신용등급 조정(2019년) -VIGEO EIRIS(유럽 ESG 연구 평가 기관) 인수
피치 그룹 (Fitch Rating)	피치 그룹 또는 피치 레이팅스 주식회사는 미국 뉴욕시와 영국 런던에 이중 본사를 두고 있는 국제신용평가기관	https://www.fitchratings.com	신용등급 평가 시 ESG 리스크 수준 반영
S&P 글로벌	글로벌 신용평가사, 미국 뉴욕에 본사를 둔 금융 서비스 기업	https://www.spglobal.com/en	-개별 기업 신용등급 조정 시 ESG 영향 공시 -TRUCOST 그룹(탄소/환경 데이터 관리 기업) 인수 -ROBECOSAM(DJSI 평가 기업) 인수
모건스탠리캐피탈인터내셔널 (Morgan Stanley Capital International: MSCI)	주식, 채권, 헤지펀드 관련 지수들과 주식 포트폴리오 분석 도구 제공	https://www.msci.com/our-solutions/esg-investing	-미국투자은행 모건스탠리의 자회사 -1999년부터 ESG 평가를 실시해 왔으며 기업에 대해 영역별 10개 주제, 35개 핵심 이슈로 평가하며 AAA~CCC까지 7개의 등급을 부여 -RISKMETRIC S인수

기관	설명	URL	비고
모닝스타 (Morningstar)	일리노이주 시카고에 본사를 둔 미국 금융 서비스 회사로 1984년 조 만수에토(Joe Mansueto)가 설립. 다양한 투자 조사 및 투자 관리 서비스 제공	https://www.morningstar.com	서스티애널리틱스(ESG 평가 기관)의 지분 40% 인수
국제비즈니스위원회 (International Business Council: IBC)	세계경제포럼(World Economic Forum: WEF) 산하 기관	https://www.ibc.kg/en	거버넌스의 원칙, 지구, 사람, 번영의 4개 영역으로 구분하고 ESG 관련 21개 핵심 지표, 34개 확장 지표 제시
국제통합보고위원회 (International Integrated Reporting Council: IIRC)	재무·비재무 성과를 통합 보고하기 위한 표준 프레임워크인 '국제통합보고 프레임워크(IR Framework)' 제공	https://www.integratedreporting.org	IR Framework에 따른 외부 환경, Business Model, 전략, Resource Allocation 등 포함
국제표준화기구 (International Organization for Standardization: ISO)	기업이 사회적 책임을 이행하고 이행하고 커뮤니케이션할 제고하는 방법에 대한 지침 제공. 해설 주체는 조직 거버넌스, 인권, 노동관행, 환경, 공정운영 관행, 소비자 이슈, 지역사회 참여와 발전	https://www.iso.org/home.html	1947년에 출범하였으며 나라마다 다른 산업 통상 표준이 무 제점을 해결하기 위해 국제적으로 통용되는 표준을 개발하고 보급
기후정보공개표준위원회 (Climate Disclosure Standards Board: CDSB)	기후변화 관련 정보를 주류 재무 보고에 통합하여 투자 자와 금융 시장에 중요한 정보를 제공하는 비영리 조직	https://www.cdsb.net	2007년 1월 세계경제포럼(WEF)에서 기후변화 관련 정보공개 에 대한 국제 표준회의 필요성에 따라 만들어진 컨소시엄 조직
블랙록 (Blackrock)	세계 최대 자산운용사	https://www.blackrock.com/corporate	– 미국에 본사를 둔 세계 최대의 자산운용사 – 2021년 기준 관리 중인 자산이 $ 8.67조 이상
지속가능금융 기술 전문가 그룹 (Technical Expert Group on Sustainable Finance: TEG)	2018년 7월 유럽위원회가 EU 분류체계 구축을 지원하기 위해 시민사회, 학계, 기업 및 금융기관 등 다양한 분야의 전문가 35명으로 이루어짐	https://finance.ec.europa.eu/publications/technical-expert-group-sustainable-finance-teg_en	① 유럽연합 통합분류체계(EU Taxonomy), ② 유럽연합 녹색 채권 표준(EU Green Bond Standard), ③ 기후 관련 공시, ④ 유럽연합기후벤치 마크*와 벤치마크를 위한 공시 등 총 4가지를 핵심 출기로 시스템 구축 * 기후벤치마크: 저탄소 경제로 전환하기 위한 기업의 의향과 내부 구조 등을 촉진하는 지표
국제회계기준 (International Financial Reporting Standards: IFRS)	기업의 회계처리와 재무제표에 대한 국제적 통일성을 높이기 위해 국제회계기준위원회에서 마련해 공표하는 회계기준	https://www.ifrs.org	대한민국은 국제회계기준을 2011년부터 도입
국제지속가능성기준위원회 (International Sustainability Standards Board: ISSB)	IFRS 재단에네사 2021~2022년에 설립. 지속가능성 보고에 대한 투자자의 요구사항을 충족하기 위해 지속 가능성 관련 재무보고 표준 설정 기관	https://www.ifrs.org/groups/international-sustainability-standards-board	지속가능성 및 기후 관련 보고를 위한 글로벌 표준 최종안 을 확정 2023년 6월 공시 발표. 2024년 1월 1일부터 적용돼 2025년 최초 공시가 이루어질 예정
나스닥 종합주가지수 (NASDAQ)	나스닥은 미국의 장외 주식거래시장, 나스닥 주식회사의 지수임	https://www.nasdaq.com	나스닥은 전미증권업자협회 자동 주식시세의 줄임말

3) ESG 관련 정보제공 기관

기관명	주요 업무	홈페이지	연락처	비고
환경 ESG	한국경제신문	https://www.hankyung.com/esg	02-3277-9900	ESG 관련 정보제공
온실가스 종합정보센터	온실가스 통계, 기업 배출량 공개	https://www.gir.go.kr/home/index.do?menuId=37	043-714-팀별 번호(기획총괄팀 7505, 정보관리팀 7523, 검증목표팀 7563)	환경부 산하기관/ 지역별 업종별 배출량 등 기는 NGMS(http://ngms.gir.go.kr)에서 확인
공피데이터 포털	환경성적표지, 저탄소 인증제품에 대한 파일 데이터 제공	https://www.data.go.kr/data/15089157/fileData.do	043-714-팀별 번호(기획총괄팀 7505, 정보관리팀 7523, 검증목표팀 7563)	환경성적표지 유효 인증 현황제공
한국표준협회	산업표준화 및 품질경영을 촉진하여 과학 기술 전통과 생산 능률의 향상을 도모함으로써 국민경제 발전에 기여하고자 설립	http://www.ksaesg.or.kr/p_base.php?action=h_report_04	1670-6009	지속가능경영보고서 데이터베이스 제공

4) ESG 가이드라인

기관명	주요 업무	홈페이지	비고
글로벌 보고 이니셔티브 (Global Reporting Initiative: GRI)	기업, 정부 및 기타 조직이 기후변화, 인권 및 부패와 같은 문제에 미치는 영향을 이해하고 소통하도록 돕는 국제 독립 표준 기구이며 세계에서 가장 널리 사용되는 지속가능성 보고 기준 제공	https://www.globalreporting.org	
지속가능성회계기준위원회 (Sustainability Accouting Standards Board: SASB)	지속가능성 회계 표준을 개발하기 위해 진 로저스(Jean Rogers)가 2011년에 설립한 비영리 조직	http://www.sasb.org	SASB 공시기준은 77개 산업별 기준으로 구성되어 ESG(환경·사회·지배구조를 포괄적으로 다루는 동시에 산업별도 세부 공시기준 제공
기후변화 관련 재무정보공개 태스크포스 Financial Stability Board Task Force on Climate-Related Financial Disclosures: TCFD	G20의 요청을 받아 금융안정이사회(FSB)에 의해, 기후 관련 정보공개 및 기후 변동에 따른 금융 기관의 대응을 검토하기 위해 설립	https://www.fsb-tcfd.org/recommendations	기후변화 관련 지배구조, 전략, 리스크 관리, 위험과 기회를 평가하는 지표 제공

5) ESG 평가 기관

기관명	주요 업무	홈페이지	평가지표	비고
에코바디스 (EcoVadis)	플랫폼(온라인) 기반 평가, 평가 플랫폼을 활용하여 협력사의 제출자료를 기반으로 평가 실시	https://ecovadis.com	100~0 스코어카드 (Scorecard)	-공급업체 CSR 평가 -평가 플랫폼을 활용하여 협력사의 제출 자료를 기반으로 평가 실시 -공급업체에 대하여 5가지 주제*, 총 39개 CSR 질문으로 구성 *일반(3문항), 환경(14문항), 노동관행 및 인권 정책(9문항), 공정한 비즈니스 관행(7문항), 지속가능한 조달(6문항)
다우존스지속가능경영지수 (Dow Jones Sustainability Index: DJSI)	피평가자가 질문지에 답변한 내용을 기반으로 평가 실시	https://www.spglobal.com/spdji/en/indices/esg/dow-jones-sustainability-world-index/#overview	0~100	-공통 평가 항목 및 산업별 항목으로 구분 -공통 항목: 기업지배구조, 윤리경영, 리스크 관리, 공급망 관리, 환경성과, 인적자본 관리, 사회환경 정보공개 -(금융) ESG 프레임워크 구축, ESG 상품 및 서비스 이름 및 금액 공시 등
탄소정보공개프로젝트 (Carbon Disclosure Project: CDP)	피평가자가 질문지에 답변한 내용을 기반으로 평가 실시	https://www.cdp.net/en/2	A to D–, F	환경 관련 세 가지 영역에 대해 질의 -기후변화: 온실가스 배출량, 전략, 감축 목표 등 -산림: 산림훼손 입지재, 입지재이존도, 관련 정책, 의사결정 구조 등 -물: 수자원 사업성 중요도, 수자원 관련 정책, 의사결정 구조, 취수량 등
모건스탠리캐피털인터내셔널 (Morgan Stanley Capital International: MSCI)	공개 정보 기반으로 평가 실시, 피평가자는 정보검증 과정에 참여 가능	https://www.msci.com/our-solutions/esg-investing	AAA to CCC [선도(leader], 평균(Average), 뒤처짐(Laggard)]	ESG 관련 3가지 이슈로 구분하여 평가 -환경 이슈: 탄소 배출, 전자폐기물, 친환경 기술 관련 기회 등 -사회 이슈: 인적자원 개발 등 -거버넌스 이슈: 이사회, 급여, 소유권 통제 등 ❖이슈별 세부 평가 항목이 있으나 피평가기관 별도 요청 필요
서스테이널리틱스 (Sustainalytics)	공개 정보 기반으로 평가 실시, 피평가자 요청 시 보고서 발간 전 리뷰 및 정보 업데이트 가능	https://www.sustainalytics.com	0~100 [매우 낮음(negligible low), 중간(medium), 매우 심각(high severe)]	지배구조, 주요 ESG 이슈(산업별 상이), 특수 사건을 평가 ❖각 산업별 최소 70개 항목을 평가하거나, 세부 평가 항목은 외부 비공개
블룸버그 (Bloomberg)	공개 정보 기반으로 평가 실시	https://www.bloomberg.com/asia	0~100	에너지 & 배출, 폐기물, 여성 임원, 이사회 독립성, 임직원 사고, 선임 특정 데이터 등을 포함한 ESG정보공시의 투명성에 대해 평가 ❖블룸버그 터미널(Bloomberg Terminal) 이용자만 평가 결과 및 내용 접근 가능
ISS QUALITY SCORE	공개 정보 및 기관 제출 자료를 기반으로 평가 실시, 피평가자정보검증과정에참여	https://www.isscorporatesolutions.com/solutions/governance-solutions/qualityscore	1 to 10 [저위험~고위험(low to high risk)]	이사회 구조, 보수, 주주권리, 감사 및 리스크 관리의 4가지 영역에 대해 약 230개의 평가 항목을 평가 ❖상세 항목 공개되어 있음

3. ESG 관련 용어 정리

용어	내용
온실가스 회계처리 및 보고 기준 (Greenhouse Gas Protocol: GHG Protocol)	• 1997년 세계자원연구소(WRI)와 세계지속가능발전기업위원회(WBCSD)에서 설립 • 1998년부터 기업과 정부, 지방자치단체 등이 기후변화 대응 활동을 지원하기 위해 온실가스 배출량 산정과 보고에 관한 국제 표준 제정 및 보급
글로벌 보고 이니셔티브 (Global Reporting Initiative: GRI)	• 기업의 지속가능경영보고서에 대한 가이드라인을 제시하는 비영리기구 • 1997년 미국의 환경단체 세레스(Coalition for Environmental Responsible Economies: CERES)와 유엔환경계획(UNEP) 등이 주축이 되어 설립 • GRI의 핵심은 지속가능성 보고 표준(Sustainability Reporting Standards)이며, 지난 20년 동안 지속적으로 개발 • 2000년 발표된 GRI 가이드라인(G1)은 지속가능성 보고를 위한 최초의 글로벌 표준 • GRI 표준은 경제 분야 6개 주제, 환경 분야 8개 주제, 사회분야 19개 주제 등 광범위한 주제별 영향 보고를 위한 세부 지침과 글로벌 우수 사례를 제시 * 전 세계에서 15000여개 이상 조직이 GRI 가이드라인에 따라 지속가능경영보고서를 발간
이니셔티브	• 이니셔티브(initiative)란 용어가 ESG에서 계속 나오는데 행동강령, 가이드라인 형태의 자율 규범로 이해하면 됨 • GRI는 글로벌 보고 행동강령(자율규범)
국제표준화기구 (International Organization for Standardization: ISO)	• 기업의 사회적 책임 활동(Corporate Social Responsibility) ISO 26000은 지배구조, 인권, 노동관행, 환경, 공정거래, 소비자 이슈, 지역 사회 참여 및 개발 등을 7대 핵심 주제로 규정하고, 이에 대한 실행 지침과 권고 사항을 담고 있어 ISO와 감게 연관이 되어 있음 * ISO 9001, 14001 등의 인증과 달리 실행 가이드라인으로 강제성은 없지만 RE100과 같이 동등한 역할을 하고 있음
ESG 관련 ISO 인증	• 환경(Environmental) E: ISO 14001(환경), ISO 50001(에너지) • 사회(Social) S: ISO 9001(품질), ISO 45001(안전보건: 중대재해 관련), ISO 27001(정보보호) • 지배구조(Governance) G: ISO 37001(부패방지), ISO 37301(준법) • ESG 가이드: ISO 26000(사회적 책임)
지속가능성회계기준위원회 (Sustainability Accounting Standards Board: SASB)	• 2011년 설립되었으며, 주요 목적은 미증권거래위원회(SEC)에 보고할 기업의 공시 기준 책정 • 투자자들에게 비교 가능한 비재무 정보를 제공하고, 투자자들이 선별별로 중요한 ESG 이슈에 대한 기업의 성과를 비교 할 수 있도록 하기 위함 • 2018년 77개 산별별 지속가능성 보고 표준 발표 • 세계 최대 자산운용사 블랙록(BlackRock)의 래리 핑크 회장이 2020년 SASB 기준과 TCFD(기후변화 관련 재무정보공개 태스크포스) 기준 보고서를 공시할것을 요구하면서 주목을 받게 됨 • 재무 성과와 연계된 ESG 요소를 중심으로 세부 지침이 만들어져서 투자자들에게 빠르게 수용되었으며, 지속가능성 보고서 공시 표준을 만들기로 합의하고 통합됨 • 2022년 8월에 ISSB(국제지속가능성기준위원회)를 중심으로 ESG 지속가능성 공시 표준으로 통합됨
Accountability 글로벌 지속가능경영보고서 제3자 검증 표준	• 1995년 영국에서 설립된 비영리기관 • 기업이 발행한 지속가능경영보고서에의 제3자 검증(assurance)을 위한 글로벌 표준 개발을 하는 가장 대표적인 기관 • 전 세계 100여 개국의 전문가들이 참여해 기업의 지속가능경영보고서 검증(assurance) 및 이해관계자 참여를 위한 국제 표준인 AA1000 시리즈 개발 * AA1000AS V3가 최신 버전으로 포괄성(Inclusivity) '중대성(Materiality)' '대응성(Responsiveness)' '임팩트(Impact)'로 구성

기후정보공개표준위원회 (Climate Disclosure Standards Board: CDSB)	• 2007년 1월 세계경제포럼(WEF)에서 기후변화 관련 정보공개에 대한 국제 표준화의 필요성에 따라 만들어진 조직 • 2020년 9월 CDSB와 GRI, SASB, IIRC, CDP 등 주요 5개 기관이 협력해 비재무 정보 공시 글로벌 표준을 마련하겠다고 밝힘 * 2023년 현재 통합 표준은 나오지 않고 있으며 기관마다 특성이 있어 글로벌 표준은 나오기 힘들다는 것이 전문가들의 견해임
글로벌 비재무정보 공시 표준 제정 기관 협의체 (Corporate Reporting Dialogue: CRD)	• 2014년 IIRC(국제통합보고위원회)에서 조직한 글로벌 비재무정보 공시 표준 제정 기관들의 협의체 • CDP, CDSB, FASB(미국회계기준위원회), GRI, IASB(국제회계기준위원회), IIRC, ISO, SASB 등 총 8개 기관이 참여하고 있음 • 비재무 성과가 재무 성과와 어떻게 연관되는지 검토하고, 궁극적으로 재무 보고와 비재무 보고의 통합을 지원하고자 함
국제통합보고위원회 (International Integrated Reporting Council: IIRC)	• 기업의 재무정보뿐 아니라 ESG 정보를 통합적으로 제공하는 보고서 작성을 위해 국제적으로 인정되는 회계원칙을 제정하고자 지속가능성회계프로젝트(The Prince's Accounting for Sustainability: A4S)와 국제회계사연맹(IFA), GRI에 의해 2010년 설립된 조직 * 2021년 SASB(지속가능성회계기준위원회)와 합병하여 가치보고 재단(Value Reporting Foundation) 설립
과학기반 감축 목표 이니셔티브 (Science Based Targets Initiative: SBTi)	• 2015년 CDP, UNGC, WRI, WWF(세계자연기금)가 파트너십으로 설립 및 공동 운영 • 지구 온도 상승폭을 2℃ 이하로 억제하고, 1.5℃ 이하까지는 줄이자는 파리기후변화협약의 목표를 달성하기 위해 기업들이 과학에 기반해 온실가스(GHG) 배출 감축 목표를 설정할 수 있도록 전문적인 지침과 방법론을 제공
기후변화 관련 재무정보공개 태스크포스 (Task Force on Climate-related Financial Disclosures: TCFD)	• 기후변화가 미치는 기업의 재무적 영향 공개를 위한 프레임워크 및 권고안을 만들기 위해 G20 재무장관과 중앙은행 총재가 설립한 FSB(금융안정위원회)에서 2015년 발족 • 2017년 산업 전반에 적용되는 TCFD 권고안 발표. TCFD 권고안은 크게 기후변화 관련 리스크 및 기회, 권고안 및 지침, 시나리오 분석의 세 가지로 구성 • 2023년 1월에 LG 에너지솔루션이 지지 선언하였으며, 2023년 기준 한국에서 지지 선언을 한 기업은 150여 개임(https://www.fsb-tcfd.org/supporters/) • 2020년 주요 ESG 기업에서 지속가능경영보고서에 적용하면서 GRI, SASB와 같이 공시 표준으로 여겨지고 있음 * TCFD 지지 선언에 참여하는 것은 TCFD 권고안이 권하는 기업의 기후변화 관련 위험 및 기회에 대한 투명성을 높이는 유용한 프레임워크를 제공한다는 것을 지지한다는 것을 의미함. TCFD지지 선언은 기업의 자발적인 참여로 이루어지며(지지 선언 후 따로 자격 유지 조건은 없으며 가입 시 TCFD 홈페이지, TCFD Supporters에 기업명이 기재되고, 인용구 사용 등 외부 커뮤니케이션에 TCFD 활용 가능
유엔글로벌콤팩트 (United Nations Global Compact: UNGC)	• 전 국제연합 사무총장 코피 아난(Kofi Annan)의 주도로, 2000년 7월 출범한 기업의 사회적 책임에 관한 국제협약 • 기업 활동에 있어 인권(Human Right), 노동기준(Labor Standard), 환경(Environment) 및 반부패(Anti-Corruption)에 관한 10대 원칙을 제시함 • 최근에는 지속가능발전목표(SDGs) 등 포괄적인 유엔의 목표 달성도 지원 • 2023년 기준 전 세계 165개국 19,000여 개 회원사(15,000여 개 기업과 기업 포함)가 참여하고 있으며, 한국의 경우 유엔글로벌콤팩트한국협회(http://unglobalcompact.kr)에서 국내 기업이 기업과 기업에 참여를 담당하고 있음 **10대 원칙** 인권(Human Rights) 원칙 1: 기업은 국제적으로 선언된 인권 보호를 지지하고 존중해야 하고, (Business should support and respect the protection of internationally proclaimed human rights.) 원칙 2: 기업은 인권 침해에 연루되지 않도록 적극 노력한다. (Make sure that they are not complicit in human rights abuses.)

노동(Labour)

원칙 3: 기업은 결사의 자유와 단체교섭권의 실질적인 인정을 지지하고,
(Businesses should uphold the freedom of association and the effective recognition of the right to collective bargaining;)

원칙 4: 모든 형태의 강제노동을 배제하며,
(the elimination of all forms of forced and compulsory labour;)

원칙 5: 아동노동을 효율적으로 철폐하고,
(the effective abolition of child labour; and)

원칙 6: 고용 및 업무에서 차별을 철폐한다.
(the elimination of discrimination in respect of employment and occupation.)

환경(Environment)

원칙 7: 기업은 환경문제에 대한 예방적 접근을 지지하고,
(Businesses should support a precautionary approach to environmental challenges;)

원칙 8: 환경적 책임을 증진하는 조치를 수행하며,
(undertake initiatives to promote greater environmental responsibility;)

원칙 9: 환경친화적 기술의 개발과 확산을 촉진한다
(encourage the development and diffusion of environmentally friendly technologies.)

반부패(Anti-corruption)

원칙 10: 기업은 부당취득 및 뇌물 등을 포함하는 모든 형태의 부패에 반대한다.
(Businesses should work against corruption in all its forms, including extortion and bribery.)

| 기후행동 100+ (Climate Action 100+) | • 글로벌 투자자 온실가스 기업 배출 저감 촉구 연합행동체
• PRI, Asia Investor Group on Climate Change(AIGCC), Ceres, IIGCC(The Institutional Investors Group on Climate Change), IGCC(Investor Group on Climate Change) 5대 기관이 주도
• 파리기후변화협약에 따라 지구의 기온 상승 1.5도 유지 달성 위해 온실가스 배출량이 높은 기업을 대상으로 직접 개입 감소 촉구
• 블랙록(BlackRock), 캘리포니아공무원연금(CalPers) 등 570개 이상의 투자자들에 의해 선택된 온실가스 배출량이 가장 많은 167개 기업(전 세계 선박부문 온실가스 배출량의 80%에 해당) 모니터링 |

글로벌지속가능투자연합 (Global Sustainable Investment Alliance: GSIA)	• 2014년 유럽, 호주, 캐나다, 영국, 미국, 일본, 네덜란드의 지속가능투자연합 기관들이 설립한 조직 • ESG 투자방법론 7가지 하위 부문으로 제시(① ESG 통합, ② 포지티브 스크리닝(선별적 선택), ③ 네거티브 스크리닝(선별적 배제), ④ 규범 기반 스크리닝, ⑤ 기업 관여 및 주주행동, ⑥ 지속가능성 테마 투자, ⑦ 임팩트 투자로 구분)
국제기업지배구조네트워크 (International Corporate Governance Network: ICGN)	• 기업 지배구조 개선에 관한 정보 교류 및 연구를 위해 1995년 설립된 국제 비영리기구 • 기관투자자를 중심으로 한계, 기능, 정부기관 등 폭넓은 네트워크를 지닌 기업지배구조 관련 세계 최대 규모의 기관
국제금융공사 (International Finance Corporation: IFC)	• 1956년 개발도상국 및 저개발국 민간기업에 투자하는 유엔산하 금융기관으로 설립 • 세계 최대 개발금융기관인 IFC는 2003년 적도원칙 이외에도 ESG 성과 및 리스크를 평가하고 관리할 수 있는 여러 표준 및 원칙을 개발
포트폴리오 탈탄소화 연합 (Portfolio Decarbonization Coalition: PDC)	• UNEP FI(유엔환경계획 금융 이니셔티브), 프랑스 자산운용사 아문디(Amundi), CDP(탄소정보공개프로젝트), 스웨덴 국가 연금기구인 AP4가 2014년 함께 설립 한 민관협력 체제로 글로벌 금융기관들의 탈탄소화 투자를 지원하는 플랫폼
유엔환경계획 금융 이니셔티브 (United Nations Environment Programme–Finance Initiative: UNEP FI)	• 1991년 지속가능발전을 위한 금융부문의 역할을 수행하기 위해 유엔환경계획(UNEP)과 세계 주요 금융기관들이 공동으로 결성한 국제 파트너십 • 2021년 1월 기준 전 세계 378개의 금융기관(은행, 투자사) 및 1000여개 정책지원 기관이 참여 • 2023년 기준 한국도 우리금융 그룹 외 22개 금융기관이 참여(https://www.unepfi.org/members)
유엔 책임투자원칙 (United Nations Principles of Responsible Investment: UN PRI)	• 유엔연합 사무총장 코피 아난(Kofi Annan)의 주도로 UNEP FI와 유엔 글로벌콤팩트가 공동 설립 • 전 세계 기관 투자자들의 책임 투자 흐름을 이끌고 있는 가장 큰 이니셔티브 • UN PRI에 기업 서명한 기관은 2021년 1월 기준 3,615곳에 달함 • 2006년에 투자 분석과 의사결정과정에 ESG 이슈를 통합하고 정보공개를 요구 • 한국에서도 국민연금을 포함해 11개 기관이 서가 가입되어 있음 **유엔 책임투자원칙(UN PRI) 6대 원칙** [원칙 1] 우리는 투자 분석과 의사결정에 ESG 이슈를 통합한다. [원칙 2] 우리는 투자철학 및 운용원칙에 ESG 이슈를 통합하는 적극적인 투자자가 된다. [원칙 3] 우리는 우리의 투자대상에게 ESG 이슈들의 정보공개를 요구한다. [원칙 4] 우리는 투자산업의 PRI 준수와 이행을 위해 노력한다. [원칙 5] 우리는 PRI의 이행에 있어서 그 효과를 증대시킬 수 있도록 상호 협력한다. [원칙 6] 우리는 PRI의 이행에 대한 세부활동과 진행상황을 보고한다.
블룸버그 (Bloomberg)	• 10년 이상 전 세계 기업의 ESG 공시 데이터를 제공 • 2020년 8월부터는 ESG 스코어의 데이터를 시작 • ESG 스코어는 ESG 데이터를 바탕으로 이사회 구성, 환경 및 사회 성과, 성평등, 공시 투명성 등에 관한 평가점수 포함 • 자체 평가점수 외에 MSCI, 서스테이널리틱스(Sustainalytics) 등 주요 ESG 평가 자료도 함께 제공. 투자자의 의사결정을 도움

탄소정보공개프로젝트 (Carbon Disclosure Project: CDP)	• 2000년 영국에서 설립된 국제 비영리기구 • 전 세계 금융기관들이 모여, 주요 기관, 기업, 도시에 기후변화 · 물 · 산림자원 등 환경에 관한 정보를 공개하도록 요구하는 글로벌정보공개프로젝트 • 2021년 기준 CDP Climate Change(기후변화) 13126개, CDP Water Security(물)는 3368개, CDP Forest(산림자원)는 864개 기업이 정보공개 • KB금융, 현대글로비스, SK네트웍스, 하나금융, 현대위아, 아h모스 블룸, SK 하이닉스, 신한금융그룹, 현대건설 외 1명에 전 명에 전담에 편임(http://www.impacton.net)

파이낸셜 타임스 스톡 익스체인지 러셀:
FTSE Russell
(Financial Times Stock Exchange Russell:
FTSE Russell)
	• 영국 런던 증권거래소 산하 주가 지수 및 관련 데이터 서비스 제공
	• 2001년 ESG 평가를 바탕으로 한 지수인 FTSE4Good을 시작함
	• DJSI의 S&P500 ESG 지수, MSCI의 ESG Leaders 지수와 함께 3대 ESG 지수로 꼽히며, 유럽 시장을 대표하는 지수로 분류
	* FTSE4GOOD지수의 ESG 14개 주제
	  - 환경: 생물다양성, 기후변화, 공급망, 오염 및 자연, 물안보
	  - 사회: 근로기준, 공급망, 인권과 지역사회, 건강과 안전, 소비자 책임
	  - 지배구조: 세금 투명성, 리스크 관리, 기업지배구조, 반부패

모건스탠리 캐피털인터내셔널 (Morgan Stanley Capital International: MSCI)	• 1999년부터 ESG 평가를 제공 • 초기 ESG 분야를 개척한 RiskMetrics, Innovest, KLD 등을 인수합병해서 2011년부터 ESG 리서치를 독자적으로 제공 • MSCI ESG 평가는 공개된 기업정보, 정부 DB, 데이터메크로 등을 활용해 제시되며, 피평가 기업은 정보 검증과정에 참여할 수 있음
렙리스크 (RepRisk)	• 1998년 설립된 ESG 데이터 평가기관 • 인공지능과 머신러닝을 사용하여 전 세계 15만 개 이상의 기업 ESG 리스크를 분석 • 매년 전 세계적으로 문제를 발생시킨 기업 분석 및 정보공개
스탠더드앤드푸어스 (S&P)	• 1999년 다우존스 지속가능경영지수를 개발해 매년 평가 결과를 발표 • 전 세계 상위 기업을 대상으로 기업의 경제적 성과, 환경 및 사회 성과 등을 종합적으로 고려해 기업 경영의 지속가능성을 분석
서스테이널리틱스 (Sustainalytics)	• 1992년 설립되어 기업의 ESG 리스크 평가 및 리서치 등이 높은 전문성을 보여온 평가 기관 • Sustainalytics ESG 리스크 평가는 공개된 정보 기반으로 ESG 리스크가 기업의 재무가치에 미치는 영향을 측정
비지오 아이리스 (Vigeo Eiris)	• 2002년 설립된 ESG 평가, 데이터, 분석 도구 및 지속가능금융 문야 전문 기업 • 기업의 전략, 운영, 관리 측면에 ESG 요소를 통합하는 과정을 평가 • 2019년 4월 신용평가기관 무디스(Moody's)가 인수
자본연합 (Capitals Coalition)	• 자연자본(natural capital), 사회자본(social capital), 인적자본(human capital)등의 자본 개념을 통해 자연, 사람, 경제 간의 관계를 이해하고 가치에 대한 인식 전 환으로 모든 조직의 기후변화, 생물다양성 손실, 불평등 심화 등이 3대과제에 대응할 수 있도록 지원하는 것을 목적으로 370개 이상이 이해관계자들이 글로벌 연합체
글래스루이스 (Glass Lewis)	• 2003년 설립된 세계 2위의 의결권 자문기관 • 2022년 12월 2023년 국내 기업의 주주총회에 관한 의결권 행사지침을 개정 가이드 제공

임팩트관리프로젝트 (Impact Management Project: IMP)	• 2016년 조직된 비영리기구 • 임팩트 측정·관리에 대한 글로벌 최대의 합의체로서, 임팩트 보고에 대한 글로벌 표준 프레임워크를 제시 • 세계 최초의 사회성과연계채권(SIB) 운용사인 영국 브닷지스 펀드 매니지먼트가 주도해 만든 글로벌 협의체
기관주주서비스 (Institutional Shareholder Service: ISS)	• MSCI의 자회사로 1985년 설립된 세계 최대의 의결권 자문기관 • 2,000명 이상의 기관 투자자에게 기업의 거버넌스 및 책임투자에 관한 자문과 서비스를 제공 • 글로벌 기관투자자의 60% 이상이 의결권 행사시 ISS 자문을 참고
유엔사회개발연구소 (UN Research Institute for Social Development: UNRISD)	• 1963년 UN이 주구하는 사회개발 관련 주제에 대해 다양한 학제간 연구 및 정책분석을 수행하는 연구 기관으로 설립 • 2022년 전정한 지속가능성 평가: 지속가능전성과지표 사용자 매뉴얼을 발표
세계 벤치마킹 얼라이언스 (World Benchmarking Alliance: WBA)	• 유엔지속가능발전목표(UN SDGs) 달성을 목표로, 특히 SDGs 목표 17(글로벌 파트너십)을 핵심으로 한 광범위한 이해관계자 그룹 연합체 • 유럽을 중심으로 기업, 투자자 등 전 세계 약 189개 기관이 참여
세계지속가능발전기업협의회 (World Business Council for Sustainable Development: WBCSD)	• 1995년 현재와 미래의 세대가 미래 세대의 이익이나 요구를 충족할 능력을 해치지 않는 범위 내에서 환경을 이용하고 요구를 충족시켜 나가는 '지속가능발전'의 이념을 추구하고자 유엔환경개발회의 (UNCED)에서 설립 • 지속가능발전에 관한 글로벌 기업들의 대표적인 이니셔티브로 200개 이상의 주요 기업이 회원사로 참여
그린워싱(Greenwashing)/ 위장환경주의	• 기업의 ESG 활동이 가치를 부풀려 홍보해 친환경 기업이라는 이미지를 얻으려고 위장하는 행동
기후중립(Climate Neutrality)	• 인간 활동이 기후 시스템에 어떠한 실질적 영향도 초래하지 않는 상태
이해관계자 (Stakeholder Capitalism)	• 주주를 중심으로 경영 목표와 시스템을 설정하던주주 자본주의와 반대되는 개념으로 기업경영은 기업경영에 참여하는 모든 이해관계자를 고려해야 한다는 개념 • 이해관계자란 시장의 소비자, 정부, 종업원, 협력사 등 기업 활동이 영향을 미치는 모든 관련자를 의미
전 과정 평가 (Life Cycle Assessment: LCA)	• 제품 및 서비스 등 산업 활동이 일어나는 모든 단계, 즉 원료 채취-가공-조립-수송-사용-폐기의 전체 과정에서 환경에 미치는 영향을 평가하는 방법
지속가능성 (Sustainability)	• 1987년 브룬트란트 보고서 '우리 공동의 미래'에서 나왔으며, 생태계의 보존과 미래 세대의 삶의 질을 충족할 수 있는 범위 나에서 경제성장을 추구해야 한다는 개념
탄소국경세 (Carbon Boarder Adjustment Mechanism)	• 탄소 배출 규제가 약한 국가에서 강한 국가로 제품을 수출할 때 적용되는 무역 관세
탄소세 (Carbon Tax)	• 탄소 감축 대책의 하나로 탄소 함유량에 비례해 세금을 부과하는 제도 • 석탄, 석유 등 이산화탄소를 배출하는 화석연료에 세금 부과로 가격을 인상하여 탄소배출량 절감을 유도하는 것이 목적

탄소포집활용저장기술 (Carbon Capture Utilization and Storage: CCUS)	• 산업 활동 과정에서 발생하는 탄소를 대기로 배출하기 전에 포집한 다음 압축을 가해 액체 상태로 만들어 해저 또는 지하에 저장하거나 활용하는 기술을 총칭
녹색채권 (Green Bond)	• 신재생에너지 등 친환경 프로젝트나 사회기반시설에 투자할 자금을 마련하기 위해 발행하는 채권 • 친환경 관련 사업 등에만 사용할 수 있어 녹색산업을 분류하는 택소노미(Taxonomy, 녹색 분류 체계)의 역할이 중요한 분야이며, 글로벌 ESG 채권의 80% 이상을 차지함

탄소발자국
(Carbon Footprint)
	• 개인 또는 기업 등이 직간접적으로 발생시킨 온실가스, 특히 탄소의 총량을 의미
	• 기업 활동으로 인한 온실가스 배출 측정 시 다음에 따라 측정
	  – Scope 1: 기업이 소유 또는 관리하는 사업장의 물리적 장치나 공정에서 직접 배출하는 온실가스
	  – Scope 2: 기업이 구매하는 에너지를 공급자들이 생산할 때 발생하는 간접 배출
	  – Scope 3: 가치사슬에서 발생하는 모든 간접 배출(원자재 공급, 제품 사용, 저장 및 운송 단계 등)

그린 뉴딜 (Green New Deal)	• 저탄소, 신재생에너지 등 녹색산업을 경제의 새로운 성장 동력으로 지정함으로써 화석연료 기반의 산업으로부터 전환하고 고용과 투자를 확대하는 정책을 의미 • 최근 기후변화 및 환경문제 대응과 관련하여, 각국 정부는 온난화를 심화하는 온실가스 배출을 억제하고 전기차, 수소에너지 등 에너지 청정화를 촉진하고 있음
에코바디스 (EcoVadis)	• 글로벌 클라우드 기반 SaaS 플랫폼을 통해 기업의 총체적 지속가능성 평가 서비스를 제공 • 공급망의 사회적·환경적·경제적 성과를 평가하는 글로벌 기관으로 2007년 설립 • 협력사가 제출한 자료를 기반으로 CSR 일반, 환경, 노동 관행 및 인권 정책, 공정한 비즈니스 관행, 지속가능한 조달 57가지 분야에 걸친 39개의 질문에 대해 평가 • 전 세계적으로 50,000여 개 이상의 거래업체 평가 • 일부 세계 최대 조직들의 위험 감소 및 환경에 긍정적인 영향과 투명성을 제고하고 있음
RE100(재생에너지, 전기) [Renewable Energy(Electricity)100]	• 2014년 영국의 글로벌 비영리기구 클라이밋그룹(Climate Group)이 시작한 글로벌 기업 재생에너지 이니셔티브로 CDP(탄소정보공개프로젝트)와 연합해 탄생 • 2050년까지 기업이 재생에너지 사용을 100%까지 끌어올리는 것을 목표로 함 • 전 세계 280개 이상의 글로벌 기업이 가입하였으며, 한국에서는 2020년 11월 SK그룹 8개사가 최초로 가입 • 100% 재생 가능 에너지(100% renewable energy)는 기업이 지배구조와 지배구조를 동참을 기반으로 하여 100 퍼센트의 재생가능한 에너지를 사용하자고 하는 국제협약 • 약 9여 기후단체(Climate Group, CDP)들이 참여하여 만든 것으로 탄소 배출량을 0으로 하기 위한 목표를 담고 있음 * 강제 규정이 아님
장기저탄소발전전략 (Long-term low greenhouse gas Emission Development Strategies: LEDS)	• 파리기후변화협약(2015) 당시 모든 당사국에게 제출을 요구한 중장기 탄소 감축 전략 • 2020년 이후의 기후변화 대응체제를 관장하는 국제협정인 파리협정(Paris Agreement)에서 모든 국가가 장기 저탄소 발전 전략 수립 촉구

구분	내용
유엔지속가능발전목표 (UN Sustainable Development Goals: UN SDGs)	• 인류의 보편적 사회문제(빈곤, 질병, 교육, 여성, 아동, 난민, 분쟁 등), 지구환경 및 기후변화 문제(기후변화, 에너지, 환경오염, 물, 생물다양성 등), 경제문제(기술, 주거, 노사, 고용, 생산 소비, 사회구조, 빈, 인프라 구축, 대내외 경제)를 2030년까지 17가지 주요 목표와 169개 세부 목표로 해결하고자 이행하는 국제사회 최대 공동 목표이며, 2015년 제70차 UN총회 및 UN지속가능개발 정상회의에서 193개국 만장일치로 제정 • SDGs는 글로벌 주요 기업이 기업경영 핵심 가치로 삼는 '지속가능경영' 'ESG 경영' '환경경영'의 가장 중심이 되는 글로벌 기준이 되고 있음(UN SDGs협의. http://asdun.org/?page_id=2183) 목표 1: 모든 형태의 빈곤 종결 목표 2: 기아해소, 식량 안보와 지속가능한 농업 발전 목표 3: 건강 보장과 모든 연령대 인구의 복지 증진 목표 4: 양질의 포괄적인 교육 제공과 평생학습 기회 제공 목표 5: 양성평등달성과 모든 여성과 아이의 역량 강화 목표 6: 물과 위생의 보장 및 지속가능한 관리 목표 7: 적정 가격의 지속가능한 에너지 제공 목표 8: 지속가능한 경제성장 및 양질의 일자리와 고용보장 목표 9: 사회기반시설 구축, 지속가능한 산업화 증진 목표 10: 국가 내, 국가 간의 불평등 해소 목표 11: 안전하고 복원력 있는 지속가능한 도시와 인간거주 목표 12: 지속가능한 소비와 생산 패턴 보장 목표 13: 기후변화에 대한 영향방지와 긴급조치 목표 14: 해양, 바다, 해양자원의 지속가능한 보존노력 목표 15: 육지생태계 보존과 삼림보호, 사막화방지, 생물다양성 유지 목표 16: 평화롭고 포괄적 사회 증진, 모두가 접근 가능한 사법제도와 포괄적 행정제도 확립 목표 17: 이 목표들의 이행수단 강화와 기업 및 국가, 국가 간의 글로벌 파트너십 활성화
유엔기후변화협약 (UNFCCC)	• 1992년 5월 브라질 리우데자네이루에서 열린 환경회의에서 채택된 협약으로 당사국 총회에서 채택된 기후변화 대응에 관한 국제협약
파리기후변화협약 (Paris Climate Change Accord)	• 2015년 12월 파리에서 개최된 제21차 유엔기후변화협약 당사국총회에서 채택된 신기후체제 협약 • 지구의 평균기온 상승폭을 산업화 이전보다 2℃ 이하로 유지하도록 하고, 나아가 1.5℃ 이하까지 억제되도록 글로벌 차원의 대응을 강화했음

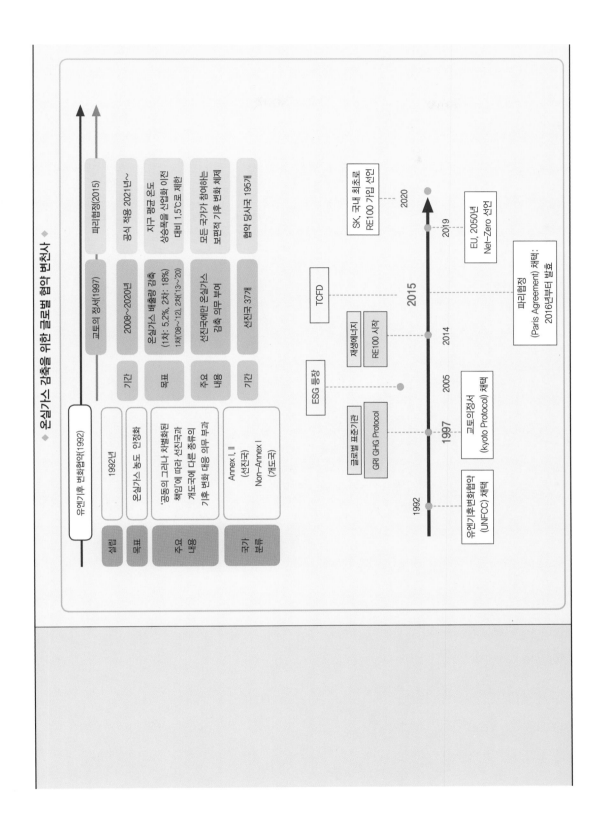

◆ 온실가스 감축을 위한 글로벌 협약 변천사 ◆

	유엔기후 변화협약(1992)	교토의 정서(1997)	파리협정(2015)
설립	1992년		
목표	온실가스 농도 안정화	2008~2020년 (기간)	공식 적용 2021년~ (기간)
주요 내용	'공동의 그러나 차별화된 책임'에 따라 선진국과 개도국에 다른 종류의 기후 변화 대응 의무 부과	온실가스 배출량 감축 (1차: 5.2%, 2차: 18%) 1차('08~'12), 2차('13~'20) (목표)	지구 평균 온도 상승폭을 산업화 이전 대비 1.5℃로 제한 (목표)
		선진국에만 온실가스 감축 의무 부여 (주요 내용)	모든 국가가 참여하는 보편적 기후 변화 체제 (주요 내용)
국가 분류	Annex. I, II (선진국) Non-Annex (개도국)	선진국 37개 (기간)	협약 당사국 195개 (기간)

참고문헌

AI로 크는 플랫폼 기업, ESG로 평가 받는다, Dong-A Business Review, 2022, No.343.

ESG Handbook 사회적가치연구소, 2021. 2.

ESG in Healthcare, Audit Insights, KPMG, 2021. 6.

ESG Industry Report Card: Health Care, S&P Global, 2019. 5.

ESG Issues for Medical Equipment & Supplies Companies, Bloomberg Law, 2022.

ESG 경영, 평가 대응을 위한 ISO, IEC 국제표준 100선 가이드, 국가기술표준원, KSA 한국표준협회, 2021. 6.

ESG 경영사례 공모 선정 자료, 에스포항병원, 지역중소병원의 ESG 경영 첫걸음, 대한병원협회, 여름호, 2021.

ESG 경영시대 전략 패러다임 대전환, 삼정 KPMG 경제연구원, 2020. 12.

ESG 법제 정책 연구 K-ESG 가이드라인을 통한 ESG 평가 결과 분석 및 평가지표 개선방안 연구 I, 한국법제연구원, 2022. 9.

ESG 법제 정책 연구 K-ESG 가이드라인을 통한 ESG 평가 결과 분석 및 평가지표 개선방안 연구 II, 한국법제연구원, 2022. 9.

ESG 정보공개 가이던스, KPX 한국거래소, 2020.

ESG, 높은 점수만 받으려 하면 역효과 핵심 이슈 5가지에 집중해 ESG 전략 실천하라, Dong-A Business Review, 2021, No.308.

ESG를 실적 발표 의제로 만드는 방법, Dong-A Business Review, 2022, No.346.

ESG의 부상, 기업은 무엇을 준비해야 하는가?, 삼정 KPMG 경제연구원, 2021. Vol. 74.

K-ESG 가이드라인 V1.0, 산업통상자원부, 2021. 12.

경기도의 기업 ESG 도입 방안 연구, 경기연구원, 2022. 10.

국내 의료기관의 ESG 인식도 및 경영 현황, 한국보건산업진흥원, 2022. 11.

권고적 주주제안 제도 도입이 ESG 논의의 디딤돌, Dong-A Business Review, 2022, No.343.

글로벌 기준으로 본 ESG 경영 사례집, 분야별 국내의 ESG 사례, 전국경제인연합회, 김앤장, 2021. 8.

기후 리스크 건전성 감독에 대비하라, Dong-A Business Review, 2021, No.317.

대안 목적지 찾고, ESG 브랜드 만들고, 지속가능한 여행이 포스트 코로나 화두, Dong-A Business
      Review, 2021, No.332.

바이오 · 제약의 ESG 경영, 충북 Issue & Trend, 2021. 9.

바이오헬스 수출기업 ESG 리포트, 보건산업진흥원, 2022. 4.

박윤정, 미국 지속가능회계기준 개발 동향 및 기존 ESG 공시기준과의 비교, CGS Report, 2013.
      Vol. 16.

사회복지기관 ESG 경영을 위한 진단도구 개발, 경기복지재단, 지속가능경영 재단, 2021. 12.

오덕규, 중소 · 중견기업의 ESG 현황 분석, 기업지배구조 리뷰.

은행의 탄소중립 선언, 기업의 탈탄소 압력 커진다, Dong-A Business Review, 2021, No.321.

의료폐기물 분리배출 지침, 환경부, 2018. 7.

이준희, ESG 경영의 전략과 과제, Deloite Korea Review, 2019, No.13.

이준희, 한국기업들의 ESG 경영을 위한 변화, Deloite Korea Review, 2020, No.16.

중소 · 중견기업 CEO를 위한 알기 쉬운 ESG, 대한상공회의소, 삼정 KPMG, 2021. 7.

중소기업 CEO를 위한 ESG 가이드북, 신용보증기금, 2021. 11.

중소기업 ESG 추진전략, 대한상공회의소, 삼정 KPMG, 2021. 8.

중소기업 ESG 애로조사 보고서, K-Biz 중소기업 중앙회, 2021. 9.

중소기업을 위한 ESG 가이드, IBK 기업은행, 2021. 5.

중소벤처기업을 위한 ESG 경영 안내서-솔루션편, 중소벤처기업부, 중소벤처기업진흥공단, 2021. 12.

중소벤처기업을 위한 ESG 경영 안내서-업종, 수출편, 중소벤처기업부, 중소벤처기업진흥공단,
      2021. 11.

중소벤처기업을 위한 ESG 경영 안내서-이해편, 중소벤처기업부, 중소벤처기업진흥공단, 2021. 11.

지속가능경영을 위한 기업 가이드 ESG A to Z, 대한 상공회의소, 2022. 7.

지속가능보고 의무공시 이행을 위한 논의 방향, 자본시장연구원, 2021. 12.

신문 기사

[창간21주년] 잘되는 병원 넘어 존경받는 병원 피수 조건 ESG 경영. 메디컬 옵져버, 2022. 7.

DK 헬스케어, ESG 경영 선도한다. 의학신문, 2021. 7.

DK헬스케어, ESG 경영 선도하다. 의학신문, 2021. 7.

ESG 경영 시대, 의료기기업계도 예외일 수 없다. 라로르시안, 2022. 2.

ESG 경영 시동 건 강북삼성병원, 'ESG 위원회' 발족. 청년의사, 2021. 12.

대학병원, 2023년 화두도 역시 ESG. 약업신문, 2022. 12.

동아쏘시오그룹, 동아에스티, 에스티팜, ESG 평가서 통합 Aemd. 이코노미조선, 2021. 12.

머나먼 원격진료-ESG, 원격지료, 공공성. 의협신문, 2022. 3.

미국 헬스케어 산업의 ESG 동향. KOTRA 해외 시장 뉴스, 2022. 7.

아이센스, ISO 14001, 45001 통합인증 획득… "안전보건환경 경영 가속". 조선비즈, 2022. 9.

아이센스, 안전보건, 환경 경영 시스템 국제인증 획득. 한경, 2022. 9.

에스포항병원, 대한병원 ESG 연구교육서 경영 사례 발표. 의학신문, 2022. 10.

연세의료원, 임인년 키워드는 디지털 의료, 사람, ESG. 의협신문, 2022. 1.

지속가능 성장을 위한 선택, 의료기기 산업과 ESG. 의료기기 뉴스라인, 2023. 1.

코로나 이후 의료폐기물과 환경 문제 대비해야. 라포르시안, 2022. 2.

지속가능경영보고서

2021 Environmental, Social and Governacne(ESG) Report Appendix, CVS Health, 2021.

2021 지속가능경영보고서, K-Water, 2021.

Environmental, Scoical & Governacne Report, AMN Healthcare, 2021

ESG Performance Report 2021, GSK, 2022. 3.

네이버 2020 ESG 보고서, 네이버, 2020. 12.

씨젠 지속가능경영보고서 2021, 씨젠, 2021.

유한양행 지속가능경영보고서 2021-2022, 유한양행, 2022.

지속가능경영보고서, 동아쏘시오그룹, 2022. 6.

지속가능경영보고서, 제일기획, 2022. 5.

지속성장가능보고서, 건강보험심사평가원, 2021. 4.

논문

Consolandi, Costanza, et al. Material ESG outcomes and SDG externalities: Evaluating the health
    care sector's contribution to the SDGs. Organization & Environment 33.4 (2020): 511-533.

김세환. ESG 활동과 지속가능경영. 한국콘텐츠학회 종합학술대회 논문집 (2022): 493-494.

명재규. ESG 도입의 목적론적 체계의 한계, 대안. 경영학연구 51.5 (2022): 1271-1296.

박윤나, 한상린. 기업의 ESG 활동이 기업 이미지, 지각된 가격 공정성 및 소비자 반응에 미치는 영향.
    경영학연구 50.3 (2022): 643-664.

변영조, 우승한. 기업의 ESG 경영에 대한 국내·외 연구동향. Clean Technology 28.2 (2022): 193-200.

임형철, 정무섭. 국내외 ESG 사례를 통해 본 중소기업 ESG 경영 활성화 방안. 아태비즈니스연구 12 (2021): 179-192.

정성욱, 김창희. 글로벌 헬스케어 기업들의 ESG 효율성에 관한 연구. 서비스경영학회지 23.3 (2022): 129-150.

한향원, 김나라. 국내 ESG 연구동향 탐색: 2012~2021년 진행된 국내 학술연구 중심으로. Asia-Pacific Journal of Business Venturing and Entrepreneurship 17.1 (2022): 191-211.

홈페이지

CJ 중외제약. https://www.jw-pharma.co.kr

K-water. https://www.kwater.or.kr/water/sub04/sub03/repoPage.do?s_mid=1969

고려대학교의료원. http://www.kumc.or.kr/

동아쏘시오그룹. https://gamasot.dongasocio.com/index.php/activity/

삼성창원병원. https://smc.skku.edu

씨젠. https://www.seegene.co.kr/esg/sustainability

아산병원. https://www.amc.seoul.kr

아이센스. https://i-sens.com/ko/ethics-report-1/

에스포항병원. https://pssh.kr/

유한양행. https://www.yuhan.co.kr/Invest/ControlStructure/esg/

참고자료

단행본

환경·사회·지배구조(ESG) 경영 확대 위한 서울시 정책방안, 서울연구원, 2022. 12.

한손에 잡히는 사회적 기업, 한국사회적기업진흥원, 2021. 6. 22.

사회적 경제 ESG 진단 항목, 사회적 경제 ESG 안내서, 한국사회적기업진흥원, 2022. 10.

학술지 논문

이나경, 임수영. 산업분야에서의 ESG활용을 위한 기초적 연구: 미국 시가총액 상위 5개 기업을 중심
으로. 한국생태환경건축학회 21.3 (2021): 83-88.

인터넷 자료

COOP 협동조합. 협동조합의 정의. 2023. 1. 30. https://www.coop.go.kr/home/statistics/statistics1.
do?menu_no=2035

공공데이터 포털. 마을기업의 정의. https://www.data.go.kr/data/15017326/standard.do

광명시 사회적 경제센터. 사회적 경제의 이해. https://gmsocial.or.kr/sys/bbs/board.php?bo_
table=0201

나이키 홈페이지 미션진술. https://about.nike.com/en

사회적 기업 좋은터. 미션, 비전, 핵심가치. https://joeunteo.co.kr/theme/joeun/html/company/02.
php

우아한형제들 홈페이지. 우아한 비전 3.0. https://www.woowahan.com/company/culture

유튜브. 스티브잡스 스탠포드대 졸업식 축사. https://www.youtube.com/watch?v=fitGVelgKYE

전남사회적 경제통합지원센터. 사회적 경제분류. http://www.jn-se.kr/bbs/content.php?co_
id=nco2_1

페이스북 페이지. 페이스북이 미션 및 5가지 핵심가치. https://www.facebook.com/media/set/?set
=a.1655178611435493.1073741828.1633466236940064

한국사회적기업진흥원. 사회적 경제의 다양한 정의. https://www.socialenterprise.or.kr/social/
econ/concept.do?m_cd=E021

한국사회적기업진흥원. 소셜벤처의 정의. https://www.socialenterprise.or.kr/social/care/
startupSocial.do?m_cd=F009

사회적 경제 기업 국내 사례

사회적 기업 뉴시니어라이프. https://newseniorlife.co.kr

사회적 기업 동구밭. https://donggubat.com

사회적 기업 동부케어. http://www.idbc.kr

사회적 기업 맘씨생활건강. https://momsee-mall.com

사회적 경제 기업 해외 사례

CDP 탄소경영 아너스 클럽에 국내기업 5곳 들었다(2022. 1. 27. 임팩트온). https://www.impacton.
net/news/articleView.html?idxno=3363

ESG 수출역량 자가진단. https://kr.tradekorea.com/kr/marketing/esg/info.do

SK ESG플랫폼. http://esg.sk-inc.com

SK그룹 지속가능보고서. https://sk-inc.com/kr/esg/sustainability.asp

Sustainalytics 기업 ESG Risk Rating. https://www.sustainalytics.com/esg-ratings

TCFD홈페이지 지지 선언 한국 기업 리스트(TCFD Supporters). https://www.fsb-tcfd.org/
supporters/

UN SDGs협회, 유엔지속가능발전목표(UN SDGs). http://asdun.org/?page_id=2183

국내 최대 사회적 가치 ESG 플랫폼. https://socialvalueconnect.com/

네이처 포지티브(Nature Positive). http://enewsdaily.co.kr/View.aspx?No=2566332

넷플릭스의 공급망별 탄소발자국 내용. Sustainability Accounting Standards Board(SASB) Report

넷플릭스의 역사. https://www.broadbandsearch.net/blog/fascinating-facts-statistics-netflix/

넷플릭스의 지속가능성. https://about.netflix.com/ko/sustainability

더나은미래, 10억 원 달러 이상 빅벳 기부자, "세상을 위해 베팅해라". https://futurechosun.com/

archives/71598

디지털 비즈온, 온실가스 배출량 Scope 1.2.3 알아야 할 사항. http://www.digitalbizon.com/news/articleView.html?idxno=2330478

매거진 한경, ESG 지수 퇴출 회복 못했다… 메타가 무시한 개인정보 보호, 타산지석 삼아야. https://magazine.hankyung.com/business/article/202207280973b

머니투데이, ESG 콘트롤타워 설치… 공시제도 정비·투자활성화 유도. https://m.mt.co.kr/renew/view.html?no=2022122716495962510&type=outlink&ref=https%3A%2F%2Flm.facebook.com#_enliple

사회적 경제 상품몰. https://www.sepp.or.kr/shopMal/main

사회적 기업 Active Prospects. https://activeprospects.org.uk/

사회적 기업 reach52. https://reach52.com/

사회적 기업통합정보시스템. http://www.seis.or.kr

사회적가치연구원, ESGame ESG 시대 개인의 유형 분석. https://esgame.svhub.co.kr/

소셜택소노미, [ESG] EU, 소셜 택소노미(social taxonomy) 초안 보고서 발표. https://www.jipyong.com/kr/board/news_view.php?seq=10472&page=3&value=&type=&nownum=21

아시아타임즈, 3만 명 모인 SK 전시관, '행동하는 탄소 감축에 공감'. http://www.asiatime.co.kr/writerList?id=kazan3508@asiatime.co.kr

유엔글로벌콤팩트 10대 원칙. http://unglobalcompact.kr/유엔글로벌콤팩트-소개/10대-원칙/

유엔환경계획 금융 이니셔티브/한국참여 금융기관. https://www.unepfi.org/members/

유튜브의 시작. https://ko.wikipedia.org/wiki/유튜브

자연관련 재무정보 공개 협의체 TNFD. https://svhub.co.kr/reference/info/1864

전국경제인연합회, 매출 300대 기업 올해 ESG 사업 더 키운다. http://m.fki.or.kr/bbs/bbs_view.asp?cate=news&content_id=610cfd06-8a31-4874-a275-40bdc333bdd6&page=17

전세계 넷플릭스 및 OTT 서비스 순위 사이트. https://flixpatrol.com

조선미디어, 더 나은 미래 2023년 소셜섹터 키워드 10. https://www.chosun.com/national/national_general/2023/01/10/2FL5SQN325GDVDMDCW7MBGUUHI/

중소벤처기업진흥공단 ESG 자가진단 시스템 2.0. https://kdoctor.kosmes.or.kr/esgplatform/main.do

청년의사, 제약바이오업계에 부는 열풍. http://www.docdocdoc.co.kr

한국ESG기준원. http://www.cgs.or.kr

이나겸, 임수영(2021). 산업분야에서의 ESG활용을 위한 기초적 연구: 미국 시가총액 상위 5개 기업을 중심으로. 한국생태환경건축학회.

ESG Handbook, 사회적가치연구원, 2021. 2.

K-ESG 가이드라인 V1.0, 산업통상자원부, 2021. 12.

공급망 K-ESG 가이드라인 V1.0, 산업통상자원부, 2022. 12.

ESG 벤처투자 표준 가이드라인, 중소벤처기업부, 2022. 7.

ESG 경영추진단 ISOIEC 국제표준 100선 가이드, 한국표준협회, 2021. 7.

신지현, 한권으로 끝내는ESG 수업, 중앙books, 2022. 7.

이진성 외, ESG 경영의 이해와 실제, 원더북스, 2022. 5.

현창호 외, 알기 쉬운 중소기업 ESG, 좋은땅, 2022.11.

KS A ISO 26000:2012 사회적책임에 대한 지침

KS A ISO 37001:2016 부패방지경영시스템–요구사항 및 사용지침

KS A ISO 50001:2018 에너지경영시스템–사용지침을 포함한 요구사항

KS I ISO 14001:2015 환경경영시스템–요구사항 및 사용지침

KS Q ISO 45001:2018 안전보건경영시스템–요구사항 및 사용지침

KS Q ISO 9001:2015 품질경영시스템–요구사항

KS X ISO/IEC 27001:2014 정보기술–보안기술–정보보호/경영시스템 요구사항

찾아보기

저자 소개

진성한(Jin Sung Han)

건국대학교 벤처전문기술학과(신산업융합학과) 경영공학박사
건국대학교 벤처전문기술학과(신산업융합학과) 공학석사
현 (주)한국산업기술경영연구원 대표
　　글로벌숙련기술진흥원 대한민국산업현장교수
　　서울중소벤처기업청 비즈니스지원단 전문 상담위원
　　경기테크노파크 기술닥터
　　스마트팩토리혁신추진단 스마트평가위원
　　K-ESG 평가원 기획평가위원회 전문위원
　　메인비즈협회 ESG 경영컨설팅 전문위원
　　ISO 인증 검증심사원
　　ISO 인증 & ESG 심사원/전문가 양성과정 교육 전담교수
　　중소기업기술개발사업 R&D 평가위원
　　한국콘텐츠진흥원 평가위원
　　정보통신산업진흥원 평가위원 외

▣ 대표 논문
품질경영시스템과 흡수역량이 전기전자분야 중소벤처 제조기업의 경쟁력에 미치는 영향(품질경영
　　학회)
품질경영시스템이 흡수역량을 매개로 중소벤처 제조기업의 기업성과에 미치는 영향에 관한 실증연구
　　(품질경영학회)
중소 제조기업의 경쟁력 향상에 영향을 미치는 품질경영시스템과 흡수역량에 관한 실증연구(경영학
　　연구회)

제조 분야에서 약 28년 동안 제조본부 총괄, 공장장까지 다양한 업무를 수행하면서 국내 중소벤처 제
조기업의 경영성과와 산업발전에 기여하고자 끊임없이 노력하였다. 현재 ISO 인증 심사원 및 ESG
심사원을 양성하는 IQCS의 교육 연수기관((주)한국산업기술경영연구원/KIITM 아카데미) 원장이며,
교육전담 교수로도 활동하고 있다. 또한 기업의 경영혁신, 생산혁신, 품질개선, 경영시스템 컨설팅,
ESG 진단평가, ESG 컨설팅 등 다양한 기업 컨설팅 및 기술지도 활동을 하고 있다.

양덕모(Yang Deok Mo)

건국대학교 벤처전문기술학과(신산업융합학과) 경영공학박사
광운대학교 소비자광고심리 박사 수료
전 Minco Technology Labs Inc 한국지사장
현 한국사회적기업진흥원 (예비) 사회적기업 개인활동 컨설턴트
    성일사회적협동조합 이사
    중소벤처기업부 전문위원
    한양대학교 중국대학 지역통상학과 외래교수

항공위성 분야 해외 영업과 구매 업무에 종사하였으며, 현재 대학에서 창의적 아이디어 도출 및 창업 관련 강의를 하고 있다. 성일사회적협동조합 이사로 있으며, 사회적 경제 영역 및 소셜벤처 분야 초기 창업 기업 발굴, 육성 업무를 하면서 ESG에 지속적으로 관심을 가지고 활동하고 있다.

이종희(Lee Jong Hee)

건국대학교 벤처전문기술학과(신산업융합학과) 경영공학박사
한림대학교 전자공학과 석사
전 우영메디칼 연구소장
현 엔젤로보틱스 이사
    K-ESG 평가원 기획평가위원회 전문위원

의료기기 기업의 연구개발 부서에서 20년 넘게 근무하면서 기업의 발전과 지속성장에 대하여 관심을 가져 왔다. 과거에는 신제품의 개발이 지속성장을 위한 동력이라면, 현재는 ESG 경영이 지속성장을 위한 동력이라는 확고한 신념을 가지고 활동하고 있다.

중견·중소기업과 스타트업의
ESG 완전정복
-ESG 경영의 이해와 실행 지침서-

ESG Complete Conquest of Small, Medium sized Business and Startups
-Understanding and the Code of Practice for ESG Management-

2023년 6월 5일 1판 1쇄 인쇄
2023년 6월 10일 1판 1쇄 발행

지은이 • 진성한 · 양덕모 · 이종희
펴낸이 • 김진환
펴낸곳 • **학지사비즈**

04031 서울특별시 마포구 양화로 15길 20 마인드월드빌딩
대표전화 • 02-330-5114   팩스 • 02-324-2345
등록번호 • 제313-2006-000265호

홈페이지 • http://www.hakjisa.co.kr
페이스북 • https://www.facebook.com/hakjisabook

ISBN 979-11-982113-0-9 03320

정가 29,000원

출판미디어기업 **학지사**

간호보건의학출판 **학지사메디컬** www.hakjisamd.co.kr
심리검사연구소 **인싸이트** www.inpsyt.co.kr
학술논문서비스 **뉴논문** www.newnonmun.com
교육연수원 **카운피아** www.counpia.com